U0504255

语言学及应用语言学名著译丛

应用语言学研究方法

〔英〕佐尔坦·德尔涅伊　著
赵晨　译

RESEARCH METHODS IN APPLIED LINGUISTICS

English text originally published as ***Research Methods in Applied Linguistics*** by Oxford University Press, Great Clarendon Street, Oxford © Oxford University Press 2007

This Chinese translation edition published by The Commercial Press by arrangement with Oxford University Press (China) Ltd for distribution in the mainland of China only and not for export therefrom

根据牛津大学出版社 2007 年英文版译出

作 者 简 介

佐尔坦·德尔涅伊（Zoltán Dörnyei）

英国诺丁汉大学英语学院的心理语言学教授，主要从事二语习得研究，研究领域为二语学习的动机研究。德尔涅伊教授于匈牙利布达佩斯的罗兰大学取得心理语言学博士学位，并在该大学的英语及美国研究学院从事教学和研究。他于1998年移居英国，先在泰晤士河谷大学任教，2000年赴诺丁汉大学任教至今。

译者简介

赵 晨 教授，博士，博士生导师，广东外语外贸大学“云山杰出学者”。现任教育部人文社科重点研究基地外国语言学及应用语言学研究中心主任，中国英汉语比较研究会心理语言学专业委员会常务理事，英国利兹大学和雷丁大学 TESOL 项目硕士生导师。研究方向为心理语言学和二语习得。主持国家社科基金项目和教育部人文社科重点研究基地重大项目十余项。在 SSCI 和 CSSCI 等期刊发表学术论文 40 余篇，在商务印书馆和科学出版社出版学术专著 2 部，成果曾获广东省第九届哲学社会科学优秀成果二等奖。

总　序

商务印书馆出版的“汉译世界学术名著丛书”在国内外久享盛名，其中语言学著作已有 10 种。考虑到语言学名著翻译有很大提升空间，商务印书馆英语编辑室在社领导支持下，于 2017 年 2 月 14 日召开“语言学名著译丛”研讨会，引介国外语言学名著的想法当即受到与会专家和老师的热烈支持。经过一年多的积极筹备和周密组织，在各校专家和教师的大力配合下，第一批已立项选题三十余种，且部分译稿已完成。现正式定名为“语言学及应用语言学名著译丛”，明年起将陆续出书。在此，谨向商务印书馆和各位编译专家及教师表示衷心祝贺。

从这套丛书的命名“语言学及应用语言学名著译丛”，不难看出，这是一项工程浩大的项目。这不是由出版社引进国外语言学名著、在国内进行原样翻印，而是需要译者和编辑做大量的工作。作为译丛，它要求将每部名著逐字逐句精心翻译。书中除正文外，尚有前言、鸣谢、目录、注释、图表、索引等都需要翻译。译者不仅仅承担翻译工作，而且要完成撰写译者前言、编写译者脚注，有条件者还要联系国外原作者为中文版写序。此外，为了确保同一专门译名全书译法一致，译者应另行准备一个译名对照表，并记下其在书中出现时的页码，等等。

本译丛对国内读者，特别是语言学专业的学生、教师和研究者，以及与语言学相融合的其他学科的师生，具有极高的学术价值。第一批遴选的三十余部专著已包括理论与方法、语音与音系、词法与句法、语义与语用、教育与学习、认知与大脑、话语与社会七大板块。这些都是国内外语言学科当前研究的基本内容，它涉及理论语言学、应用语言学、语音学、音系学、词汇学、句法学、语义学、语用学、教育语言学、认知语言学、心理语言学、社会语言学、话语语言学等。

尽管我本人所知有限，对丛书中的不少作者，我的第一反应还是如雷贯耳，如Noam Chomsky、Philip Lieberman、Diane Larsen-Freeman、Otto Jespersen、Geoffrey Leech、John Lyons、Jack C. Richards、Norman Fairclough、Teun A. van Dijk、Paul Grice、Jan Blommaert、Joan Bybee等著名语言学家。我深信，当他们的著作翻译成汉语后，将大大推进国内语言学科的研究和教学，特别是帮助国内非英语的外语专业和汉语专业的研究者、教师和学生理解和掌握国外的先进理论和研究动向，启发和促进国内语言学研究，推动和加强中外语言学界的学术交流。

第一批名著的编译者大都是国内有关学科的专家或权威。就我所知，有的已在生成语言学、布拉格学派、语义学、语音学、语用学、社会语言学、教育语言学、语言史、语言与文化等领域取得重大成就。显然，也只有他们才能挑起这一重担，胜任如此繁重任务。我谨向他们致以出自内心的敬意。

这些名著的原版出版者，在国际上素享盛誉，如Mouton de Gruyter、Springer、Routledge、John Benjamins等。更有不少是著名大学的出版社，如剑桥大学出版社、哈佛大学出版社、牛津大学出版社、MIT出版社等。商务印书馆能昂首挺胸，与这些出版社策划洽谈出版此套丛书，令人钦佩。

万事开头难。我相信商务印书馆会不忘初心，坚持把“语言学及应用语言学名著译丛”的出版事业进行下去。除上述内容外，会将选题逐步扩大至比较语言学、计算语言学、机器翻译、生态语言学、语言政策和语言战略、翻译理论，以至法律语言学、商务语言学、外交语言学，等等。我也相信，该“名著译丛”的内涵，将从“英译汉”扩展至“外译汉”。我更期待，译丛将进一步包括“汉译英”“汉译外”，真正实现语言学的中外交流，相互观察和学习。商务印书馆将永远走在出版界的前列！

胡壮麟

北京大学蓝旗营寓所

2018 年 9 月

译者前言

《应用语言学研究方法》(*Research Methods in Applied Linguistics*)是一本由英国诺丁汉大学的心理语言学教授佐尔坦·德尔涅伊(Zoltán Dörnyei)撰写，由牛津大学出版社于2007年出版的应用语言学方法论专著。该书自出版以来，受到了广泛的关注和赞扬。一些应用语言学领域里的权威学者，比如威多森(H. G. Widdowson)和帕齐·莱特鲍恩(Patsy Lightbown)都撰文称赞此书(详见《应用语言学研究方法》英文版封底的介绍)。两年前，商务印书馆决定引进该书，并邀请我将该书翻译成中文。老实说，我虽然倍感荣幸，但也曾经有过一段时间的犹豫。犹豫的原因在于两个方面：一方面，我虽然多年来一直给研究生和本科生讲授研究设计和统计学课程，但讲授的重点还是在定量研究方面，而本书关注的重点却是应用语言学研究方法中的“灰色地带”，即定量和定性研究方法可能存在的交叉区域，作者称之为“混合法”。也就是说，要翻译好此书，译者必须通晓定量和定性两种研究方法；另一方面，现在各个高校都很重视研究方法，开设了很多方法论课程，并且现在的研究人员英文都不错，翻译此书是否还有必要呢？经过一番调查，我认识到，翻译此书不仅必要，而且还急需。翻译此书，历经了差不多两年的时间，感慨颇多，先从翻译此书的必要性说起。

一、我国语言学及应用语言学研究现状

要谈翻译此书的必要性，首先不得不提到语言学及应用语言学在我国的研究现状。1997年，桂诗春和宁春岩两位先生在《外语教学与研究》发

表了一篇论文，专门探讨语言学的研究方法。他们从研究领域、研究方法类型和数据类型等三个方面调查了我国四本语言学及应用语言学期刊《外语教学与研究》《外国语》《现代外语》和《外语界》在 1993、1994 和 1995 三年间的论文发表情况（具体数据见表 1）。经过分析，桂诗春、宁春岩（1997：15）总结说，"最根本的一条是我国外语工作者和研究者缺乏语言学研究方法的必要的训练，或是原来所掌握的方法已经老化，未能更新"。

如今二十多年过去了，情况是否还是如此呢？我们运用和桂诗春、宁春岩（1997）同样的方法，对相同的四本期刊在 2015、2016 和 2017 三年发表的论文进行统计（具体数据见表 2），我们的目的是看中国的外语工作者和研究者在语言学及应用语言学研究方法上和二十年前相比是否发生了变化？如果有变化，变化有多大？

为了方便对比，我们将桂诗春、宁春岩（1997）一文中的相关数据列在表 1（其中 R1 代表应用语言学；R2 代表和语言学交叉的学科，比如认知语言学、心理语言学、社会语言学和语用学等；R3 代表理论语言学，包括句法学、语义学和音系学等。M1 代表理论研究，M2 代表描述性研究，M3 代表实验研究，M4 代表思辨性研究，M5 代表介绍性研究。D1 代表统计数据，指用统计方法处理过的数据，D2 代表计算机数据，D3 代表不依赖数据，D4 代表数据罗列、无统计数据）。

表 1　1993—1995 我国四本外语刊物的文章分类统计（桂诗春、宁春岩 1997：15）

	研究领域				研究方法类型						数据类型				
	R1	R2	R3	总计	M1	M2	M3	M4	M5	总计	D1	D2	D3	D4	总计
1993	89	99	63	251	26	56	7	133	29	251	17	3	197	34	251
1994	99	109	50	258	25	48	9	137	39	258	26	0	203	29	258
1995	79	123	44	246	24	48	8	133	33	246	11	3	203	29	246
总计	267	331	157	755	75	152	24	403	101	755	54	6	603	92	755
百分比	35%	44%	21%	100%	10%	20%	3%	54%	13%	100%	7%	1%	80%	12%	100%

表 2　2015—2017 我国四本外语期刊的文章分类统计

	研究领域				研究方法类型						数据类型				
	R1	**R2**	**R3**	**总计**	**M1**	**M2**	**M3**	**M4**	**M5**	**总计**	**D1**	**D2**	**D3**	**D4**	**总计**
2015	170	49	49	268	16	52	80	84	36	268	68	43	144	13	268
2016	152	70	68	290	70	8	111	62	39	290	102	14	170	4	290
2017	107	44	74	225	39	46	84	27	29	225	87	0	138	0	225
总计	429	163	191	783	125	106	275	173	104	783	257	57	452	17	783
百分比	55%	21%	24%	100%	16%	14%	35%	22%	13%	100%	33%	7%	58%	2%	100%

通过对表 1 和表 2 的数据进行对比，我们发现变化还是显而易见的。下面我们从研究领域、研究方法类型和数据类型三个方面分别进行比较。

首先，我们从研究领域的角度对分两个阶段发表在四本期刊上的论文进行比较（如图 1 所示）。1993—1995 年，四本期刊发表最多的论文类型是 R2（和语言学交叉的学科），占 44%，其次是 R1（应用语言学），占 35%，最后是 R3（理论语言学）。而在 2015—2017 年，有关应用语言学（R1）的论文上升到 55%，和语言学交叉的学科（R2）的论文下降到了 21%，有关理论语言学（R3）的论文基本维持不变。这似乎说明，虽然我国的外语工作者和研究人员对语言学各个分支的研究依然有着较高的研究兴趣，但是他们对于应用语言学的研究的兴趣已经远远超过了二十年以前的研究。

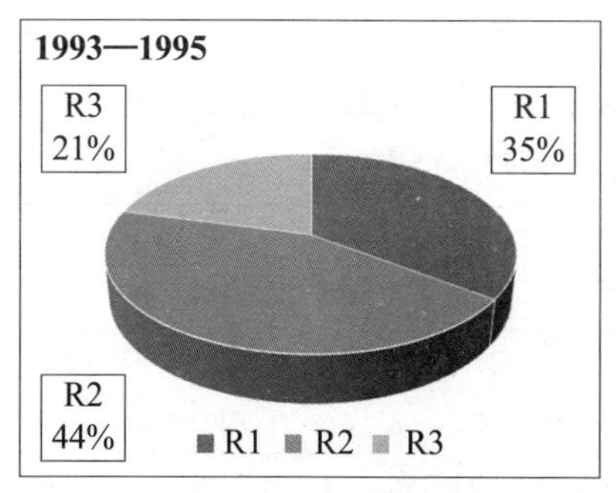

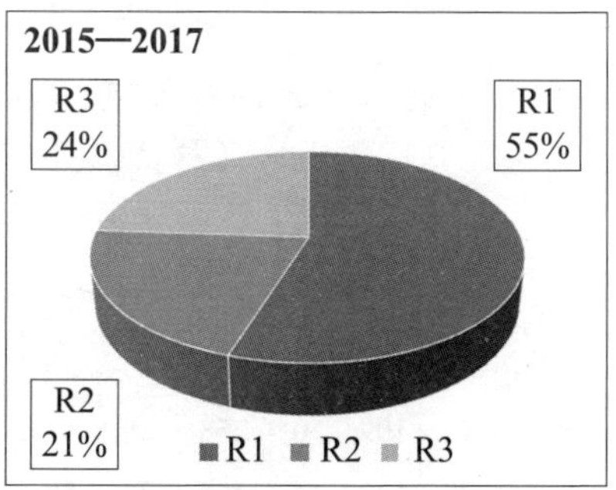

注：R1= 应用语言学；R2 = 和语言学交叉的学科；R3= 理论语言学

图 1　四本期刊在 1993—1995 及 2015—2017 发表的论文中研究领域分布示意图

其次，我们从研究方法类型的角度对两个阶段的论文进行比较（如图2所示）。在从1993到1995的三年间，在发表在四本刊物的论文中，使用最多的研究方法是思辨性研究（M4），占到全部论文的一半以上，达到了54%，实验研究（M3）只占到了3%，在其他的方法中，描述性研究（M2）占20%，介绍性研究（M5）占13%，理论研究（M1）占10%。到了2015—2017的三年间，情况发生了很大的变化，实验研究（M3）从3%上升到了35%，成为了使用最多的研究方法；思辨性研究（M4）从54%下降到了22%，但是它仍然是使用第二多的研究方法，描述性研究（M2）、介绍性研究（M5）和理论研究（M1）所占的比例和1993—1995相比变化不大，百分比分别是14%、13%和16%。对我国四本语言学期刊在1993—1995三年间以及2015—2017三年间发表的论文的研究方法类型的比较说明，虽然传统的思辨性的研究方法仍然占有一定的比例，但是相比于二十年以前，我国的外语工作者和研究人员已经更多地使用了属于定量研究范畴的实验法。

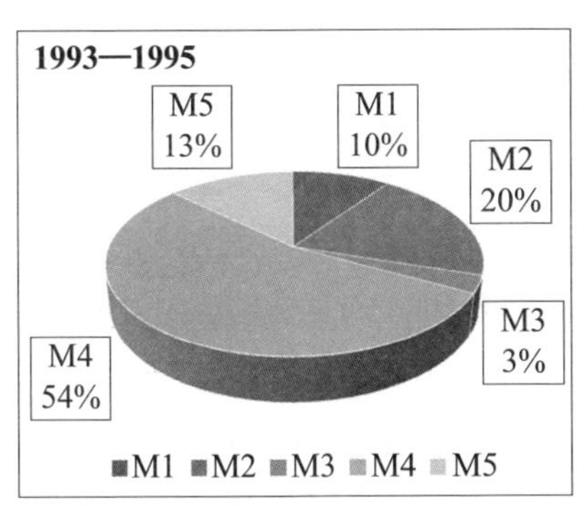

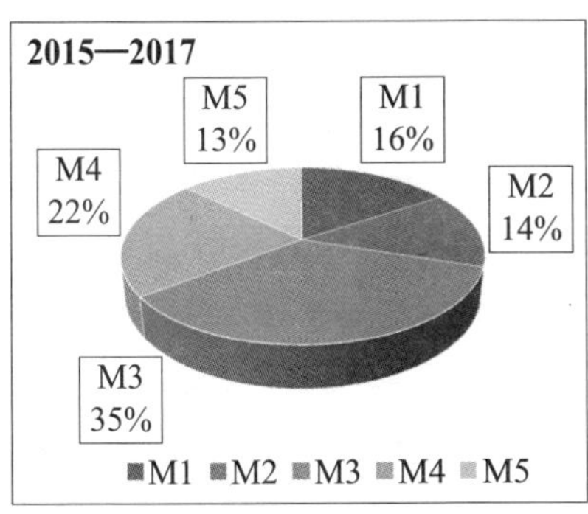

注：M1= 理论研究，M2= 描述性研究，M3= 实验研究，M4= 思辨性研究，M5= 介绍性研究

图2　四本期刊在1993—1995及2015—2017发表的论文中研究方法类型分布示意图

再次，我们从数据类型的角度对分两个阶段发表在四本期刊上的论文进行比较（如图3所示）。在1993—1995的三年间，发表在四本外语期刊的论文中，有80%的论文不依赖数据（D3），只有7%的论文使用了经过统计学处理的数据（D1），另外有12%的论文虽然有数据，但只是对

数据进行了罗列，未做任何处理（D4）。到了2015—2017的三年期间，情况似乎有了很大的变化。第一个变化是运用统计分析数据的论文（D1）从7%上升到了33%。这个变化和前面谈到的研究方法类型的变化是吻合的。因为实验研究的增加，导致了数据分析方法的改变。第二个比较大的变化是，不依赖数据的论文（D3）从80%下降到了58%。这里需要注意的是，虽然有下降，但不依赖数据的论文仍然占了全部论文的一半以上。

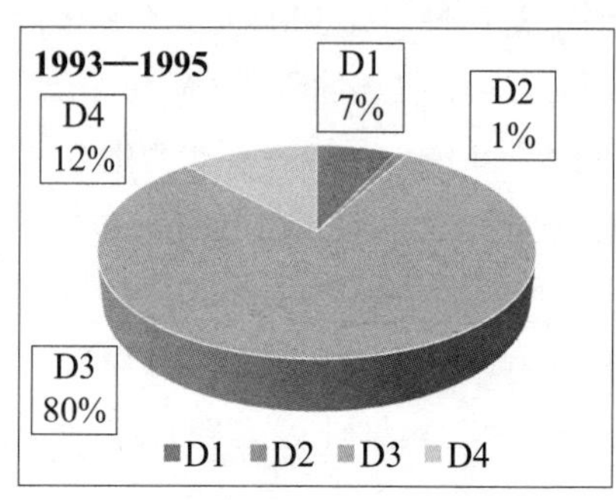

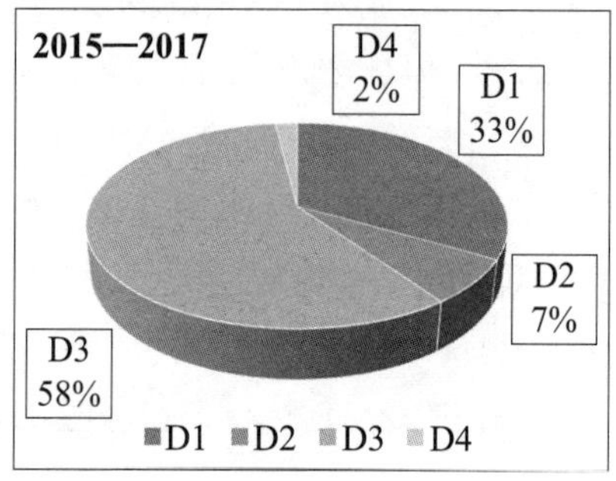

注：D1= 统计数据，D2= 计算机数据，D3= 不依赖数据，D4= 数据罗列、无统计

图3 四本期刊在1993—1995及2015—2017发表的论文中数据类型分布示意图

在2015—2017年的三年间，四本刊物共发表了应用语言学论文429篇，我们按照研究方法类型和数据类型这两个维度对这429篇论文进行了分类（具体见表3）。

表3 2015—2017我国四本外语刊物的应用语言学文章分类统计

	总计	研究方法类型					数据类型			
		M1	**M2**	**M3**	**M4**	**M5**	**D1**	**D2**	**D3**	**D4**
2015	170	2	38	58	42	30	51	27	81	11
2016	152	2	33	53	37	27	45	24	72	11
2017	107	0	24	37	26	20	30	17	51	9
总计	429	4	95	148	105	77	126	68	204	31
百分比	100%	0.9%	22.1%	34.5%	24.5%	18.0%	29.4%	15.8%	47.6%	7.2%

表3的数据显示，就研究方法类型而言，我国外语工作者和研究人员使用最多的研究方法是实验法（M3），占34.5%，其次是思辨性研究方法

（M4）和描述性研究方法（M2），分别占 24.5% 和 22.1%，使用最少的方法是理论研究，占 0.9%。

表 3 的数据还说明，就研究数据类型而言，有 47.6% 的论文不依赖数据（D3）。在剩下的研究论文中，有 29.4% 的论文对数据进行了统计处理（D1），15.8% 的论文使用了计算机数据（D2），还有 7.2% 的论文虽然有数据，但只是罗列了数据，未对数据进行任何统计处理（D4）。

通过以上对比，我们似乎可以得出以下几点结论：

1. 应用语言学逐步成为我国外语工作者和研究人员喜欢的研究领域，比例从 1995—1997 期间的 35% 上升到了 2015—2017 三年间的 55%；
2. 定量研究方法越来越受到我国外语工作者和研究人员的喜欢，比例从 1995—1997 期间的 3% 上升到了 2015—2017 三年间的 35%；
3. 不依赖数据的研究虽然有所下降，比例从 1995—1997 期间的 80% 下降到了 2015—2017 三年间的 58%，但仍然占一半以上的比例；
4. 单就应用语言学而言，虽然使用实验法的研究占到了最大的比例（34.5%），但大量研究（47.6%）却不依赖数据。

以上分析说明了我国的外语工作者和研究人员在语言学及应用语言学研究中还不擅长使用数据，特别是在应用语言学研究中，无论是定量研究还是定性研究，都是需要数据的（Davies 1995）。这似乎说明了以下两点：第一，定量研究方法虽然得到了重视，但数据分析方法还需要进一步加强。就表 3 的数据而言，有 34.5% 的研究是实验研究，但只有 29.4% 的论文对数据进行了统计处理，这似乎说明，即使是实验研究，也有部分数据没有得到统计处理；第二，定性研究还没有得到应有的重视，因为定性研究也是依赖数据的，相关讨论会在下一节进行。但是这些对比充分说明，在现阶段我国的应用语言学研究中推广研究方法还是十分必要的。

对于我国的外语工作者和研究人员，特别是广大的研究生群体而言，是否需要中文版的研究方法专著呢？让我们来看看几个案例。第一个典型案例：广东外语外贸大学英文学院和英国雷丁大学联合培养TESOL硕士，其中研究方法课程由英方委派教师和我共同讲授，英方教授用英文授课，我则用双语讲授，学生普遍反映用双语讲授更能听得明白，掌握得也更好。另外一个案例，我给广东外语外贸大学英文学院语言学系的本科生讲授"实验设计与统计学"，给他们发了两本教材，一本是由李绍山编著的中文版的《语言研究中的统计学》，另外一本是由外研社影印、由伍兹（Woods）等人编著的英文版的《语言研究中的统计学》(*Statistics in Language Studies*)。结果学生普遍反映，英文版的教材很难看懂，虽然两本教材在内容和体例上十分接近。这些案例使我认识到，研究方法这个东西，懂的人觉得很简单，不懂的人犹如看天书。对于研究方法的入门者来说，最好先从中文版的研究方法教材开始。

以上论述说明，《应用语言学研究方法》一书的引进和翻译不仅必要，而且急需。所以，翻译此书应该是一件非常有意义的事情，这也是促使我下决心翻译此书的原因之一。

二、研究方法的选择：定量、定性及混合法

我国语言学及应用语言学的研究现状似乎说明，在应用语言学研究中普及研究方法是一件必须做的事情，但据我所知，目前关于应用语言学的研究方法还存在以下两个误区。

第一个误区是认为研究方法是两分的，也就是说，研究方法可以分为定量和定性两种方法，一个研究方法，如果不是定量的，就是定性的。很多方法论的教材都持这种观点，桂诗春、宁春岩（1997）也把研究方法（包含理论方法、描写方法和实验方法）分成了定量和定性方法。而实际上研究方法不一定是两分的。我们可能还有除定量和定性以外的第三种方

法，那就是定量和定性相结合的方法，本书作者佐尔坦·德尔涅伊称之为“混合法”。

“混合法”是研究方法的灰色地带，是一个有争议的话题。定量和定性方法有着各自的历史渊源。“但直到20世纪中叶，在基于数字的统计研究成为主流后，定性—定量差异才逐步显现。一些学者开始高举‘定性’的旗帜来挑战定量研究的领导权。因此‘定性’和‘定量’这两个概念是作为研究理念的一部分，或者更确切地说是为了研究理念的斗争而被引入的”（Dörnyei 2007：25）。定量和定性这两个概念一直以来就是对立的，代表两种不同的研究理念。这种现象在中国的学术界应该说也是非常普遍。2017年10月，在广东外语外贸大学召开了由中国认知语言学研究会、中国英汉语比较研究会形式语言学专业委员会、中国英汉语比较研究会功能语言学专业委员会、中国语言与符号学研究会、中国英汉语比较研究会中西语言哲学专业委员会、中国逻辑学会语用学专业委员会、中国英汉语比较研究会心理语言学专业委员会和中国社会语言学会等八大学会共同参与的“中国理论语言学前沿及其协作应用高层论坛”。从论坛上的提问来看，不同研究领域对于方法的争论似乎是直接对立的。定量研究者似乎更关注研究的系统性和可复制性，而定性研究者似乎怀疑定量方法的科学性。在某位使用实验方法的学者发言后，一位以理论研究为主的学者怀疑ERP软件的客观性，问“你们所使用的ERP分析软件的参数是不是人为设置的？”。这似乎说明定量和定性研究者之间的鸿沟还是很大。

定量和定性这两种方法有各自的优势和劣势。比如，定量方法使用精准的测量，得出的数据是可靠和可复制的，并且可以推广到其他语境，但是它反映的是研究样本的共性，而非个性。相反，定性研究能够揭示研究样本中个性的东西，是探索性的研究，也是理论产生的温床，但是很难被复制和推广，因此不被认为是一种科学的方法。能不能将这两种研究方法结合以来，发挥各自的优势、避免各自的缺陷呢？老实说，多数的研究方法著作都选择了回避这一话题，但是本书却勇敢地面对了这个问题。通过对自己多年实践进行总结，佐尔坦·德尔涅伊教授详细地论述了混合法的发展脉络、主要特点、操作途径和主要的优缺点。因此，本书和其他方法论专著的一个显著的不同之处就在于其对混合法研究的详细论述。应该说，本书对研究方法有着“革命性”的贡献。

另外一个误区是认为研究方法有好坏之分。我参加了很多次的学术会议，发现一个很有意思的现象。在做小组发言时，很多研究生（也不乏成名的学者）对自己使用的定量工具（比如眼动）以及统计方法（比如用 SPSS 做的双因素方差分析）津津乐道。在一个 20 分钟的发言中往往花一半甚至更多的时间来阐述自己的定量研究方法，用很少的时间来阐述自己的研究问题和发现。也有很多人在发言中很惭愧地说自己不懂定量研究方法。这似乎在暗示定量方法优于定性方法。因此，国内似乎出现了一种重定量、轻定性的研究趋势。从表 1 和表 2 的数据来看，以定量研究为主要特征的实验法从 3% 上升到了 35%，而定性研究似乎没有太大的变化。这里有必要澄清一个问题，思辨性研究是不是定性研究？

表 1 和表 2 的数据表明，思辨性的研究在我国的语言学及应用语言学研究中占有一定的比例（虽然思辨性研究从 1993—1995 年间的 54% 下降到了 2015—2017 年间 22%，但是它仍然是使用第二多的研究方法）。那么思辨性研究是不是定性研究呢？让我们首先看看什么是定性研究。虽然我们很难给定性研究下一个统一的定义（Denzin and Lincoln 2005），但有一点是明确的，那就是定性研究也是需要数据的，虽然这些数据不是数字的，而是文本、录音、录像的，等等。从表 2 的数据来看，在我国现阶段的语言学及应用语言学研究中有 47.6% 的研究不依赖数据。这似乎说明我们的很多思辨研究并不依赖数据，因此并不是定性研究。也就是说，我国现阶段的语言学及应用语言学研究还缺乏有质量的定性研究。

我国现阶段外国语言学及应用语言学缺乏有质量的定性研究导致的一个可能的后果就是没能产生重要的应用语言学理论。和定量研究不同，定性研究有着天然的“探究”的本质，能够对未知的领域展开探索性的研究。艾森哈特（Eisenhardt 1989）认为，如果对某一现象所知甚少，那么对几个案例进行详细的研究是一种特别合适的方法，因为这种方法不依赖之前的文献或实证发现。正因为不依赖之前的文献，定性研究可以发现前人没有发现的东西，从而形成新的理论（关键问题在于所做的定性研究也要符合一定的质量标准，我们将在下一节进行讨论）。

本书是一本关于应用语言学的研究方法论的专著，它有一个很显著的特点，那就是它不仅用大量章节详细介绍了定性研究方法，比如个案研究、民族志研究、日记研究、扎根理论，等等，而且还细致地介绍了收集定性研究数据的流程和途径，比如如何录音、如何转写、如何实施日记研究等。我认为阅读本书能有效地提高定性研究的质量。

三、研究方法的质量标准

论文的国际发表问题似乎是国内语言学及应用语言学界最近讨论的一个热点问题。其实论文国际发表的问题也是一个方法论问题。如果你的选题不够新、不够前沿，你的论文别说在国际上发表，在国内好的刊物上也是发表不了的。那么有了好的选题之后，如果研究步骤不规范，也很难在国际刊物上发表。因此，研究方法的规范性就显得十分重要。谈研究方法的规范性，一个首先需要考虑的问题就是“研究方法有没有公认的国际标准？”。这个问题似乎不太好回答，因为不同研究领域，不同研究阵营往往使用有利于自己的质量标准。但是国际学术界总是有判断一个好研究的标准。

对于定量方法来说，标准问题可能并不是一个问题。定量研究强调研究的可复制性和推广性，那么它必须具备统一的标准。定量研究的标准一般从两个方面来衡量，一是信度，二是效度。所谓信度，指的是我们对特定总体在不同情况下实施测量手段和进行的实验程序得出一致性结果的程度（Dörnyei 2007：51）。所谓效度，尽管有一些不同的意见，但大致可以分为测量效度和研究效度。所谓测量效度，简单地说，如果某个测试测了它想测的内容，那么它就是有效的。所谓研究效度，具体地讲就是（1）研究者基于观察所作解释的有效性;（2）这些解释可推广到其他研究的程度（Bachman 2004）。对定量研究来说，信度和效度是可以测量并报告在研究论文里面的。定量研究的质量有通用的标准，比如由美国教育研究联合会（AERA）、美国心理学会（APA）和教育测量全国委员会（NCME）颁布的美国教育研究协会、美国心理学会和教育测量全国委员会的教育和心理测量标准（AERA, APA and NCME 1999）。这为定量研究设计提供了指南，研究者或者初学者可以通过阅读指南掌握定量研究的质量标准。

对定性研究来说，情况有些不一样。因为定性研究并不以研究对象的共性为目标，而是探讨研究对象独有的、个性化的现象或事实，因此很难给定性研究订立一套通用的标准。但是这并不意味着定性研究没有通用的标准。为了让定性研究看起来更“科学”，不少的研究者参考定量研究的信度和效度标准提出了定性研究的质量标准。比较著名的有林肯和古巴（Lincoln and Guba 1985）对质量标准的分类以及马克斯韦尔（Maxwell 1992）对定性研究效度的分类（详见本书第三章）。但本书作者也提出了一些确保定性研究效度的策略。比如树立正直的研究者形象（包括提供审查、测试语境化和深度描述、检查异常值、极端或负面案例以及替代解释等）和效度 / 信度检查（包括受访者反馈、同伴检查等）。阅读本书，读者应该能够得到关于定性研究标准的详细解释。

对于混合法研究来说，情况似乎更为复杂。因为混合法涉及到定量和定性设计，其标准到底是采用定量标准还是定性标准似乎是一个问题。有学者（比如 Teddlie and Tashakkori 2003）建议，因为混合法研究是第三种主要研究方法，应该有独立的质量标准。但本书的作者认为不应该为混合法研究创造新的质量标准，而是应该借用已经存在的定量或者定性标准，因为就混合法而言，它混合的是定量和定性研究设计理念。并且就研究设计而言，总有一种设计会占据主要的地位，因此混合法研究的质量标准要么以定量研究为主，要么以定性研究为主。但是，既然混合法研究是一种独立的研究方法，它肯定有区别于定量研究和定性研究的地方。本书作者提出了“设计效度”这个概念来对应混合法研究。所谓“设计效度”，指的是在一个混合法研究中，定性设计部分和定量设计部分在何种程度上相互结合、协调，使整体设计既展示互补优势，又暴露了组成方法不重叠的劣势（Dörnyei 2007）。因此，研究者需要报告混合法研究的设计效度，需要提供两方面的质量证据：首先，他们必须说明在自己的研究中选择定量、定性方法进行组合的合理性。和混合法讲究实用的研究本质一致，这里讲的理据主要是研究问题 / 主题与研究方法相匹配的程度，它支持“适用性”选择。第二，研究者需要证明，相比单个研究方法，混合法设计可以提高效度。本书专门用一个章节的篇幅讲述了如何进行混合法研究设计，这也是本书区别于其他方法论专著的地方。我认为阅读本书能够有效地提高混合法研究的设计能力。

我国的外语工作者和应用语言学研究者，特别是定性研究者，如果想让自己的研究符合国际标准，还得重视另外一个重要的问题，那就是研究的伦理问题。这个问题在我国的学术界似乎还没有引起足够的重视。我从2007年开始就给《中国应用语言学》（之前曾叫《中国英语教学》）审稿，以我的经验来看，似乎很少有研究会报告自己研究的伦理规范。我还是英国利兹大学和雷丁大学TESOL硕士项目的兼职导师，每年都会指导一定数量的研究生。针对研究的每一个步骤，利兹大学和雷丁大学都会有伦理规范要求学生去遵守，有严格的报告制度。和很多国内的方法论教材或者专著不同，本书详细地介绍了定量、定性或者混合法研究中应该遵守的伦理道德规范。因此，对于那些想让自己的研究符合国际规范的研究者来说，阅读本书无疑是一个不错的选择。

四、致谢的话

翻译这么一本专业性很强的方法论专著，的确是一件非常辛苦却又十分快乐的工作，没有很多人的指导和陪伴，我想我很难完成这个艰巨的任务。首先要感谢商务印书馆的编辑团队。在翻译本书的过程中，他们不厌其烦地回答我的问题，阅读译文初稿，提出修改意见，并在我在出现犹豫、彷徨情绪时不停地鼓励我。没有他们的帮助，我不会在翻译此书的过程中找到这么多的快乐！

其次要感谢我的研究生们（她们是张启、汪庆、李杰、郑琴、钟馨和金钰），她们为我查找资料，并阅读我的译文初稿，并从研究新手的角度出发，向我提出了很多意见和建议。

还有一个人特别需要感谢，那就是本书的作者佐尔坦·德尔涅伊教授。虽然我至今仍然不认识他，但通过阅读他的著作，我感受到了他的严谨和博学。同时，通过翻译这本专著，我认真、系统地学习了应用语言学的研究方法，这让我（自认为）对应用语言学研究方法的认识提高到了一个新的高度。

在我写这篇前言的时候，编辑部转来了牛津大学出版社香港分社延请的审稿专家的审稿意见，里面除了肯定的言语之外，还有一些中肯的改进意见。我知道，本书的翻译出版还涉及一些我从未谋面、也不知道名字的人。他们默默地为本书的最后出版作出了自己的贡献，谨借本前言的一角向所有人的付出表示感谢！

赵　晨

广东外语外贸大学心理语言学教授、博士、博士生导师

参考文献

桂诗春、宁春岩，1997,《语言学方法论》，外语教学与研究出版社。

AERA, APA, and NCME. 1999. *Standards for Educational and Psychological Testing.* Washington, D.C.: Author.

Bachman, L. F. 2004. "Linking observations to interpretations and uses in TESOL research". *TESOL Quarterly* 38/4: 723–728.

Davies, N. K. 1995. "Qualitative theory and methods in applied linguistics research".

TESOL Quarterly 29: 427–453.

Denzin, N. K. and Y. S. Lincoln (eds.). 2005. *The Sage Handbook of Qualitative Research*, 3rd Edition. Thousand Oaks, Calif.: Sage.

Dörnyei, Z. 2007. *Research Methods in Applied Linguistics.* Oxford: Oxford University Press.

Eisenhardt, K. M. 1989. "Building theories from case study research" . *Academy of Management Review* 14/4: 532–550.

Lincoln, Y. S. and E. G. Guba. 1985. *Naturalistic Enquiry.* Newbury Park, Calif.: Sage.

Maxwell, J. A. 1992. "Understanding the validity in qualitative research" . *Harvard Educational Review* 62/3: 279–300.

Teddlie, C. and A. Tashakkori. 2003. "Major issues and controversies in the use of mixed methods in the social and behavioral sciences" in A. Tashakkori and C. Teddlie (eds.). *Handbook of Mixed Methods in Social and Behavioral Research.* Thousand Oaks, Calif.: Sage.

目　　录

序言 ………… xxv

致谢 ………… xxviii

第一部分　研究方法论中的核心问题

第一章　导言：什么是研究？本书如何看待研究？ ………… 3

1.1　好的研究者的特质 ………… 5

1.2　我对研究方法的态度 ………… 6

1.3　本书的主要内容 ………… 7

1.4　延伸阅读 ………… 10

第二章　定性、定量和混合法研究 ………… 14

2.1　定性–定量差异 ………… 15

2.2　定量研究 ………… 22

2.3　定性研究 ………… 27

2.4　混合法研究 ………… 36

2.5　我的范式立场 ………… 41

第三章　质量标准、研究伦理及其他研究事项 ………… 43

3.1　研究的质量标准 ………… 43

3.2　研究伦理 ………… 62

3.3　研究问题和假设 ………… 72

3.4　开展研究的其他要素：先导研究、研究日志以及数据管理 ………… 76

第四章　纵向研究与横向研究 …… 80
4.1　纵向研究的定义和目的 …… 81
4.2　纵向研究与应用语言学 …… 83
4.3　纵向设计的主要类型 …… 84
4.4　纵向定性研究 …… 90
4.5　纵向混合设计 …… 92
4.6　设计选择：纵向还是横向？ …… 92
4.7　定量纵向研究数据分析 …… 94

第二部分　数据收集

第五章　定量数据收集 …… 99
5.1　定量研究中的抽样 …… 99
5.2　问卷调查 …… 107
5.3　实验与准实验研究 …… 124
5.4　通过互联网收集定量数据 …… 130
第六章　定性数据收集 …… 133
6.1　定性数据 …… 134
6.2　定性研究的抽样 …… 135
6.3　民族志 …… 140
6.4　访谈 …… 145
6.5　焦点小组访谈 …… 157
6.6　内省法 …… 161
6.7　个案研究 …… 166
6.8　日记研究 …… 171
6.9　研究日志 …… 176
第七章　混合法研究：目的和设计 …… 180
7.1　混合法的研究目的 …… 181
7.2　不同研究范式的兼容性 …… 184

7.3 混合法研究的主要类型 …… 186
7.4 为什么人们不更多地使用混合法？ …… 193
第八章 课堂研究 …… 195
8.1 课堂研究的起源与主要类型 …… 197
8.2 课堂观察 …… 198
8.3 混合法课堂研究 …… 206
8.4 课堂研究的困难与挑战 …… 208
8.5 行动研究 …… 212

第三部分 数据分析

第九章 定量数据分析 …… 219
9.1 计算机化的数据分析和 SPSS …… 219
9.2 准备分析用的数据 …… 221
9.3 数据简化和信度分析 …… 229
9.4 重要的统计概念 …… 230
9.5 描述性统计 …… 238
9.6 比较两组差异：t 检验 …… 240
9.7 比较两个以上的组：方差分析 …… 243
9.8 相关性 …… 248
9.9 非参数检验 …… 253
9.10 高级统计程序 …… 257
第十章 定性数据分析 …… 269
10.1 定性数据分析的主要原则 …… 270
10.2 定性内容分析 …… 273
10.3 扎根理论 …… 288
10.4 计算机辅助的定性数据分析 …… 294
第十一章 混合法的数据分析 …… 301
11.1 数据转换 …… 302

11.2　极端案例分析 …… 305
11.3　类型 / 类别发展 …… 306
11.4　多层级分析 …… 307
11.5　计算机辅助的混合法数据分析 …… 307

第四部分　报告研究结果

第十二章　撰写定量研究报告 …… 311
12.1　学术写作的两个功能 …… 312
12.2　风格手册 …… 313
12.3　定量研究报告的结构 …… 314
12.4　方便读者理解的数据呈现方式 …… 322
第十三章　撰写定性和混合法研究报告 …… 326
13.1　撰写定性研究报告 …… 326
13.2　撰写混合法研究报告 …… 337

第五部分　总结

第十四章　如何选择合适的研究方法 …… 345
14.1　一般建议 I：采用实用方法 …… 345
14.2　研究内容因素 …… 346
14.3　读者因素 …… 347
14.4　实用性因素 …… 348
14.5　个人因素 …… 349
14.6　一般建议 II：考虑混合法 …… 352
14.7　最后的话 …… 352

后记 …… 354

参考文献 …… 356
索引 …… 374

序　　言 9

20 世纪 80 年代中期，我开始做博士研究。那时，我对弥漫在自己身边愈演愈烈的不同研究范式之间的对立情绪竟然毫不知情。这种对立情绪主要来自研究方法的两大阵营：使用定性研究方法的建构主义者 / 解释主义者和使用定量研究方法的实证主义者 / 经验主义者。假如当时我了解这种对立情绪的话，我可能会因为自己的研究理念而加入到建构主义 / 解释主义的阵营。然而事与愿违，在我感兴趣的研究领域——二语习得中的社会心理学（特别是学习态度和学习动机研究）中运用最多的研究工具是"调查问卷"。这也是我在博士研究中广泛使用的方法。我最终意识到自己当时早已不可抗拒地被推到了实证主义者的阵营当中。

20 世纪 90 年代，当我第一次被告知自己是个"实证主义者"时，我完全不清楚"实证主义"到底是什么意思。随着不断学习，我了解到"实证主义"是一种科学范式和世界观，认为物体存在和独立的社会现实可以通过标准化的科学工具进行实证研究。然而，我也注意这样一个事实，那就是使用 positivist（实证主义者）这个词的人几乎都不太认同这种研究范式。并且这个词本身的用法也并不正面：像是在暗示某个人有些愚笨无知并且已经被孤立（或许还有大男子主义倾向）[①]。这并不是一个好消息，让我更加遗憾的是，我虽然是一个实证主义者，但是很多人也许并不知道，我却是一名"实证主义叛徒"：在 20 世纪 90 年代中期，我开始对二语习

① 我很开心地发现哈默斯利和阿特金森（Hammersley and Atkinson，1995:3）跟我有着相似的观点。他们说："现如今，'实证主义'已经不再是一个被社会科学家们使用的带侮辱意味的名词了，它的意义已经变得模糊"。

得研究中的负动机和群体动力这两个概念进行探索性的定性研究。并且在过去的十年间，我指导的博士研究生大多使用了定性研究方法，或许更“糟糕”的是，他们中的很多人使用了定性与定量相结合的方法。我不知道自己到底该属于哪个阵营了！

不过，我那无法让人高兴的故事最近有了令人欣慰的结局：我终于了解到，作为一个研究者，我应该是一个合格的“实用主义者”。也就是说，是一种值得提倡的哲学方法的拥护者。我和我的学生们目前使用的研究方法是一种“混合法”。这种方法在很多研究领域都广受欢迎，而且许多人对其倍加推崇。可见写这本书的时机是多么恰到好处！

鉴于以上情况，我现在可以大方地承认，指导我完成本书各个章节撰写工作的指导思想就是实用主义。而我在撰写本书时也遇到了一些困惑：研究是一项复杂的、多层面的活动，因此如果没有全方位的介绍，初学者
10 很难掌握相关的程序性知识，从而会失去信心。此外，虽说成为一个研究专家是一辈子的事情，但我们也不能非得等到将所有相关细节知识都掌握了之后才进行第一项研究。相反，我个人认为做研究最重要的是“做”这件事本身——“着手去做”之后自然而然地会为这个令人兴奋的过程着迷。那么，研究方法究竟该怎么教才算有效呢？我们究竟应该如何做才能让年轻学者在研究的过程中不违背科学研究的基本准则呢？

在我看来，学术领域的研究存在一个最基本的“门槛”，一旦达到入门要求，就能做出有质量、有水平的研究，哪怕十年之后再回头看，也不会觉得之前的研究有什么不妥。我们可以为以上的观点找到一个注解。20世纪60年代，精神分析专家温尼科特（Winnicott 1965）提出了“足够好的妈妈”这个概念，之后被延伸到家庭教育领域，就有了“足够好的父母”这个概念。为了使孩子心理健康成长，父母无须做到“完美”；相反，为了促进孩子的健康发展，“足够好的教育”仅仅要求父母能够达到“合格教育”的水平线（包括包容、理解、安慰、保护和爱）以上即可，并不一定非要变成“超级妈妈”或者“超级爸爸”（Bettelheim 1987）。我认为

这个理论很有启发性，因此将“足够好”这个理念贯穿到了本书的始终。本书将以该理念为目标阐述一个“足够好的研究者”的研究方法。

我坚信，一个“足够好的研究者”既要懂得定性研究方法，也要了解定量研究方法，或许还要知晓将二者结合的混合法。塔沙克里和特德利（Tashakkori and Teddlie 2003c）在《社会和行为研究混合方法手册》中指出，研究方法“范式之争”最糟糕的后果是对学生产生了不良影响。很多学生因此深受“双重语言主义”之苦，在研究方法和思维方式上出现“人格分裂”。在很多场合下，他们被告知，如果使用的研究方法不是定性的，那么就是定量的，二者必居其一。这显然是不切实际的。幸运的是，应用语言学领域大体上避免了这种极端情况的出现。我希望本书的读者能理解对于新一代“足够好的研究者”的要求，即要对两种研究方法都足够了解，从而能够领会和欣赏使用每种研究方法的研究，甚至能够根据自己的研究主题或研究问题对实际应用的研究方法加以改良。因此，我十分赞同达夫（Duff 2002：22）的结论，即“总体而言，加强对不同研究方法和研究领域的集体意识和了解（理想情况下，发自内心地欣赏）可以最大限度地帮助该领域的研究”。编写该书的初衷也是受到了类似想法的鼓 11
舞，即通过强调两种研究方法各自的优势，以及将这些优势结合以达到互补效果，从而超越研究范式之争。

致　谢

本书的写作是一段令人愉悦的旅程，一路上得到了许多人的鼓励和帮助。首先，我要感谢牛津大学出版社的克里斯蒂娜·怀特克罗斯（Cristina Whitecross）女士，她自始至终都对本书的出版提供了十分宝贵的支持，其作用显然超越了一个好编辑的范畴。同时也特别感谢西蒙·缪里森–鲍伊（Simon Murison-Bowie）编辑，他不仅对本书全部文本进行了仔细的审校，而且对于本书的内容和呈现方式都给出了非常有价值的建议。感谢帕齐·达夫（Patsy Duff）和让–马克·德维勒（Jean-Marc Dewaele）。他们二人在本书刚刚开始筹划时就给予了我很大的帮助，希望最终的版本不会让两位感到失望。

我一直非常幸运。不少朋友和同事自愿审读全部手稿或部分章节，然后给我提出了很多具体的改进建议。在此，我要向凯茜·康克林（Kathy Conklin）、尤迪特·科尔莫什（Judit Kormos）、玛吉·库巴尼奥娃（Maggie Kubanyiova）、帕齐·莱特鲍恩（Patsy Lightbown）和亨利·威多森（Henry Widdowson）所提出的各种建设性意见表示诚挚的谢意（当然，这也给我增加了许多额外的工作量……）。我相信，在我尽可能多地接纳了大家的意见后，本书的质量已经有了进一步的提升。最后，毕竟本书是我个人对于研究方法研究的一次尝试，难免会有疏漏和瑕疵。回过头看，本书写作的难度远远超过了我当初的预期，但是我更希望把我在研究工作中感受到的研究魅力传递给大家。

本书摘录和改编的材料获得了以下作者和出版社的授权，谨代表作者和出版社对此表示诚挚感谢：

p. 182 的文本节选自《语言教学观察计划的交际取向：转写规则及其应用（A 卷）》（*Communicative Orientation of Language Teaching Observation Scheme: Coding Conventions and Applications: Part A*, 1995）。得到了英语语言教学与研究国家中心的摘录许可。版权属于麦考瑞大学。

pp. 252, 253, 255：NVivo 7 的屏幕截图得到了 QSR 国际有限公司的许可和授权。NVivo 和 NVivo 7 是 QSR 国际有限公司的商标和注册商标。网址是 www.qisrinternational.com。

pp. 201, 204, 216, 236, 235：SPSS 软件有限公司。

第一部分

研究方法论中的核心问题

第一章 15

导言：什么是研究？本书如何看待研究？

初次接触社会科学研究方法的学生常常会听到诸如“统计学”“抽样”“信度”“效度”等术语，这些术语往往使社会科学研究显得非常复杂，非常专业，甚至令人望而生畏。事实上，对于一个从未做过社会科学研究的普通人来说，看到一个社会科学家正在运用结构方程模型的方法对采用分层随机抽样得到的利克特量表（Likert-scale）数据进行建模，他对此类场景的认识可能并不比看到一个身穿白大褂、面色严肃的自然科学家在实验室里做着各种奇奇怪怪事情的场景来得更真实。这些专业术语和对研究表象性的认识都使研究看起来像是只有专家、学者才能做的事情，普通人最好敬而远之。而本书则想要把研究“用户友好”（user friendly）的一面呈现出来，努力表达这样一种理念，即我们每一个人只要在常识的基础上稍微多用点心就能做出有价值的研究。我确实希望在读完本书后，大部分读者都认同我的观点——“只要你想，就能做到”。

那到底什么是研究呢？从根本上讲，“研究”就是试图寻找问题的答案。这几乎是我们每个人为了解世界每时每刻都在进行的活动。拿一个具体的例子来说，如果你要去挑一张最便宜的音乐光盘，你可能要比较几家商店的价格或者直接上网搜索，这个过程就是在做“研究”。我承认这可能算不上是一个好的研究，因为我们的调查范围很局限。就算我们找到了看起来便宜的光盘，但也可能在我们没有到访过的商店或网站有更便宜的。一项好的研究应该具有系统性，这样我们才能对研究结果有足够的自信。也就是说，从科学的角度出发，所谓研究就是“有序地、系统地为研究问题寻找答案的过程”（Hatch and Lazaraton 1991：1）。简而言之，研究就是严谨的调查。

根据布朗（Brown 1988）的相关研究，我们整理出了两种寻找答案的方法：

16 1. 通过综合他人对某个特定问题的看法来寻找答案。这通常被称为“二手研究”（secondary research）、“概念研究”（conceptual research）或“图书馆研究”（library research）。这是一种非常必要的调查形式，因为毕竟置他人的成果于不顾，“无谓地重复劳动”是一件既浪费精力又浪费时间的事。
2. 通过自己收集数据（专业术语称之为“实证”）的方法寻找答案。这包括收集某些类型的信息（或“数据”），然后从中归纳出结论。这种方法也叫作“一手研究”（primary research）。

本书的内容主要涉及第二种研究类型，即自己收集数据，特别是在语言学习领域的数据收集。为什么要自己收集数据呢？如果我们认为自己能够对语言习得和使用研究做出新的贡献，是不是太过于天真和自大了呢？毕竟那些有价值的研究问题可能已经被那些比我们学识渊博的人研究过了，该得出的结论可能早就已经得出过了。然而，事实并非如此，至少有两个理由可以证明：首先，没有两种语言的学习 / 使用环境是完全相同的，因此我们在前人研究中读到的结论可能无法成为我们具体问题的答案。其次，研究本身也一直在进步，在以往研究成果的基础上，新的研究在持续不断地取得突破。

可能还有第三个原因可以鼓励语言研究者从事自己收集数据的一手研究。简单地说，一手研究是一项充满乐趣、有益于智力的活动。许多人都喜欢玩填字游戏和猜谜，其实一手研究就是一个更大规模的游戏。除此之外，从事一手研究不仅仅意味着回答问题、解决谜题或找出问题原因的过程令人兴奋，它也是促进研究人员自身发展最有效的途径之一，同时又能够惠及他人。该观点在麦凯（McKay 2006：1）最近一本有关语言教师研究的书中有很清晰的阐述：

> 对于教师而言，促使自己做研究的一个很重要的原因就是要促使自己成为一个更有效能的教师。研究对教学的促进作用，并不在于对教学中出现的问题给出明确的答案，而在于对教和学的具体过程提出新的见解。

1.1　好的研究者的特质

我们需要具备什么样的特质才能成为一个好的研究者呢？我个人是这样认为的，要想成为一个好的研究者，并不一定非要在实验室、档案馆或者其他什么机构里苦熬数十年。也就是说，研究并不是一件需要我们做出
很多牺牲、付出很大代价才能做好的事。（其实很多应用语言学家都十分 17
享受生活！）虽说经验和学术阅历对成为好的研究者有帮助，但它们并不是成为一个成功研究者的前提条件。比如，我们经常听说在某个高校研讨会报告过的论文发表在国际期刊上，这样的例子并不罕见；应用语言学领域也有不少重要研究是基于硕士论文发表的。因此，想要产出好的研究成果并不一定要熬成满头白发或者经验十分丰富。在我看来，具备四个基本特征就可以成就一个好的研究者，即发自内心的好奇心、丰富的常识、好的想法以及一种自制力、可靠性和社会责任感的结合体。我们接下来一一展开讨论。

多年以来，我越来越相信一个好的研究者最主要的特质就是他对自己的研究题目有强烈的、发自内心的好奇心。好的研究者总是会紧紧抓住他们感兴趣、有疑惑或者有某种直觉（研究术语称之为“假设”）的问题不放。严谨的研究都不可避免地需要一番刻苦工作，而在这段艰苦工作的过程中，能够使我们保持动力和创造力的唯一方式就是我们对研究题目的挚爱。因此，对于刚开始从事研究的学生，我会建议他/她一定要选择一个

自己真正感兴趣的研究题目，而不是选择一个更专业的题目。

对于一个好的研究者而言，第二个重要的特质是具备常识。当我们全身心地投入到某项研究活动中时，我们很容易脱离现实，偏离当初的目标，进而会变得有偏见，然后慢慢误入歧途。很多调查研究准备精心、耗费巨大、看起来颇为“科学”，却着眼于非常琐碎无聊的主题。应用语言学家，就其定义中的“应用”二字而言，显然要与现实世界紧密结合，而且我也发现这个领域最好的研究者都是一些常人。他们有着非常丰富的常识，这使得他们能够更好地、脚踏实地开展研究。

关于做好研究，我想强调的第三个方面是要有好的想法。在我看来，再复杂的研究设计或分析方法都取代不了基于现实的、有创意的思考。应用语言学领域里有很多著名的研究，它们的研究方法都并不复杂，却都有简单、独特的视角，往往让我们不禁唏嘘：“我怎么就没有想到这些呢！”

最后，我坚信一个好的研究者还要遵守学术规范，并且要有责任感，这是因为研究本身具有**系统性**。在进行调查的过程当中，研究者可能会不时地产生一些投机取巧的想法，比如抄近路、省略一些步骤或是直接给出一些并不被研究数据支持的结论，等等。学术规范会约束研究者始终走在正轨上。而缺少学术规范的约束通常会导致研究不充分或者结论前后不一致。帕齐·达夫（私下交谈）还曾向我提出过另外一个重要特质，他说一个好的研究者应该具有社会责任感，即对自己从事的学术领域甚至是对世
18 界负责任。研究并不能为研究而研究，而是为了创造新的知识，加深我们对事物的理解。这就意味着一个好的研究者应该懂得如何把自己的研究结论与他人分享，本书第四部分就与如何撰写研究报告有关。

1.2　我对研究方法的态度

我对研究方法的态度可以从两个方面来阐述。一方面，我不主张在讨论研究方法的教材里过多探讨研究方法的哲学内涵。作为一名研究动机的

学者，我承认自己的研究行为（尤其是可持续的、连贯的行为，比如研究热情）会受到抽象原则的制约，但从抽象层面探讨研究方法很容易让人迷失方向。此时，我总是忍不住想说："为什么不试着开始做呢"？我很庆幸自己不是唯一有这种想法的人。迈尔斯和休伯曼（Miles and Huberman 1994：2）在讨论定性研究的替代方法时曾说"有时，不同学派在争论如何更好地做定性研究上所花的精力已经远远超过了研究本身的需要"。我很赞同这个观点，但问题远不是如此简单，我们会在第二章和第七章从不同立场对此进行更为详细地讨论（序言部分也提到了我个人的一些观点）。

另一方面，我对"糟糕"的研究无法容忍。也正因为如此，我坚定地认为熟练掌握"研究之道"十分重要。所谓"研究之道"就是通过实践得出来的基本原则。这也是先辈研究者们数十年积累下来的经验。除此之外，还要学一些研究技巧，不能一味地用试错法去规避各种研究陷阱，因为它十分耗时费力。研究方法还有很多关键原则须要时刻牢记，否则就有可能对我们的研究成果带来无可挽回的缺漏。因此，我十分欣赏那些直截了当、一目了然的研究方法，因为它们不仅能够提供实际的帮助，还为研究者画出了清晰的边界。

1.3　本书的主要内容

研究方法论所包含的范围非常广，因此每部分的内容都是精心挑选的。为了使本书更易于理解和学习，我认为有必要在现阶段就把本书内容的一些关键部分先做简要介绍。

定性数据和定量数据 19

如前所述，本书主要着眼于"一手研究"，包括收集初始数据、分析数据和基于数据分析得出结论。因此，本书讨论的重点也是数据。概括地讲，在应用语言学领域我们主要会接触三种类型的原始数据：

- 定量数据：主要通过数字方式呈现（比如语言学习能力测试成绩、学生在课堂主动发言的次数等）。
- 定性数据：通常包括被转写成文本的口头录音数据（比如访谈数据）、书面笔记以及其他各种类型的文档。
- 语言数据：包括来自不同受访对象、不同长度的语言样本（比如一个录过音的语言任务、一篇将要进行语篇分析的学生论文等）。应当特别指出的是，此类语言数据通常会被认为是定性数据，但我觉得有必要把它们从定性数据中区分出来。

本书将重点讨论前两类数据，基本不会提到第三类数据——语言数据，除非在非语言分析中。对语言数据的收集和分析在应用语言学领域是一项专业化程度非常高的工作。很多应用语言学的分支领域，比如语言测试/评估、语篇分析、会话分析和语料库语言学等已经发展得非常好了。它们主要处理语言数据，每个领域都已有相当多有价值的综述发表，比如阿道夫斯（Adolphs 2006）、奥尔德森（Alderson 2006）、巴克曼和帕尔默（Bachman and Palmer 1996）、布朗（Brown 2005）、卡特等人（Carter *et al*. 2001）、肖德龙（Chaudron 2003）、埃利斯和巴克惠岑（Ellis and Barkhuizen 2005）、富尔彻和戴维森（Fulcher and Davidson 2006）、马基（Markee 2001）、诺里斯和奥尔特加（Norris and Ortega 2003）、席费林等人（Schiffrin *et al*. 2003）、威多森（Widdowson 2004），等等。尽管我也会参考这些领域的著作，但本书的目的主要是总结出对定性和定量数据都通用的处理方法，如果稍加转化，也可用于某些语言分析。（应该承认，这种分类方法还比较粗糙，因为不同的数据类型之间也有交叉。比如定性数据和语言数据都能转换为相应的定量数据。不过这样的分类体系对阐明研究的基础还是有帮助的。）

定性、定量和混合法研究

由于定性数据和定量数据有着本质上的区别，以至于收集和分析这些数据的方法也不同，从而导致了两种研究范式之间的差异，即“定性研

究”和“定量研究”。在此，我们事先申明，定性和定量的区别被“过度
夸大”了（Duff 2006：66）。布朗（2004a）曾提出过一种颇具建设性的 20
建议，他认为应当把定性和定量研究看成一个连续的统一体，它们不是泾渭分明的两个极端，只是在程度上有所不同而已。无论如何，区分定量研究和定性研究对初学者还是很有帮助的，我们会在下一章中详细说明。

尽管以定性-定量为标准区分了定量研究和定性研究两种不同的方法，但我不会把它们看成互相排斥的两个个体。事实上，本书有一个很特殊的目的，那就是向读者介绍第三种研究方法——“混合法”。这是研究方法论中一个正在茁壮成长的新的分支。它将定性研究和定量研究结合起来，加以综合运用，希望能够发挥各自的优势。所以在本书中，我会尽量打破定性研究和定量研究这两种方法在实际应用中的界限，从众多可能的选项中总结出能够将二者完美结合的最佳路径。

保守方法和规范方法

在过去的十年间，研究方法论产生过很多有趣的分歧。比如在定量研究中，以显著性检验为代表的统计方法及其应用就引起过激烈的争论。在定性研究方面，民族志研究（ethnographic research）和扎根理论（grounded theory）曾产生过激烈的对立。这种研究方法的对立不仅仅体现在一些具体的研究问题和领域。因为研究方法关乎人们认识周围世界、接受周围世界的主要过程，所以不同世界观的学者很可能提倡一些不同的研究路径。然而结果是，在过去的四十年间，研究方法已经变成了不同哲学观点和政治主张激烈冲突的竞技场，并充斥着各种问题，比如“我们周围的现实是怎样的？”“研究人员的社会责任是什么？”“为了让一个观点令人信服，我们需要提供什么样的证据？”，等等。

毫无疑问，本书所提到的一些基本看法并不能代表那些主张区分定性-定量研究的人的立场。我也不做过多的澄清。相反，我更关注那些已经在各个研究领域广泛使用并且被研究者接受的研究标准。因此，我会在

本书中优先推荐一些经受了时间检验的研究标准和建议。当然，这也许会让我们呈现材料的方式显得有些保守，不那么时尚。

21 1.4　延伸阅读

从事应用语言学研究的人可以从许多领域找到和研究方法有关的资源。首先很重要的一点，就是专门为应用语言学研究提供方法论参考的文献资料还比较丰富。不过，由于研究方法具有一定的通用性和可借鉴性，我们也可以在为社会科学研究者这个群体，尤其是为心理学、教育学研究者提供研究方法的文献中找到相关信息。因此，对研究方法的更深层面感兴趣的读者，可以从这些“支撑”学科中找到相关的参考文献，因为如果把这些学科中的研究经验累加起来的话，那肯定会远远超出应用语言学一门学科。定性研究在社会学和民族志的研究中一直占据着十分重要的地位——脱胎于这个传统的研究总体上都属于社会科学研究。定量研究和统计学传统上是由于心理学研究，或者心理学领域里的一个专门研究评估问题的分支学科——心理测量学研究的需要而产生的。教育研究一直都有将在社会科学中广泛使用的研究方法进行改进和创新并用于学生学习研究的一些具体领域。它也因而能够在一些专业领域提供独特的专业指导，如教育干预研究、课堂观察等。

下面，我把我在研究过程中和撰写本书的过程中发现的关于研究方法论的有用论著列举出来，以供参考。它们可能并不全面，同行们如果发现我遗漏了一些重要的“珍宝”，还望谅解。

语言学和应用语言学资源

下面列举的是一些针对应用语言学研究方法的非专门领域论著（关于最近的综述，请看 Brown 2004b；Lazaraton 2005；Liskin-Gasparro 2005）。关于一些专门领域的研究方法论著，请看相关章节所附的参考文献。

Bachman, L. F. 2004. *Statistical Analyses for Language Assessment*. Cambridge: Cambridge University Press.

Brown, J. D. and T. S. Rodgers. 2002. *Doing Second Language Research*. Oxford: Oxford University Press.

Hatch, E. M. and A. Lazaraton. 1991. *The Research Manual: Design and Statistics for Applied Linguistics*. New York: Newbury House.

Johnson, D. M. 1992. *Approaches to Research in Second Language Learning*. New York: Longman.

Mackey, A. and S. M. Gass. 2005. *Second Language Research: Methodology and Design*. Mahwah, N. J.: Lawrence Erlbaum.

McDonough, J. and S. McDonough. 1997. *Research Methods for English Language Teachers*. London: Arnold.

Mckay, S. L. 2006. *Researching Second Language Classrooms*.Mahwah, N. J.: 22
Lawrence Erlbaum.

Milroy, L. and M. Gordon. 2003. *Sociolinguistics: Method and Interpretations*. Oxford: Blackwell.

Nunan, D. 1992. *Research Methods in Language Learning*. Cambridge: Cambridge University Press.

Richards, K. 2003. *Qualitative Inquiry in TESOL*. Basingstoke, England: Palgrave Macmillan.

Seliger, H. W. and E. Shohamy. 1989. *Second Language Research Methods*. Oxford: Oxford University Press.

Wray, A., K. Trott, and A. Bloomer. 1998. *Projects in Linguistics: A Practical Guide to Research Language*. London: Arnold.

社会科学选文注释列表

Creswell, J. W. 2005. *Planning, Conducting, and Evaluating Quantitative and Qualitative Research*. Upper Saddle River, N. J.: Pearson Prentice Hall.（平

衡地讲述了研究的各个方面，包括混合法。）

Denzin, N. K. and Y. S. Lincoln (eds.). 2005. *The Sage Handbook of Qualitative Research,* 3rd Edition. Thousand Oaks, CA: Sage.（这是一本关于定性研究的纲领性著作，已经出版到第三版。）

Holiday, A. 2002. *Doing and Writing Qualitative Research*. London: Sage.（一本由应用语言学家写给普通读者的书，特别强调如何撰写定性研究报告。）

Johnson, R. B. and L. Christensen. 2004. *Education Research: Quantitative, Qualitative, and Mixed Approaches,* 2nd Edition. Boston: Allyn and Bacon.（一本综合性的、均衡谈论各种方法的教材，以教育研究为主。）

Morse, J. M. and L. Richards. 2002. *Readme First for a User's Guide to Qualitative Research*. Thousand Oaks, CA: Sage.（定性研究初学者的理想读本。）

Pallant, J. 2005. *SPSS Survival Manual,* 2nd Edition. Maidenhead, England: Open University Press and McGraw-Hill Education.（包含很多 SPSS 使用说明，我发现这本书综合性很强，而且善于为读者着想。）

Punch, K. F. 2005. *Introduction to Social Research*, 2nd Edition. Thousand Oaks, CA: Sage.（简短易懂，直截了当。强烈推荐。）

Richards, L. 2005. *Handling Qualitative Data: A Practical Guide*. London: Sage.（非常接地气且实用的一本书。由定性数据分析软件 NUD*IST 和 NVivo 的开发者编写。）

23 Robson, C. 2002. *Real World Research: A Resource for Social Scientists and Practitioner-Researchers,* 2nd Edition. Oxford: Blackwell.（一本综合性强且实用的综述类著作，适合所有人。）

Silverman, D. 2005. *Doing Qualitative Research*, 2nd Edition. London: Sage.（对定性研究的初学者来说，本书的题目就有足够的吸引力。）

Tabachnick, B. G. and L. S. Fidell. 2001. *Using Multivariate Statistics,* 4th Edition. Needham Heights, MA: Allyn and Bacon.（涉及复杂统计问题的权威之作。）

Tashakkori, A. and C. Teddlie (eds.). 2003. *Handbook of Mixed Methods in Social and Behavioral Research*. Thousands Oaks, CA: Sage.（你想了解的有关混合法的所有内容都在此书中。）

24 # 第二章

定性、定量和混合法研究

定性和定量研究之间的差异是研究方法论里最普通和最广为人知的一对差异。正如戴维斯（Davies 1995）所强调的那样，这种差异不仅意味着数字数据和文本数据（比如开放式访谈或者自然观察到的数据）之间的不同，这种区分定性和定量研究的两分法还包含多重含义，比如研究所蕴含的理念、收集数据的方法、所收集数据的性质、数据加工和得出结论所用到的分析方法，等等。这显然是一个复杂的问题，我们首先从这两种方法的操作定义（working definition）开始：

- **定量研究**：涉及的主要步骤是收集数值性的数据，并主要用统计学方法分析这些数据。典型的例子是问卷调查，并用 SPSS 等统计软件进行数据分析。
- **定性研究**：涉及的主要步骤是收集开放式、非数值性的数据，并用非数值性的方法分析这些数据。典型的例子是访谈，并用定性的内容分析法分析转写的录音。

我在第一章简要地提到过，尽管这两种范式代表了实证研究中两种不同的研究方法，但它们之间并不互斥，二者的有机结合催生了第三种新兴的研究方法：

- **混合研究**：涉及的主要步骤是在数据收集或分析层面上混合了定性和定量研究的方法。典型的例子是连续的和相互关联的问卷调查及访谈。

在接下来的几个小节（2.2—2.4），我会对这三种方法进行详细论述。但在这之前让我们先花点时间审视一下定性和定量之间的差异，以便了解区分这两种方法的关键所在。在研究报告中，当需要对定性和定量研究方法 25
进行比较时，人们习惯将这两种方法分别用 QUAL 和 QUAN 来表示，我也会遵循这种惯例。

2.1 定性-定量差异

尽管从表面上看定性和定量研究的差异相对明确且直接。但在过去，二者之间的对比在各个可能想到的层面都引起过广泛的讨论。在这个问题上我们不过多停留。接下来我试着解释对 QUAL-QUAN 差异的讨论如何让事情变得更复杂。

首先，是否真的存在这样一种对比？如果存在的话，对比什么？例如，理查兹（Richards 2005）指出数值和非数值差异并不能够为我们提供足够的参考，因为定性研究者通常也会收集一些数字信息（比如受试者的年龄）；同样的道理，定量研究者也会收集一些非数字信息（比如受试者的性别或国籍）。所以，正如理查兹说的那样，“定性和定量数据并非存在于不同的世界。它们只是对同一世界所做的不同的观察记录而已”（p.36）。迈尔斯和休伯曼（Miles and Huberman 1994）也有同样的论述，他们认为所有的数据在某种程度上都是定性的，因为这些数据意指“人、事物和事情的本质”（p.9）。某些时候我们将自己对社会的原始体验转换成文字（定性），有时候将其转换成数字（定量）。因此，桑德洛维斯基（Sandelowski 2003）甚至认为根本没有一种被大家都接受的可用来区分定性和定量研究的方法，因为定性研究与定量研究本来就不可分。

即便我承认 QUAL 和 QUAN 并非对立的两级，而是一个连续的统一体，我们仍然时不时要地将二者进行比较。这是为什么呢？我将这种抑制不住的要将定性和定量研究进行对比的冲动归结为这两种方法之间的三种差异：（a）研究理念的差异；（b）分类的差异；（c）对个体差异感知的差异。我们接下来逐一看一下这些差异。

2.1.1 研究理念差异

尽管在 20 世纪初，社会科学领域（如社会学）的学者已经开始使用类似定性和定量的数据了，但直到 20 世纪中叶，在基于数字的统计研究成为主流后，定性-定量差异才逐步显现。一些学者开始高举“定性”的旗帜来挑战定量研究的领导权（在接下来的章节会分别具体论述这两种方法的起源）。因此，“定性”和“定量”这两个概念是作为研究理念的一部分，或者更确切地说是为了研究理念的斗争而被引入的。经过理性分析后，施万特（Schwandt 2000）从整体上将定性调查描述为“改良主义运动”。它团结了很多不同研究类型的学者，这些学者除了都不喜欢主流的定量范式外，毫无共同之处。正如他写道：

> 很多学者尽管经常意见相左，但他们却在反对科学至上主义、基础认识论、工具理性论以及标志着“主流”社会科学的哲学人类学的融合上保持了高度一致。因此，定性调查成了这些学者的“统一阵地”。（p. 190）

26 对抗精神催生了这两个术语。如果它们经常作为对立观点的代名词出现在我们周围的世界里，那我们就不应该感到惊讶了。

2.1.2 分类 / 编码对比

不同的研究方法有一个共同点，那就是需要对从我们周围的社交界获取的海量数据进行适当的删减，以便更好地处理数据。一般来讲，研究者用“类别”（categories）或“代码”（codes）来组织和编排信息，但定性和定量的相同之处也仅限于此。我们发现在定性和定量研究中，“类别”的本质和分类过程大相径庭。事实上，贝兹利（Bazeley 2003：414）讲到“代码产生的方式、代表的内容、使用的方法是定性和定量数据以及分析工具之间差异的核心”。

定量研究者先提前将变量定义好，然后给它们指定一个合理的赋值区间。这个值通常用数字表达。所以在开展一项研究之前，定量研究会首先编制代码表，然后根据这个表来加工数据（比如，在“性别”这个变量里，“男性”用 1 表示，“女性”用 2 表示）。定性研究者也会大量使用代码，但是定性分类在两个重要的方面和定量不同。第一，它们不是数字的，而是文字的，长度可以和一个短的文本标签相当；第二，它们通常没有设定先后顺序，具有灵活性和开放性，只要它们能够说明那些在研究过程中未被发现的意义有何细微差别就可以了。例如，我们计划在一个陌生的区域为两个国家划定边界线。如果采用定量方法，我们会首先确定分配给这两个国家的面积大小，然后取出地图，用尺子在地图上画一条线。相反，如果采用定性的方法，我们会抛弃这种自上而下的分配方式，而是根据这个区域固有的自然地理特征来划定分界线（比如河流和山脊等）。

2.1.3 对待个体差异的不同方式 27

在社会科学领域收集的大多数数据，不论是定性的还是定量的，都与人相关，即他们做了什么，他们有什么特点，他们想什么、相信什么，他们计划要做什么，等等。每个人作为个体对事物的感知、解读和记忆都与其他人不同，所以对事物的叙述会显示出个体间的差异。问题是不管研究资金多么充足，我们也不可能调查所有和我们研究的问题相关的人。因此我们必须面对这样一个事实，即选取的受访者会变成一个函数，使得最终的结果随着受访者的不同而不同。

定性和定量研究者都承认所调查的样本和研究结果之间存在上述关

系，但两大阵营看待这个问题的角度截然不同。定量研究者认为如果结果随着样本的变化而变化，这样的样本是有问题并需要改正的。定量的解决方式是使用足够大的样本，并且剔除和样本平均值差异太大的个体，因此结果在最大程度上反映了数据的共性。另一个方面，定性研究者对这种基于大样本而给出整体、平均描述的共性结论的价值提出质疑，认为这样会让我们忽略某些个体独有的特性。在定性研究看来，删除差异太大的个体的做法不足取，因为研究的真正意义在于共同构成我们这个世界的每个个体。当然，定性研究者也没有忘记每个个体都是不同的，但是和通过对个案进行总结从而得出共性的定量研究不同，他们还是相信应该从个体中发现多样化的结果。

因此，定量研究者遵从“普遍意义”的策略，而定性研究者则致力于对“独特意义”进行更深层的理解。然而，故事并不止步于此，因为定量研究者的“大数字”方法给定量数据分析提供了额外的收获，即统计学。我们必须先就此打住，并在继续论述之前先探讨一下统计学。

2.1.4　统计学和研究者敏感度

定量研究者曾经走了一条“意义存在于数字之中”的路，也收获了一个令人欣喜的发现。数学家发现如果我们有一个足够大的样本，那么这组人的特点会形成一个很特殊的模式，即“正态分布”（normal distribution）。这意味着在这个样本中，一些人会呈现很高的值，一些人会呈现很低的值，而样本中的大部分人则分布在中间或者平均值附近。这便是那个
28 极其重要的“钟形曲线”（见图 2.1），并且研究发现样本越大，分布就越“正态”，这条曲线就越规范（详情见 9.4.2）。这个钟形曲线本身所具有的独特属性使它显得非常重要，我们能够在这条曲线上建立一整套数学程序，并促进了“统计学”的产生与发展。

采取“意义存在于数字”这种方式不仅让定量研究者摆脱了之前提到过的因受访者的变化导致结果不同的困境，也提供了一套详尽的数据分析

工具。通过使用这些工具，数据分析增加了系统性，从而不用再依赖于研究者的主观解读。因此，定量研究能够在数据收集和数据分析的过程中消除个体差异。对于很多学者而言，定量研究的魅力主要在于系统性。它有明显的“去个体化”（individual-proof）属性，遵循明确的规则和制度，因此和自然科学的严谨极其相似。

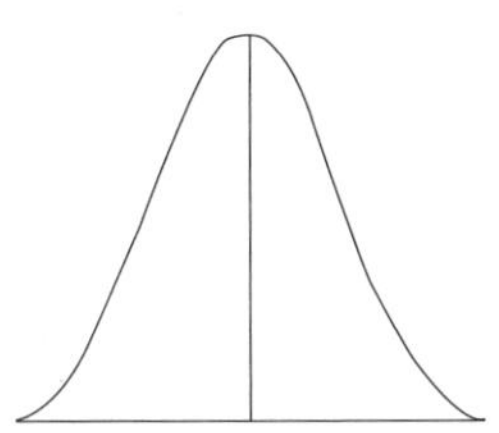

图 2.1　钟形的正态分布曲线图

相比较而言，定性研究所使用的“独特意义”方法并没有为其分析过程提供任何额外的收获。尽管定性研究也有数据分析程序，从而使研究更缜密、更系统，但是定性研究的核心仍然是研究者的主观敏感度、所接受的训练和所具备的经验。所以，虽然没有人否认定性研究方法可以使人们发现一些在定量研究中势必会失去的细微意义，但定性研究结果也会随着两个变量的改变而改变，即个体被调查者和个体研究者。对于很多研究者而言，定性研究的魅力就在于对于个体的敏感度。在这一点上我们或许可以察觉到定性–定量之争的强烈动机所在：我们很容易将上述对比归结为一场对立的战争，一场关于“无情”和“敏感”、“系统”和“杂乱”，以至于最终上升到“客观”和“主观”的争辩。

2.1.5 定性–定量对比和“范式战争”

一直在延续使用的区分定性–定量的做法引发了争论。这场争论在二十世纪七八十年代逐步升级为一场彻底的“范式战争”。这场冲突几乎无可避免，因为当时所有的开战条件均已具备，只为让两大阵营决一雌雄。正如我们在之前的章节看到的，定性和定量这两个概念最初正是为标记对立立场而引入，它们的对立立场在以下三个层面体现得淋漓尽致：

29 a. **对世界的分类**（定量研究：预先设定数字的分类系统；定性研究：自然出现的、灵活的文字编码）。

b. **对个体多样性的感知**（定量研究：用大样本剔除任何个体特性；定性研究：关注生物个体所具有的独特性）。

c. **对数据的分析**（定量研究：依赖于形式化的统计学系统；定量研究：依赖研究者个人的感知）。

如此看来，如果说定量研究通过一种结构严谨、控制严密的方法，从宏观视角看待世界的整体趋势，那么定性研究则运用灵活、语境敏感度高的方法从微观视角呈现了这个世界每天的现实。这种区别在范式之争中逐步演变为两种不同的世界观之争。卷入范式之争的“勇士们”争辩的是：到底哪种范式的分析能够更为有效地从整体上反映人类生活和社会世界的现状？关于这些不同的立场有很多持质疑态度的论文，这些论文都坚持认为定性和定量的研究方法植根于两种截然不同的范式，如果将二者进行融合，我们很可能会失去它们各自的本质。我在本书中阐述的立场是：这种观点是不正确的。

2.1.6　定性–定量研究差异的三个立场：纯粹主义、情境主义和实用主义

正如我们在之前章节所讨论的，把不同的世界观、范式和观点抽象化，然后在此基础上建立起来的学说必然会导致罗斯曼和威尔逊（Rossman and Wilson 1985）所主张的“纯粹主义”方法论。这种观点认为定性方法和定量方法是相互排斥的。有趣的是，尽管并不缺乏令人信服的论述这两种研究方法不兼容的言论和观点，但是大多数研究者实际上已经不再

宣称这种冲突不可避免。尤其是在过去的十年里，学者们已经开始着手探寻两种研究传统之间的联系。比如，迈尔斯和休伯曼（Miles and Huberman 1994：4–5）指出“人们很容易在认识论的争辩中走极端。但是在具体的研究中，我们相信所有的人，不管是现实主义者、阐释主义者还是批判理论家，都在接近中端的位置，其中也不乏融合。”

确实，如果我们不再以一种笼统和对比的方式来看待定性和定量，而是将注意力的焦点放在手头上正在进行的研究，我们会发现具体的研究题目在宏观或者微观层面上的分析有很大的不同。拿我自己的一个研究来说，“负动机”（demotivation）这一概念看起来似乎更适合使用微观层面的定性研究，因为它能更好地发现细微的由于某些内在和外在因素导致一个人的热情逐渐消减的微妙过程（Dörnyei 2001）。另一方面，对“语言 30
全球化”的调查就只能使用定量研究这个宏观视角，唯有如此，我们才可以调查清楚，比如说，通用英语（Global English）如何影响不同语言社区的人习得和使用当地语言（Dörnyei *et al*. 2006）。这说明在不同的情景中，两种方法各有各的价值。这种观点通常被认为是研究方法论里的“情境主义”（参见 Rossman and Wilson 1985）。

尽管情境主义者尊重两种研究方法各自的传统，但它仍持一种“非此即彼”的态度。然而，我们没必要就此打住。诚然，某些特定的研究问题或课题可能与定性方法或定量方法的联系更为紧密，但在大多数情况下，我们从不同的角度，用另一种方法来看待同一个问题，往往可以得到新的发现。例如，当调查学生的负动机时，我在前面讲到可以用定性方法做一个成功的调查。其实还可以调查我们学校在多大程度上存在这种负动机，或者负动机对学生的学习成效有多大的影响。或许用定量方法能更好地解决这些问题。同样地，像语言全球化这样的大趋势也可以从微观角度分析。比如，对处于多元文化背景下的双语家庭逐步退化到只用一种语言交流的日常过程的研究就属此例。这表明，将这两种方法进行某种形式的融合可以很好地“证实（提供调查结果的趋同性）、夯实（提供多样性和细节）或创新（提供新的解释）用另一种方法得出的结论”（Rossman and Wilson 1985：627）。这是隐藏在混合法之中的**实用主义**立场。正如在前言和第一章提到的那样，我个人相信混合法在大多数研究环境下都有巨大的潜力。

2.2　定量研究

让我们开始具体地探讨这三种研究方法。我从定量研究开始并非说明它处于等级顺序的优先位置。我这样做的目的纯粹是从实用角度出发：定性研究是为反对定量研究而出现的。因此，首先了解作为基线的定量研究会比较实用。在整本书里我都会遵循这样一个原则。

2.2.1 历史略览

采用定量方法的社会科学研究最初受 19 世纪蓬勃发展的自然科学的影响，因此早期的社会科学研究者在他们的研究中采用了所谓的“科学
31 方法”。这种方法从大约 16 世纪中叶（文艺复兴时期）开始通过哥白尼、培根、伽利略、开普勒、牛顿、笛卡尔、休谟、孔德和皮尔斯等哲学家和学者的作品，在西方人的思维中不断进化（详细综述见 Garratt and Li 2005；Jordan 2004）。广义地讲，科学方法在研究过程中包含三个关键步骤：（a）观察现象或确定问题；（b）提出初步假设；（c）通过标准化程序收集、分析实验数据来验证假设。一旦假设被证实，并经过多次实验验证成立的话，它就会变成科学理论或定律。因此，科学方法为“客观地”探寻问题的答案提供了工具，并将研究者的偏爱或者偏见最小化，从而得到被学者们认可的对世界准确可靠的描述。

科学方法与数值和统计学关系密切。这点和诺贝尔奖得主卢瑟福勋爵（Lord Rutherford）的准则不谋而合。他认为任何不能用数字衡量的知识都是“贫乏的知识”。科学家的最终任务就是用实证的方法验证个人的主

观判断，首选方法应该是实验法。为了满足新兴的社会科学研究对数学的需求，到 19 世纪末，统计学成为了数学的一个完备的分支学科。尤其是在 19 世纪与 20 世纪之交，弗朗西斯·高尔顿（Francis Galton）建立了心理学的定量数据收集和分析方法：他还开创了心理测试，引入问卷调查，并且创造了回归（regression）和相关（correlation）等统计学概念。

20 世纪前五十年见证了科学方法（主要通过卡尔·波普尔的著作）和统计学（通过斯皮尔曼、菲舍尔、纽曼和皮尔逊等人的著作）的重大发展。整个社会科学领域使用定量研究方法也已经蔚然成风。因为这些成就，社会科学得以成熟，并通过从个体和社会层面上对人类进行“科学”的研究而享有一定声誉。在 20 世纪中叶，在心理测试学（专注心理测试的分支学科）、经典测试理论、实验设计、调查研究、调查问卷理论和多元统计学发展的推动下，定量研究方法在社会科学研究中逐渐占据主导地位。这种独霸地位直到 20 世纪 70 年代由于定性研究的挑战才得以改变，研究方法从而得到重组。目前，在很多社会科学领域，我们可以看到定性和定量研究方法和平共处。

在应用语言学领域，根据莱扎拉顿（Lazaraton 2005）的描述，1970
至 1985 年间出现了大量关于定量研究的论文，这些论文和 1980 年出版的
几本关于研究方法的教科书密切关联，直到哈奇和莱扎拉顿（Hatch and
Lazaraton 1991）影响深远的《研究手册》出版，这种情况达到顶点。这
本书用已经发表的定量研究论文作为例子，对定量研究和统计学做了十分
详尽的综述。莱扎拉顿（2005）对 1991 到 2001 年间出现在四大主要应用 32
语言学期刊上的 524 项实证研究做了调查，结果发现高达 86% 的研究论
文是定量研究，只有 13% 是定性研究，1% 是混合法研究。莱扎拉顿因此
认为定量研究在应用语言学领域“占绝对优势”（p. 219）。

莱扎拉顿（2005）同时强调即使是在应用语言学领域，研究方法也发生了重要转向。在 20 世纪 80 年代人们对准实验研究有种“无可置疑的信任”，但在过去的 15 年间，人们选用研究方法的视野更加广阔，除了

更注重多学科视角，也越来越多地的选用非定量的方法，通常是定性的设计。在一篇关于应用语言学研究方法的综述里，达夫（Duff 2002）认为通过对研究设计和心理测量的改进，定量研究在 20 世纪 90 年代已日趋完美。这也证实了莱扎拉顿（2000）的定量研究已经在应用语言学领域趋于“成熟”的结论。

2.2.2 定量研究的主要特点

正如我们在之前章节看到的，采用定量方法的社会科学研究是由于人们效仿自然科学中的“客观”程序而出现的。然而，沙维尔森和汤（Shavelson and Towne 2002）以及其他很多学者都指出尽管“科学方法”的某些方面可以移植到社会科学研究，但自然科学和社会科学还是有着本质的区别。其中最显而易见的一点就是人并非像原子或者分子那样稳定不变，随着社会和文化背景的改变，人也会随之发生改变。人也会表现出个体内部的差异性，即使面临相似的情况，他们的反应也会大不相同。而研究原子和分子的自然科学家就不用担心这样的情况（Dörnyei 2005）。因此，尽管社会科学中的定量方法大体上与“科学方法”的总原则相匹配，但是它们仍有自己的特点。

在 2.1 中我们已经列举了定量研究的一些特点，下面的总结会回顾那些特点，同时会增加一些还没有提到的特点。

- **使用数字**：理所当然，定量研究最重要的一个特点就是以数字为中心。这一点既为研究者提供了无限可能的同时又使他们有所限制。正如数学学科所证实的那样，数字很强大，然而数字本身又是相当无能的，在研究背景下，如果没有语境“支撑”，它们则没有任何意义。除非我们准确说明我们用数字具体代表的类别以及变量的不同的值（即知道 1 或 6 在具体类别中的意义），否则
33 它们就无法辨认，毫无意义。因此，处理数字时，我们需要准确

地定义变量的内容和边界，还有在变量值域之内精确的描述符号。如果我们把这些都准备好，数字就非常有用，上世纪定量研究的发展也确实令人震惊。定量数据分析已经达到的精细程度从任何方面来说都是极好的。

- 先验分类：由于数字的使用主导整个数据收集阶段，因此在开始某个具体研究前，必须首先定义类别和值（另见 2.1.2）。例如，如果要求受访者在调查问卷中选择代表不同选项的数字，那么必须明确地告诉他们这些数字所代表的含义。为确保所有受访者根据相同的理解做出选择，定义和数值描述必须准确、无歧义。这样做费时费力，尽管定性研究的很多阶段会比定量研究更需要密集的劳动（之后会讨论），但是在准备阶段却是一个例外。在做定性访谈时，我们可以在研究启动时就做第一个访问。但是在定量研究中，在最后的调查工具准备好之前，我们需要花几周，有时甚至是几个月的时间去细心准备和做先导实验。幸运的是，在调整好工具之后，一切进程都会加快。对有些大规模的定量研究来说，甚至在数据收集好后的一周内就能得到初步结果，这也不是没有听说过的，但在定性研究里则是不可能的。
- 变量而非个案：正如在 2.1.3 里谈到的，定量研究者对一组受试者共同特点的关注程度远远高于单个受试者。因此，相较于定性研究强调个案，定量研究则以变量为核心，因为变量反映的是共性，可以通过计算、测量或分类数据赋值来量化（见 9.2.1 和 9.4.1）。所有的定量方法都旨在通过测量并且通常通过操纵变量来确定变量之间的关系（就像实验研究一样，见 5.3）；哈默斯利和阿特金森（Hammersley and Atkinson 1995）把要求确定变量之间的关系看作是用定量方法做社会科学研究的基本特征。
- 统计学和统计语言：在 2.1.4 中，我们探讨了统计学在定量研究中的意义。这毫无疑问是定量研究最显著的特征。我们将在第九章看到，统计分析范围很广，既可以简单到用小的计算器去计算几个数字的均值（统计学称之为“平均数”），也可以复杂到用计算机进行复杂的多变量分析。由于定量研究和统计学之间的关系密切，统计学中的很多术语变成了定量研究术语的一部分，这让
34 定量研究的语言变得独树一帜，从而使定量范式更加强大。这也难怪定性研究者竭尽全力地要用一些定性研究所特有的语言来取代定量研究的术语（例如，在定义定性质量标准时，详见 3.1 的描述）。

- **获取客观事实的标准化程序**：2.1.3 和 2.1.4 都强调在数据收集和分析的各个层面要建立一套系统的标准和规则，借以消除在研究过程的各个阶段可能会出现的个人主观因素。规范研究过程，确保它们不因研究者和受试者的改变而改变，定量方法在这方面确实做了长期不懈的努力。这种排除了个体差异和偏见的独立性就是定量研究者所主张的“客观性”。运用这种程序采集的结果是对“外在”的客观事实的描述。当然，正如巴克曼（Bachman 2004a）指出的那样，这种观点所基于的假设是确实存在这样一个客观事实，所以当不同的研究者用标准化的手段观察同一现象时，它们的结果才会趋同和一致。
- **对概括性和普遍规则的探索**：数字、变量、标准化程序、统计和科学推理都表明了定量研究探索从特殊中归纳总结出能够被广泛应用的最好具有普遍性和规则性的事实。关于人类社会行为，是否真的存在这样一些规则？若是存在的话，它们具有多大程度的普遍性？这些基本意识形态的问题则不在本书的讨论范围之内了。

2.2.3 定量研究的优缺点

定量研究的优点是多方面的，我们之前已经讨论过一些了。定量研究的拥趸强调，最佳的定量调查是系统的、严谨的、聚焦的，并且是严格控

制的，使用精准的测量，得出的数据可靠且可复制，并可以推广到其他语境。统计分析工具设计精细，意义深远。它还提供一些内置的质量检查和指数（如统计学上的显著意义）帮助读者审读定量结果的有效性。从实用性角度来讲，像我们之前谈到的，即使花费更长的时间去做准备，研究的过程也相对较快，并且物有所值，这尤其要归功于电脑统计软件对数据的分析。最后，定量研究结果几乎赢得了几乎所有受众或者利益相关人的广泛赞誉。

定量方法的缺点就是关注整个受试组的平均反应，这种平均概念不可 35
能公平地对待个体生命的主观多样性。相似分数的产生过程可能很不一样，而且定量方法不善于揭示某些现象需要特殊关注的原因，同时对潜在于所调查情境或现象之下的动态变化不甚敏感。也就是说，定量研究总体探索能力是相当有限的。由于有这些缺点，定性研究者通常认为定量研究“过于简单，脱离语境，因追求概括性而过分简化，因此不能领会演员们附加在他们生活和环境上的意义”（Brannen 2005 ：7）。

2.3　定性研究

定量研究者关于定量研究的主要特点和原则持基本相同的看法，所以对定量研究的描述会相对比较直接。对定性研究的描述就不一样了。在最近一篇关于定性研究的综述中，两个颇具影响的研究者，登青和林肯（Denzin and Lincoln 2005a）总结说“定性研究很难定义清楚。它既没有区别于其他方法的理论和研究范式……定性研究也没有一套完全属于自己的方法和实践体系（p. 6–7）”。他们还补充说，“定性研究对很多人来说都是不同的（p. 10）”。

登青和林肯的观点并不夸张，似乎也代表了整个学界的看法。例如，另一个著名的定性研究支持者西尔弗曼（Silverman 1997）表达了类似的观点：“定性研究缺乏统一的理论支撑”（p. 14）。此外，霍利迪（Holliday

2004：731）也认为“当前定性研究的界限越来越模糊，研究者越来越多地用自己所能想到的方法去寻找自己想要知道的答案”。正如之前讨论过的，为了反对定量范式，不同信仰的学者团结在定性研究的旗帜下，由此诞生了定性的研究方法，这也是定性研究缺乏统一性的原因所在。

幸运的是，总体情况并不像上述引文所提到的那么悲观和缺乏条理。实际上，尽管在某些问题上有过许多讨论，甚至有过激烈的争论，定性研究仍然是一个蓬勃发展的学科。它也有一些显著的特性，这些特性是所有符合标准的定性研究都具有的。在接下来的部分我们会论述这些特性。

2.3.1 历史略览

所谓的“定性”研究可以追溯到大约一个世纪前的社会科学领域。20
36 世纪头十年的末尾，芝加哥学派在研究人类群居生活的著作中将类似于定性研究的方法引入社会学。20 世纪前三十年里，一些著名的人类学学者，如博厄斯（Boas）和马林诺夫斯基（Malinowski），也做了一些基础性的定性研究，为田野调查方法划定了大致的框架（Denzin and Lincoln 2005a）。因此定性研究的基本概念和原理并非是新出现的，但是，第一个尝试定义“定性研究方法”的教材，由格拉泽和斯特劳斯（Glaser and Strauss 1967）合著的《扎根理论之发现：定性研究策略》直到 20 世纪 60 年代末才问世。在这本颇具影响力的书里，作者认为早期定性研究所使用的方法“缺乏系统性和严谨性”（p. 15），那些基于定性数据的专著仅包含“冗长、烦琐的描写，哪怕能得出什么理论，数量也少得可怜”（同上）。

20 世纪 30 年代之后，尤其是二战之后，定量研究方法论取得了实质性的进步（见 2.2.1），定性研究被归入到预备的、探究性的工作序列。其任务就是为“更加严谨的”定量研究提供合乎需要的出发点。20 世纪中叶毫无疑问由定量研究主导，格拉泽和斯特劳斯（1967）的著作的巨大价值就在于对这种独霸地位提出了实际上的挑战。他们明确地表达了对“系统化收集、编码和分析定性数据，并据此形成理论”的关切（p.

18；另见 10.3 关于“扎根理论”的论述）。青睐于定性方法的研究者第一次终于拥有了一个属于自己的有理论基础的方法论。定性研究走上了正轨。

近些年关于定性方法的教材激增，反映了在社会科学几乎所有的领域里，人们对这种方法的兴趣与日俱增。例如，西尔等人（Seale *et al.* 2004）调查了塞奇出版公司（Sage Publications）出版发行方法类著作的情况，结果发现在 20 世纪的最后十年里，定性方法的教材出版增长了四倍（增加数量超过 130 种）。

自 20 世纪 90 年代中期以来，在应用语言学领域，定性研究越来越多，并且人们的接受度也呈上升趋势（Duff in press）。这种情形与人们对定性研究日益深刻的认知有关。语言习得和使用的各个方面都深受社会、文化和情境因素的影响或塑造，而定性研究能够为洞察语境条件和影响提供理想的方法。因此，应用语言学为定性和定量方法提供了越来越高的水准。话虽如此，我们必须指出这里面存在一个重要的关切点。正如莱扎拉顿（2003）指出的那样，除了《TESOL 季刊》之外，在权威的应用语言学期刊发表的关于定性研究的论文还是太少了。比如，《现代语言期刊》的主编萨利·马格南（Magnan 2002：2）报告说，尽管有“越来越多的有关民族志和个案研究的论文提交送审，数量甚至赶上了定量研究”，但是在 1995 到 2005 年间，该期刊中仅有 19.8% 的论文是定性研究（6.8% 是 37
混合法研究）（Magnan 2006）。若能对论文送审和发表的比率进行系统分析，查找产生差异的原因，应该是一件很有意义的事情。

尽管定性研究论文的发表数量相对较少，但定性研究在过去 30 年里对应用语言学领域还是产生了深远的影响。早在 20 世纪 70 年代和 80 年代，个案研究对二语习得的理解有着开创性的贡献，产生了很多盛行一时的规则和模型（见 6.7.3）。至于当代研究，我们发现定性研究的话题覆盖了整个研究范围，甚至也包括定量研究的核心区域如语言测试，也推动应用语言学的一些关键领域（如性别、种族、民族和身份认同的研究）的发展（关于应用语言学中的定性调查，见 Richards 2003）。

2.3.2 定性研究的主要特点

研究方法论的文献对定性研究的关键特征进行了详细的总结。虽然不同的分类体系会有重合，但是正如之前提到的，仍存在一些有争议的问题。让我们看看文献中经常被提到的那些特点：

- **自然的研究设计**：在描述定性研究的主要特点时，大多数的文献会首先强调它的自然属性。这就意味着定性研究设计的任何一个环节都不是预设好的，它是不固定的、开放式的研究，所以能够灵活地应对在调查过程中可能出现的新细节或遗漏的内容。这种灵活性甚至可用于处理那些在研究过程中形成、变化或完善的研究问题（见 3.3.2）。这种自然属性中非常重要的一点是，定性研究者原则上完全以一种开放的心态开展研究，而不用检验预先提出的假设。这就意味着研究的焦点是逐渐变小的；分析的类型/概念是在研究过程中被定义的，而不是在研究前。比如，在格拉泽和斯特劳斯（1967）的重要论文里，他们积极地鼓励定性研究者在调查前忽视文献，以确保“自然出现的范畴类别不会被那些适合于不同领域的概念所影响”（p. 37）。这是一个很有争议的问题，所以我们在下节会继续讨论。
- **定性数据的特点**：定性研究处理的数据范围很广泛，包括谈话录音、各种类型的文本（如田野笔记、日志、文件）和图像（照
38 片或视频）。大多数数据在处理过程中被转换成文本格式（比如将谈话录音转写成文字），这是因为大多数的定性数据分析是以文字的形式进行的（见 10.1.1）。尽管定性数据的收集并不以是否能客观、直接对其进行计算或测量为目的，但是随后的数据分析却可以通过定义类别让某些定性数据量化（11.1.1）。由于

不同类型的定性方法都是为了洞察所观察现象的内在含义（文化的或个人的），所以数据不可避免地包含大量复杂的细节。因此，为了获取如此“密集”的描述，几乎任何相关的信息都可认为是定性数据。

- 研究背景的特点：由于定性研究按照自然发生的顺序来描述社会现象，所以定性研究在自然背景中进行，不会尝试去操控研究的环境。为了获取关于自然的环境更有意义的细节，调查者通常会长时间地沉浸到研究环境中去。
- 局内人意义：定性研究关注个人的主观意见、经历和感受，因此它的目标就是挖掘参与者对所研究的情境的看法。这种方法的产生与定性研究者看待意义的态度有关：定性研究的一个基本准则就是，人们的行为以当时所处环境的意义为基础（Punch 2005），只有真正的参与者本人才能揭示自己经验和行为的意义，并加以解读。因此，定性研究者努力从“局内人”的角度去看待社会现象，“局内人视角”这个术语在定性方法中地位非同一般。
- 小样本：做一个好的定性研究非常耗费精力，所以定性研究所使用的受试样本不可避免地比定量研究所用的要小。我们将在第六章再讨论定性样本抽样的问题（见 6.2）。
- 解释性分析：定性研究的本质是解释性的，这意味着最终的结果是研究者对数据主观解释的产物，因此每个数据集都有几种可供选择的解释。由于定性研究使用的不是完全标准的工具和分析程序，所以最终选择哪一种解释由研究者自己决定。正如迈尔斯和休伯曼（1994：7）总结的那样，“从根本上来讲，研究者是研究的主要‘测量工具’”。因此，在定性研究中，研究者个人的价值观、经历，以及对性别、文化、阶级和年龄等概念的态度成为了调查不可或缺的部分（Haverkamp 2005）。

39 自然/非自然之争

在定性研究者中有一个最有争议的问题，即研究者是否应该在开始一项研究前尽可能少地了解研究背景，以避免“污染”研究的自然属性。正如前面引文提到的，格拉泽和斯特劳斯（1967）明确地表达了这个要求。不对研究施加自己的喜好，让研究结果自然呈现，这已经成为定性研究的主要原则之一。因此，研究者应该采取一种“白板”式的思维。格拉泽和斯特劳斯认为研究者的“理论敏感性”只在数据收集完成，并且部分地分析过后才能介入，其作用就是将数据中自然出现的概念和假设与已有的知识结合起来。

一些学者质疑这个前提条件的现实性。比如，塔沙克里和特德利（Tashakkori and Teddlie 2003b）指出，这种没有计划、没有组织、没有方法取向和观点指引的研究在社会研究中是不存在的。相反，大多数的著名社会研究者对于他们研究领域的背景有着深厚的了解，因此“白板说”是很“幼稚”的假设（p. 66）。迈尔斯和休伯曼（Miles and Huberman 1994）则进一步声称，正是研究者的背景知识帮助他们看到并解释那些细微、复杂的情况和微妙之处，同时也帮助他们决定应该提出什么样的问题或者应该密切注意哪些事情。他们总结认为，不被自己的理念引导的研究只能弄巧成拙。这一点正好与格拉泽和斯特劳斯（1967）的观点相反，他们告诫说如果学者只关注某一现存的理论，那么他们将会变成“教条主义者”。

2.2.3 定性研究的优缺点

文献中并不缺乏对定性研究优点的阐释和描述，我觉得下面的几点有着特别的意义：

- **探究的本质**：从传统意义上讲，定性研究被视为一种探究新的未知领域的有效方法。如果对某一现象所知甚少，那么对几个案例进行详细的研究是一种特别合适的方法，因为这种方法不依赖之前的文献或实证发现（Eisenhardt 1989）。

- **厘清复杂性**：定性方法对厘清高度复杂的情况很有用。在复杂情况下，总体而言，研究者很可能要冒为了将解释精简而扭曲总体事实的风险；由于定性研究对被调查者的个体特性比较敏感，能够决定哪些数据应该特别注意，因为这些数据已经被这些被调查者验证过了。也就是说，定性研究的扎根性（groundedness）能帮助研究者从纷繁的事实中区分出真实的情况。
- **回答“为什么”问题**：定量研究经常会产生令人意外甚至矛盾的 40
结果，在很多种情况下，收集到的数据并不能解释为什么会得到这样的结果。这时研究者就会在研究报告的最后加上那句著名的陈述“要解释这种现象，还需要进一步的研究……”（意思是“我们不知道为什么发生这种情况……”）。与之相反，定性研究的灵活性和自然属性使研究者能够直接进行“深入研究”，以获得更加详尽的解释。
- **增加对问题的了解**：在谈及定性研究的可推广性问题时，达夫（Duff in press）强调定性研究旨在拓展人类经验中所有可能的解释，而非探索可推广的“正确解释”。因此，从受试者那里获取的关于他们经验的大量数据不仅能够拓宽我们对某一现象的了解，而且让我们对这一现象的分析立足于数据而不是依赖于推测，从而增加分析的深度。
- **对动态现象的纵向分析**：有趣的是，我欣赏和使用定性方法的一个重要原因很少被文献提及。我认为定性方法对纵向研究特别有用。正如将在第四章讲到的（详见 4.2），应用语言学所研究的过程大多数都具有动态属性，因此我们需要更多的纵向研究来探寻连续的模式和突然发生的改变。就此而言，定性方法为我们提供了很好的出发点。
- **出错时的灵活性**：在应用语言学领域做研究，很多事情都会出错，尤其是当研究的场所是在一个教育机构里时（见 8.4，讲述课堂研究的各种挑战）。如果我们仅仅只用定量研究设计，预料不到的事件会使我们的研究变得毫无意义；然而定性的方法不仅可以使我们适应这些变化，而且还能让我们利用这些变化得到令人满意的结果。盖拉尔迪和特纳（Gherardi and Turner 1999）报告了洛（Lowe）所做的一项研究。该研究调查了一系列由著名学者所做的定量研究过程，结果发现当事先的计划出错后，研究被迫中断，只有一项研究除外。这时研究者需要进行理论修复，以重现工作的连贯性。盖拉尔迪和特纳认为，如果把研究看成是一场探索未知（即定性的）的旅行，而不是一个可以提前计划的任务（即定量的），那么这样的出错就不会使人意外，而且在研究框架之内就可以解决。

- **可供报告的材料丰富**：定量研究令人沮丧的一个方面就是辛苦了几个月的研究结果仅仅用一两个小小的表格（如相关性表格）就
41 总结完了。吉勒姆（Gillham 2000）很好地表述了这种情况："如果研究问题很复杂（何曾不复杂？），这样的数据就显得非常单薄和肤浅"（p. 121）。相反，通过收集受试者话语和类属的定性研究，更容易产生大量令大多数人信服的生动案例。

缺点

我们在文献里通常发现两种对定性研究的批评。第一种批评源于定量研究对定性研究的某些不同方面的指责，但定性研究者反而认为这些不同方面要么是定性研究的优点，要么只是一个正常的特点。第二种批评是定性研究者自己提出来的。下面我们来看五个突出的问题：

- **样本大小和概括性**：最常见的批评是定量研究者提出来的，他们对定性调查所使用的小样本提出质疑。这个问题在 2.2.3 已经讨论过了。我认为两种范式处理可推广性问题的方式不一样。然而，尽管我们承认对个体的深度调查并不需要很大的样本，但是达夫（Duff 2006）告诫我们虽然定性研究的惯常做法，即“案例讲述”，可能对深入了解某个现象有帮助，但这个案例可能因其具有特殊性而并不能广泛地适用于其他案例。耶茨（Yates 2004：224）也认为这可能会导致对某个特定案例做出“潜在的过度解读”。

- **研究者的角色定位**：另外一个有争议的问题与研究者在数据分析时所扮演的角色有关。正如迈尔斯和休伯曼（1994：10）所说的：“定性数据所产生的威力主要依赖于对数据的分析能力”。定量研究者会寻找一些强有力的保护措施以确保研究结果不受研究者个人的偏见和喜好的影响（详见 3.1 关于质量标准的论述）。
- **方法缺失严谨度**：对于习惯了标准化的工具和程序以及统计分析方法的定量研究者而言，定性研究看起来缺乏原则，比较“模糊”。值得注意的是，在定性的阵营里也有人提出类似的问题，其中包括一些德高望重的学者。比如，西尔等人（Seale *et al.* 2004：2）就反对定性思潮里的后现代主义观点，他们说：

> 这些观点看起来受到了那些重内容（研究主题）、轻形式（方法论）的反方法论者的驱使。他们天生地反对实证主义，他们挥舞
> 着定性研究至上的旗帜，认为定性研究优于调查研究和实验，并且 42
> 认为所谓的方法准则不能够加深对一个分化的、混乱的文化的更深层次理解。但是，这种研究风格并不能始终维持其获取深层次理解的承诺，由此而产生的后果就是低质量的定性研究和相当老套的、无异于常识的研究结果。

我们必须指出的是，那些认为定性研究缺乏严谨度的评论只是针

对某一部分定性研究，因为在过去的20年里，定性研究已经在程序的严谨性上取得了重大进展。

- 理论过于复杂或者狭窄：定性研究者并没有真正的手段用以评估他们的发现哪些更具普遍性，哪些仅仅是特别个案的特殊情况，所以即便是定性的学者（如 Eisenhardt 1989）也认为从个案中总结出来的理论往往承担着过于狭窄的风险。同样地，从大量数据中产生的理论也可能会过于复杂。
- 耗时费力：最后一点是定性和定量学者都同意的，就是定性研究相当耗时，尤其是定性数据的加工，之前提到，比定量研究耗时多了。也部分因为这一特点，才能解释定性研究为何使用小样本。

2.4 混合法研究

研究者用多种名称来指代混合了定性方法和定量方法的研究，比如多特质-多方法研究、相互关联的定性定量数据、三角检视法（triangulation）、多方法研究、混合模型研究和混合法研究，等等（Creswell *et al.* 2003）。最近出版的《混合法研究手册》的题目告诉我们，这个领域最终采用了最后一个名称。过去15年来，混合法研究日渐被看作是研究方法论里的第三种研究方法。这种方法已经被社会科学里一些颇有影响的方法论学者所认可。迈尔斯和休伯曼（1994：310）很好地总结了新出现的时代潮流：

> 容纳混合模型。我们曾试图极力避免出现两极分化、争论不休和走极端。定量和定性调查可以相互支持，相互启发。叙事和变量驱动的分析应该相互渗透，相互支撑。通过吸收其他思想而不是保持自己理论的纯粹性，现

实主义者、理想主义者和批判理论家都可以做得更好。这就是混合法的力量。

让我再引用斯特劳斯和科尔宾（Strauss and Corbin 1998：34）书里面 43
的一段摘录：

> 在理论构建方面，定性和定量研究都发挥了作用。关键点不在于采用哪种方法，而在于怎样将这二者结合起来，促进理论的发展。尽管大多数研究者倾向于以一种互补的方式使用这两种方法，但是我们提倡的是二者的相互作用。定性应该指导定量，定量的反馈又作用于定性，如此循环往复，但同时各自不断进化发展，用各自的方法加工，最终以各自的方式促进理论的发展。

接下来让我们审视混合法概念的形成及其主要的原则。

2.4.1 历史略览

收集多种类型数据的做法要追溯到20世纪初的社会科学研究。正如马克斯韦尔和卢米斯（Maxwell and Loomis 2003）所指出的，把迥然不同的研究方法混合到一起的做法，例如将自然主义的、情景化的、归纳的方法同实验的操作和理论验证结合起来，在诸如习性学和动物行为、古生物学和地质学等学科有着更长久的历史。然而，同定性研究类似，对混合法的明确讨论直到20世纪后半叶才出现。坎贝尔和菲斯克（Campbell and Fiske 1959）提出了多特质-多方法研究，该方法主张通过将特质和方法的影响分离开来，以验证研究设计。尽管坎贝尔和菲斯克只关注收集多种类型的定量数据，但是他们的研究总体上有利于鼓励人们使用多种方法和在一个研究中收集多种形式的数据（Hanson *et al.* 2005）。

将定性和定量研究结合起来的真正有突破性的进展发生在20世纪70年代，这时“三角测量法”的概念被引入到社会科学中。这个术语是从军舰航行和土地测量领域借来的，它指的是一种通过从两个已知的点进行测量操作，从而确定空间某一未知点的位置（Erzberger and Kelle 2003）。但是在社会研究里，这个术语的意思是整合数据来源，以便研究同一社会现象。在《研究行为》这一著名专著中，登青（Denzin 1978）提倡使用三角测量法检验假设，因为它是一种多重研究方法。尽管登青主要指多种定性方法，但他明确地阐述了混合法的基本准则，那就是三角测量法能够通过某一个方法的优势去消除另一方法的劣势，从而能够最大限度地保障
44 该研究的内部和外部效度（internal and external validity）。（这些术语将在3.1.1 深入探讨）例如，布鲁尔和亨特（Brewer and Hunter 1989：11）这样介绍他们具有先驱性质的书《多重方法研究》：

> 社会科学以不同的研究方法或类型的支持者之间的争辩而闻名。某种意义上讲，这种方法论之争是一个健康的标志。质疑的态度是科学研究不可或缺的一部分，不同的研究类型代表了重要的批评角度。然而，不同的研究方法能为另一种方法的问题提供可能的解决方案，这个事实也同等重要。这便是本书的中心前提。

在 20 世纪 90 年代的范式之争中失势后，混合法研究者通过吸收实用主义的基本原理而增强了理念自信（见 Cherryholmes 1992），关于研究方法的教材开始将组合的、综合的或混合的方法章节加入到教材里（当时非常有影响的一本著作是 Creswell 1994）。乘着这种良好的势头，塔沙克里和特德利（1998，2003a）具有鲜明立场的两篇论文最终确立了混合法研究在社会科学研究中的合法地位。

在应用语言学领域，我们发现有很多研究运用了综合方法。例如，马格南（2006）在报告里说，在 1995—2005 年间，发表在《现代语言期刊》的研究论文中，有 6.8% 的论文使用了混合法，如果和全部的定性研究（19.8%）相比的话，这是个很高的比例。然而，我们必须注意到，大多数研究虽然或多或少使用了混合法，但是实际上它们并没有突出强调混合法。而且已经发表的论文也没有以一种义正词严的态度看待混合法。目前，人们普遍地要求在应用语言学的实践中更多地融入定性和定量方法。

莱扎拉顿（Lazaraton 2005：219）的总结被认为非常有代表性："我也希望会看到更多的综合了定性和定量方法的研究，因为每一种方法都以一种不同却互补的方式强调了'事实'"。

2.4.2 混合法的特点

描述混合法最直接的方式是将其定义为定性和定量方法的结合。这两种方法之前已经分别论述，所以它们的主要特点这里不再赘述；混合法真正关注的是定性-定量的结合是如何发生的，关于这点学者们在之前的文献中已经提出了一些方案。这些将会在第七章详细论述。作为序曲，我只能说可能的组合有很多种类，远远超过简单的顺序排列（即一个研究阶段之后是代表另一种方法的第二个研究阶段）。另外，通过"量化"（quan- 45
tifying）和"质化"（qualitizing）数据，定性和定量的原则也可以在数据分析层面结合（见 11.1，数据转换）。

2.4.3 混合法的优缺点

随着混合法研究数量的增长，出现了一些关于混合法价值的争论。让我们看看其中最重要的几点。

- **增强优势，消除劣势**：混合法的主要吸引力在于通过综合运用定性和定量方法，充分发挥两种方法各自的优势，从而将二者的优势完美地结合（各自的优势见 2.2.3 和 2.3.3）。这种结合也可以被一种潜在的可能性所证实，即一种方法的优势可以被用来克服另一种方法的不足。正如之前提到的，定量研究者认为定性研究只针对具体的语境，而且使用的样本也不具有代表性。在混合研究中，如果定性研究的受试者选择是基于事先准备的、具有代表性的调查结果的话，那么就可移除样本偏见（见 7.3 关于混合研究设计的主要类型）。另一方面，定性研究者通常认为定量研究过于简单，脱离语境，并且因注重结果的概括性而导致过程简化，从而不能够捕捉到受试者赋予他们生活和环境的意义（Brannen 2005）。混合法可以解决上述问题。在一个定量阶段后面可以添加一个定性成分，通过深化定量结果，使结果变得丰满。

- **复杂问题的多层次分析**：很多人认为如果把定量数据的数值趋势和定性数据的具体细节结合起来，我们能够更好地理解一个复杂的现象。文字可以阐释数据的意义，数字可以增强文字的精确性。在应用语言学领域，我们很容易想象，很多时候我们既对一个现象的本质（即定性的）感兴趣，同时又想了解这种现象的频率分布（即定量的）（比如，为什么一些青少年男生认为现代语言学习有"女孩子气"？有多少人这样认为呢？）。混合法尤其适用于这种多层次分析，因为研究者通过这种方法获取的数据既能反映个体，又能反映更广泛层面上的社会语境。
- **提升效度**：混合法有一个独特的潜力，那就是它能够通过对研究发现进行整合，从而证明调查结果的效度（关于调查效度的详细内容见第三章）。确实，自从 20 世纪 70 年代引入三角测量这个
46 概念后，提升研究效度一直是其核心内容。从多种方法中获取的相关证据也可以增强研究结果的概括性，即外在的效度。
- **增加受众**：将定性和定量方法结合起来的一个大家喜闻乐见的好处就是，与单一方法的研究相比，最后的结果通常能够为更多的人所接受。一个执行得好的混合法研究有很多的卖点，不管一个人支持哪种范式，他都能够从中得到他想要的内容。当然，也存在这样一个风险，就是研究可能会落入"范式裂缝"，从而导致人与人之间产生隔阂，但是在目前的良好氛围下，这种情况不太可能发生。

缺点

在很多人看来，将定性和定量方法混合起来是一种前卫的、潜力巨大的方法，但是梅森（Mason 2006）告诫我们，这个假设背后的推理和逻辑并不总像这个观点本身那样容易表达。赫西-比伯和利维（Hesse-Biber and Leavy 2006）更进一步表明，大家普遍信奉的总体之和大于部分的观点未必正确。他们援引了与贾尼丝·莫尔斯（Janice Morse）的访谈，她警告说用混合法"替代敏锐的概念思维和富有远见的分析"是很危险的（p. 334）。确实，用"无法确定之时，就用混合法……"这样的策略无疑会产生相反的结果。

赫西-比伯和利维（2006）也提出这样一个问题，即某个特定的研究者是否精通两种研究方法？这就涉及一个关键问题：如果研究者对两种方法都不甚精通，那么结果会不会得不偿失呢？这是一个具有现实意义的风险，因为大部分研究者在处理定性和定量数据时缺乏方法论的训练。即使我们希望人们日益增强的混合法意识能改善这种情况，但问题依然存在：除了一个独特的、数量较小的、两个方法都适用的样本外，我们能期望那些掌握了多种方法、有远见卓识的新一代研究者也这么现实吗？

最后，马克斯韦尔和卢米斯（Maxwell and Loomis 2003）强调了一个深层次的问题，正如有些学者所说的，不同方法之间的结合导致了方法的多样性，其规模之大，没有任何一种类型学能将所有的种类囊括其中。人们不禁怀疑是否真的存在一种可以用来指导各种方法组合的合理原则，从而让我们不会产生一种心态，即"只要你把它们结合起来，任何事情都有可能发生"。我们将会在本书的后面章节"有原则的混合"中再来讨论这个问题（见 3.1.3 和第七章）。

2.5　我的范式立场 47

与我关于研究方法论的整体理念一致，在整本书里，我努力地采取一种和实用倾向有关的、真正公平的立场，并且在任何情况下都强调积极的方面和可能性。然而，我觉得在这一点上，有必要详细地介绍一下我自己的背景和研究方向。

我在前言里提到过，大多数同行可能会认为我是一个定量研究者，因为我那些为人所知的研究所使用的研究方法与定量的社会心理学有关（尤其是态度 / 动机调查）。确实，我很欣赏定量研究所使用的精密的技术设备，而且实际上我也很喜欢统计学。同时，我也一次次体验过在一个完美实施的定性研究里，我们得到的数据甚至要比一个大规模的问卷调查还要丰富得多。因此，从 20 世纪 90 年代起，我开始在我的研究里加入一些定性的成分，并且从我和我的同事多年以来收集和分析的定性数据中学到了很多。

我确实承认一些问题只用定性或者定量方法研究之中的一种效果更好，但是我也开始相信大多数情况下，混合法能够为我们理解现象提供一些额外的帮助。因此，在我的一本关于二语动机的书中（Dörnyei 2001），在研究方法章节的最后，我添加了一节作为总结，题目是“关于定量和定性研究的综合运用”。在过去的十年间，我鼓励我的大多数博士生尝试综合使用定性和定量的方法（研究从文化适应到教师动机一系列的话题）。尽管学生们普遍高质量的研究发现让我确认了这种方法的有效性，但我还是意识到了这样一个事实，即大多数学者本质上更倾向于选择定性或者定量某一种研究（见 14.5，关于方法选择的个人考虑）。我猜想这与我们的认知方式有关。因此，在做混合法研究时，我会和一个有定性研究背景的研究者合作，以此作为我定量背景的补充。

第三章 48

质量标准、研究伦理及其他研究事项

在讨论数据收集和数据分析之前，我们有必要先处理一些基本的研究事项，而且不管我们选择什么样的实验范式，这些事项对最终的方法选择都有一定的影响。首先要说的是质量标准（quality criteria），因为只有当我们设立明确的质量标准时，我们才能宣称我们的研究确实是一项“规范的”研究。第二个要涵盖的话题是研究伦理（research ethics）。令人不解的是，该话题在很多应用语言学研究中被忽略了，而只有当研究者试图通过递交研究成果来获取硕士学位或者期待研究结果在某些特定期刊发表时，他们才会在自己的研究中做一些“伦理澄清”。在对伦理问题进行分析之后，我们接下来的话题是研究问题和假设在研究中的角色和重要性——我们将在本书的第十四章详细论述。本章最后讨论的三个话题是先导研究（piloting study）、研究日志（research logs）和数据管理（data management）。对开展一项研究来说，这些都是必不可少的环节，而以我的经验来看，它们并没有在应用语言学研究中得到足够的重视。

3.1 研究的质量标准

“效度”是真理的代名词。

（Silverman 2005：210）

我们已经提到，科学研究可以被定义为一项“规范性”的调查。因此，它不能没有计划性，也不能缺乏严谨性。与此相对应，研究者之间也存在这样一种共识，即研究者必须持续不断地评估、记录自己研究结论的合理性。毕竟，学者们必须让读者倾听他们并最终相信他们。

不幸的是，学术界对研究质量的统一认识仅限于其重要性；当谈到具体的、可供执行的“质量标准”时，文献中总是充斥着一些似是而非或大
49 相径庭的观点，几乎达不成一致。这个领域实质上还是碎片式的，一个具体表现就是到目前为止，还没有一个通用术语来描述质量标准。而且，我们广泛熟知的术语如“效度”（validity）和“信度”（reliability），也正受到一些批判和挑战，学者们也不断地提出另外一些术语来替代它们。当然，鉴于研究质量这一话题的重大意义，目前的情况并不奇怪：代表各类研究传统的学者只强调那些能够让自己所属的研究类别得到良好发展的质量标准，这可以理解。而问题在于，潜在质量标准的范围相当宽泛——从统计和方法论，到现实世界意义和实用价值，再到对研究受试者的薪酬。有些标准可能只适用一种研究方法，却无法有效地运用到其他方法上，因此，这也非常不利于在不同的学术阵营中推广运用质量标准。

在第一章（1.3）我已经提到，一项方法论综述（以本书为例）应该在理念上坚持保守传统。秉持这种理念，我的讨论主要集中在两个最为熟知的相关概念上，即“效度”和“信度”，并分别把它们放在定性研究和定量研究中进行讨论。但我必须强调，因为这两个术语是由定量研究首先提出来的，所以，它们在定量范式中的存在意义是显而易见、无可置疑的，但是很多定性研究的学者并不接受在定量背景下产生的“信度”和“效度”这两个术语。为了提出更适用于定性研究的质量标准，学者们提出了一些替代术语，比如用“可靠度”（trustworthiness）、“真实性”（authenticity）、“可信性”（credibility）、“严密性”（rigour）和“准确性”（veracity）等术语来替代“效度”，但是没有一个替代术语得到了大家的广泛认可，如何确定一个让大家都接受的术语从总体上讲还是一个充满争

议的话题。也有一些人尝试将定性研究和定量研究的术语进行匹配（例如，外在效度 = 可迁移性；信度 = 可靠性），但是，这一做法的基本原理就是认定了这两种研究范式之间并没有相似之处。我将在 3.1.2 小节描述由林肯和古巴（Lincoln and Guba 1985）提出的最有影响力的效度替代术语。但是，我会以欣赏的态度对围绕定性效度各个方面而建立的著名的马克斯韦尔分类学（Maxwell 1992）进行讨论。

3.1.1 定量研究中的质量标准

尽管前面的讨论似乎表明，用来描述定量质量标准的术语相对来说不成问题，但实际情况不完全如此。“信度”这一概念是明确、清晰的，但“效度”这一概念在定量文献中存在两个平行系统：一个以“构念效度”（construct validity）以及其构成部分为主体，另一个以“内在 / 外在效度”（internal/external validity）二分法为中心。令人惊讶的是，学者们往往会模糊这两个系统之间的关系：通常一项研究要么只涵盖某一个系统，要么 50
只涵盖另一个系统。采用这种二元方法的原因在于在定量范式中，研究的价值在研究设计和测量方法两个方面被概念化了（见 Bachman 2006；Lynch 2003）。

研究效度关系到整个研究过程，坎贝尔和斯坦利（Campbell and Stanley 1963）强调“内在效度”和“外在效度”的区别。前者关系到研究的合理性（例如，实验结果是否来自于所测量的变量和实验操作的共同作用），后者则关系到观察样本所得结果的概括性。

测量效度是指对各项测试分数或其他评估程序结果进行解读的意义和合理性。在接下来的讨论中，我们会看到，这里的“效度”与“构念效度”在概念上是一致的，可以进一步划分成不同层面，比如内容效度（content validity）和效标效度（criterion validity）。正是从这个角度［可追溯至拉多（Lado）对测试的研究］产生了一条经典的原则，即如果某个测试测到了它想测的内容，那么它就是有效的，尽管从今天的观点看，这既不是一个有效的工具，也不是实际有效的分数，而是对某个特定总体（population）分数的解释。

因此，对定量质量标准的讨论可以分成以下三个部分：（a）信度，（b）测量效度，和（c）研究效度。

信度

信度这一概念源于测量理论。它指的是“通过诱导性工具得出的实验数据、测试分数和观察结果的一致性。这些诱导工具可以是一些在教育场景中实施的标准实验，也可以是受试者在某项调查研究中完成的任务”（Chalhoub-Deville 2006：2）。换句话说，信度指的是我们对特定总体在不同情况下实施的测量手段和进行的实验程序得出一致性结果的程度。情况的变化涉及执行程序的不同，受试者随着时间变化发生的改变，测试形式的多样性，以及评分员的差异，等等（Bachman 2004b）。如果这些变化造成了不一致或测量错误，那么我们的结果就是不可信的。

有一点我们要记住，可信与不可信并不指向某项测试或某个测量工具，这和大多数方法论文献中的说法是不同的。信度是某个特定受试群体通过测试所得分数的属性（Wilkinson and TFSI 1999）。巴克曼（Bachman 2004b）因此提醒我们说，所有职业化的国际标准都要求研究者估算并报告即将解释的总分、子分或者结合分数的信度（AERA，APA and NCME
51 1999：31）。令人惊讶的是，即使在这种情况下，绝大多数采取定量方法的社会科学研究者都没有为他们的数据提供信度估算（Onwuegbuzie and Leech 2005），部分原因在于他们把信度这一概念错误地理解成了测量工具的特点。这就意味着如果我们采用的工具在之前的运用中有产生可靠数据的记录，我们就无须再次在样本中确立信度。

巴克曼（2004b）对经典测试理论提供的信度估算的两种方式进行了详细描述：（1）我们可以计算两列分数之间的相关性。例如，将某个测试一分为二获得的两组分数、两组平行数据或者两个评分人员的评分；（2）

我们可以计算出克伦巴赫指数（Cronbach alpha）（9.3），这个指数基于两个或者两个以上分数之间的差异。后者可以被看成是“内部一致性系数”，可以表明两组不同数据如何“结合在一起”（例如，两个以上评分员的评分或某个等级上几个平行问卷的项目）。

测量效度

之前提到，传统测量视角下的效度概念可以用一句话来概括：如果某个测试测到了它想测的内容，那么它就是有效的。但是，在过去几十年间，测量效度概念的科学化经历了许多重要的变化。根据夏佩尔（Chapelle 1999）对应用语言学概念发展历程的描述，效度这一概念在 20 世纪 60 年代被看作是某项语言测试的特点。这一时期区分了几种不同的效度：“效标效度”指的是某个测试和效标的相关程度；“内容效度”指的是对测试内容的专业评定；“构念效度”指的是测试结果如何与构成某一理论的目标构念相符合。这种传统的效度概念在今天仍很盛行。

1985 年，由美国教育研究联合会（AERA）、美国心理学会（APA）和国家教育测量委员会（NCME）颁布了《教育和心理测量标准》（AERA, APA and NCME 1999）。该标准用一个统一的概念“构念效度”取代了之前的三个效度概念。这一变化是在对效度概念认识转变后自然产生的：之前认为效度是测试本身的特性，后来则认为效度是对测试分数进行解释的真实性。林奇（Lynch 2003：49）清晰地阐述了这个新概念：“在评估测试的效度时，我们要记住一点，效度是通过测试工具和程序所得出的结论、解释和推断的属性之一，而不是测试工具和程序本身的属性。”在新的理论框架下，内容效度以及和效标相关的证据被整合到了总的效度构念之中，同时兼顾了对分数解释和使用后果的效度考量，甚至把信度看 52
作是一种效度证据。目前，效度概念被描绘成了一种以各种统计和理论材料作为证据的复杂的效度论证（validity argument）的总结。

因此，“构念效度”现在被公认为是一个总称，它描述的是理论验证过程，包括了测试的验证操作（Smith 2005）。这些验证操作在“验证研究”范围内实施，它们涉及定性和定量证据，而证据又取决于我们在效度论证中提出的具体诉求和被拒绝的反诉（Bachman 2004b）。这样的辩论从来没有脱离语境，麦克纳马拉（McNamara 2006）强调，对测试分数的统计推断需要在每个主要的使用语境下重新确定其有效性。

作为对以上测量效度简短综述的总结，下面列举了巴克曼（2004b）基于林和格兰隆德（Linn and Gronlund）著作提出的四个关键点：

- 效度是一种解释质量，而不是考试质量或考试分数质量。
- 完美效度永远得不到证明——我们能做到最好的就是提供足够的证据来证明我们的效度论证比起其他可能引起争论的解释更为合理。
- 效度受制于特定情境，且无法自动移植到其他情境。
- 效度是单一概念，可以由许多不同类别的证据予以支撑。

研究效度

效度的第二种类型是“研究效度”，它比测量效度的概念大，涉及整个研究项目的质量。具体地讲就是（a）研究者基于观察所做解释的有效性；（b）这些解释可推广到其他研究的程度（Bachman 2004a）。这两种效度早在40多年前被坎贝尔和斯坦利（1963）称为“内部效度”和“外部效度”。尽管很多学者尝试对这个分类法进行调整（例如 Cook and Campbell 1979），但这种使用广泛的二分法还是经受住了时间的考验。

- 一项研究或者实验拥有**内部效度**，意味着其结果是研究中被测量、控制和操控的变量的函数。某个研究的结果不具有内部有效性，则说明这些结果受到了某些意料之外因素的影响。
- **外部效度**指的是我们能够将研究结果推广到更大群体、其他环境或不同时间的程度。如果研究的成果只适用于特定样本或特定情境，那么该研究不具有外部有效性。

在定量范式中，研究效度通过排除影响效度的各种“威胁”或者提供 53
各种威胁的反面证据来反映效度。这些威胁包括可能会导致研究结果失去效度的意外因素、环境、缺漏或事件等。内部效度的威胁因素包括实验流程或工具的不完备、研究过程中出现的意想不到的问题，或能够在很大程度上影响结果的未受控制的因素。在实验研究中，对外部效度的主要威胁来自于某个特定受试组的特征与实验介入或实验操作之间特殊的交互作用，它导致实验只在本研究有效（例如，某项实验中实验组的某项特征常常并不被其他组所具有）。在调查研究中，外部效度的威胁来源于抽样样本的不足（将在第五章展开讨论）。

研究效度的主要威胁

首先让我们来看看最突出的六大威胁。在以下的讨论中，我并不把效度分为内部和外部两个范畴，因为研究设计中的一个小瑕疵通常会同时影响到研究效度的两方面。

- **受试者流失或减少**：在研究当中，我们从受试者中收集不同的数据（例如，前/后测、多次考试和问卷调查），实验对象的中途退出是较严重的问题。其严重性不仅在于用来统计完整数据的样本量减少，从效度的角度来看，更令人头疼的是中途退出的受试者并不是随机的，而是有区别性特征（例如，离开的受试者不同于留下的受试者），这使得剩下的受试组在特征上比例失衡。
- **霍桑效应**（Hawthorne effects）：这个术语得名于一个研究场所的名称（位于芝加哥），在该场所首次记录下了这个效应：调查一家电力公司的研究者发现无论在哪种条件下，只要他们在场，这些工人的工作效率都会提高。这种非理性效应的原因在于当受试者知道自己是被研究对象时，就会做出不同的表现。梅洛等人（Mellow *et al*. 1996：334）发现这种威胁在应用语言学的研究中尤其突出，它很可能是“对自然语言使用研究最为严重的单体威胁”。

- **练习效应**：如果一项研究涉及重复测试或重复任务（例如在实验研究或纵向研究中），受试者表现的提高可能就是因为他们在不断参与某项考试或测试任务时积累了经验。
- **成熟**：虽然在短期研究如一次性研究中，这不是个问题，但在长期研究中，受试者的成熟对研究至关重要。受试者的成熟指受试者在生理和心理上随着年龄增加而产生的变化。该因素在持续时间较长的研究中会产生很大的影响。在实验进程中或在重复性问
54 卷调查 / 测试实施的间隔，受试者发生变化无可避免，问题在于这种自然发生的发展过程在多大程度上影响研究中的目标变量。
- **受试者对达成期望的渴望**（社会称许性偏见，social desirability bias）：参与实验的受试者往往会被告知与该实验期望得到的结果有关的线索，这导致的后果就是，受试者可能在参与实验过程中去迎合这个他们相信需要他们达到的结果。这种威胁也有一个变体，即受试者努力想要满足社会期望，过度报告满足需要的态度和行为，而少报那些在社会上得不到尊重的行为。
- **历史记录**：实证研究不能在真空环境中进行，因此我们往往会在研究进程中受制于各种意想不到的事件（例如，8.4 讨论到的课堂研究所面临的挑战）。这类事件虽在研究的范围之外，却能影响受试者的实验表现。我们有时所能做的最好的办法就是记录这些事件对研究造成的影响，以便我们以后通过某种统计方法来调和这些影响。

3.1.2 定性研究的质量标准

关于定性研究的质量标准，我们在文献中通常看到的一句话是：没有定量研究的质量标准那么易于直接定义。（从应用语言学角度所做的深刻分析可参考 Lazaraton 2003。）在之前小节的讨论中，我们了解到定量研究的质量标准并非完全没有歧义，而为定性研究范式设置明确的质量标准也真是一大难题，这是定性研究领域所公认的情况。桑德洛维斯基和巴罗索（Sandelowski and Barroso 2002）对这种情势做出过很好的总结：

> 在过去20年里，关于定性研究质量方面的文章和著作层出不穷。该领域和其他社会科学学科的学者们通过提出信度和精确性、价值和效度、标准和公信力等一系列概念来定义什么是好的、有效的和（或）值得信赖的定性研究；同时记录这些定义的历史过程，并对定义完善过程中的各方贡献予以分类；描述并编写用来确保、识别好研究的方法。但是，尽管付出这些努力，我们仍然未离达成质量标准的共识更近一步，甚至就是否应该达成这个共识也没有一个定论。

总的来说，产生这些困难的原因之一在于，尽管“效度”和“信度”这类术语适用于实证研究，但在实际运用中，他们总是与定量方法相关联，操作方法一直遵从定量原则。在第二章我们谈到，定性研究本质上是主观的、解释性的，容易受到时间和语境的影响；也就是说，在定性研究中，“真相”是相对的，“事实”取决于个人的感觉（Morse and Richards
2002）；由于这个原因，一些研究者提出，定性研究需要一套自己的不同 55
于定量方法的程序来实现效度。

问题是，尽管学者们已经提出了一些“定性效度”的分类方法，但没有一种方法能得到明确的支持，因此，我们目前并没有一个直接、权威的替代方法来确保定性研究的质量，从而保证其合理性。实际上，一些学者指出，定性研究有其本身的内在标准，可通过定义某些现象，比如对目标现象的“深度描写”，或者某些事实，比如定性研究结论的达成是一个在数据和分析之间循环往复的过程，直到达到一定的“拟合优度”。但是，正如林奇（2003：157）所指出的，这种自动控制质量的设想“不会使大家感到满意。评估者期待的是支撑效度这一概念的明晰证据。”尽管“定性研究按照其定义来说本质上就是有效的”这一论点听起来令人信服，但并非所有的定性解释都是有用、令人信服或合理的，在很多情况下，一个可信的现象解释和一个不那么可信的现象解释之间的区别并不由研究者不同的视角引起，而是因为某些错误的方法歪曲了结果，使得该结果不能正确地反映所研究的现象（Morse and Richards 2002）。简而言之，并不是每个定性研究都稳定且正确，因此，我们需要制定标准将“麦壳”和“麦粒”区分开。我们先讨论“麦壳”问题，也就是有关定性研究质量的关键问题，然后再讨论人们对质量问题的一些反应。

定性研究质量的三大基本问题

定量研究的学者有时会批评定性研究不遵从“科学方法”的原则（例如，假设的客观性和规范性检验）或者是样本量太小。实际上，他们提出的有关定性研究的所有问题可以归结为一点，就是定性研究不够定量。但是，在定性研究中，某些基础质量问题与研究范式无关。其中，我发现了三个比较突出的问题：

1 **枯燥的数据**：强调“个体意义”（individual meaning）并不能提供一些步骤来确定该意义是否**有趣**（因为我们无法判断受访者的个人感觉和理解）。如果研究的意义不够有趣，即使我们在分析中真实地反映了该意义，得到的也只能是“相当老套的、无异于常识的”低质量结果（Seale *et al.* 2004：2）。换句话说，分析的质量取决于原始数据的质量。我也无法确定是否有可能制定一些明示的指导原

则来判断一套复杂的特定意义是否比其他意义更好。正如西尔等人总结的那样，定性研究以往在这方面的做法并不总是具有说服 56
力，尽管采取理论抽样能够有所帮助（见 6.2），但是没有任何一个定性抽样的做法能完全去掉数据中单调乏味的部分。这个问题只出现在定性研究当中，因为定量研究强调大样本的共性，而不是个别意义。

2 **研究者的素质**：莫尔斯和理查兹（Morse and Richards 2002）告诫我们，有好的研究者才会有好的研究，这点在定性研究中尤其正确，因为从某种程度上说，研究者就是一种研究手段（见 2.1.4）。这也提出了一个严肃的问题：质量标准如何涵盖研究者本身的技术？这些技术很大程度上决定了研究质量、数据范围和对研究结果的解释。定量研究并不存在这个问题，因为研究者的大部分角色都有的标准程序作为指导。

3 **逸闻主义以及质量保障的缺乏**：最后一个有关质量的问题，西尔弗曼（Silverman 2005：211）是这样描述的：

> 对个别案例有深度接触的定性研究者不得不克服一个特殊的诱惑。他们将如何使自己（和他们的受众）相信他们的“成果”确实以对所有实验材料的深度研究为基础，而不是依赖于一些特意挑选的“例子”？这个问题有时被称为逸闻主义。

确实，由于篇幅的限制，定性研究者往往只能提供数据中几个有典型意义的、直接引出结论的案例。况且学者们几乎不提供他们抽取某些样本的理由（例如不提供“案例内”样本抽样的任何标准，见 6.2.4），这使情况更为糟糕。于是，迈尔斯和休伯曼（Miles and Huberman 1994：2）总结道：“我们基本上都不会看研究者是如何从多达 3600 页的观察笔记中得出最后的结论的，尽管中间配有生动的例证。”因此，定性研究的读者往往不会对分析的系统性进行评价，更不会作出其他可能性解释。这样做的后果就是，在缺乏内在质量保障的情况下，太容易滥用步骤而做出一份看似有说服力的、形似于定性研究的报告，作者在报告中只引用了那些从庞大复杂的大数据库中抽取的能够支持他 / 她预期观点的材料。

信度

现在我们通过审查“信度”概念的定义来讨论具体的定性质量标准。柯克和米勒（Kirk and Miller 1986）指出，20 年前，定性研究方法的主要发展方向是取得更大的效度，因此，信度这一概念或多或少地被忽略了。
57 这一情况在过去的 20 年里都没有得到很大的改变。

信度指的是“某一类事物被不同观察者或同一观察者在不同的时间归为同一类别的一致程度”（Silverman 2005：224）。柯克和米勒（Kirk and Miller 1986：69）强调，在田野调查中，信度的定义中也应该具有了“一致性”，即“民族志学学者期待用同样的方法再次获得同样结果”的程度，也就是“研究结果不受偶然性事件影响”的程度（p. 20）。莫尔斯和理查兹（Morse and Richards 2002：168）的定义很好地总结了一致性的问题，但是同时揭示了为什么定性信度在过去被忽视：“如果一项研究有信度，意味着如果它被复制，得到的结果应该是一样的。”问题是，在研究范式中，复制并不是一件容易做成的事情，因为任何结论最终都由受访者的个人原因和研究者的主观解释交互形成。话虽这么说，我们还是可以对一项定性调查的各种子步骤进行信度检查，例如，在将访谈录音转写成文字时，可以让另外一个转写员单独转写其中的大部分文本（可以使用研究者的转写模板，也可以生成自己的转写模板），然后再审查一致和不一致的比例。

林肯和古巴对质量标准的分类

有些观点认为定性研究是“草率的”，定性研究者不加区分地对“一声巨响或一束强光”给予了相同的反应。林肯和古巴（1985）对此进行了激烈的回应，他们引入了“可靠度”这个概念作为定性研究者对“效度”指标的回答。他们提出了“可靠度”的四个组成部分，如下所示：

a **公信力**（credibility），或是一项研究的“真值”，对应定性研究的“内在效度”。
b **可转移性**（transferability），或是研究结果应用到其他情景的适用性，对应定性研究的“外在效度”。
c **可靠性**（dependability），或是结果的“一致性”，对应定性研究的“信度”。
d **可验性**（comformability），或是结果的“中立性”，对应定性研究的“客观性”。

由于这些术语和定量研究中的术语相对应，因此它们有时也被称为“平行标准”。这些平行标准尽管被很多的定性研究者所接受，但还是由于某些原因受到批评（见 Morrow 2005）。我个人的考虑在于，大量术语的出现可能会让研究标准变得更让人困惑；我相信可以通过对传统“效
度”和“信度”概念的有关方面进行进一步识别，以此来确定定性研 58
究的质量标准，马克斯韦尔（Maxwell 1992）就是这样做的，他的描述如下。

马克斯韦尔对定性研究效度的分类

马克斯韦尔在介绍自己富有影响力的定性研究效度分类时明确指出，他并不认为定性效度和定量效度不可兼容。他甚至建议，他的分析可能还会对定量研究和实证研究的效度概念有所影响。我们先就该系统的五大组成部分进行讨论（评论可见 Winter 2000）。

1 **描述效度**（descriptive validity）：它和研究者本人对事实描述的准确性有关。马克斯韦尔（1992）将此视为效度的主要方面，因为所

有其他的效度分类都基于此。它指的是研究者本人的经历，也指那些虽然原则上应该亲自去观察，但实际上却是根据其他数据推断而来的“二手”描述。确保该效度的一个有效策略就是“调查者三角法”，也就是，通过多个调查者去收集和解释数据。

2 **解释效度**（interpretive validity）：描述性效度被认为是一个主要效度指标，原因在于它是所有其他效度类型的基础，而不是因为马克斯韦尔（1992）认为的描述性是定性研究的主要关切点。相反，他认为，从受试者角度来看，一个好的定性研究应该聚焦在各种有意义的具体事件、行为或物体上。解释效度就强调这种从受试者角度进行的描述质量。确保该效度的一个有效办法就是获得受试者反馈或成员检查（member checking），包括与受试者讨论研究结果（细节请看下文）。

3 **理论效度**（theoretical validity）：理论效度在某种程度上对应研究的内在效度，因为它涉及研究者是否进行了适当的理论概括，以及该理论在多大程度上解释或描述了正在研究的现象。

4 **概括性**（generalizability）：有趣的是，马克斯韦尔（1992）在对这项分类进行解释时，并没有用“效度”字眼，即使已经有了一个现成的术语“外在效度”可供使用。原因在于他又进一步将“概括性”分为“内在概括性”和“外在概括性”，但这种分类可能并不适用于“外在效度”（即，我们无法得到“内在的外在效度”）。概括性的两方面皆指将直接研究得到的结果推广到其他人群、时间或场景。不同的是，“内在概括性”的推广范围在调查的社区或机构之内，而“外在概括性”在社区或机构范围之外。

59 达夫（Duff 2006）指出，许多定性研究的学者对“概括性”这个概念持有怀疑态度，原因在于它很像定量研究方法。能否将从样本中得到的结果推广到更大的总体也是定量研究的重要关切之一。因此，马克斯韦尔（1992）将概括性分为内在和外在就有了意义：他同意概括性在定性研究和定量研究中起着不同的作用，但对大多数定性研究者来说，内在概括性比外在概括性重要得多。他进一步解释，在定性研究中，概括性和理论相伴而生，该理论源于被研究的人群和特定情境，同时有助于了解其他情境。换句话说，即使一项研究的特殊属性不能推广，但其主要的研究思想和过程却可以。这就是为什么一个精心挑选的特定案例具有启发性。达夫推荐了一个检验概括性的有效策略：在定性解释中，加入受试者自己对目标事件 / 现象概括性的个人判断。

5 评价效度（evaluative validity）：它指的是对研究者如何评估被研究现象进行评价（比如根据有效性、实用性或必要性）。也就是，对被研究现象做价值判断的精确程度。因此，该效度意味着在定性解释中要或明示或隐含地使用评论框架（例如，伦理或道德评判）来检验评价体系和被研究现象是否契合。随着各种“批判性”理论在社会科学和应用语言学领域异军突起，评价效度也变得越来越重要。

确保定性研究效度的策略

在这个章节中，我不知已经用了多长的篇幅来描述效度和信度的各种系统，因为它们本身的确被公认为不太实用。但是，我同意马克斯韦尔（1992）的观点，即该分类确实为总结效度威胁因素提供了有用的框架并为处理这些威胁提供可能的解决办法。在下文中，我列举了几种最常用的消除或控制效度威胁并实现可信度的策略。

树立正直的研究者形象

我深信，要保证一个研究具有可信度的最重要方法就是让研究者在读者面前树立一个正直的、遵守学术标准的研究者形象。研究结束时，

读者不会通过检验各种效度指标，而是通过判定研究人员的整体研究诚
60 信来决定是否接受该研究。研究者的正直形象由几个小部分组成。有些策略对呈现研究者的高标准特别有用（当然，只提供那些现实存在的策略）：

- **提供审查测试**（audit trial）：通过提供针对研究结果的详细的、反思性的研究步骤，包括数据收集和分析的循环步骤、转写原则的形成和发展以及主题的形成过程等，研究者可以使读者对原则清楚、论述充分、自然流畅的研究产生信心（这个问题将在关于日记研究的 6.8 和关于定性报告撰写的 13.1.2 中进一步展开）。正如霍利迪（Holliday 2004：732）总结的：

> 在所有研究中，可解释性特征主要反映在步骤上。可供选择的选项越多，步骤就要越要透明，这样才能让对研究进行细察的人评估研究者选择的选项是否恰当。

- **语境化和深度描述**：在丰富的语境化细节下呈现结果能够帮助读者认同你的研究，从而予以支持。
- **识别潜在的研究者偏见**：鉴于研究者在定性研究的每一个环节都扮演了重要角色，识别研究者自身的偏见对一项研究来说非常关键，同时，使研究叙述变得更加公开、可靠，从而和读者产生共鸣（Creswell 2003）。
- **检查异常值、极端或负面案例以及替代解释**：每个读者都知道没有一项研究是完美的。因此，明确地指出并讨论研究中与最终结论相矛盾的地方往往不会被看成是研究的不足，相反会增加研究者的可信度。同样，公正地对待其他可能的替代解释，即使我们没有接受它们，也会增加结果的可信度。

效度 / 信度检查

实际上，之前的策略并没有增加数据的效度，只是让读者相信某个研究是有效的（假设该研究确实有效）。以下将要讨论的策略有所不同，因为涉及研究者在研究过程中为保证效度所采取的具体步骤。我们首先从为研究提供效度检查的一些较为普遍的策略开始。

- **受访者反馈**：（或者是“受访者确认”或是“成员检查”）。因为讨论的重点在定性研究受试者的意义上面，因此让受试者自己参与研究结果的评价显然是一个不错的策略。例如，他们可以阅读研究报告的初稿，或者听一些假设性结果或主题的讲解，然后在 61
所谓的“核查访谈”中发表自己的看法。如果研究者和受试者达成了共识，那么研究的效度就增强了。但是，一些学者提出了这样一个问题：应该如何解释分歧？对描述效度而言，此类检查毫无疑问是有用的，且正如我们在之前的小节中谈到的，受访者核查同样可以提高研究的概括性。但是，当在结果的解释效度方面出现不同的声音时，我们应该听谁呢？虽然受试者是“内部人”之一，但也没理由断定他们就能完全准确地分析自己的经验或环境。例如，在家庭争论中，内部人往往对同一现象有不一致的观点。因此，处理此类效度检验的最好方法就是把它们看成需要进一步加工的数据，在合理分析后，能够提高整体的效度论证。
- **同伴检查**：定性研究通常会进行同伴间的信度核查。例如，要求一位同事充当研究者的某些角色——通常包括开发或测试某个编码表，也包括开展其他活动，如观察任务等——然后对两组结果做相应的对比。这是一个十分有效的策略，即使一致性很低，也可以作为有效反馈，并为之后的研究进程做铺垫。但很不幸的是，常常很难找到一位既能胜任又愿意参与这项耗时任务的人。

基于研究设计的策略

与研究设计相关的策略能够为研究效度提供最有说服力的证据，因为它们是研究的有机组成部分，而不是附加成分。在某种程度上，这些做法并不一定是“策略行为”，可能仅仅是好的研究做法。

- **方法和数据三角法**：“三角法”这个概念指的是在某项研究中应用多种方法、资源或角度（详细的讨论将在 3.1.3 和第七章中展开）。三角法一直以来都被视为减少定性研究系统偏差率最为有效的方法之一。如果我们使用不同的数据收集 / 分析方法或不同的受试者样本，依然得到了相同的结果，这种趋同性则为该研究提供了强有力的效度证据。但是，和我们在受试者反馈中的讨论一样，有一个问题仍然没有得到解决，即我们该如何解释相应结果之间出现的不一致？
- **延长介入时间和持续观察**：从表面上看，强调对目标社区 / 现象介入时间的研究设计更有效力：例如，大部分人都认为某位民族
62 志学者花了 15 年时间，针对某个群体的研究结果应该是有效的，但是实际上可能并非如此（例如，如果观察者已经变得“本土化”）。
- **纵向研究设计**：达夫（Duff 2006）认为纵向研究有提高其推断效度的可能性，因为此类研究可揭示随时间变化而产生的不同发展途径，也可记录不同类型的交互效应。（纵向研究将在第四章讨论。）

3.1.3 混合法研究的质量标准

我们已经从这个章节了解到，定性研究和定量研究的质量标准有所不同。虽然二者在广义上都可用统一的“信度”和“效度”这个二分法来描述质量标准，但在概念操作细节上有所不同。那么，在混合法研究中我们

该怎么办呢？我们如何在单个研究中同时满足定性和定量质量标准？这是一个关键问题，因为混合法研究是一个相对新的研究范式，因此采取混合法的研究者必须很谨慎地捍卫他们所采用的方法。

特德利和塔沙克里（Teddlie and Tashakkori 2003）建议，因为混合法研究是第三种主要的研究方法，应该有独立的质量标准术语。正如我之前提到的，创造新术语并不能使质量标准的概念更加清晰或让人接受；相反，我建议从三个不同方面考虑混合法研究的质量问题：（a）混合法的总体原则理据；（b）混合设计中某种方法的使用理据，包括对某种具体方法的选择；以及（c）组成该研究的某些特定方法的质量。

混合法的理据

作为一种被认可的研究方法，混合法研究还处在发展的初期。因此，使用这种研究范式的学者需要证明他们选择这种范式的合理性（从某种程度上说，定性研究者也面临同样的任务，尤其是在内容研究领域和以定量研究为主导的研究环境中）。在第二章（2.4）中，我们讨论了“为什么混合法研究可能有用？”这个抽象论题；在第七章，我们将进一步通过例子来论述定性和定量范式的可兼容性。需要特别强调的一点就是，比起单纯的定量手段或定性方法，混合法研究能够使调查者在两种类型数据的基础上评估信息，从而提供一种潜在的、更为全面合法的结果。我们在之前的小节中了解到，三角法一直以来被看成是确保研究效度的一种方法，因
此，混合法研究的效度论证可以把由定性研究和定量研究各自提供的效度 63
证据结合起来。

研究的“设计效度”

尽管在上面的内容中，我明确表示不建议引入新的质量标准术语，但“设计效度”（design validity，见 Teddlie and Tashakkori 2003）这个术语似乎是相关且必要的，因为它涉及内在效度一个新的方面，对混合法研究而言尤其如此。它指的是在一个混合法研究中，定性部分和定量部分在

何种程度上相互结合、相互协调，使整体设计既展示互补优势，又暴露组成方法不重叠的劣势（见 Brewer and Hunter 1989；Tashakkori and Teddlie 1998）。

研究者在宣称设计效度良好时，需要提供两方面的质量证据：首先，他们必须证明在该研究中选择某些特定方法进行组合的合理性。和混合法讲究实用的研究本质一致，这里讲的理据主要是研究问题 / 主题与研究方法相匹配的程度，它支持“适用性”选择（第十四章对合适的研究方法的考量因素进行了总结）。第二，研究者需要证明，相比单个研究方法，混合法设计可以提高效度。第七章讨论了几种旨在提高内在或外在效度特征的混合法设计。另外，第十一章描述了几种数据分析的过程，其主要目的在于提高研究结论的合法性（例如，将原本的定性数据“定量”后，再进行数据统计分析）。

某种特定方法的质量

显然，在混合法研究中采用的某些特定方法要么是定性的，要么是定量的，因此，本章节之前讨论的质量原则同样适用于它们。在几种不同的混合法研究设计中（见第七章），总有一种方法是主要的，在这种情况下，效度论证中的大多数证据必须与某种特定的研究范式的质量标准相吻合。

3.2　研究伦理

> 任何定性研究学者都会思考道德和伦理问题，除非是睡着了。
>
> （Miles and Huberman 1994：288）

社会研究，包括教育研究，关系到人们在社会中的生活，因此不可避免地涉及伦理问题。正如庞奇（Punch 2005）指出的那样，这类问题在定性研究中比在定量研究中更为尖锐，因为定性研究通常会更多地侵入到人 64 们的私人领域：定性研究的本质就是对人们的个人观点感兴趣，也经常以敏感或私人事件为目标。因此，在当代应用语言学领域，随着人们越来越认可并使用定性研究方法，“伦理风险”也在增加。我们不得不面对这个问题，尤其是因为在这个问题的核心存在一种紧张局面：一方面，戴上了“研究者”的帽子，我们必须承认一个事实，即伦理问题是我们研究中一个经常性的阻碍，在政治正确的年代，伦理问题会被夸大，以至于在某种情景下使我们根本没有可能去做研究。另一方面，因为人有伦理准则，所以就无法否定人比研究重要。当研究者的利益和受试者的利益发生冲突时，我们对处理此类事情的优先顺序是一目了然的。

赫西-比伯和利维（Hesse-Biber and Leavy 2006）观察到，对伦理问题的讨论经常会被所谓对研究项目的“真正”的讨论所孤立或边缘化，几乎只在事后才被想起。也许是因为研究结果发表后的读者常常是同样在做研究的同行，研究者便认为，同行对所涉及的问题已有一定认识。我们需要在研究方法的教材中讲述在现实世界做研究时出现的各种各样的伦理方面的难题。首先，我们应该注意到不同国家的伦理意识千差万别，研究伦理的立法在世界范围内也呈现了很大差异。（有关应用语言学中更多的伦理问题，尤其从北美人的角度来看，请看 Duff in press；Mackey and Gass 2005）。但是，即使在一些研究伦理还没被明文规定的国家，人们的数据保护意识也越来越强。因此，需要对如何做人类研究这个问题再做思考。我希望在未来 10 年内，更多国家能够以北美为样板，更多地考虑受试者而不是研究者的利益，从而制定严格的研究伦理标准。

3.2.1 主要的伦理困境和问题

第一个要处理的伦理难题是：我们应该在多大程度上重视在教育环境中的各种伦理问题。大多数关于研究方法的著作总是反复推崇那些广义上属社会科学（包括心理学）和医学研究领域的伦理标准。在这种情况下，研究就有可能冒着被误导的风险，同时带剥削性质的研究也的确会造成实质性的伤害。另一方面，一些研究者，如约翰逊和克里斯滕森（Johnson and Christensen 2004：111）强调，教育研究本不应该和其他社会学科同等对待：

> 幸运的是，教育研究者几乎从来不会冒着给受试者造成严重身体或心理伤害的风险来开展他们的研究。事实上，教育研究以往给受试者带来的风险
> 65 要么压至最小，要么没有，而且还因为有规范的伦理监控而享有较高的声誉。

正是因为美国立法者认可这种声誉，大部分的教育研究，例如教学策略研究、课程及课堂管理研究等，都得到美国《联邦管理法之人类受试者保护法》的豁免权（Johnson and Christensen 2004）。但是，这并不意味着伦理标准不适用于教育研究或者说我们可以完全忽视它；如约翰逊和克里斯滕森（2004）指出，某些研究行为，特别是某些定性研究行为，有"把伦理之水搅浑"的因素存在（p. 111），需谨慎考虑。有关研究中的这个敏感问题的例子有很多，列举如下：

- **共享信息的总量**：在下面的 3.2.6 中，我们将会谈到研究者面临的一个最基本的困境：需在多大程度上与受试者共享关于研究的信息，才能不产生倾向性反应或受试者不参与等问题？用科恩等人（Cohen *et al*. 2000：63）的话说，"科学利益和体贴、人道地对待那些为研究提供数据的无利益相关的人群之间需要保持什么样的平衡？"
- **关系**：在做定性研究的过程中，研究者和受试者的关系往往会变得很亲密，因为前者会努力营造一种亲密、和谐的关系，以便有机会接近受试者的生活，了解他/她的故事。定性研究的这个特点引出了一个基本的伦理问题，即研究者和受试者之间的亲近或者亲密度的限度在哪里。例如，赖恩（Ryen 2004）讨论了"研究者与（成年）受试者调情"这一充满争议的事件。那么，如何

在结束一个研究项目时，不让受试者感到他们只是单纯地被利用了？这是一个实实在在的难题。

- **数据收集方法**：有些数据收集方法让受试者进行的活动不是常规的活动，比如一对一的接触，这在某些国家可能还是儿童保护法规定的禁区。
- **匿名**：教育研究面临的一个基本难题在于，虽然理想的状况是让我们的受试者都匿名，但是为了将受试者的行为和不同工具或任务进行匹配，我们经常需要对他们进行识别。
- **处理收集的数据**：录像这种方法尤其受到大家的关注，即使在研究结束很长时间后，也可通过录像对受试者的身份进行确认。同样，录音也会对匿名制度造成一定的威胁。
- **数据所有权**：谁“拥有”收集到的数据呢？理查兹（Richards 2003）提出疑问：研究者是否对编辑或发布信息（当然遵守隐私约束）有完全的控制权？
- **敏感信息**：在深度采访中，受试者可能会透漏一些与研究目标不 66
相关的敏感信息（例如虐待或犯罪行为）。我们该如何回应呢？
- **测试**：尽管这本书不谈测试，但我们需要注意，对测试分数的误用可能会带来真正的危险。

以上谈及的困境和难题表明，即使在教育研究领域，我们也需要为伦理议题安排一席之地，甚至在某些国家，这种需求被纳入到了法律的规定范围之内。接下来，我们将仔细研究构成伦理框架的主要组成部分。

3.2.2 法律环境

在很多国家，遵守伦理标准被法律或制度予以确认。例如在美国，研究开始前，研究者需向机构审查委员会（Institutional Review Board）提交一份详细的研究策划书，来确定是否符合联邦法律对人权保护的规定。这些规定同样适用于研究生（硕士或博士）论文，而且只有在某种特殊情况下，研究生院才会接收那些没有经过“人类受试者”授权的论文。审查流程很复杂，包括填写由大学评审委员会发放的各种各样的表格（见 Duff in press；Mackey and Gass 2005）。

在北美国家之外，对研究伦理的立法和制度化还在发展中（但正如我在之前提到的，国际趋势是越来越靠近美国的标准）。怀尔斯等人（Wiles *et al*. 2005）总结说，英国的《数据保护法案》规定，数据收集须征得同意（个别特殊情况除外），另外对数据用在何处也有规定。此外，社会研究越来越多地受到了研究伦理机构委员会的伦理审查，以确保有关人类受试者的研究伦理能够得到落实。在未来，伦理审查将会成为资助机构的一项必要流程。

3.2.3 研究者的诚信

令人好奇的是，几乎没有一本研究方法的教材在谈论研究伦理时详细讨论过在我看来颇为重要的伦理问题：研究者的诚信。在 1.1 中，我们简单地提到过研究者的信度和责任对研究的意义，并且我相信，研究伦理的核心在于研究者本身的道德品质。实际上，“伦理”（ethics）一词源于希腊词汇 ethos，是“品质”“性格”的意思。尽管在现代社会，伦理标准通
67 常与“遵纪守法”画等号，但伦理不仅仅是法律问题，也关系到诚信。美国教育研究协会（AERA 2002）对道德标准做了完整的规定，它从一系列“指导标准”开始，描述了研究者对该领域应承担的总体责任，包含以下几点：

- 教育研究者严禁伪造、篡改、歪曲作者身份、证据、数据、结果和结论。
- 教育研究者严禁有意或无意地利用自己的专业身份实施欺诈行为。
- 教育研究者应努力将研究结果告知所有干系人，应避免将研究结

果保密或选择性报告。

研究有很多灰色地带，即使最完善的法规也没有办法阻止一些令人不快的走捷径或人为操纵的情况发生。虽然这本书的宗旨在于讲究实际，以求实用，但对这个领域，我们必须坚定地守住底线。

3.2.4 防止伤害以及达成收支平衡

在研究中，研究伦理的主要原则在于受试者不应该承受任何由于参与实验而带来的心理或身体上的伤害。这项原则比其他任何考虑都要优先。哈弗坎普（Haverkamp 2005）指出，虽然在定量研究中，保护受试者最主要的方法就是分清研究者和受试者的角色，尽量减少研究者和受试者的接触。但是，这种方法似乎与重视“关系”的大部分定性研究不兼容。因此，在定性和混合法研究中，已经越来越多地出现了“伦理相关时刻”。在这点上，我们必须重申，滥用测试分数也可能会给定量研究带来类似的伦理问题。例如，肖哈密（Shohamy 2004）报道了这样一个偶然事件，某教育官员引用了她一项联合署名研究里的成就测试结果，来为对少数民族学生采取的措施进行辩护。而实际上，这完全背离了这项研究的初衷。因此，她告诫我们，研究者不要认为报告或文章发表了，任务就结束了，而是要一直“跟踪自己研究结果的使用（和误用）情况”（p. 730）。

我们不仅要防止调查给他人造成伤害，还要尽量保证受试者能从我们的研究中或多或少地受益。我们永远不应该忘记的一点就是，他们花费了时间和精力来帮助我们，这就是在给予我们恩惠。让他们的付出和受益尽可能地保持平衡是我们的责任。不幸的是，“刀耕火种”的研究方法太常见了。有的研究者利用完受试者，不提供任何回报，只要数据一收集好，
立马就消失了。在有些情况下，热情地、真诚地说一声“谢谢”可能就 68
足够了；在有些情况下，如果有需要，我们可以为受访者或者参与的老师/学校提供一些关于调查结果的反馈。有些研究者甚至还会举办研讨会或

提供一些小礼物。还有很多善意的举动都能起一定作用，关键在于是否用心。J. D. 布朗（J. D. Brown 2001：87）的告诫非常重要："记住，如果你承诺要送给他们什么，你就必须要做到。"

3.2.5 隐私、机密、匿名以及数据储存

伦理原则中最基本的一条是：受访者的隐私总是应该得到尊重，而且他们有权利拒绝回答问题，或者完完全全地从研究中退出，不需要做任何解释。受试者也有权保持匿名。如果受试者的身份被研究小组知道了，那么研究者无论是从道德角度还是职业（或者法律）的角度看，都有义务保守秘密。保守机密的程度要达到研究者当初向受试者所承诺的等级。以下原则对我们有很多启示意义：

- 我们必须确保，我们承诺的保守机密的程度不能超过我们所能达到的水平，而且对承诺的保密程度要完全做到。
- 保持机密的权利应始终被尊重，除非有足够明确的理由不去尊重。
- 我们必须确保受访者的身份无法被追踪或识别，特别是通过录音或转写数据。

在这点上，我们必须认识到，定性数据可能会包含一些隐私或个人事务，包括受访者的一些生活、环境细节，那么做到"不可追踪"就非常困难，甚至不可能做到。在这种情况下，文献给出的总体建议是：更改描述中的一些关键元素。但这样做又很可能与定性研究要抓住"特殊性"和"语境"这个核心目标背道而驰。这个问题没有一揽子的解决方案，每个个案都要分开考虑，要有足够的敏感度，实践中也要小心谨慎。

对机密安全性产生威胁的一个特殊来源在于数据存储，特别是录像、录音以及它们的转写。我们如何在5—10年后还能保守机密呢？研究结束之后，学术领域存在的风险包括对存储纪律的遵守会出现松懈，或者

复制的副本数目的遗失。这样一来，数据就有可能流入未获授权的人手中。而且如果研究队伍解散，或者数据的所有权从一开始就没有被规定清楚，这个风险就更严重。防止数据存储被滥用的最好方法就是用完后马上销毁。

3.2.6 知情同意和欺骗行为 69

研究伦理最突出和被讨论最多的一个方面是“知情同意”这一话题（应用语言学的相关参考请见《TESOL 季刊》的“投稿须知”）。如果一个国家或机构有伦理行为的管理制度，那么获得受试者的书面同意应该是计划的第一步。例如在美国，联邦法律不仅要求来自受试者的书面同意，同时要求在研究者将受试者的个人现有记录用于研究目的之前应获得受试者的知情同意（Johnson and Christensen 2004）。受试者要心甘情愿成为研究参与者，关于这点的重要性无可置疑。但是，获得研究中潜在受试者的知情同意却不是一件简单的事。关于这点存在不少的争议，主要有以下两个问题：（a）要做到什么程度上的“知情”？也就是说，在请求他们参与研究之前，有多少信息可以与他们共享；（b）以何种形式表明“同意”。这些都是应当在研究开始前就考虑的重要问题，因为决定以何种风格和方式获取知情同意会影响什么样的人将有可能参与研究（Wiles *et al.* 2005）。

要做到多大程度上的“知情”？当然，当我们问这个问题时，我们实际上指的是“分享的信息量应该多大才能达到伦理标准？”不愿透露关于研究太多的信息是研究本身的需要，因为某些信息会导致受试者的反应受到影响或产生偏差，甚至会导致受试者退出研究，因此在这种情况下，我们要达到某种妥协。关于知情量的最小值应该是多少的问题，在文献中也有不同的说法；甚至在有些情况下，如果遵守了某些规则，欺骗行为也是可以被接受（见下面的论述）。按照美国教育研究协会（AERA 2002）公布的指导方针，我相信受试者（或他们的监护人，见下文）有权知道某项研究中的以下内容：

- 调查目的和数据使用的方向应该尽可能多地告诉受试者。
- 受试者在研究过程中应该完成的任务是什么。
- 研究中可能的风险和参与研究的潜在后果。
- 回答的内容被保密的程度。
- 受试者在任何时候都可以退出研究的权利。

70 欺骗行为

为了不产生受试偏差或无效研究，研究者有时不会完全透露关于研究性质和研究目的等相关信息，这一点无可厚非。在某些（几乎很少）情况下，研究者不仅需要隐瞒某些信息，还要主动“误导”受试。民族志研究中对犯罪亚文化群的研究就是一个很好的例子。不过，在不是特别极端的案例中，某些类型的信息有可能影响结果。因此，尽管美国教育研究协会（AERA 2002）的指导文件强调诚信的重要性，但并没有禁止某些“欺骗”行为，只要绝对有必要，而且控制在最小的程度，同时在研究结束时，告知受试者“欺骗”的原因。此外，欺骗行为不能伤害受试者的健康，这一点是不言而喻的。虽然大部分研究者都会接受这些原则，但是在社会科学的文献当中，对于“欺骗”可接受程度的争论依旧很多。

同意形式和同意表格

同意的基本形式有两种：主动和被动。“主动同意”指的是受试者签一份表格，表示同意参加；“被动同意”指的是不退出或不反对某项研究。有关后者的一个最典型例子就是，给学生家长寄一份同意表格，并告知他们只有在不想让他们的孩子参与这项研究时才退回该表格。很明显，获取主动同意能更直接地保证受试者了解自己的权利，同样防止研究者面临后期的指控。但是在某些类型的教育研究中，主动同意无必要，也没有好处。太过正式地请求同意可能会引起不愉快，或者增加人们的猜疑，认为研究是否有什么地方不对，从而导致人们不敢参与到研究中来。另外，签名的同意表格对于某些文化团体或年龄群体毫无意义。所以，我会在一项定性采访中寻求受访者的主动同意，但在一项匿名问卷调查中，我会忽略主动同意，而只考虑被动同意，只要不违背某个环境下的法律规定就行。

书面同意表格通常包含以下细节（Cohen *et al*. 2000；Creswell 2003；Johnson and Christensen 2004）：

- 研究目的的合理说明和参与流程。
- 对受试者可能遇到的一些风险或不适以及可能获得的好处的陈述。
- 对结果保密程度的声明。
- 对受试者自愿参加，有权在任何时候退出、拒绝参加，且不受惩罚的声明。
- 愿意回答任何关于流程的问题并提供研究结果的副本（选择性） 71
的表述。
- 受试者和研究者的签名，表示同意以上条款。

老师和父母的附加同意

多数的教育研究都在学校或其他教育机构内展开。因此，研究可能需要来自其他一些权威人士如老师、班主任或校长的同意。在有些国家，还得寻求来自当地教育主管部门的同意。

当研究面向的是未完全成熟的或与研究者处于不平等地位的未成年人时，研究也需要附加同意（Cohen *et al*. 2000）。他们无法对自己的行为负完全的责任，这就意味着我们需要咨询其他人。问题就在于认定谁有足够的权利：法定监护人（如父母）还是学校老师，还是两者都有。就这一点来说，现存的法律和道德框架在不同国家有很大的差别。在我看来，如果研究既不触碰敏感信息，也不需要受试者大量参与（例如一项相对中立的匿名调查问卷），研究的实施得到孩子老师的同意就可以了，除非现有的法规有另外的说明。老师往往会意识到法律事项的重要性，因此，如果他们不清楚谁应该批准某项研究项目，他们也会寻求建议。即使父母的允许对于项目研究十分必要，我还是更倾向于使用被动同意，因为在这种情况下，父母收到了有关项目的建议，就可以视为他们是同意的，除非他们在研究开始之前明确表示反对。

3.2.7 对研究伦理的总结语

我个人对研究伦理的总结是：我们对待研究伦理的态度应该比很多研究者要严，但比那些立法者要松。大概是因为应用语言学研究往往不会给受试者带来明显的威胁，这个领域的研究者会经常忽略伦理问题的重要性，只是在有遵守法律条文的义务时才提及它。这种做法产生的后果就是，当伦理困境出现时，它无法提供强有力的伦理框架理论。我希望之前的讨论明确地说明了一点：受试者需要安全保障，研究者要有处理伦理困境的可靠方案。

另一方面，我同意某些人（如 Johnson and Christensen 2004）的观点。
72 他们强调，在教育研究领域，我们不应该只是简单地照搬其他领域（例如心理学或医学研究）的伦理指导方针，因为在这些领域，伦理风险要高得多。机械的使用只会让伦理条款和制度变得过于局限；有讽刺意味的是，在应用语言学领域，我意识到的伦理问题给研究带来巨大压力，在某些情况下，由于受到迅速发展的“伦理正确”的制约，研究越来越难以进行。西尔等人（Seale 2004：8）对此总结得非常正确，为研究者制定的职业伦理规章经常被批评为是不切实际的，脱离了真正的研究实践。“我们需要用依赖语境的灵活的方法来做伦理决策，这更取决于研究者自身在保持高标准中的职业反思和诚信”。

3.3　研究问题和假设

……许多科学家把他们的名望更多地归功于选出有洞察力的研究问题的

能力而不是解决问题的能力。

（Shavelson and Towne 2002：55）

大多数的研究教材都提出，要做研究，最好先提出一个或几个研究问题，然后再选择研究设计和研究方法，以及能够帮助研究者回答研究问题的研究工具。例如，在讨论教育科学研究的原则时，沙维尔森和汤（Shavelson and Towne 2009：99）就明确指出："我们必须谨记研究问题决定研究设计，而不是研究设计决定研究问题这样的劝告"。尽管这是一个逻辑问题，许多研究新手仍然会发现研究过程并不如上述说法那样直截了当，并且"问题为先"的原则也给我们留下了一些问题。例如，在一个以探索性为主的调查中，我们对调查主题知之甚少，而这也正是我们研究这个主题的原因，我们怎么能够从一开始就提出一个具体的研究问题呢？研究问题和其他一些经常提到的术语，如"研究题目"或"研究假设"是什么关系？在定性研究中，研究问题和研究角度通常只在研究的过程中出现，那我们又该怎么办呢？最后，理想的研究问题应该是什么样的？我们会简要地讨论这些问题。如果想要了解更加详细和实用的研究项目的计划过程，从最初想法的产生到关注点的缩小直到项目操作，详情参见理查兹的著作（Richards 2003，第五章）。

3.3.1 研究题目、研究目的和研究问题

除非我们采用别人的设计思路（例如导师的思路）或者是作为一个合作者参与一个正在进行的研究，每一个研究都有一个起点，这个起点就是广义上的研究题目。这个研究题目最初仅仅是一个抽象、模糊的研究兴趣（比如一个难题或者一个我们注意到的有趣现象），而为了能够专门解决这个难题，我们需要把它变成一个研究目标。研究目标是一段相对较短的陈述（不超过一段），这段陈述会描述计划研究的目的，解释开展这项研 73
究的原因和这个研究的潜在意义。

下一步是要形成具体的研究问题，其目的是缩小研究目标和使其具有可操作性。研究问题的作用是将研究目标转化为研究需要回答的具体问题。如果能够提出好的研究问题，那么就表明研究者已经准备好开始具体的研究了（与此同时，模糊或缺少研究问题通常会让你的导师或评审人对你的研究产生警觉）。好的研究问题也可以给我们选择研究方法提供方向，从而使得研究方法能够更好地实现研究目标（见第十四章）。在此必须指出，正如约翰逊和克里斯滕森（Johnson and Christensen 2004）提到的，因为在有些研究中，研究问题在很大程度上是研究目的的再次陈述，一些学者会在最后的实验报告中把它删除。

一个好的研究问题是什么样的？我们在下一个部分可以看到，在定量研究和定性研究中，有效的研究问题是不一样的，但是通常好的研究问题需要解决“有趣”的问题。当我们想到了一些可能的问题时，我们要问一问自己：这些问题值得提出来吗？更重要的是，值得回答吗？我认为我们无论如何要努力避免一件事情，即不要“使我们的研究得到‘有什么大不了的？’这样的回应”（Mackey and Gass 2005：17）。因此，我同意高尔等人（Gall *et al.* 2007：41）的结论：“在定义研究问题时体现出的想象力和洞察力通常比其他因素更能决定一个研究的最终价值”。

我们可以从哪里获得好的研究题目和研究问题的灵感呢？我的经验是，大多数的研究题目都来源于文献阅读和个人经验的结合。我们读的东西时不时地会让我们灵光一闪，然后基于我们我过去的相关经历，我们意识到这个题目可以进行深入探讨。而且，大多数研究论文的结论部分（见 12.4.5）一般会包含对未来研究的建议。同时，和朋友、同事及学生讨论能够帮助我们注意到那些潜在的问题。如果你决定要写研究日志（见 6.9），日志里的反思也能帮你完善当前研究的研究问题，也为未来的研究提供思路。

当我们有时对可能的研究结果有预感或有所预测时，我们可以将研究目标缩小到具体的“研究假设”来代替研究问题，或者与研究问题并存。

这些假设所陈述的是对结果的预测，实证结果要么证实这些假设，要么证伪它们。如果我们能在一个研究中提出研究假设，这是非常好的事情，因为研究假设与科学方法的原则是相符的（见 2.2.1）。

关于如何使研究具有可操作性，努南（Nunan 1992）提出了非常有用 74
的建议。他发现让博士研究生写研究大纲能够使研究计划的制定和调整变得更加容易。大纲包括一系列的标题，学生要在每一个标题下加上一个简短的陈述；标题的选择可以比较灵活，但是通常会包括大致的研究领域、研究目的或假设，以及数据收集方法、数据和受试者的类型、数据分析类型、需要的资源等。

3.3.2 提出研究问题的不同范式

定量研究和定性研究在确定研究目的和将研究目的分解成具体研究问题上有非常大的不同。在定量研究中，研究目的和研究问题通常越具体越好。因此一个描述得很好的定量研究目的，通常会区分出所要研究的变量以及这些变量之间的因果或者描述性关系。而研究问题会指明具体的方法步骤，研究假设则会包含研究者的预测。

定性研究的一个特征是它的自然属性，因此定性研究的研究目的和问题通常会比定量研究更加模糊。定性研究的研究目的通常不会描述一个具体的问题，而是包含对一个具体现象的说明或是一个主旨思想，目的是提供一些新的视角或是最终形成一种新的理论。因此，定性研究问题会比定量研究问题的范围更大，通常会关注一个大的话题或是目标现象形成的主要过程。由于没有限定探究的范围，这个阶段的研究通常不会很具体，因此，研究者会强调说此类研究的本质就在于探索。

确定研究目的和研究问题对于混合法研究来说是一个挑战，因为似乎混合法研究需要采用矛盾的研究方法（因为要同时做到既具体又模糊 / 宽泛）。一个好的策略是先陈述总的研究目的，接下来阐述选择混合设计，包括特定研究方法的理据，最后针对不同的研究部分提出相应的研究目标和问题。克雷斯韦尔（Creswell 2003）提到了一个在混合法研究中非常有用的模型，那就是将研究问题放到每个研究阶段的介绍中，而不是放在研究的开始阶段。

75

3.4 开展研究的其他要素：先导研究、研究日志以及数据管理

作为这一章节的总结，我将报告在开展研究之前必须考虑的三个事项：（a）先行测试研究工具和各种研究步骤；（b）准确地记录研究日志；以及（c）专业地管理和储存数据。

3.4.1 先导研究

本部分的主要内容可以用一句话来概括，那就是在做研究之前，总是要提前测试你的研究工具和研究步骤。就像戏剧演出一样，调查研究也需要通过“带妆彩排”来保证具体情况下的高质量产出（就信度和效度而言）。尽管这项原则已经得到研究方法论者的广泛认可，但是我的个人经验告诉我，先导实验要么往往并未开展，要么只是流于形式。这主要有三种原因：首先，研究者可能没有意识到先导实验的意义所在。其次，处于准备阶段的研究者常常太急于收集数据和查看结果。第三，一个做得恰当的先导实验可能需要几周的时间才能完成，由于认识不到这一点，本来很有必要安排的先导实验却没有被研究者列入研究日程中。

由于定量研究依赖研究工具的心理测量属性，因此先导研究在定量研究中比在定性研究中更为重要。例如，在问卷调查中，如果我们没有用足够的测度项来调查一个变量的话，这个变量无论在具体语境下有多重要都不能出现在最终的结果当中。我们将会在第五章详细介绍对问卷进行前测的分步过程（见 5.2.5），但作为预热，我想先引用两位问卷设计专家祖德曼和布拉德伯恩（Sudman and Bradburn 1983：283）的话：“如

果你没有资源对问卷进行前测，那就不要做这个研究”。因此，先导研究是定量研究一个非常关键的部分，任何想要简化这个环节的想法都会严重降低研究的心理测量质量。除此之外，我个人的经验也说明，耐心地完成先导研究的整个过程，我们在之后的研究中就能避免很多挫折和可能出现的额外工作。

就像理查兹（Richards 2005）所指出的那样，在定性研究中，一般不存在真正意义上的用于测试研究工具的“先导研究阶段”。这并不意味说对研究工具的准备是没用的（例如访谈技巧），定性研究的先导实验和定量研究先导实验不同，我们可以在先导实验阶段结束之后将获取的数据应用于后期分析，而不是直接舍弃。这些最初的数据可能会跟后期得到的有些不同，但这些不同点是“研究的素材，而不是一致性的问题”（p. 78）。

3.4.2 研究日志 76

过去的研究经验使我坚信，在研究项目的一开始就养成认真记录“研究日志”的习惯很有必要。数据的收集和分析要求我们在研究的过程中要一直做各种决定，因此如果我们不把这个过程记录下来就会很容易忘记或者混淆一些细节。像任何一本真正意义上的日志簿一样，所有的条目都应该标注日期，连续的几页应该标注页码并且整理在同一个文件夹里面。或者，我们也可以在电脑里建立一个电子日志文件夹，并定期更新。这样的一个日志簿不仅可以帮我们快速定位出现的困惑，而且包含了之后在撰写阶段可能会用到的非常宝贵的信息。的确如此，包含了备忘录和个人笔记的“研究日志”在定性研究中是一个非常重要的数据来源（见 6.9）。在定量研究中，研究日志所扮演的角色远远超过了管理和存档本身，它包括了非常多种类的信息，例如日期、会议记录、先导实验阶段和数据收集阶段的准确细节（什么时间？参与人员？做了什么？）、出现的问题、对数据存储地点和形式的记录，以及在数据分析过程中所有相关的细节，包括曾经试用过的统计步骤（甚至包括行不通的那些），或者是主要的发现，还有保存了统计数据的电脑文件夹的名称和存储位置，等等。这本日志簿甚至可以持续到论文写作阶段，记录草稿的细节信息以及备份的方法。这种管理和存档的功能非常重要，因为与数字相关的细节都是很容易混淆的，此时如果有一本详细的日志簿可供参考，那将会是非常宝贵的财富。所以，从现在开始，记录起来吧！

3.4.3 数据的管理和储存技巧

掌握高效的管理和储存数据技巧之所以重要可以从逻辑和伦理两个方面来解释。首先，设计一个能够使我们避免遗失和混淆数据的存储和标注系统可以在很大程度上帮我们定位并提取信息。研究者们需要在研究日志中制作一份详细的清单来记录数据来源（参考前面章节），将这些来源依据主要参数（例如，数据类型、数据采集来源等）进行管理，然后定期更新这些记录。录音带、录像带以及任何的说明性文件都需要进行标注并储存在安全的地方，同时我们在建立电脑文件夹的过程中也需要一个易识别的系统。

特别是在定性研究中，我们通常会在很短的时间内就收集到很多“杂乱无章”的数据资料、田野调查笔记或文件，当然还有转写文件等。现在真的很难想象在个人电脑普及之前我们是如何管理储存数据的。当代的数据分析软件不仅能帮我们处理数据，还提供了非常好的储存工具。在任何情况下，遵守戴维森（Davidson 1996：267）提出的关于处理电脑数据的
77 两条法则都很有必要：“法则一：统统备份；法则二：现在就做”。对录音和视频记录的备份也很有用。

关于数据存储的第二个层面其实在3.2.5讨论匿名问题时已经提到过了。莫斯和理查兹（Morse and Richards 2002）建议我们，当受试者需要被匿名时，在转写和标注体系中创建并持续使用一个代号或编码系统是很重要的。而这个代号或编码清单则需要和其他能够辨识受试者的材料（例如正式文档、录像文件等）一起妥善保管。

总之，为了能够记得东西在哪里、是什么格式的或者某些特定的文件名代表什么意思，我们需要从一开始就设计一套数据管理 / 储存系统。或许在我们全力进行数据收集的过程中很容易变得草率行事。但是经验表明，如果没有一个简单清晰的系统进行记录，事情就不可避免地变得和原来的计划大相径庭。研究是规范的调查，在数据管理领域也该如此。

78

第四章

纵向研究与横向研究

> 对绝大多数研究者来说，纵向研究仍旧是一片未拓荒的大陆：魅力无穷却危机四伏。
>
> （Ruspini 2002：136–137）

应用语言学有几个备受瞩目的研究方向，它们主要关注个体发展（例如，母语读写能力或是二语熟练程度的发展）。除此之外，社会变迁研究也在这个领域占有突出地位。对发展与变迁的重视突显了“纵向研究”（longitudinal research）的重要性，即随着时间变化对某些群体或某种现象进行持续不断的调查。事实上，阿布尔和麦基（Abbuhl and Mackey in press）认为纵向研究是应用语言学最具前景的研究方向之一。即便它是如此重要，但令我们吃惊的是，应用语言学关于纵向研究的文献却是非常之少，甚至目前的研究方法教材也很少提及这个话题。所以我们决定单独用一个章节来探讨这个话题。

和纵向研究相对应的是“横向研究”（cross-sectional research），它指的是在特定的时间点对目标现象进行抓拍似的分析，因此它关注的是单一时间间隔。它还允许我们在多个变量之间建立联系，并了解受试者的想法、观点、情绪以及各种认知和性格特质。横向研究的一个典型例子是全国人口普查，在很短的时间周期内，从全部人口中收集来大量的数据（Cohen *et al.* 2000）。当然，即便是人口普查的数据也可以是纵向的，只需将两次连续的人口普查所收集到的信息联系起来即可。

目前的应用语言学研究以横向研究为主（教学研究通常也是如此），因此本章的重点会放在不那么为人熟知的方法上，也就是纵向研究。通过描述纵向研究的主要类型，探究它较之横向研究的潜在优势，我想拿出强有力的证据来说明在实验中加入更多纵向设计的必要性。

4.1　纵向研究的定义和目的 79

纵向研究是一个很不精确的术语，它是共享一个共同特点的研究方法的统称，即在一连串时间节点上收集研究目标的信息（可以包括许多的信息单元，例如群体、家庭收入、机构、民族或者是概念问题）。尽管这看起来是一个相当直白的定义，但它是不准确的，因为我们有可能在某个数据收集的单一时间节点上采集到反映变化内容的纵向信息（例如，一次关于某个人生平的访谈）。除此之外，我们还可能进行了持续几周或是几个月的一系列深度访谈，但是不以变化为研究目标，而是了解受访者在感知和理解他 / 她的社会环境时的一些复杂因素。据此，许多研究者指出研究设计与数据收集类型之间不存在一一对应关系（Menard 2002；Taris 2000）。

因此，纵向研究的定义必须涉及数据收集和研究设计两个方面。根据梅纳德（Menard 2002）的观点，所谓纵向调查就是这样的研究：（a）数据从两个或者更多不同的时间段收集；（b）从一个时间段到下一个时间段，分析的受试者或案例应当相同或是类似的（比如，从同一个总体中抽取）；（c）分析包含不同时间段的数据比较。他总结说："一个真正的纵向研究应该能测量出变量从一个时间段到另外一个时间段的区别或变化，这是最低要求。（p. 2）"

纵向研究要达到的目的有两个：**描述**变化模式和**解释**因果关系。尽管这两个目的相互关联，它们却不总是重叠的，因为我们有可能获得了关于事件的时间顺序的详细信息，而不去探测这些事件之间的因果联系。正如塔里斯（Taris 2000）在他对这个学科所做的介绍中说到的，为了能够确定因果联系，我们需要有一个明示的理论来解释时间观察结果背后的因果过程。

我们应当认识到这点，尽管纵向研究在我们的领域里未得到充分运用，但它在社会科学的其他领域已经被广泛接受。例如，在经济学领域，运用纵向数据检验各个方面的经济变化是一项基本内容（例如，通货膨胀率或国内生产总值指数的变化），同时相关的经济信息也是在高频率、有规律的时间间隔内收集。在许多国家，有很多正在进行的大规模“家庭调查”（household survey），这些调查通过一些有代表性的样本记录了整个国家社会行为方式的变化模式，通常每年一次。相比之下，在教育学和应用语言学所做的纵向研究的典型案例中，数据收集点的个数［也叫“阶
80 段”（phase）或“波段”（wave）］通常非常少，也就是两到三个，两个波段之间的时间总量可以从几周到十年不等。

最后，需要指出的一点就是，纵向研究在传统上总是和定量范式联系在一起，目的是为广泛的社会趋势提供统计图。正如尼尔和弗劳尔迪（Neale and Flowerdew 2003）所解释的，在这样的研究中，对社会的研究是从社会结构出发自上而下进行的，而不是从个体或者人际网络出发自下而上进行的。根据这两位作者的观点，这种研究方法能够提供：

> 鸟瞰整个社会生活的视角，虽然能纵观全局，但却缺乏细节。它是一部史诗片，提供了宏大叙事，并在此中展现价值。同时它是一部电影，其中个人故事线上诸多错综复杂的情节以及各种迂回曲折都从视线中被隐去了。（p. 192）

然而就在最近，纵向定性研究在社会科学中的作用开始凸显出来。这种研究的区别性特征在于社会生活的时间维度与文化维度相互作用，提供了一个“自下而上”的方式去理解人们如何经历人生并灵活处理各个过渡的阶段。因此，这部定性研究电影给我们提供了“一个真实生活构造的‘特写

镜头’，与定量研究的‘远景镜头’形成鲜明对比”。聚焦点在情节以及核心演员的故事细节上，而不是在叙事画面的恢宏全景上（2003：193）。4.4 将探讨这个定性运动的细节，4.5 强调了纵向研究也适用于混合法研究这一事实。

4.2　纵向研究与应用语言学

在一篇十年前发表的见解深刻的研究论文中，梅洛等人（Mellow *et al.* 1996）理直气壮地认为，聚焦于语言历时发展过程的过渡理论是二语习得研究的核心部分，对二语习得卓有成效的研究需要使用纵向研究方法，比如时序设计法。梅洛等人的观点在奥尔特加和易博瑞–谢伊（Ortega and Iberri-Shea 2005）最近关于二语习得纵向研究的概述中被反复提到。他们宣称，因为语言学习需要历时才能发生，很多（如果不是全部）二语习得研究者调查的二语学习话题只有运用纵向视角才能进行有意义的解读。他们总结认为，“最终，只有通过积累纵向研究成果，二语习得研究才能够对了解二语水平以及不同环境中读写能力的提高过程提供有实质意义的贡献”（p. 28）。然而，正如作者指出的那样，时间在二语习得理论中处于中心地位，而纵向研究在我们领域中少之又少，二者形成了鲜明的对比。

我同意奥尔特加和易博瑞–谢伊（2005）的结论，即二语习得研究缺 81
乏规范、专业的纵向研究。假如我们更密切地关注这个领域，时间元素实际上在许多地方都有体现。比如我们发现对几个后结构主义者的定性调查通常是在社会文化或者是语言社会化理论框架下进行的，这显示出了纵向的民族志学的设计理念（例如，Pavelenko 2000）。事实上，民族志研究和个案研究都强调了受试者的长期参与（另见 6.3 和 6.7），它们天然具有纵向研究的特征。然而，奥尔特加和易博瑞–谢伊正确地指出，在这方面的许多研究不以明确的纵向研究目标为中心。根据这两位学者的说法，相同的情形也出现在定量研究中，因为通常的研究类型是小型的描述性定量设计，不运用任何的推断统计。因此，在两个研究范式中，我们有许多“类似纵向”的调查，但它们并未根据最新的纵向研究原则来进行设计、实施和分析。之后我们将在本章看到（见 4.4 和 4.7），这种情形的产生一定程度上是由于一个无可争辩的事实，即要确保纵向数据分析完全公正不是一项容易的任务。

纵向研究在应用语言学中最成功的领域也许就是使用实验或（更常见的）准实验进行设计的二语教学效能调查（见 5.3）。然而，正如奥尔特加和易博瑞-谢伊（2005）建议的那样，即便是在这个方面，前景也不乐观，因为研究者似乎并未充分发挥时序设计的优势，即使它能提高这类研究有效性（见 4.7 的讨论）。这种设计的原则和它与二语习得的相关性在梅洛等人（Mellow *et al*. 1996）的论文中有详述，然而在奥尔特加和易博瑞-谢伊的文献综述中，他们在近期仅找到一个采用这种设计的研究。

4.3　纵向设计的主要类型

经典的纵向设计是找到一组人群，然后在一个时期内通过多重调查追踪他们的发展情况。这种设计经常被贴上“定组研究”（panel study）的标签，但是它并不是收集变化数据的唯一方式。另外还有多达三种比较知名的纵向研究法，并且在很多情况下，它们可能比定组研究更加适用（也更便宜！）。让我们详细地看看这四种主要的设计类型。虽然在纵向研究中，测量单位可以是机构、人群或民族，纵向研究却通常是以人群为目标，所以在接下来的描述中，我将只论及人类受试者。

82 **4.3.1 前瞻性纵向研究或“定组研究”**

这种对相同受访者在不同的时间点进行连续测量的设计类型被赋予不同的名称，比如“前瞻性纵向研究”（prospective longitudinal study）、“追踪研究”（follow-up study）、“队列研究”（cohort study）或是“定组研究”（panel study），最后一个名字被定为标准名称。该术语最初是在19世纪40年代，由美国社会学家保罗·拉扎斯菲尔德（Paul Lazarsfeld）在研究广播广告的长期市场效应时创造的。定组研究深受欢迎的原因在于它能使我们收集到实际发生在微观层面的信息。为了说明这一点的重要性，我们先看看关于两个竞争党派A和B持续的民意调查（opinion polls）。与定组研究不同，民意调查测试总体中不同的样本。尽管结果显示A党受欢迎的程度一直随时间增加，但我们不能从数据中判断是支持B党的人统一转为支持A党，或者实际上有些人从支持A党改为支持B党，但他们在人数上被由B党转为支持A党的人超过了。因此严格来讲，持续民意调查是“重复调查”（接下来将会讨论）。它只捕捉到“净变化”，也就是所有变化的净效应（Firebaugh 1997）。定组研究却不同，它能使研究者观察到所有历时的具体变化（例如，定组研究能捕捉上述案例中两党之间实际的政党转换率）。所以，定组研究为调查发展变化和因果关系提供了一种有力的非实验方法。

不幸的是，实施定组研究耗资不菲且耗时过长，而且还需要一个持之以恒的调查小组维持数年。除此之外，定组研究在自身效度方面遭受两个严重的威胁：“磨蚀作用”（attrition）及“定组调节作用”（panel conditioning）。

- 磨蚀作用：在调查中不断有人退出，是期限较长的定组研究常见的参与模式。产生磨蚀（或“死亡率”）的原因很多，可能是以下方面，比如说，条件保障上的原因（失去联系，或地址、电话号码变更等），或者受访者生病了，或者只是因为没有时间或失去兴趣而不愿意继续参加实验了。这样的磨蚀作用是有累积性的，因为一旦缺少某个人在某个波段的数据，这个人在研究后续阶段的数据就流失了（Taris 2000）。因此，在一个定组研究中，有完整数据集的样本可能急剧减少，但更令人担心的是效度方面，因为这种减少并不是随机的。也就是说，有可能是某一类受试者早早地放弃了参加实验，或者反过来，另一类受试者自始至终地坚持到最后。最终样本可能只是最初样本和总体的具有偏向性的代表。采用正确的追踪和保持联系的策略（如赠送圣诞节贺卡，告知研究进展和保持常规的电话联系）可以降低无应答率，但是这
83 些努力需要大量的人力、物力（详见 Thomson and Holland 2003）。在教育研究中，因为班级和教师组合的频繁变更，以及教学方式的改变，定组研究可能很难实施。

- **定组调节作用**：当一组人参与到纵向研究中时还存在另一个问题，那就是受试者通过参加实验而有规律地聚集和作为研究的一分子所学到的知识都能够改变他们的行为和反应。比如说，他们有可能会脱离数据收集形式的限制，或者因为不得不关注他们生活中的某些问题而提高了他们对这些问题的意识或敏感度。又或者，因为和研究者的关系变得越来越熟，他们想去取悦研究者，从而在实验中表现不同。因此，定组调节作用的后果可以看成是“练习效应”和“霍桑效应”二者的综合，详见 3.1.1。

4.3.2 重复横向研究或“趋势性研究”

收集有关变化信息的常用方法是对不同样本的受访者进行重复的问卷调查。假如后续波段检验发现样本能够代表同一总体，那么其结果可以视为在总数水平上具有纵向信息（也就是说，代表整个群组而非个体）。这样的重复横向研究通常被称为“趋势性研究”（trend studies）。如果我们的研究主题涉及社会变化的宏观层面（例如，调查整个群体的信仰或者实践的演化过程），这个层面的分析是十分恰当的。再者，这种设计也使调查和比较各种子样本（例如，男性和女性、种族等）中的变化成为可能。

趋势研究不仅仅是“次优”的纵向研究，尽管个体发展不能够通过趋势研究追踪，但它们和定组研究相比有很多优势。首先，它们通常实施起来更容易，也更便宜，部分原因在于受访者可以保持匿名，部分原因在于组织一个新样本比追踪之前研究中的受试者更加容易。一个更深层的优势在于趋势研究不受磨蚀作用和调节作用的影响，每个波段都可以成为总体的代表。但它也有一个缺点，宏观视角作为这类设计的特点并不十分适合解决因果关系的问题，也不适合研究发展模式（Taris 2000）。

为了确保历时进行的测量的可比较性，我们需要在研究的所有波段使用相同的问卷，这也可能导致其他的问题。然而，教育系统和课程体系不
会长时间保持不变，因此从最初阶段开始，研究进行得越深入，就越有可 84
能出现问卷调查的某些部分不能正确陈述目标或是某些新生领域被忽略等问题（Keeves 1994）。当我们最开始设计需要使用的工具时，我们也许不知道我们将检测怎样的趋势，因此，调查问卷也许不能完全适用于分析与之联系的特定的因素。可是我们又无法在不降低其纵向力（longitudinal capacity）的情况下更改这个工具。

4.3.3 回溯纵向研究

定组研究和趋势研究两者有一个主要不足，即我们必须等上相当长的一段时间才能看到结果。“回溯纵向研究”（retrospective longitudinal studies）针对这种延期提供了一个解决办法，尽管也需要付出一定代价。回溯纵向研究的数据是在单一的调查中收集起来的，受试者被要求回忆并回答有关过去的问题。这看起来似乎是一个能为我们节省大量时间和金钱的直截了当的方案，但是不幸的是，以往的回溯研究已经表明，收集到的数据质量参差不齐：多达 50% 的回答在某种程度上都是不正确或不准确的（Taris 2000）。回溯陈述可能被简化了或具有选择性，一些重要的细节被忽略、隐瞒或者直接是错误的。况且，戴着有色眼镜看过去（我们常常这样做），受试者的经历重建也许被扭曲了。过去的感觉和事件有可能被

重新解释，目的是使之与后来发生的事件或是受试者当前的理解相吻合，或仅仅是为了符合某些连贯的故事线。最终，回溯的数据变得比前瞻的数据更加不可靠，使得将真实情况与感觉或推断的原因区分开来变得很困难（Cohen *et al.* 2000）。另一方面，假如我们的研究仅仅集中在一个相当短的时间内（几星期或几个月，而不是几年），回溯设计可能十分合适，特别是当数据主要与事件或行为相关，而不是与态度和信仰相关时（Ruspini 2002）。

4.3.4 同步横向研究

我们要介绍的第四种设计是同步横向研究（simultaneous cross-sectional studies）。它只具有部分的纵向性，因为它不涉及对历时变化的检测，而只是涉及年龄段的变化。在这种设计中，对不同的年龄段样本进行横向研究（例如，调查一个学校不同的年级）。塔里斯（2000）指出，几乎所有的调查都收集受试者的年龄信息，因此绝大多数调查都可以视为这种设计的一个案例。然而，在同步横向研究中受试者的年龄是作为主要的样本变量，而在“普通版”的横向研究设计中年龄只是另一个需要控制的变量。

这种设计简单直接、经济实惠，因为它能产生随年龄段而变化的数据，还可以用于检验发展的问题。可是，它的一个问题在于只测量不同年
85 龄组的人，观察到的变化可能并非源于年龄差异而是源于该年龄组的特殊经历［通常称为“队列效应”（cohort effect）］。再者，与趋势调查相似，我们也需要发放同样的调查问卷给所有不同的子群组，这也意味着我们必须设计出普遍适用的测度项，而不能太针对某个年龄段。

4.3.5 其他纵向设计

以上提到的四种基本设计类型可以通过一些巧妙的方式结合使用，以弥补某个方法的内在不足（Ruspini 2002）。在“循环定组”（rotating panels）中，为了纠正由于磨蚀作用带来的组成异常并让样本与变化后的总体匹配，每个波段有一定比例的样本被替换。因此这样的研究结合了定组研究和重复横向研究的特点。“分割定组”（split panels）也结合了纵向研究和横向研究的特点，它包括一个伴随着额外循环样本的“经典”定组。这个额外样本仅被调查一次，因此它并不受定组调节作用的影响。“联合定组”（linked panels）或“管理定组”（administrative panels）是从现存数据中任意产生的，在最初收集这些数据的时候并没有纵向目的，但是他们包含有识别代码（通常是名字、日期及出生地址等），能够把受试者和从他们身上获得的其他数据匹配起来（例如人口普查数据）。

另一种时间设计是“队列研究”（cohort study），它介于定组研究和趋势研究之间。它包含对一个出生队列（即在同一年出生的一组人）的持续调查，但是和检测每个波段中每个样本的每位成员不同（定组研究就是这样做的），它每次只选择一些成员实施一系列的重复横向研究。队列研究也可结合回溯元素。

柯林斯（Collins 2006）描述了一种在更少的时间内获取类似前瞻性数据的有趣方法。在这“加速纵向设计”（accelerated longitudinal design）中，在一个较短的时间区间内对很多不同年龄段的队列实施观察。这个想法在于，如果这些队列稍微重叠的话，我们可以在统计上将这些队列结合起来，并能推测出一个成长轨迹，从而能够把从最年轻的队列观察到的轨迹扩展到最年长的队列。

“实验研究”（experimental research）（见 5.3）也是定组研究的一种。它通过对部分样本进行实验处理、干预、操纵或者某些计划性的学习，试图发现受试者是否经历了一种变化，和未接受任何实验处理的其他样本所经历的变化相比，这种变化是否在方向和程度上有所不同。事实上，约翰逊和克里斯滕森（Johnson and Christensen 2004）指出，当研究者的研
究目的是因果关系时，定组研究再加上某些操纵可以比普通的定组设计 86
更加有效。实现这个目标的方式之一是应用“间断时序设计”（interrupt-

ed time-series design），正如约翰逊和克里斯滕森所描述那样，在这种设计中，一组受试者在实验开始前进行了若干前测［比如在“基线阶段”（baseline phase）］，然后在实验进行的各个时间点进行多种后测。假如存在实验处理效果，它将通过不同的前测模式和后测反应体现出来。这种不连续性能通过前测和后测反应中的水平变化表现出来（例如在分数演变过程中斜率或方向的变化）。

最后，将在 6.8 中详述的“日记研究”（diary studies），因其包含历时的数据记录，所以在本质上也是纵向的。

4.4　纵向定性研究

定性研究过去常常使用纵向元素，例如重访受访者，再次访问研究网址或更常见的情况是研究者持续参与到项目中。然而，汤姆森等人（Thomson *et al*. 2003）在《国际社会研究方法期刊》（*International Journal of Social Research Methodology*）的一期特刊中解释说，“纵向定性研究”是一个全新的方法论分支，因为它在研究设计中包含了特色时序成分，能够改变分析的中心点。因此作者认为，这样的研究在设计和缺省值方面都是纵向的。

从原则上讲，设计纵向定性研究是相当容易的。我们所需要做的是找出一个早先描述的定量纵向研究，将定量数据收集组件替换为定性方法（比如问卷调查加上定性访谈）。当然，由于无法避免定性研究所特有的小样本特性，横向研究所具有的广泛代表性也就无法实现（见 2.3.2）。但是定性定组研究或定性回溯研究很容易设计。这样的调查提供了无限的可能性：将受试者的陈述和解读置于时间情境之下，逐一朗读在调查不同阶段获得的受试者回答，可以建立起一个跨越心情和人生阶段的复杂而多样化的景象（McLeod 2003）。个人故事可以通过转折点或决定时刻这种个人概念来理解，就像有着错综复杂情节的电影是个人故事线一波三折的真实反映（Neale and Flowerdew 2003）。

如果果真如此，为什么至今只有那么少的纵向定性调查（虽然也有例外，见 6.7 的纵向个案研究）？除了这些阻碍定性研究和纵向研究的因素之外，还有另外两个具体的阻碍：（a）定性研究数据分析的复杂性；（b）定组调节作用逐渐增大的影响。

4.4.1 定性研究数据分析的复杂性 87

第十章将讲到，即使不添加时序角度上的操作，一个实施得当的定性研究的数据分析也会相当复杂。在对大型纵向研究分析过程进行详细又深刻的描述时，汤姆森和霍兰德（Thomson and Holland 2003）强调说，在共时维度上加进时序元素使得数据管理和分析耗费太多的人力，有时甚至达到了“令人畏惧”的程度。为了平衡数据的广度和深度，访谈者在每次访谈后立即进行个人叙述分析，每轮访谈完成后需要写“叙述分析概要”。除此之外，在访谈的第三波段后，研究者将每个受试者的三个叙述分析集中起来，并制成一个“档案卷宗”（case file），在他们的陈述中追踪历时变化之处与延续之处，由此能够加入一个显著的历时角度。然后从陈述分析概要和档案卷宗中得出最终的解释。两位作者都承认，坚持这些写作日程是个挑战。

根据汤姆森和霍兰德（2003）的观点，持续的纵向调查也面临着一个问题，那就是究竟什么时候开始做解读并整理结果才是合适的？毕竟，分析没有真正意义上的完结，下一轮的数据实际上可以改变之前的解释。这种研究的开放特性对所做解释的权威性和稳定性是一个挑战。汤姆森和霍兰德也表明，在检查研究者的同期观察时，他们的确观察到了有研究者临时改变了解释。他们总结认为，缺乏分析终点已经成为纵向调查分析中最受质疑的地方，因为新一轮的数据总有使之前的解释变得多余的倾向。

4.4.2 定组调节作用的增强

我们已经谈论过了定组调节作用对定量定组研究的影响。然而，这个问题对定性研究影响的量级要大得多，因为在定性研究中研究者和受试者之间的关系要亲密得多。纵向定性研究涉及和受试者“相伴同行”，汤姆森和霍兰德（2003）指出在研究项目的执行过程中，他们开始逐渐意识到这种关系的影响不仅作用在受试者身上，也作用在研究者身上。重复访谈过程的熟悉效应给研究的效度带来了非常严重的威胁。

88 4.5　纵向混合设计

我们从 4.3.5 中得知，为了加强某种纵向调查类型的优势，减少它的缺陷，许多纵向设计创造性地结合了横向研究和定组研究的某些方面，并因此包含了广泛而深入的研究成分。广泛的成分通常是定量的，而深入的成分适合于定性研究。据此，尼尔和弗劳尔迪（2003）认为纵向的定性研究和定量研究在传统上是互补的。尽管我相信这个说法从理论上讲是正确的，但从目前来看，在社会科学中分配给这两类研究范式的比重是明显不平衡的，定量研究占据了主导地位。然而由于纵向研究本质上与宏观和微观水平上的发展和变化（例如个人的成长和群体的变化）有关，两种方法的混合从理论上来说是必须保证的。除此之外，各种动态变化型式的复杂程度也表明，为了使纵向分析完全公正，也许定性和定量相结合的方法才是恰当的。基于以上原因，在二语习得纵向研究综述中，奥尔特加和易博瑞–谢伊（2005）鼓励开展吸收了混合法设计优势的纵向研究。

4.6　设计选择：纵向还是横向？

我们更倾向于哪种分析呢？纵向的还是横向的？由于横向研究在应用

语言学中（以及在社会科学中）具有绝对优势，真实情况是绝大多数研究者不倾向于使用纵向方法。从实用和经济角度讲，这样做很容易理解：纵向研究需要很长时间才能产生有意义的结论，因此可能不适合研究生或有固定合同的学者。即便是有稳定职位的学者也承受着“不发表就出局”（publish or perish）的时代精神所带来的压力，需要快速产出成果。它对项目运作也是毫无帮助，因为纵向项目需要长期的基金资助来保证项目组的正常运转，而全世界范围内，研究基金的资助期限不外乎一至两年。因此，由于绝大多数学者都常常处于各种压力和义务中，也因为缺乏突出的刺激措施和资助机构，没有人会真正的因为采用了横向研究这种“简易”方式而受到指责。毕竟，一个人也可以在共时调查中得出有价值的结论，而且这样做有可能在一年内完成研究报告，并将其发表。

除了项目用时短这个优势以外，横向研究还有一些其他优势。因为只需要参与一次，因此招募受试者通常更加容易，并且这样的设计也不需要花费相当大的人力物力来和受试者在一段持续的时期内保持联系。我们也不需要担心定组调节作用或是磨蚀作用，而且一般情况下，分析横向研究数据比分析纵向数据的要求更低。最后，在横向研究中，我们较少遇到 89
由无法预料的外部事件带来的不利影响。因此，正如鲁斯皮尼（Ruspini 2002）所总结的，我们可以将纵向研究视为一种有风险的“奢侈品”，我们许多人都难以承受。

我对于以上观点的一个总的态度是，尽管开展一个大样本的、长达几年的定组研究可能超过了大多数研究者的经济承受能力，但是我们可以在研究设计中加入几个有用的纵向元素，它们并不需要投入大量的时间和精力。例如，回溯研究和同步纵向研究仅仅需要一个数据收集波段；趋势研究在第一阶段已经可以得出有意义的结论（因为那时它们可以视为“普通版”的横向研究）；即便是定组研究也没有必要花费很长的时间。在应用语言学中，分析微观过程是非常有趣的，比如在一个 10 周的语言课程中发生的微观过程。总之，当牵涉到纵向研究时，我的感觉就是有志者事竟成。所以真正的问题是：什么时候使用纵向设计比使用横向设计更合适？

在对纵向研究影响巨大的一本书中，梅纳德（2002）指出，当我们的研究目的是审视社会科学的动态过程时，纵向研究应该是默认的选项。这样的动态过程明显包括了人类学习/成长或是社会变迁，但是它们也和一个问题的不同层面上的互动（例如微观或宏观）或是不同类型的变量（例如学习者的性格和学习任务的特点等）有关。真实情况是，应用语言学中没有（极少有）哪个领域不包括一些动态的因素。这表明在很多情形下，纵向设计将比横向设计在调查中更加适合，并且对于某些研究主题而言，给研究增加时间维度是不可避免的。

横向研究在描述变量和关系类型方面很有用，因为它们只关注特定的时间点。尽管在通常情况下，这样的设计对建立因果关系是不合适的，但复杂的多变量统计方法（特别是结构方程模型，见 9.10.4）能够扩大从横向数据分析中得到的结果的范围，甚至可以检验包含变量之间方向路径的理论模型。此外，横向数据也可用于比较不同的群组（例如男人和女人，中级学习者和高级学习者），它甚至还可以用于比较不同的年龄组。因此，可以夸张地说，横向研究是除了纵向设计的次优选择。然而，梅纳德（2002：80）所做的总结是正确的，“原则上，纵向研究可以做很多横向研究做不到的事，然而，同样从原则上讲，几乎或者根本就没有横向研究能做而纵向研究做不到的事”。

90

4.7　定量纵向研究数据分析

对许多研究者而言，定量纵向研究的主要阻碍好像来自数据分析的复杂性。变化有可能以差异巨大的形式出现，我们需要使用不同的分析步骤来检验渐进式/线性变化和曲线变化，更不要说比这些变化更复杂的形式。例如，有的理论模型提出在连续的变化中存在不连续，换言之，在增长加速、下滑或是持平的地方存在明显不同的变化点（见 Collins 2006）。

那在两者（或更多）变化的变量呈现系统性的相互干扰时增长类型是怎样的呢（例如，失业率和通货膨胀，或就以应用语言学为例，二语熟练程度与学习态度和融合性 / 文化适应性）？事实上，纵向变化类型的种类很多。例如，在他们二语习得研究的时序设计中，梅洛等人（Mellow *et al.* 1996）概述了针对语言教学的十种不同的个人学习曲线。因此，为了确保定量研究数据的公正，我们需要将关于变化的理论模型和相应的统计模型进行配对。正如奥尔特加和易博瑞–谢伊（2005）所写的，这是一个应用语言学家从整体上都未达到预期目标的领域，因为他们通常使用描述统计和视觉呈现来分析纵向数据，而没有找到合适的统计模型。

遗憾的是，目前还没有通用的分析纵向变化的统计步骤，假如我们有超过两个波段的数据集，我们就不可避免地要使用十分先进的统计技术，例如重复测量分析（repeated measures analysis）、对数线性分析（loglinear analysis）、时序分析（time-series analysis）等，在此仅以几个广为人知的方法为例（最新的概述见 Collins 2006）。很多最前沿的统计方法没有包含在常用的统计软件中，比如 SPSS 或 SAS，必须单独购买，这是一个更大的困难。尽管存在诸多困难，在奥尔特加和易博瑞–谢伊（2005）的二语习得的纵向研究概述中，他们强调了应用语言学家应当逐渐熟悉现代的纵向分析步骤。他们总结道：

> 在未来，更多的二语习得研究者可能寻求通过教学大纲、关键节点的指导时间、停滞的不同阶段、不同步调的发展以及非线性的过程等来绘制二语的发展路径。假如果真如此，许多大规模的纵向定量研究都在二语习得中进行，训练我们自己使用统计分析选项，尤其是适用于纵向设计和数据的选项将会变得十分重要。（p. 41）

描述这些特殊的统计方法不在本书的范围，所以在此我只提供指导性的总体概述。梅纳德（2002）沿着两个维度对纵向数据分析方法进行了粗略分类：样本中的案例个数和样本被评估的时间段的数量。这个简单的系统为 91

我们提供了一个好的出发点，以决定我们到底需要哪一种分析方法。让我们审视以下两个设计选择，它们对有意愿开展纵向研究的应用语言学家来说比较相关：

- 时序分析：时序分析只检验很少的案例（甚至经常是个案），但是许多评定点（通常超过 20 个）和首要的兴趣在于找到案例中的变化类型并跟踪时间段而非跟踪案例本身来概括这些发现（见 4.3.5“间断时序分析”）。这些设计尤其适合于分析语言发展（Mellow *et al*. 1996），并且 SPSS 为创建和检验时序模型提供了几个选项（分析→时序），包括在社会科学中越来越受欢迎的“差分自回归移动平均分析”（ARIMA）（分析→时序→ARIMA）。
- 与时序设计相反的是应用语言学研究中包含大样本（N>100）和很少的数据阶段（偏向于不超过三段）的普通设计。从这种设计中产生的数据可以用“重复测量分析法”来进行分析。SPSS 中也支持这种方式（分析→普通线性模型→重复测量）。由于可以处理三个以上（多达七个）的时间阶段，“结构方程模型”（SEM；见 9.10.4）也能够增加重复测量设计结果分析的灵活性（或者用 SEM 中的术语来说，“潜伏增长曲线模型”）。

尽管以上对纵向研究基本步骤的描述对很多研究者来说太技术化了，但纵向数据分析也并不全都是缺点。塔里斯（Taris 2002）认为重复测量数据的最大优势之一就是它能够方便地用简单明了的绘图展示，时间由横轴代表，目标变量由纵轴代表。这样的绘图或线路图将潜在趋势清晰地展现出来，这对于产生即将接受检验的具体假设很有帮助。在脑中有了这样一些具体的想法，邀请专家来帮助进行必要的统计也显得更加容易。

第二部分

数据收集

第五章 95

定量数据收集

定量数据可以通过多种途径获得。为达到此目的，最常用的工具是测试，测试也有几个类型（例如语言测试、心理测试中的学能测试或是人格分析等）。正如在第一章中所提到的，语言测试是一个十分复杂、专业的话题，这方面的文献很多，因此它大大超过了本书的内容。第二种收集定量数据的方式是通过控制手段客观地测量某些现象（比如测量反应时间或行为频率），我们也能量化那些原本以非定量方式收集到的数据（我们将在第十章谈论混合法数据分析时讨论这个问题）。最后，一种经常使用的定量数据收集方法是使用问卷调查。事实上，除了语言测试，问卷调查是应用语言学研究中最常见的数据收集工具，因此本章绝大部分篇幅用来描述它。

为了了解定量方法的更多方面，我们还需要讨论除了问卷调查之外的三个话题：第一个话题涉及不同的受试者抽样方法，确保所得到的结果具有概括性。第二个话题与实验研究和准实验研究有关。它们代表了基于自然科学实验范式发展起来的、针对数据收集和受试者操控的独特研究设计，其目的是发明一种能建立因果关系的方法。最后，本章将用一节的篇幅总结逐渐流行起来的使用互联网收集数据的新现象。

5.1　定量研究中的抽样

研究新手在开始定量调查之前经常问的问题就是“我的研究需要用少

人？”这个问题可以用测量学术语来替代，那就是“我的样本应该有多
96 大？”接踵而至的第二个问题通常是“我该选择何种类型的人？”。换言之，“我的样本都包括什么人？”。这些问题反映了这样的认识，即实证研究中的受试者样本可以从根本上决定一项研究是否成功。另外，我们应该明白，定量研究的抽样方案必须在研究计划的早期就确定下来，因为它们明显地影响到了研究的初期安排：时间规划、项目进度以及涉及的各种开销。让我们一起从定义入手，讨论定量抽样中的三个核心概念：样本（sample）、总体（population）和代表性（representativeness）。

5.1.1 样本、总体和代表性

样本指研究者在实证研究中实际考察的一组受试者，**总体**指研究关注的一组人群。例如，某个研究的总体可能是台湾中学中的英语学习者，而实际的样本可能只有台湾中学中的三个班级。也就是说，某项研究的目标总体是研究结果可能会应用到或覆盖到的所有人。

一个好的样本要和目标总体在最重要的基本特征上保持高度一致（例如年龄、性别、种族、教育背景、学术能力、社会阶层或者社会经济地位等）；此外，还要与研究关注的、和变量密切相连的具体特征（例如二语学习背景、接受到的二语指导的总量和种类）保持较高的相似性。这就是说，样本是整个总体中具有代表性的一个子集。代表性这个问题非常关键，因为正如米尔罗伊和戈登（Milroy and Gordon 2003）以及其他研究者指出的，我们从一个小样本中得出的结论的解释力取决于这个特定的样本在多大程度上代表了总体。

我们为什么不在研究中囊括总体中的每个成员呢？这是一个很实在的问题，事实上，有一种特别的调查类型正是这样做的，那就是“总体普查”（census）。然而，在大多数情况下，调查全部总体是不必要的，实际上是在浪费资源。通过合适的样本抽样步骤选择少量的人来进行调查能够让我们节省相当多的时间、开销和精力，并且仍然能够得出准确的结

论——例如，民意调查（opinion polls）就基于1000～3000个有代表性的个体成功地收集了全国性的意见。那么关键的问题在于，我们所说的“合适的抽样程序”到底是什么?

5.1.2 抽样步骤 97

广义说来，抽样策略可以分为两组:（a）科学合理的“概率抽样”（probability sampling），它通常包括那些复杂且昂贵的步骤，通常不是应用语言学家所能应用的方法;（b）“非概率抽样”（non-probability sampling），它包括一些试图达到某种妥协的策略，也就是一个合理的、有代表性的样本，这是普通研究者也能使用的方法。

概率抽样

概率抽样是一个通用术语，是一些科学步骤的统称。它最重要的要素可列举如下:

- **随机抽样**（random sampling）:概率抽样的关键成分是“随机抽样”。它指的是在完全随机的基础上从总体中选择一些成员构成一个样本，这有点像是从一个帽子里抽出数字（例如，给每个成员一个号码，然后让电脑来生成随机数字）。这个步骤潜在的假设是选择完全基于概率和运气，因而将所有外在的或人为的因素最小化了。因此，一个足够大的样本应该包含与总体特点相似的受试者。尽管这几乎不能够完全实现，但从我们的经验来看，随机样本几乎总是比非随机样本更具有代表性。
- **分层随机抽样**（stratified random sampling）：有具体针对性的研究采用随机抽样和理性分组的某些方式相结合的方法十分有效。在“分层随机抽样”中将总体分为很多组，又叫“分层”（strata），然后从每个组中按照一定比例随机选出一个样本。因此，假如我们想要应用这个策略，首先需要识别总体中的一些参数，这些参数从“抽样框架”（sampling frame）中的研究来看是很重要的。一个很明显的例子是区分男性和女性，然后在每个类别中随机抽取受试者。因此，分层随机抽样是随机抽样和分类的结合。在使用这种方法的研究中，首先按照不止一个变量对总体进行分层，然后从所定义的不同层级的交叉中选择所有的组别（例如，我们可以抽样出女性的西班牙语学习者，年龄在 13 ～ 14 岁之间，并在某个特定地点接受过某类特定的教学项目）。

- **系统抽样**（systematic sampling）：在匿名调查中，我们很难进行随机抽样，因为我们没有办法提前识别受试者，所以他们的名字不能被“放进帽子里”（Cohen *et al*. 2000）。在这样的情况下，一种方便的技术就是使用“系统抽样”，即每隔 n 个成员就挑选一个。
- 98 **整群抽样**（clustering sampling）。在目标总体十分分散的情况下，一种让随机抽样更加切实可行的方法就是随机选取总体中的某些大的群组或单位（例如学校），然后测试所选择单位内的所有学生。

从这些简要的描述里我们知道选取一个真正有代表性的样本是一个艰难且昂贵的过程，有几本技术性很强的专著讨论过这个话题（如 Cochran 1977；Levy and Lemeshow 1999）。但需要重申的是，在绝大部分应用语言学研究中，从心理测量的意义上讲，以获取完美无缺的代表性为抽样目标是不切实际或者直接是不可行的。

非概率抽样

大多数应用语言学研究实际采用的是“非概率抽样”。在定性研究中这样有明确目标的非概率抽样可能并不成为问题（见 6.2 小节），但是在总是以代表性为目标的定量研究中，非概率的样本被视为研究者面对现实压力所采用的并不完美的妥协方案。我们可以区别三类主要的非概率抽样策略：

- **定额抽样和维抽样**（quota sampling and dimensional sampling）：定额抽样和去掉随机因素的分层随机抽样很类似。也就是说，我们从一个抽样框架出发，然后根据框架原则确定每个组成部分的比例。实际的样本是以一种能够满足这些比例的方式选出的，但是在加权的子组内没有使用随机抽样，而是由研究者根据他 / 她能够找到的受试者来满足配额。例如，某项研究中的抽样框架是 300 个语言学习者，其中 50% 的受试者具有双语背景，另外的 50% 来自于单语家庭，研究者需要从每个组招募 150 个受试者，但是这种选择并不一定是随机的。维抽样是定额抽样的一个变体：研究者必须保证在被抽样的样本中至少包含了抽样框架里的多种标准组合的一种。
- **雪球抽样**（snowball sampling）：雪球抽样涉及"连锁效应"（chain effect）。研究者首先找到几个满足某个特殊研究标准的受试者，然后让这些受试者从总体中介绍更多符合条件的成员。当受试者的身份不容易被辨认时（比如青少年团伙成员），或是由于某些原因很难招募到适合的受试者时，这种抽样方法就很有用。
- **便利抽样或机会抽样**（convenience sampling or opportunity sampling）：在二语研究中最常见的抽样类型是"便利抽样"或是"机会抽样"。在这类抽样中，选择样本以研究者的便利为标准：研究者根据研究目的在目标总体中选择那些符合设定标准的成员， 99
比如离得较近、时间允许、方便到达或是自愿参加等。一些受限的群体，比如研究者所在教育机构的学生，就是最好的便利抽样的样本。公正地说，便利样本很少基于完全的便利，常常是基于局部的针对性，这意味着除了相对容易获得，受试者也必须具备某些与调查目的相关的关键特征。因此，便利抽样通常包含一种前文所描述的控制不太严格的定额抽样策略。

无论非概率抽样如何努力去体现其原则性，此类抽样的概括程度常常微不足道。因此，社会科学中的绝大多数实证研究不是基于随机抽样，这就非常令人吃惊。然而，肯珀等人（Kemper *et al*. 2003：273–274）的结论非常正确：

> 抽样问题本质上是实践问题。学术决策可能部分源于理论上的考虑，但是在抽样中，和研究中的其他方面相比，理论更多地遭遇到了时间和资源的残酷现实……抽样问题几乎一直受制于实用主义选择。

无论如何，由于非概率抽样的妥协性，在报告结果时我们必须足够详细地描述这些样本的局限性，同时也要强调特定样本和所定义目标总体之间的共有特征。基于同样的道理，我们在总结研究所发现的更为广泛的关联性时，必须更加小心谨慎。

5.1.3 样本应该有多大？

当研究者们问起“样本应该有多大？”这个问题时，他们真正想说的是“我的样本最小多大才合理？”因此，常常被引用的“越大越好”原则对他们来说毫无用处。遗憾的是，选择理想样本时没有一定之规；对于“多大 / 多小”问题的最终答案和研究者应当考虑的几个指导性原则有关：

- 经验法则（rules of thumb）：在调查研究的文献中，总体的百分之一到百分之十的范围通常被称为神奇的抽样比例，其中最低限度约为 100 个受试者。然而，抽样程序越是科学，样本就可能越小，这也就是为什么民意调查可以从占总体百分之 0.1 的样本中产生准确预测的原因。在定量研究中，以下对某些特定类型样本大小的粗略估计得到了一些学者的认同：相关研究需要至少 30 个受试者；比较和实验研究每组至少需要 15 个受试者；因子分析和其他多变量研究需要至少 100 个受试者。 100

- **统计上的考虑**：定量研究的一个基本要求就是样本应当呈“正态分布”（normal distribution）。哈奇和莱扎拉顿（Hatch and Lazaraton 1991）认为，要想满足这个要求，样本需要包含 30 人或更多的人。可是哈奇和莱扎拉顿也强调小样本可以通过某些特定的统计程序来弥补（比如可以使用非参数检验，见 9.9）。
- **样本构成**：一个更深层的考虑是样本中是否有与其他的群组表现不同的子群。假如我们可以提前找到那样的子群（例如，大多数针对校园儿童的二语学习研究发现女孩与男孩的表现不同），我们应当规定样本大小，以便将最小值分配给样本中的最小子群。
- **安全边际**：在确定最终样本的大小时，建议留下合适的“边际”来应对不可预见或非计划范围内的事件。例如，某些受试者可能在项目执行的某些阶段退出；总是有某些问卷会因这样或那样的原因不符合要求，我们也可能发现预期之外的需要分开处理的子群。
- **保守法**：由于统计意义上的显著水平取决于样本的大小（见 9.4.4），我们首先关心的是要抽样出足够的学习者，以便让预期结果能够达到统计上的显著水平。也就是说，我们可以采取一种“保守法”：首先我们估计到预期结果的预期量级或功效，然后确定要达到这种效果所必需的样本大小，如果这种效果确实存在于总体之中。例如，在 $p<0.05$ 的显著水平上，一个预期 0.04 相关性需要至少 25 个受试者（这些数字可以在大多数统计学教材中的相关表格中查询到；具体的例子可以查阅下面的网址：http//www.uwe.ac.uk/hlss/llas/statistics-in-linguistics/AppenixI.pdf.）。研究者也可以用更为复杂的步骤，比如“功效分析”（power analysis），来决定样本

大小（基于互联网的免费功效分析软件见 Buchner *et al*. 1997）。

5.1.4 受访者自我选择中的问题

为了给各种抽样问题的讨论做个总结，我要强调一个潜在的可能使调查效度陷入危机的陷阱：受试者自我选择中的问题。这指的是由于各种原因使得实际上的样本构成不仅是某些系统选择步骤的函数，而且是与受试者参与意愿有关因素的函数。例如，问题可能出现在以下情况中：

101 • 研究者邀请志愿者参与到研究中（偶尔甚至会提供钱来补偿他们的时间）。
• 设计本身允许很高的退出率［或“死亡率”（mortality）］，在这样的情况下，受试者自我选择退出样本。
• 受试者自由选择参与或者退出研究（例如在函调问卷调查中）。

从某种程度上说，自我选择是无法避免的，因为几乎没有调查是强制进行的。但是，在某些情形下，例如在上面的例子中，它很有可能达到一个很高的程度，使最终的样本并不类似于目标总体。例如，在学能、动机和其他某些基础特征方面，志愿者们可能不同于非志愿者，退出的人可能有某些共同的特点，但随着他们的离开，样本将不再具有代表性。（例如，退出的人可能比他们的同龄人的动机更小，因此他们的离开可能使剩余受试者的平均动机水平不自然地偏高）。结果，样本可能失去自身的代表性特征，这当然会影响样本的概括性。布朗（Brown 2001：85）针对问卷调查的解释就很好：

> 问题是返回问卷的受访者可能是一类特定的“勤奋人”或是“热心人”。因此调查的结果只能够推广到总体中的“勤奋人”或“热心人”，而不是整个总体。

5.2　问卷调查

问卷调查的目的是通过对总体中某个样本进行描述来反映总体的特点。尽管调查数据可以通过结构性的访谈来收集（例如市场研究或民意调查），但主要的数据收集方法还是问卷调查。在本小节，我只关注问卷调查。尽管调查问卷可能也包含某些开放性问题，需要使用到定性分析，但问卷调查的结果通常是定量的。调查在方法上的问题主要在于（a）如何对受试者进行抽样，在前面我们已经谈论过了，以及（b）怎样设计并操作研究工具——自陈式问卷。

正如在第一章中所说，科学研究的本质是试图以一种具有系统性和原则性的方法寻找问题的答案。因此问卷作为一种最流行的研究工具应用在社会科学中也就不足为奇了。问卷能够流行是因为它们容易实施，非常灵活多变，并且能够以一种独特的、操作性很强的方式收集到大量信息。事实上，作为应用语言学的研究工具之一，仅有语言水平测试的使用频率超 102
过了自陈式问卷（综述详见 Baker in press；Dörnyei 2003）。然而，尽管问卷在我们的研究领域中广泛运用，但学界对于问卷设计理论和加工似乎没有足够的认识；通常的理解是，只要有一点常识，再加上有好的文字处理软件，任何人都能够编写一份问卷。不幸的是，这样的认识是不正确的：就像在日常生活中，并不是每个问题都能得到正确的回答，在科学研究中，编写失败的问卷也十分普遍。事实上，我认为在应用语言学研究中使用的绝大多数问卷在某在种程度上都是特设的（ad hoc）工具。能够产生足够信度（完整记录）和效度分数的问卷在我们的研究领域中并不容易碰到。所以，让我们看看问卷理论如何帮助我们设计出更好的工具。

5.2.1 什么是问卷以及问卷测量什么？

虽然“问卷”这个术语是我们最熟悉的术语之一，但为它提供一个准确的定义并不是一个轻松的任务。首先，这个术语可能有点词不达意，因为很多问卷并不包含那些带问号的、真正的问题。事实上，问卷也常常可以用不同的名字来指称，比如目录清单（inventories）、表格（forms）、意见调查（opinionnaires）、测验（test）、系列调查（batteries）、清单（checklists）、量表（scales）、调查（surveys）、表（格）（schedules）、研究（studies）、资料（profiles）、指标/指针（indexes/indicators）或者甚至直接用表单（sheets）。

第二，即使是在研究团体中，普通的问卷量规通常至少有两个广义上的含义：（a）访谈日程表/大纲（在6.4.2有详细描述）；以及（b）自填式的书面问卷。本章涉及第二种类型的问卷，它可以定义为“向受访者呈现的、需要受访者将答案写出来或者从现有选项中选择答案的一系列问题或书面陈述”（Brown 2001：6）。

那么问卷到底测量什么呢？从广义上讲，问卷可以收集到以下三种关于受访者的数据：

- **与事实有关的问题**：主要用来收集受访者的个人特征，比如人口学特征（例如年龄、性别、种族等）、居住地址、婚姻状况和社会经济地位、受教育程度、职业、语言学习历史、在二语环境中花费的时间等。
- **与行为有关的问题**：主要用来收集受访者正在做或者过去曾经做过的事情。它特别关注行为、生活方式、习惯和个人经历。
- **与态度有关的问题**：主要用来发现人们在思考什么，包括态度、意见、信仰、兴趣和价值观等。

103 在这一点上，我们应当注意的是，尽管问卷常常与书面测试十分类似，这两种工具却有着本质的区别。测试以考生的行为或者知识作为样本，以达到**评估**考生个人的整体潜力、才智或技能（例如，整体的二语熟练程度）

的目的。因此测试测量的是某个人能把某件事做得有多好。相反，问卷中问题的答案没有好坏之分；它以一种非评判的方式诱导出受访者的信息，并没有按照一系列标准来衡量受访者的表现。因此，尽管某些商用的问卷事实上也称作“测试”，但它们跟成就测试和学能测试不是一个意思。

同样地，“产出问卷”（production questionnaires），或者传统意义上的“话语补全问卷”（discourse completion tasks，DCTs），也不是彻底的问卷。这些书面问卷常常用于中介语语用研究，要求报告者针对情境提示做出反应，并产出一些真实的语言数据。因此，它们是结构性的语言诱导工具，并且就其本身而言，它们以受访者在执行某些任务时的能力为样本，这使它们与语言测试非常类似。

5.2.2 多测度项量表

问卷设计的一个核心话题是如何将要回答的问题用文字表述出来。当评估非事实的事情，例如受访者的态度、信仰和其他个人或心理变量时，对这些问题的文字表述往往比预想的更重要。形成和编排一个问题的细小差别常常可以产生不同程度的赞同或反对。例如，康弗斯和普雷瑟（Converse and Presser 1986：41）报道过这样一个调查：把问题“你认为美国应当［禁止 / 不允许］发表反对民主的公众演讲么？”中的“禁止”改为“不允许”，就产生了截然不同的反应。尽管“允许”和“禁止”在逻辑上正好相反，但选择“不允许”发表反对民主的演讲的人比“禁止”发表反对民主的演讲的人明显多得多。在这个例子中，只有一个词被替换了，并且替换的词也有几乎相同的意思，说明从整体上讲问卷措辞对于回答有实质性的影响。

问卷测度项（item）的措辞对回答的影响似乎是无法预测的，我们该如何处理呢？我们是否只能得出这样一个结论，即问卷就是不能具备为达到科学测量目的所必需的准确性呢？假如测量理论家没有发明一种解决这个难题的巧妙方式——通过使用“多测度项量表”（multi-term scales），假如没有美国心理学家伦西斯·利克特（Rensis Likert）1932 年的博士论文，我们可能不得不承认这一结论。这些量表指的是一串指向同一目标的几个
104 措辞不同的问题。对相似的问题进行分数累加，最终得到一个总分。它潜在的假设在于对某个问题的不同理解可以通过分数累计而平均。换言之，假如我们使用多测度项量表，“单个测度项不会承受过重的负担，并且因对一个测度项回答不一致而导致的危害也有限”（Skehan 1989 : 11）。通过例证的方式，表 5.1 包含了在曾文铱等人（Tseng *et al*. 2006）的“词汇学习中的自律能力”问卷中同属于“满足控制”量表的四个测度项，涉及减少词汇学习中的厌倦感，同时增加对词汇学习任务吸引力。

表 5.1　词汇学习自律能力问卷中组成“满足控制”的四个问题（Tseng *et al*. 2006）

满足控制

- 一旦学习词汇的新鲜感消失了，我很容易对它失去耐心。[逆向编码]
- 在学习词汇的过程中，我对我消除厌倦的方式感到很满意。
- 在学习词汇的过程中，我有信心能够克服所有厌倦感。
- 当对学习词汇感到厌倦时，我知道怎么调节我的心态，以便能激励学习过程。

因此，多测度项量表最大限度地共享了各个测度项的稳定成分，同时减少了针对单个测度项的无关影响。因此，问卷设计专家达成了一个共识，即用不止一个测度项（通常 4 到 10 个）来对应每一个已经区分好的内容区域。这些测度项全部指向相同的目标，但反映的是该目标略微不同的方面。然而经常被研究新手忽略的一点就是在最终版的问卷调查中，各种多测度项量表的问题必须混编，从而给受访者一种多样化的感觉，防止他们简单重复之前的回答。

5.2.3 问卷测度项的撰写

典型的问卷是高度结构化的数据收集工具，绝大多数测度项要么询问非常具有针对性的信息（例如某个人的地址或者饮食偏好），要么给出可

供受访者选择的各种回答选项。这使问卷数据特别适合定量的、统计性的分析。当然，设计一个由开放问题构成的问卷也是有可能的（例如“请描述你未来的梦想……”），并由此提供定性和探索性的数据，但是这种做 105
法常常不被理论家们看好。基于定性角度的问卷存在的问题是，就受访者而言，定性问卷涉及的话题本质上有些肤浅，而且可参与度相对不高。因此，无论我们多么创造性地设计测度项，它们也不太可能生成对于事件丰富、灵敏的描述，也不太可能形成以定性解释为基础的受访者视角。如果我们要寻求有长度而且具体的个性化陈述，其他的研究方法例如访谈（见6.4）似乎更合适我们的目标。罗伯逊（Robson 1993：243）将这一点概括得很好：“对使用开放性问题的渴望在研究新手中似乎非常普遍，但是随着经验增长，这种渴望很快就消失了。”

因此，大多数的专业问卷主要由“封闭式”的测度项组成，它不需要受访者进行任何自由写作；受访者只需从所给的选项中选择一项（不管他们偏好的答案是否在其中）。接着这种被选的选项可以轻易地进行数字编码，并且输入到电脑数据库中。据说，大多数问卷的确包含部分开放性问题，这些将在介绍完最常见的封闭式测度项的格式之后进行总结（更详细的、包含案例的测度项种类描述，见 Dörnyei 2003）。

利克特量表

最负盛名的封闭问卷类型无疑是“利克特量表”（Likert scales，以其发明者命名），它包含一个特征陈述，要求受访者通过标记（比如圆圈）从“强烈同意”到“强烈不同意”中的一个答案，以表示他们对该陈述“同意”或是“不同意”的程度。例如：

> 匈牙利人非常真诚友善。
> 强烈同意　同意　既不同意也不反对　不同意　强烈不同意

在这个测度项被执行完成后，出于计分目的，每个回答选项被赋予一个数字（例如，“强烈同意”=5……“强烈不同意”=1），接着，对应相同目标的每个测度项的分数被加起来或者平均。

语义区分量表

另外一种常用的诱导层级反应的方式是“语义区分量表”（semantic differential scales）。这个技术很流行，因为它可以使研究者们避免写（有时并不容易写的）声明，而是要求受访者对两个相反的极端形容词间的连续体（用一个钩或“X”）进行标注，以此来表示他们的答案。例如：

106 研究方法教材是：

困难的__：__：__：__：__：X：__简单的

没用的__：X：__：__：__：__：__有用的

语义区分量表与利克特量表相似，都用几个测度项来测量同一个目标，并且同一目标的分数由相关测度项的分数相加而来。这种两极量表结构上的技术要点在于，如果它们可以这样设计的话，“正”“负”极点的位置应当是变化的（也就是说，正极点应当在位于最右侧和最左侧之间进行转换），这样可以避免回答过于肤浅或者是出现对位置的反应定势（Aiken 1996）。

数值等级量表

数值等级量表（numerical rating scales）涉及“在一定的总分数中打多少分”，也就是说，指定几个数字中的一个（对应一列排好序的类别）来描述目标的一个特点。我们在日常生活中也使用这个技巧。例如，当我们说按照从一到五的量表，某样东西（例如一部电影）可以打三或四分。这种等级技巧流行的原因在于等级连续统可以泛指大量的形容词（例如，优秀→糟糕；一丝不苟的→仓促马虎的）或者副词（例如，总是→从不）。事实上，等级评价量表可以轻易地转化为语义区分量表，反之亦然。

其他封闭测度项类型

根据问卷的目标和主题，以及根据受访者的年龄和其他特点，问卷设计者也使用其他封闭性测度项类型，最常见的如下：

- **是非正误测度项**（true-false items）：尽管通常情况下，一个测度项包含越多的选项，就可能产生越准确的评价，但处于两个极端的是否判断也可能是有信度的。例如，小孩子有时被认为不能提供详细的等级评价；并且有些性格测度项也用“是 / 否”两级评价模式来确保某些领域的评价信度，因为在这些领域中，受访者可能不能够准确评估所呈现特定特点的程度 / 真实与否。这种强迫选择类测度项的问题在于它把事情搞得太简单，形成的结果过于简化甚至偶尔失常。
- **多项选择测度项**（multiple-choice items）：绝大多数应用语言学家都熟悉这种形式，因为它在标准化二语水平测试中具有很高的知名度。问卷中常常在询问个人信息如受访者的教育水平时使用到它们。
- **排序测度项**（rank order items）：根据某些标准给人、物体或者甚 107
至是抽象的观念排序是一种常见的人类智力活动。问卷中的排序测度项充分利用了我们对这个步骤的熟悉程度。顾名思义，这些测度项包含一些清单，要求受访者根据他们的偏好赋予每个条目一个数字。比如，一个三个条目的短清单就可以被量化，通过分配 3 分给排名最高的选项，2 分给排中间的，1 分给排名最低的选项。

开放式问题

“开放式问题”（open-ended questions）包含一些问题，问题后面跟着的不是可供受访者从中选择的选项，而是一些空白（例如虚线）让受访者来填写。正如以前提到的，问卷不是特别适合于真正意义上的定性、探索性研究，但是某些开放性问题仍然具备优点。通过提供更自由的表达机会，开放式的题目可以达到远超于纯粹定量数据的丰富程度。开放的回答可以提供生动的例子、解释性的引述，也能够引导我们发现之前未预料到的问题。此外，我们可能仅仅因为不知道的回答范围，而不能给出事先准备好的答案，所以有时我们需要开放性题型。

根据我的经验，如果开放式问题不是完全的开放，而是包含着某种引导，这样的问题可以起到特别好的作用，如下面四种问题类型：

- **特定的开放式问题**：询问具体信息，如关于受访者的事实、过去的活动或者偏好。
- **澄清性提问**：可以涉及某些有特殊重要性的回答，并且这样的问题也适合放在多项选择题的“其他”类别后面（例如，陈述“请具体说明……”）。
- **句子填空**：先呈现一个未完成的句子开头，接着让受访者补全句子（例如，“我最喜欢这堂课的地方是……”）。和简单提问相比，句子填空能诱导出更有意义的回答。我已经成功地将这项技术用于各种反馈表格上。
- **简答题**：不同于“论文中的研究问题”（不建议在普通问卷调查中使用，因此将不会讨论）。简答题以如此聚焦的方式来组织措辞，因此可以给出一个通常多于一个词组而少于一个段落的简洁答案。

108 ### 测度项的措辞规则

在过去的50年里，调查研究者们已经积累了大量关于如何让问卷测度项更有效率以及什么是潜在缺陷的知识和经验。然而，需要指出的是测度项设计不是百分百的科学活动，因为为了写出好的测度项，一个人也需要一定的创造力和很多常识。在缺乏硬性、严格的规定的情况下，对问卷进行严谨的先导实验能够产生好的心理测量特性——见 5.2.5。以下是对有关测度项措辞的清晰性和可用性方面的实用建议：

力求简短：问卷测度项应当尽可能简短，很少超过 20 个单词。它们应当用简单句而不是并列句或复合句写成，并且每个句子应当只包含一个完整的想法。

使用简单又自然的语言：我们应当总是选择最简单的方式来表述问卷测度项，这应当成为一条规则。测度项应该清晰、直接，没有任何缩略词、简写、俗话、谚语、行话或者是专业术语。我们应当尽量说“通用语言”。最好的测度项应当像是从现场访谈中摘取的一样。

避免用歧义或具有多重含义的词和句子：毫无疑问，任何导致测度项语言不清晰或有歧义的元素都需要避免。这些的元素中最为人所知的就是：

- 泛化的形容词或副词（例如，“很好”“简单”“许多”“有时”“经常”）。
- 包含普遍概念的测度项（如“所有”“完全没有”“从不”）。
- 修饰词（例如“只有”“刚刚”“仅仅”）。
- 引申义多的词（例如，“民主的”“现代的”“自然的”“自由的”等），因为它们可以引出一种可能使回答产生偏差的情绪上的反应。
- 很明显，含有预设的问题例如“难道假设……不是十分合理的么？”或者“你难道不认为……？”都很有可能使受访者偏向于给出一个提问者想要的答案，因此应当以一种中立的方式重新措辞。

避免否定结构：包含否定结构的测度项（即包含“不”或“否”）是有误导性的，因为尽管它们读起来通顺，但对它们做出回答却很困难。例如，对否定问题的否定回答是什么意思？为了避免任何可能存在的困难，最好的解决方案就是避免使用所有的否定词。在绝大多数情况下否定测度项可以通过使用表达相反含义的动词或形容词来以一种肯定的形式重述［例如，用 dislike（讨厌）代替 not like（不喜欢）］。

109 **避免双重问题**：所谓双重问题指在一个测度项中提了两个（或更多）问题，然而只期待一个答案。例如，这个问题“你的父母身体好吗？”询问了某人的母亲和父亲，并且假如其中一个很好而另外一个不太好的话就不能简单作答。事实上，复数概念（比如孩子们、学生们）常常产生双重问题。不过复合问题也常常归入这一类（例如，你总是写作业并把它做完吗？）。当面对双重问题时，即使受访者的确提供了一个答案，也没有办法知道答案回答的是问题的哪一部分。

避免使每个人以相同方式回答的测度项：我们应当在评定量表中避免使用几乎所有人都赞同或几乎没有人赞同的陈述。绝大多数情况这些测度项并没有提供有用信息。假如非得进行统计学上的处理，处理起来是十分困难的（因为不充分的差异性的缘故）。

同时包含积极和消极表述的测度项：为了避免受访者形成只标评等级量表中的一个等级的反应定势，问卷应当包含肯定和否定表述的测度项。然而我们应当注意，我们很容易掉进试图通过某种否定结构（例如“不”）来创造一个否定表述测度项的陷阱。我们在之前警告过，我们反对这样做。作为替代，否定表述的测度项应当聚焦于目标的否定面而不是通过否定肯定面来实现（例如，我们可以用“学习英语对我来说是个负担”代替“我不喜欢学英语”）。

5.2.4 问卷的格式

主体部分

问卷有十分标准的组成结构，由以下元素构成：

- **标题**：和一篇文章一样，一份问卷应当有一个标题来确定调查的领域，来给受访者提供最初的引导，激活相关背景知识以及内容预期。

- 导言："开场白"通常描述研究的目的和实施 / 赞助该研究的机构。这部分更重要的一个功能就是强调不存在正确或错误的答案；保证私密性或者匿名性，请求诚实的回答；并且说"谢谢"。
- 具体的指导语：这部分主要向受访者解释并且示范（用例子）应当如何着手回答问题。
- 测度项：问卷测度项是问卷的主体部分，应当非常清晰地与指导 110
语区别开来，用不同的字体和字号是十分有用的方法。
- 附加信息：在问卷底部我们可以留下联系人的名字（例如，研究者的或是管理员的名字）、电话号码或是地址，再加上某些明确鼓励加强联系的话，比如"假如存在任何问题请联系我们"。也可以给受访者留下承诺，假如受访者感兴趣的话，可以给他们寄送一份研究结果的摘要，这是一个很好的姿态（不幸的是很少有人这样做）。有时问卷也可以邀请志愿者参与后续访谈。
- 结束语"谢谢"：这一点经常被忽略，实在是令人吃惊。

篇幅

多少页是问卷的最理想篇幅？这取决于问卷主题对于受访者的重要性。假如我们对于某件事有强烈的情感，我们通常愿意花上几个小时来回答问题。然而，在应用语言学领域，从受访者角度看，大部分问卷都包含有较低显著性的问题，在这种情况下，最理想的篇幅是要相当短。大部分研究者认为最好是控制在 4～6 页，超过这个页数范围并且需要用半小时以上来完成的问卷可能都被视为过长。从原则上讲，我总是试图将问卷篇幅控制在 4 个页面以内。令人兴奋的是，在 4 页设计良好的问卷页面内可以包含多少测度项啊！并且我还发现完成一份 3 到 4 页的问卷不会超过 30 分钟。

布局

我的经验表明问卷布局对于改善这种工具的重要性经常被忽略了。这是一个失误：过去 20 年里我越来越多地观察到，制作一份有吸引力、有专业外观的问卷对于鼓励受访者产生可靠、有效的数据来说就是成功了一半。毕竟，正如我将在 5.2.6 中详细讨论的（对于问卷的实施），只要受访者认为这个研究严肃且专业，人们通常不介意表达他们的意见并回答问题。我们特别要牢记以下三点：

- **小册子设计**：不单单问卷的设计必须简短，它**看起来**也必须简短。我发现给人感觉最小巧的形式是**小册子**（例如，将一张 A3 纸折起来，做成一份四页 A4 纸的小册子）。在这种形式下，阅读和翻页变得容易（并且同样重要的是还能防止页面丢失）。
- **合理密度**：我们在一个页面上放进多少材料才合适，这一点需要具体协商。一方面，我们想要使页面饱满，因为即便两份问卷有
111 完全相同数量的测度项，受访者更愿意填写一份 2 页而不是 4 页的问卷。另一方面，我们千万不能让页面看起来拥挤（例如，挤占将问卷不同部分分开的空间）。达到这种妥协的有效方法包括减少页边距，使用节省空间的字体，并且利用整个页面的宽度，例如将回答选项印在每个问题后边而不是问题下面一行。
- **序列标记**：我通常用罗马数字标记问卷的每个主体部分，用连续的阿拉伯数字标记每个问题，然后用字母标记问题所有子部分；最后，我可能在 I 或 III 部分内有问题 1a 或问题 27d。这创造出了一种结构严谨的感觉。在问卷的第一面底部两侧印上例如“背面继续”这样的短语，这也是十分有益的。

测度项顺序

一旦包含在问卷里的所有测度项都已经写好或者选好，我们需要决定

它们的顺序。测度项的顺序是一个有决定意义的因素，因为测度项的上下文对它的解读和对它的回答会产生影响。我们特别要牢记四个原则：

- 混合量表：源于不同量表的测度项需要尽可能的进行混合编排以创造一种多样的感觉，避免受访者简单地重复之前的回答。
- 开场白：为了奠定正确的基调，开场白需要有趣、相对简单，但是应聚焦在重要和显著的方面。我们需要注意不要强迫受访者在如此早的阶段就做出重大的决策，因为这将影响接下来的所有回答。所以开始阶段的问题需要相对温和、中性。
- 事实（“个人”或“分类”）问题：正如奥本海姆（Oppenheim 1992）所总结的那样，研究新手通常这样开始设计问卷：在空白纸张的顶部放上一系列令人生畏的问题来询问姓名、地址、婚姻状况、孩子数量、宗教信仰等。和许多我们必须填写的固定表格类似，这些个人问题 / 分类问题最好留在问卷结束处。此外，在许多文化中，诸如年龄、教育水平或是婚姻状况等被认为是个人或者私人事务。假如我们在问卷开头就问这些问题，也许会让受访者产生某种抗拒心理。或者存在这样的情形，要求受访者提供他们姓名可能在提醒他们调查的非匿名性，这反过来可能会使他们的某些回答受拘束。
- 末尾开放性问题：如果我们要在问卷中放入具有大量创造性写 112
作内容的开放性问题，最好将它们放在临近问卷结尾处而不是开头处。这样的话，其他测度项就不会被开放性问题潜在的负面后果影响到（例如，所需的工作量可能让某些人离开；有的人可能陷入沉思，花了大量可用的时间和脑力却不知道该写什么）。此外，一些人已经在问卷上投入较大，如果他们知道这可能是最后的工作，他们心理上更容易把它作为工作的一部分而接受它。

5.2.5 问卷的开发与先导测试

对研究工具和步骤进行先导测试的重要性已经在 3.4.1 强调过了。正如我们先前了解到的，由于问卷调查非常依赖测度项的实际措辞，问卷结构的一个有机组成部分是“实地测验”（field testing），也就是说，在问卷开发的各个阶段，选取和目标样本相似的样本，对问卷进行先导实验。问卷的开发和先导实验是一个环环相扣的过程：

- **草拟题库**：第一步是放飞我们的想象力，给每个量表创造尽可能多的潜在测度项，将凡是我们能想到的都放进来，这种收集方式也称为创建“题库”。通过这样做，我们可从两种资源中提取灵感 / 思路：（a）在访谈中（一对一或焦点小组）或与问卷内容相关的学生论文中收集定性、探索型数据；（b）在这个领域里已经构建好的 / 发表的问卷（借用问卷测度项是一个可接受的行为，前提是对借用的资料要恰当地致谢）。
- **题库的初步测试**：为了缩减题库中大量的测度项清单，从而得到最终想要的测度项数量，首先请三四个信得过的、愿意帮忙的同事或朋友通读这些测度项，并提供反馈，这种做法很有帮助。
- **最终的先导实验**（或称“带妆彩排”）：基于从初步先导测试得到的反馈意见，我们通常可以拼凑出一个近似于最终版本的问卷，它“给人的感觉”很令人满意，并且没有任何明显的差错。然而，我们仍不知道在实际操作中这些测度项的作用如何，也就是说，受访者会不会按照问卷设计者想要的方式来回答这些测度项。只有一个方法可以找到答案，即对大约由 50 个受访者组成的小组实施问卷调查，这些受访者应该和该问卷所针对的目标受访者在各方面都十分相似。
- **测度项分析**：为了对问卷进行微调，最终完成问卷，需要对先导
113 实验的答案进行统计分析。这个过程通常要对回答类型的三个方

面进检测：（a）缺少回答，或没有正确理解指导语；（b）回答的类别在每个测度项上没有区别。我们应当剔除每个人都赞同或没人赞同的测度项，因为即使有可能对它们进行统计加工，也是极为困难的（因为统计过程需要分数上有一定量的变化）；（c）多测度项量表的内在连续性。多测度项量表只有在当一个量表内的题目以一种同质的方式共同作用时才有效，也就是说，只在它们测量相同的目标领域时。从心理测量学来说这意味着量表中的每一个题应当与其他题目相关联并且产生一个总量表分数，按照利克特的标准这被称为“内在连续性”。像 SPSS 这样的统计软件（见 9.1）提供了非常有用的步骤，“信度分析”为剔除那些不起作用的测度项提供了简单的技术（见 9.3），并为既定篇幅的问卷选出最好的测度项。

- 测度项的事后分析：在使用最终版的问卷进行调研后，研究者要按照上面描述的步骤对问卷测度项做一个终极测试，目的是剔除那些没有真正起作用的测度项。

5.2.6 实施问卷

在问卷研究的各个步骤中，问卷的实施过程是一个容易出错的环节。非常奇怪的是，调查研究的这个方面在二语文献中几乎从来没有被讨论过。问卷的实施过程常常被视为一个技术上的问题，仅仅和研究助手的谨慎程度相关。这是错误的，在测量文献中有大量证据说明问卷的实施步骤对诱导出的回答质量起到十分重要的作用。

在社会研究中最常见的实施问卷调查的方式是用邮件，但是教育学研究与此有很大不同，因为亲手实施调查通常比邮件调查更为重要。在应用语言学研究中，小组实施是最常见的完成问卷调查的方法，部分原因在于典型的调查目标就是在教学机构学习的语言学习者，当他们聚在一起时，安排对他们实施问卷调查通常比较好实现，比如作为一堂课的一部分。问卷实施者可以用这样的形式在相当短的时间内收集到非常多的数据。

为什么受访者在得不到任何报酬的情况下仍然认真对待调查呢？学校里的孩子常常愿意努力完成一项任务，仅仅因为这是布置给他们的作业。根据我的经验，只要人们认为调查的起因有价值，而且他们的观点很重要，他们一般不介意表达他们的观点并回答问题。因此，假如我们足够用
114 心地去计划和执行这些问卷实施步骤，我们可以成功地依靠人们的这个特点，并且可以确保信息提供者充分配合。以下策略已被证明对实现这个目标很有效：

- **提前通知**：提前几天宣布问卷调查事项，并且给每个受访者派发一张打印的传单，邀请他们参与，向他们解释问卷的目的和性质，并且提供一些测度项样本，这是一个为问卷实施营造积极氛围的有效方法，同时给人一种这个调查很“专业”的感觉。
- **老师、父母及其他权威人士的态度**：受试者能很快察觉到他们的监护人（例如老师、老板或是父母）对调查的态度，只有在接收到的信息是正面的时候他们才会默许。因此，提前取得所有权威人士的支持十分有必要。
- **受人尊重的赞助商**：假如我们代表着一个被受访者高度尊重的组织，这种积极的名声很可能反映在调查中。
- **实施调查者的行为**：从很多方面来说，调查实施者等同于整个调查。因此关于他们的所有事都很重要：他们的着装应当显示出职业特性，但是当然不要超出了所在环境的要求；他们介绍自己的方式很重要：必须友善，微笑通常能够有效破冰；他们的整体实施过程应当要专业、自然、不僵硬，这代表调查的严肃性。
- **实施者的态度**：调查实施者的行为的一个关键方面是要展现出对研究项目的热情，并对结果表现出明显的兴趣。

- **告知调查目的和意义**：将调查“兜售”给受访者的一个重要因素是和他们交流调查的目的，向他们传递调查结果潜在的重要意义。这个由问卷实施者所做的介绍性的演讲要精心设计，须涵盖以下几点：欢迎和致谢；研究目的及其他潜在的用途；为什么选择了特定的受访者；对机密性 / 匿名性的确认；完成问卷所需时间；“有什么疑问吗？”，最后是“谢谢”。

5.2.7 问卷的优缺点 115

问卷的主要吸引力在于它为研究者在时间、精力以及经济投入方面带来的效率。通过向一组人实施问卷，研究者可以在不到一个小时的时间里收集大量的信息，个人所需的投资也只是访谈相同人数所需费用的一小部分。更何况，假如问卷结构良好，数据处理可能会非常迅速，并且相对简单直接，尤其是在某些电脑软件的帮助下。问卷具有多种用途，这也意味着它们可成功地用于各种人、各种情形，并以各种主题为目标。受访者通常不介意填写问卷的这个过程，如有需要，调查方式可以确保匿名性。由于这些强项，绝大多数的行为研究和社会科学研究都在研究的某个阶段使用某类问卷收集数据。

另一方面，问卷也面临一些严重的局限性，同时使用结构不当的问卷也很容易产生不可靠或无效的数据。事实上，正如吉勒姆（Gillham 2000：1）指出的，在研究方法上“没有哪一个方法被如此滥用”。问卷最弱的方面是测度项需要足够简单明了，要让每个人都能理解。因此，这种方法不适合用于深入探索一个问题（Moser and Kalton 1971），并且问卷常常得到的是相对表面化的数据。问题所必须具备的简单性引起了更多争议，因为受访者愿意花在问卷上的时间相当短，这也会限制调查的深度。因此，问卷调查所提供的对目标现象的描述通常非常“浅薄”。其他方面的问题还有受访者可能存在的读写能力问题和社会称许性偏见等（见 3.1.1）。

5.3 实验与准实验研究

探讨过问卷这一著名的定量数据收集工具，接下来我们来看看一种特殊的定量数据收集设计，即实验研究（experimental study）。许多人声称它代表了定量研究最科学之处，因为它可以建立毫无歧义的因果联系。

应用语言学中的许多研究都试图通过回答“什么的原因是……？”“如果 / 当什么时候……会发生什么？”以及“什么东西对……有什么效果？”等问题来揭示因果联系。然而，要建立稳定的因果联系却困难得出人意料，因为在现实生活中没有什么事情是独立发生的，因此很难剥离各种相关因素的干扰。例如，假如我们想要比较在语言教学中使用两本不同教材的效果，我们如何测量它们的影响呢？如果我们仅仅比较两个使用不
116 同教材的小组，并且在他们的学习成绩上发现了显著的区别，我们就能声称这个区别是由于他们所使用教材不同引起的吗？不一定，因为可能存在很多其他引起差异的因素，例如这两个小组中学习者的构成或是不同的学习环境（或者可能是不同的教师）。事实上，坎贝尔和史丹利（Campell and Stanley 1963）在他们富有开创性的著作中指出，除非我们使用特殊的研究设计，否则我们没有办法将众多可能的解释一一澄清。

解决因果困境的答案已经由一个简单而巧妙的方法论思想提供，它被称为“实验设计”。首先，选出一组学习者，对他们进行某些特殊处理，同时测量他们的进步。然后将他们的结果与另一个小组的结果相比较，而这一组与第一个小组在各个方面都相似，只是不接受任何特殊处理。假如在两组结果中出现了差异，这些差异就可以归因于他们之间的唯一的区别，那就是“处理”这个变量。因此，实验设计的共同特征就是，在严格控制的环境下，有意识地操纵某些过程，只有目标变量是变化的，其他的都保持恒定（Johnson and Christensen 2004）。

一个典型的实验设计是干预研究，它至少由两个小组组成，一个“处理组”或者“实验组”，他们受到处理或接触某种特殊条件；以及一个“控制组”，他们的作用是提供比较基准。从理论的角度看，最大的挑战是找到一种使控制组与实验组尽可能相似的方式。正如库克和坎贝尔（Cook and Campell 1979）所总结的那样，在实验之前，将足够数量的受试者随机分配到实验组和控制组，这为将一组平均数与另一组平均数进行比较提供了可能的方法。这是实验设计的一个重大突破。

当实验组正接受处理时，控制组也接受指导，通常是按照标准方式，也就是说，在特定的学习环境中无标记形式的指导。通过在干预前实施前测，以及在处理完成后实施后测的方式来测量进步。这种使用了“前测—后测—控制组设计”的两个组的比较将通过统计步骤来执行。这将在5.3.2 中描述。

因此，实验研究与调查研究的主要区别在于，对前者来说，研究者不仅关注观察到的不同变量之间的联系，而且还事实上改变了其中一个（或更多）变量，然后查明这种改变对其他变量的影响。控制组的增加让我们用一种明确的方法将目标变量的特定效果独立出来，这就是为什么很多学者认为实验设计是严谨研究的最优模式。 117

不幸的是，在教育环境中，真正随机分配小组的实验设计极少是可行的，因此实际采取的常见方法是使用完整的班级组。这种设计显然是一种稍逊于完美的妥协之举，因此也被称为“准实验设计”（quasi-experimental design）。在我们了解这种研究的特点之前，让我简短地警告一种应当尽可能避免的、真正实验设计的不恰当变异：“一组前测—后测设计”。当想要实验某种特殊处理的效果时（例如，策略训练），研究新手常常推断性地认为采用一个学习组就足够了，实施处理后，假如前测和后测之间的区别是显著的，那么就说明处理起明显作用了。问题在于即便这个推断是正确的，这个设计也不能够排除其他可能的变化来源，比如成熟效应、练习效应和霍桑效应（见 3.1.1）。因此，我建议研究者在他们的实验设计中总是要有一个控制组。

5.3.1 准实验研究

在大部分教育环境中，研究者随机分配学生几乎是不可能的，因此研究者常常要寻求“准实验设计”的帮助。除了不用随机分配的方式来生成对比组，准实验在各方面都与真正的实验相似，它从比较中推断变化是由处理引起的（Cook and Compell 1979）。受实际操作的制约，在随机不可能、也不实际的实地调查中，采用“非等值小组”已经成为了可接受的研究方法。然而，在这种情况下，我们不能依赖真正实验所采用的那种整齐、自动的方式来处理各种对效度的威胁，我们必须自己处理这些威胁。在实践中，为了能够在准实验研究的基础上得出因果结论，需要考虑最初的组间差异的影响。

在一项对比完全实验与准实验设计的元分析（meta-analysis）中，海因斯曼和沙迪什（Heinsman and Shadish 1996）发现，假如两种研究方法同样设计良好，它们可以产生相互匹配的结果。然而，作者也指出将准实验研究设计得和实验研究一样好并非易事。元分析结果提出了两个改善准实验研究设计的特殊方法：（a）应该避免让学生自我选择进入实验组（例如志愿者）这种情况；（b）在前测中将实验组和控制组间的差异控制在最小范围内。实现后面这个目标有两种频繁使用的方法：

118 • **匹配实验组和控制组中的受试者**：最常见的匹配方法是在一个或多个变量的基础上将受试者一个一个地进行匹配。假如我们知道某些学习者的性格很可能对我们研究中测量的目标变量有影响（比如“因变量”），我们首先需要决定或测量那些引起个体差异的变量（比如性别或智商），然后用非常相似的参数对两个组中的受试者进行鉴定和区分（例如，两组中均有一个智商约为102的女孩）。在准实验研究中，即便我们忽略掉某些不具备相近配对的受试者，也不大可能获得完美的匹配，不过匹配后的组合结果比最初未匹配的组兼容性要好一些。

- 使用协方差分析（analysis of covariance，ANCOVA）：协方差分析提供了一种调节后测分数的前测差异的统计学方法；换言之，我们可以从统计上从结果测量中筛掉不需要的效果（这个过程将在 9.7.3 中描述）。

比起完全的实验研究，准实验设计无疑会使研究效度更容易遭受威胁，但是正如约翰逊和克里斯滕森（Johnson and Christensen 2004）强调的，虽然可能存在威胁，但这并不意味着威胁必然合理。况且，我们可以通过采用上面提到的技巧来大大地降低这种可能性。因此，人们普遍接受设计合理、执行妥当的准实验研究也能产生科学可靠的结果。

5.3.2 实验与准实验研究的结果分析

从“前测—后测控制组设计”中得到的数据可以用两种方法分析。更简单的方法是首先用后测分数减去前测分数，然后分别计算在实验组和控制组中“增益分数”，然后用“T 检验”（T-test）或“方差分析”（analysis of variance, ANOVA）（见 9.6 和 9.7）来检验在实验条件下的增长是否比正常（控制）条件下的增长显著。

一个稍微复杂的方法是用协方差分析，我们通过控制前测分数来比较后测分数（见 9.7.3）。两种方法在目前的研究中都是可接受、可用的，但是人们逐渐认识到，协方差分析能提供更精确的结果，这是出于两方面的理由（Johnson and Christensen 2004）。第一，有些（但非全部）方法论专家认为获得的分数并不足够可靠，因为它们与随机测量错误有系统的联系（见 Menard 2002）。第二，尤其是在准实验研究中，协方差分析能帮助减少最初的组间差异（如上所述）。

119　5.3.3 教育和应用语言学研究中的实验研究

在教育研究中，实验研究通常被称为“干预研究”（intervention research），正如谢等人（Hsieh *et al*. 2005）描述的那样，这样的研究在20世纪初起就出现了。20世纪60年代，这种方法因为坎贝尔和斯坦利（Campell and Stanley 1963）经典实验研究教材的出版而重获生机。然而，在过去的二十年里，使用实验方法的教育研究一直在减少。通过对在四本重要的教育心理学期刊以及美国教育研究的标志性期刊《美国教育研究期刊》（*American Educational Research Journal, AERJ*）上发表的研究进行调查，谢等人发现在1983到2004年间，干预研究的比例从55%（教育心理学期刊）和37%（*AERJ*）分别下降到35%和14%。此外，正如几位作者报道的，教育干预研究不仅在数量上下降了，在质量上也下降了，干预期变得更短。例如，在1995年的四种教育心理学期刊中，26%的干预持续超过一天，然而同一数据在2004年只有16%。造成下降的一个重要原因是结构方程模型（structural equation modeling）的使用（见9.10.4），这使得运用非实验的相关性研究（correlational research）得出“准因果”的结论成为可能。因此，通过使用这种方法，研究者们有时（但不总是）可以绕过完全实验研究的烦琐、冗长的步骤。

20世纪60年代，在应用语言学中将干预研究作为课堂研究的“教学法比较研究”的一部分成为了稳定的潮流（见8.1）。但是在随后的几十年里，实验由于至少以下两个原因变得不那么流行:（a）许多应用语言学家感兴趣的话题与“处理”或“干预”没有直接联系，也就是说，它们并不适合于操控（例如，性别差异、人格特质、民族语言变迁）;（b）实验研究范围较窄，因为一次只能改变一个或极少数的变量。另一方面，典型的应用语言学的场所，例如语言课堂，是许多因素共同作用的复杂环境，通常只有当几个变量在**协同**或者**特殊组合**方式作用下才能得到显著的变化。以一到两个变量为目标的实验设计不足以应对这种多元模式。

尽管存在这些制约，但我还是强调在很多情况下实验研究是可行的

（例如，在关注语言相关过程的影响的研究中），并且无疑优于常用的不那么劳动密集型的相关性研究或调查研究。在这个方向喜闻乐见的最新趋势是出现了关于二语教学有效性的纵向调查，它关注于特定的教学技 120
巧，例如纠正性反馈（corrective feedback）。正如奥尔特加和易博瑞–谢伊（Ortega and Iberri-Shea 2005）所总结的那样，通常在这些研究中使用的准实验设计的质量近些年来有了明显的改善，具备了更长的处理周期，也开展了即时后测与延时后测。

5.3.4 实验与准实验设计的优缺点

实验研究的主要优点在于它是建立因果关系以及评估教学创新的最佳方法，某些人称之为唯一完全令人信服的方法。一个完整的“前测—后测控制组设计”在控制实验内在效度的各种威胁方面做得很出色。然而，正如克拉克（Clarke 2004）指出的，为实验研究必须付出的代价有时太大了。他主要的顾虑在于，为了严密地控制所有变量，我们最终需要在实验室条件下搭建人为的框架，这降低了研究的外部有效性（也就是概括性）。换言之，实验研究可以为了提高内部有效性而牺牲外部有效性，这也是它在教育实验研究中的优点受到严重质疑的原因之一（见 Shavelson and Towne 2002）。即使实施恰当的实验研究也会被“霍桑效应”所影响。在“霍桑效应”中，其他方面都经得起检验的实验结果不是由于处理变量造成的，而是由于应用了处理这个事实造成的，不管是哪种性质的实验（见 3.1.1）。

在准实验研究中，由于调查都发生在班级小组的真实学习环境中，我们不必过多担心减少外部有效性，但是由于最初实验组和控制组的不等效性，这样的设计将研究置于许多新的威胁中。这个问题也称为“选择性偏差”（selection bias），结果差异的产生不是由于处理而是由于被比较的组间预先存在人为差异（见 Larzelere *et al*. 2004）。由于这种偏差，这种有着和真正实验相同权威性的非随机设计在排除竞争合理假设方面较为低效。麦克多诺和麦克多诺（McDonough and McDonough 1997）也提醒我们注意这样的事实，在大部分语言教学环境中，可能的干扰变量如此之多，因此实现令人满意的控制是一个真正的挑战。尽管事实如此，设计良好并妥善执行且控制了最初组间差异的准实验研究，通常被认为能提供科学、可信的结果。

最后一个在研究教材中很少提及的问题是，即使具备相当的人力、物
121 力，干预研究也只能同时检验一个或两个目标变量。在教育学研究中我们经常需要检测一系列潜在的自变量（例如，各种教学条件和策略的影响）。在这些情况下，实验或准实验设计就完全不合适了。

5.4 通过互联网收集定量数据

随着互联网使用的增长，研究者们不可避免地开始使用基于网络的程序来收集数据。事实上，随着越来越多、越来越先进的电脑硬件和软件的出现，发起网络调查或实验变得相对容易，基于网络的研究有一些诱人的好处（包含免费软件的信息的综述详见 Birnbaum 2004；Fox *et al.* 2003）:

- **降低成本**：既然绝大多数的大学或研究机构都有必要的设施，发起一个基于互联网的项目不比开展传统的研究贵多少，但运行成本则会显著降低（见下文）。
- **管理便利**：基于网络的研究最主要的魅力在于它不需要亲自管理这些材料；一旦招募公告完成了，管理就会自己运行。
- **自动编码**：采用一种叫作“CGI 脚本”将回答记录在盘里，回答编码和记录都是自动的，这和自己运行管理结合在一起，真是一件令人高兴的事情。
- **高度的匿名性**：基于网络的研究是真正意义上的匿名，这种认识

提高了研究的诚信水平。然而，因为提交的机器编号是可追踪的，研究者本身不能保证在互联网传输过程中数据的安全性，从原则上讲，根据授权来识别受访者的身份也不无可能。

- **国际通行**：互联网没有边界，因此比起以前可能接触到的样本，学者们可以接触到世界范围内更大、更多样化的样本。即便语言障碍依然存在，这对跨文化研究来说也是个好消息。
- **访谈特殊人群**：基于网络的招募使对小型的、分散的或是那些很难接触到的特殊的人群进行访谈成为可能。

对这些好处和可能性的迷恋使越来越多的调查者已经开始用基于网络的研究来做实验，从初步的体验以及公众对结果的接受度来看，这个方法最终确立前景足够乐观。不难预见，基于网络的研究将在未来的研究方法中扮演重要角色。虽然这是可以理解的，但我们也必须考虑这种方法的局 122
限性，才能决定它是否适合于我们的目标。在这方面有两个相当重要的领域：技术和抽样问题。

5.4.1 技术问题

于 1994 年引进的“超文本标记语言”（hypertext markup language, HTML）的新标准允许浏览网页的人轻易地将数据传送给一个指定的服务器，它以电子形式加工、编码、并储存数据（Birnbaum 2004）。然而，互联网用户有不同的电脑、系统、浏览器和显示器，所以实际接收到的刺激物可能与调查者设想的相差甚远。由于这个原因，在一个关于自残的调查中，福克斯等人（Fox *et al*. 2003）决定只使用一个单独的 HTML 页面。正如作者所解释的，尽管有可能通过其他技术的使用来改善用户界面（例如，JavaScript 和其他的插件程序），但人们认为问卷没有以相同形式呈现给更广泛的总体，带来的不利影响可能超过优点。目前，基于网络的更复杂的调查与实验受到了技术问题的制约，例如连接到互联网的速度和安装软件的质量，不过鉴于该领域的发展速度，这样的制约很可能是暂时的。

5.4.2 抽样问题

基于互联网的研究遇到的最严峻的问题是它不可能运用任何系统的、有目的的抽样策略。在这样的研究中经常发生的是，一旦这个工具（通常是调查，但不绝对）构建并测试好后，调查者接触许多互联网讨论组、公告牌、列表，或者通过给潜在的受试者发邮件，进行某种雪球抽样，然后期望能得到一份相当大的样本。这明显与研究要求的系统性相去甚远。它很难控制谁最终会参与到研究中，但是在判定这种方式可能会使该研究项目不属于科学研究范畴之前，我们应当想起即便是在非互联网研究中，非随机抽样（特别是便利抽样）也是最常见的抽样“策略”（见 5.1.2）。所以，最主要的问题不一定在于无原则的选择过程，而在于实际完成网络调查或实验的样本可能比传统研究中的样本更加混杂，完全由自行选择的受试者组成。因此，即使我们有成千上万的回答，将结论推而广之可能会十分困难。

尽管没有已知方案能解决抽样中的问题，但伯恩鲍姆（Birnbaum
123 2004）提出的两个策略提供了至少部分解决方案。在第一种方法中，我们可以基于样本的子样本单独地进行对研究问题的分析（例如年龄、教育程度、性别以及其他统计学变量）。假如从每个子组中得出了相同的结论，这也许能给结果带来一些外部有效性。第二种方法也包括比较子样本，但是这一次调查者比较的是基于网络的结果与一个类似的不基于网络调查或实验的结果。调查结果的一致性也能帮助证实结论。最后，我们可以做一些结合研究，其中一种样本用传统的方式取得，但是不在他们身上实施某些调查工具，取而代之的是要求他们登录后在线完成调查或实验。这可以发生在家里（从根本上来说与带回家的问卷相同）或是在控制的环境中，比如在电脑实验室里。

第六章

定性数据收集 124

定性数据很性感。

(Miles and Huberman 1994：1)

定量研究可以很容易地被分为两个不同的阶段：数据收集和数据分析，因为二者通常以线性方式交替进行。定性研究的情况却不是这样，因为正如我们在第二章中所看到的，由于定性研究过程具有灵活性和自然性，定性数据收集与分析通常是循环的，并且经常重叠。此外，有时也很难判断某个定性方法是否主要属于数据收集、数据分析或是一个独特的组合设计。扎根理论（grounded theory）和个案研究（case study）设计很好地体现了这种不确定性。事实上，公正地讲，关于如何将“定性研究”这个笼统的术语分解成具体的数据收集、数据分析的方法、技巧或设计，研究方法论的教材还没有达成一致意见。

在本章中，我会在很大程度上忽略那些关于区分方法和设计、数据收集和数据分析的术语之间的争议，而是会涵盖所有重要的、能够形成数据集的定性步骤，包括民族志、一对一访谈、焦点小组访谈、内省法、个案研究、日记研究以及研究日志等。第十章会集中讨论扎根理论（主要集中于定性数据分析），因为它最显著的方面就是能提供特殊“三阶段”编码系统。在讨论具体的数据收集过程之前，让我们首先看看两个基础问题：定性数据的总体特点和定性抽样的描述。

6.1　定性数据

我们从第二章中得知，尽管定性数据可以有很多来源，但它通常都被转化为文本形式（另见 10.1.1），从而形成几百页（即使不到几千页）的
125 转写和现场记录。我认为非常重要的一点就是在本章的开头就强调一个典型定性数据集的两个主要特点：它有变得越来越长的倾向，以及它有相当零散且成分混杂的特性。广而言之，定性数据偏向于冗长和杂乱。

在定性研究中，对于什么东西可以视为“数据”并没有清晰的界限，正如理查兹（Richards 2005）所总结的，定性项目研究者通常把围绕在一个话题周围的所有事情都当成潜在的数据。因此，定性数据膨胀得很快。研究新手常常发现真正的挑战不是去产生**足够**的数据，而是产生**有用的**数据。事实上，定性研究的一个严重问题就是数据**太多**了，这也被“定性数据是杂乱的记录”（p.34）这一事实所证实。它通常由现场记录、各种录音的转写以及不同性质和长度的文件混合而成。这并不意味着定性数据不能产生有价值的结果，而是意味着加工数量如此巨大且无比混杂的数据需要做很多工作。最近我的一个研究生的遭遇并不是特例：在回到她的祖国进行为期三周的实地考察、数据收集过程中，她收集了太多数据，导致她接下来花了八个月的时间来翻译、转写以及进行初步编码，这严重地缩减了她后续数据收集和第二阶段分析的剩余时间。因此，用西尔弗曼（Silverman 2005：79）的话来说，一个在某种程度上对社会世界无焦点的探索性研究可能是“灾难产生的原因”。在这样的情况下，每件事看起来都很重要，期望真相从收集到的繁杂数据中奇迹般地浮现出来可能是过于乐观了。

硬币的另外一面是，尽管在数据收集过程中我们需要对数据有所选择，但不要忘了，从**定义**上来讲，定性研究在数据收集方法上比定量研究的系统性和标准化程度差远了。也不要忘了，我们追求的丰富数据的杂乱

性，常常不过是复杂现实生活情境在数据中的反映。为了挖掘核心受试者的意义，我们常常需要在多个水平、从多个方向采取多个策略。因此，绝大多数收集定性数据的设计是不固定和开放的，并且研究者在开始的时候并不需要计划项目中的所有元素。尽管这与定性调查“发现为主”的特点相吻合，但理查兹（Richards 2005）强调说，在收集定性研究数据的过程中，最常见、最容易导致问题的原因很可能是缺乏精简数据的计划。她建议，“研究新手可以简单地根据他们撒网的宽度来框定项目规模，而不是根据实际应该覆盖的宽度”（p. 20）。

6.2　定性研究的抽样

我们从 2.1.3 得知，定量研究与定性研究在如何进行受试者抽样上存在
着很大的差异。定量研究的抽样原则是简单明了的：我们需要一个消除了 126
特定个体差异、规模较大的样本。但不同的是，定性研究注重描述、理解以及阐释人类经历，因此定性研究用于描述构成一个特殊经历的各方面，而不是判断组内最可能的或是平均的经历（Polkinghorne 2005）。因此，至少在理论上，定性调查不关心受试者样本的代表性如何，也不关心经历在总体中的分布如何。相反，抽样的主要目的是找到那些能够为所调查的现象带来丰富的多样化见解的个体，以此来最大化我们可以了解的东西。实现目标的最好方式是通过某种“意图明显”或“目标明确”的抽样。

6.2.1 目的抽样和理论抽样

因为我们可以联系到的受访者和可以访问到的地址总是有限的，所以对于怎样选择受访者，在什么时候给样本中加入额外的参与者，以及何时停止收集更多的数据，我们必须做出一些原则性的决定。即便当我们的样本只有一个案例，我们也需要选择应该关注该案例的哪些方面（见 6.2.4 的“案例内抽样”）。因此，一个定性研究必须拟定描述抽样参

数（受试、背景、事件、步骤）的抽样计划，并且这个计划必须和研究目的保持一致。庞奇（Punch 2005）建议说，假如我们不清楚研究哪个案例、哪个方面或哪个事件，我们就需要投入更多的精力来发展最初的研究问题。

在他们关于扎根理论的重要著作中，格拉斯和斯特劳斯（Glaser and Strauss 1967）提到了“理论抽样”，也强调了这样一个事实，即抽样应当是一个灵活的、持续的、逐渐发展的、能够选择后续受访者或场所的过程。它受我们先前的发现引导，使得新的想法和理论概念能得到检验和进一步的修订。西尔弗曼（2005）解释说，“理论抽样”这个术语已经从扎根理论转移到一般的定性研究中，在目前的实践中它通常与“目的性”抽样意义相近。

6.2.2 迭代、饱和度以及样本大小

研究者们都同意在定性研究中受试者的选择过程应当尽可能地保持开放，以便在初始叙述收集和分析完后，额外的受试者可以加入进来，从而填补初始叙述中的空缺，或是能扩展甚至是挑战初始叙述。这种在数据收集和分析间来回移动的循环过程通常被称为“迭代”（iteration）。

尽管迭代是定性抽样的一个关键步骤，它也不能永无止境。我们什么时候停止它呢？这并没有严格的指导方针，但是学者们同意这个迭代
127 的过程最好应当一直保持直到达到饱和（saturation）。格拉斯和斯特劳斯（1967）认为当额外的数据似乎不能再进一步发展这些概念，而是仅仅重复之前已经被报告人揭示的事实时，就达到了饱和。换言之，饱和是指研究者变得“经验自信”的时刻，他/她有了回答研究问题所需的所有数据。然而，实际上，研究者们经常根据理论饱和度和实用考虑，比如可用的时间和资金，来决定何时停止加入新的案例到研究中来（Eisenhardt 1989）。

最后让我们讨论一个非常基础的问题：定性研究中的样本应该有多

大？毕竟，我们可以讨论迭代过程的灵活性，但是在现实中，大部分研究者需要制定一个最初计划来规定样本大小，以便安排他们的调查日程。根据我的经验，最实用的答案就是，一个大小在 6 ～ 10 人的最初样本就可以让一个访谈研究很好地进行下去了。如果使用计算机辅助的数据分析，我们可以将样本大小增至 30 人，尽管这样做很可能达到极限，并且可能在如研究生这样的单个研究者看来几乎不能控制。关键点在于，为了了解所关注现象中哪怕再细微的含义，一个设计良好的定性研究通常需要数量相对较少的受访者来产生饱和的、丰富的数据。

6.2.3 具体抽样策略

目的抽样可以根据研究主题和背景来选择不同的策略。在设计抽样的计划时，我们也需要考虑可行性（涉及时间、金钱、受访者可及性等），以及常常被忽略的饱和度问题。样本越是有内聚力 / 同质性，饱和得就越快，但是与此同时，项目的范围也越窄。下面列举的最常见的定性抽样策略让我们感觉到，为了在不同的研究领域中达到饱和，我们需要把网撒得多宽啊！作为预备，我得强调从一开始就讲明白抽样策略尤为重要，只有这样我们才可能将潜在的逻辑传递给研究报告终稿的读者。

相对较快的饱和度可以通过以下三种相互联系的抽样策略实现，因为它们都以选择在某方面相似的受试者为目标：

- **同质抽样**（homogenous sampling）：研究者从特定的子组中选择那些有与我们的研究相关的某些经验的受试者（例如他们都曾经参加了国外留学项目）。这种策略使我们能够深入分析，从而找到具有相同特点的一组人的共同模式。
- **典型抽样**（typical sampling）：研究者选择那些对研究目的来说十 128
分典型的受试者（例如他们都学习了一门作为学校课程的外语，并达到了中等水平）。这个策略假定我们对一般学习者所拥有的目标属性有一个大致的了解。尽管我们不能对结果进行概括，因为我们不能声称每个人都有相同的经历，但是我们可以列出这些经历的典型或一般特征。

- 标准抽样（criterion sampling）：研究者选择那些满足某些预设标准的受试者（例如在重要语言测试中成绩不佳的公司管理人员）。

假如不选择典型受试者，而是有意识地审视每个特殊案例的全部可能回答，我们仍然可以对一个问题进行深入了解。尽管这个方法无疑增加了分析的范围，达夫（Duff 2006：71）认为这也会带来潜在的问题，即"过分强调可能是非典型的、有争议的、极端的、过于理想的、独特的或是病态的案例，而不是强调典型的或是有代表性的案例"。以下三种策略在某种程度上相互重合：

- 最大变异抽样（maximum variation sampling）：研究者选择有显著不同经历的案例（例如从每个发展水平上选择二语学习者）。这个过程让我们能够在受访者之间探索变异，并且它还能强调我们发现的所有共通点：如果一种模式能跨越抽样的多样性，我们可以认为它们是合理、稳定的。
- 极端与异常案例抽样（extreme or deviant case sampling）：和最大变异样本抽样遵循同样的逻辑，研究者选择最极端的案例（例如最有动机或是失去动机的学习者）。一方面，这使我们能够找到这种经历的局限性，另一方面，假如这样的案例共享相同的元素，它们就很可能是这种经历真正的核心组成部分。
- 关键案例抽样（critical case sampling）：研究者故意以代表某种戏剧性现象或完全代表某种现象的案例为目标，一般根据它们的剧烈程度或是他们的独特性（例如在语言磨蚀研究中那些曾经会说二语，但后来已经完全忘记怎么说的人）。他们的案例可以被看作是对所关注现象的最显著或最详尽的体现。在这样的情形下，研究者们不仅对他们发现了什么感兴趣，也对他们没有发现什么感兴趣，因为在如此显著的案例中都没有发生的事也不可能在其他地方发生。

正如经常发生的那样，至少从理论角度看，最实用可行（当然也是最常见）的抽样策略常常不那么引人瞩目。有三种“不太符合原则”的策略特别出名：

- **雪球抽样或链式抽样**（snowball or chain sampling）：这种策略的 129
出发点是原则性很强的关键受试者清单，然后要求这些受试者招募更多和他们在某些方面相似的其他受试者参与到调查中来。这种连锁反应波及的范围可以很广。当遇到所讨论的经历十分罕见时，这是十分理想的办法。
- **机会抽样**（opportunity sampling）：这是一种无计划且很随意的步骤，给人的感觉是一时的心血来潮。在实地工作时，研究者们有时碰巧遇到了“不能错过”的受访者，并且当场决定招募他们加入调查。问题在于，尽管他们做出的选择很适合定性研究的自然属性，但他们并不一定正好就是研究所需的。
- **便利抽样**（convenience sampling）：这是人们最不想看到但又最常见的抽样策略，至少在研究生的研究水平上是如此。它不具有目的性，但是十分实用，即使用研究者身边的人。当然，在一个理想的世界里，没有人会使用便利样本，但是由于时间和经费的制约，研究（特别是研究生阶段的研究）大都发生在不那么理想的环境里。这种策略有一个特点可以弥补不足，那就是它通常都包含一些自愿参与的受试者，这是形成大量数据集的前提。另一方面，可能根本不会发生饱和。因此，这种策略可以节省时间、金钱、精力，但是以牺牲可信度为代价（Miles and Huberman 1994）。

6.2.4 案例内抽样

尽管定性研究者们逐渐意识到了基于原则性的有目的的抽样十分重要，但这个步骤通常只用于选择受访者，也就是说“案例内抽样”。在某些定性方法中（例如民族志或个案研究），我们需要将我们的抽样计划扩大到“案例内抽样”（也就是说，从关于某个受访者潜在的可用数据库中选择数据），这是因为我们必须对很多问题做出常规性的决定，比如何时、用何种方法从某个受访者那里收集数据，应当把注意力放到案例的哪些方面，应该关注哪些活动、地点或事件，等等。我们必须根据研究目的、我们的选择以及受试者的挑选来做这些决定。

6.3　民族志

我们运用定性方法探索发现的一个好的出发点是民族志（ethnography），因为这种方法在很多方面都体现了定性研究的特点。事实上，“民族志”频繁地被看成是“定性研究”的同义词，例如，哈默斯利和阿特金森（Hammersley and Atkinson 1995：I）在撰写他们颇具影响力的民族志专著
130 时以这句话作为开头：“本书的目的是我们将以自由的方式解释‘民族志’这个术语，不过分担忧哪些算作它的范例，哪些不算。”然后他们补充道，“民族志的边界必须是不清晰的。尤其是，我们不想在民族志和其他类别的定性调查之间做出硬性的区分”（p. 2）。然而，我们应当注意到，达夫（Duff in press）曾经警告过，将民族志与一般的定性研究等同起来的做法是在混淆视听，因为某些定性方法，例如个案分析，常常展示出与民族志的特点不同的特征。

民族志研究起源于文化人类学（cultural anthropology），它以描述、分析文化的实践与信仰为目的。“文化”不局限于民族，而是可以和任何“有界群体”相关（Harklau 2005），比如组织、项目甚至是不同社区。因此，我们可以讨论语言课堂的民族志，也可以对某个学校或其他语言学习环境进行民族志分析。经典的民族志学者的形象应该是这样的：他走进社区并融入它的文化，比如在一个遥远的小岛上和当地的“土著人”同住几年。基于这个原因，民族志在过去一直被批评，因为它代表了殖民主义的态度。既然我们关注的是这种方法在教育学上的应用，我们也就没有必要在此回顾这些争论。我们也不会检验目前各个学派的分歧，以及部分脱胎于后现代主义的民族志理论的种类。

大部分民族志研究的主要目的是给目标文化提供一种“厚实的描述”。也就是说，一份丰富、详尽的关于社区日常生活的描述，以及涉及受试者活动、事件、行为的文化意义和信仰的叙述。出于这个目的，民族志采用了一种折中的数据收集技巧，包括受试者观察与非受试者观察（见 8.2）、访谈（见 6.4），以及民族志学者自己的日记。此外，还应该进一步补充这些数据资源，比如附上现场记录和日记条目（见 6.9）、视频或音频记录、真实的文件和物理构件，民族志学者甚至可能使用在实地调查过程中已经制定好的结构性问卷。

应用语言学作为一个研究领域对跨文化交际有着天然的兴趣，因此民族志研究受到那些将语言学习作为一种深刻的社会实践，并认为“二语习得”“二语文化学习”以及“语言社会化”三者密不可分的学者们的欢迎（例如 Robert *et al*. 2001；Schieffelin and Ochs 1986）。此外，由于近来二语习得研究越来越语境化，民族志也已经用于课堂话语和校本学习的语境分析中（例如 Duff 2002；Rampton 1995；van Lier 1988；Watson-Gegeo 1997；最新综述见 Harklau 2005；Toohey in press）。因此，正如达夫（Duff 2002）所总结的，自沃森-葛格（Watson-Gegeo 1998）关于这个主 131
题的论文发表以来，民族志一直受到应用语言学的重视。这种重要性体现在《TESOL 季刊》专门为这个领域的投稿者单独发表了一个“(关键)民族志指南”(Chapelle and Duff 2003)。图希(Toohey in press)也证实了民族志语言教学研究的数量在过去十年里戏剧性地增多了，很多著作都检验了在当地环境和更大的社会范围内的身份认同、实践以及语言学习之间的特殊联系(详情见讨论个案研究的 6.7.3，因为个案调查研究常常使用民族志的方法)。

6.3.1 民族志研究的主要特征

根据哈克劳(Harklau 2005)的观点，一个经典的民族志研究的标志是它涉及自然环境下第一手的“受试者观察”，并且绝大部分自称以“民族志”为框架的研究都某种程度上包含了这种方法。然而，过去我们看到民族志学者也用了许多其他的数据收集技巧，事实上，哈克劳指出通常认为必须有多种数据来源。所以，假如数据收集方法不包含民族志方法的决定性因素，那么定义它的特征又是什么呢？接下来的三点在文献中经常强调；在此只需简单介绍，因为之前在讨论一般定性方法时已经描述过了(见 2.3.2)。

- 关注受试者意义：在民族志研究中，受试者对他们自己的行为和习惯的主观解读对理解特定文化十分关键。因此，民族志的核心就是找到从局内人眼中审视事件的方法。
- 在自然环境下深入参与：除非研究者将他/她自己浸泡在某种文化中，并花上很长一段时间住在当地来观察受试者并收集数据，否则无法发现受试者意义(最常见的是多种意义)的微妙之处。因此，为了实现必要的长期参与，通常认为应当居住 6 ～ 12 个月或者更久。
- 自然浮现：由于民族志学者正进入一种新的文化，具体的研究焦点会在情境中演变，并且在完成某些实地调查后就地“涌现”。

6.3.2 民族志研究的主要阶段 132

一个民族志研究涉及“走进去”和“走出来”两个复杂过程，这可以描述为相连但不同的四个阶段（Morse and Richards 2002；Richards 2003）：

- 第一个阶段包括走进对研究者来说是陌生的环境。民族志学者需要与守门人协商，然后找到一个方法、理由或是能适应的合适角色融入环境。在二语研究中，守门人很可能是班主任、学校管理者/校长、各种教育工作者，正如理查兹（2003：121）指出的，他们都有“自己专门的斧子要磨，自己专门的领土要保护”。因此，这是一个相当微妙的阶段。研究者或许有些失落或者对环境和受试者不理解，这都是可以理解的。因此在这个阶段，数据收集很大程度上包括“绘制地形”，弄清谁是谁，并且一般用现场笔记记录日志。
- 第二个阶段在很多方面都比第一阶段更容易，因为至此已经破冰成功。研究者熟悉了受试者和环境，对非受试者的观察现在可以全面展开，关键任务是寻找关键的信息提供者，接着对他们进行初步访谈。在这个阶段，民族志学者也需要开始分析初步数据以便形成一些初步想法和概念。
- 第三个阶段是最有成效的研究阶段。文化适应结束了，研究者也被接受了，对这个环境也有“家”的感觉。这允许他/她采用很多技巧来收集越来越多的重点数据，这些数据将用于证实初步的假设和想法，发展更广泛的理论概念。这个阶段的数据分析以“渐进式聚焦”为特点，涉及筛选、分类以及数据回顾（Cohen *et al.* 2000）。
- 最后的阶段是必要的撤退。这也许是情感负担结束的阶段，它常常引起情绪失落。民族志学者需要确保自己以一种给该群组或情境带来尽可能小的干扰的方式从那个地点离开。该阶段的重点在数据分析上，而收集额外的数据只是为了填补空缺、消除歧义以及确认之前结果的有效性。

6.3.3 民族志研究的优缺点

从受访者的角度来看，民族志研究方法对于探索前所未遇的境况和理解社会进程十分有用。它是“跨越文化”和深入了解组织、机构和社区生
133 活的一种极佳方式。简而言之，民族志对于从某些完全未知的事情中生成初步假设是非常理想的方法。霍恩伯格（Hornberger 1994：688）也强调认为民族志的魅力在于它的整体观和大局观，“没有留下任何无法解释的东西，也揭示了所有组成部分的相互联系”。正如她一直认为的：

> 其价值在于该方法允许（这事实上这种方法的核心也确保了）在既定环境中和跨越环境时人们说什么和做什么之间的比较和对比，以便对发生了什么达到更充分的代表性。民族志学者只是向教师询问他们用于第二外语教学的交流方法是不够的，他们必须在行动上观察它。仅仅靠推测得出学生在课堂中的参与方式和儿童在经历家庭社会化中的方式不同这样的结论是不够的；民族志研究者应该亲自观察两种情境。只有通过比较和对比，这些维度、现实和多层次的描述才能开始显现。（pp. 688–689）

民族志的主要缺陷是它需要和受访者在他们自然的环境下长期接触，这需要投入大量的时间，几乎没有研究者能承受。霍恩伯格（Hornberger 1994）也提到了深一层的制约，即“局内人 / 局外人困境”，这涉及在局内人和局外人视角之间达到平衡的这一困难。她认为，这种矛盾以各种伪装的方式出现（例如研究者的参与程度和非受访者的观察，亲近和冷漠程度）。这种情况在当教师在他们自己的课堂或是当少数研究者在自己的社区开展民族志研究时特别突出。威多森（Widdowson 私下沟通）补充说，

这个局内人/局外人困境在向外部观众报告研究成果时会更加明显，因为这个过程不可避免地涉及以局外人的角度来呈现局内人的观点，这种翻译的过程很可能包含了改变。

最后，哈克劳（2005）提醒我们注意一个有关应用语言学中的民族志的特点，那就是民族志的著作很大程度上仍然仅限于英语国家以英语为母语的白人研究者，因此英语在大部分的研究中仍然是目标语言。虽然这可能的确是目前的真实做法，这种情形在未来很可能改变，因为民族志研究正逐渐从规模和质量两方面在应用语言学中取得更大进展。此外，从总体上讲，民族志对影响定性研究的诸多方面有重要作用，形成了很多卓有成效的“准民族志”方法。

6.4　访谈 134

本章要描述的第二种定性调查方法是访谈。访谈频繁地出现在我们大部分人的社会生活中：我们可以在广播中听到访谈，从看电视上看别人被访谈，我们自己也常常作为访谈者或受访者参与各种各样的访谈。正如米勒和克拉布特里（Miller and Crabtree 1999）指出的，访谈中的话轮转换规则、对受访者角色的期待、礼仪甚至是语言措辞等访谈体裁都是共享的文化知识。正是由于访谈是一种广为人知的交流路径，所以它作为一个多功能的研究工具已经变得非常成熟。事实上，尽管现存很多可供研究者使用的定性研究技术，但访谈是他们最常用的方法。它经常应用在多种应用语言学环境中以达到各种各样的目的（实例见 Block 2000；Richards 2003；Rubio 1997）。

访谈可以分为很多种不同的类型，高度结构化的访谈与定量书面问卷有很多共同点，因此这里只会简单地讨论一下。典型的定性访谈是一对一的“专业交流”（Kvale 1996：5），它的结构和目的在于“通过要求受访者对所描述现象的意义进行解读从而获得他们关于生活世界的描述”（pp.

5-6）。本小节将主要讨论这种访谈类型。在接下来的小节（6.5 和 6.6.2）我们将会关注两种特殊的访谈技巧：涉及小组形式的“焦点小组访谈”和“内省法”这个范畴里的“回顾性访谈”。

在回顾了主要的访谈类型之后，本小节将主要关注进行访谈研究的两个实际方面：（a）怎样准备“访谈大纲”（也就是在访谈过程中使用的问题清单），以及（b）如何进行实际访谈。（更多讨论，见 Kvale 1996；Patton 2002；Richards 2003）

6.4.1 主要的访谈类型

一对一访谈可以根据其过程结构以及是否存在单个或多个访谈阶段分为不同的类型。让我们从后一种一般较少提及的方面开始说起。

单个或多个阶段

典型的定性访谈是一个持续约 30—60 分钟的一次性事件。然而，正如波尔金霍恩（Polkinghorne 2005）认为的那样，一次性访谈很少能够为有价值的发现提供必要、充分且丰富的描述。他吸取了塞德曼（Seidman）著作中的经验，并建议研究者实行对同一个受访者进行接连三次的访谈，
135 以便获得足够的深度和广度。第一个访谈破冰，然后建立良好关系，与此同时也给之后将要调查的领域提供一个快速扫描。第一个访谈与第二个访谈之间的间隔可以让访谈者为第二阶段准备更多访谈指南，并且也给受访者提供了一个深入思考这个经历的机会。因此，第二次访谈比第一次要更集中。最后，在分析完前两个阶段的转写后，研究者在第三次访谈中可以问任何“扫尾”或后续问题来填充及阐明这些叙述。

必须指出的是，这里概括的多个阶段形式与纵向访谈研究不同（见 4.4），因为这三个阶段的目的不是记录时序的变化而是取得完整的叙述。在纵向访谈调查中需要以不同方式组织多个阶段，其中前一个或两个访谈创建基线知识，随后定期发生的访谈关注所研究的某个现象发生了怎样的

改变，为什么会发生改变。

结构访谈

访谈的第二个主要分类原则是它们结构化的程度，其中一个极端是“结构访谈”。在这种形式下，研究者们遵循一种事先准备好的、详细的“访谈安排 / 指南”，其中包含着和每位受访者都紧密相关的问题清单，并且所诱导出的信息和问卷数据有很多共同的优点（例如受访者之间的一致性）和缺点（例如丰富度有限）。如此严密控制的访谈保证了受访者集中于目标主题的领域，并且访谈覆盖一个明确的领域，使不同受访者之间的回答具有可比性。然而，事情的另一方面是，在一个结构访谈中，一般几乎不会为回答的差异性或是自发性留下空间，因为采访者是根据编码体系来记录答案的。由于采用的是标准格式，不希望留下什么随机的东西，提问方式的灵活性就很小。当研究者不清楚自己究竟了解到了什么东西并且可以提出问题以获取想要的答案时，这种访谈类型是合适的。也就是说，结构访谈可以用在这种情形中，即当书面问卷从理论上来说已经足够，但是出于某些原因这种书面形式不适合（例如，由于受访者的文字水平较低或者需要更严格的控制，比如市场研究调查或是民意调查）。

非结构性采访

在另一个极端，“非结构访谈”（有时也叫作“民族志采访”）实现了最大的灵活性以在不可预知的方向上跟踪受访者，并且只对研究日程做最小的干预。其目的是创造一种轻松的氛围，在这种氛围中，因为采访者扮演了一个听众的角色，因此受访者可能比在正式环境中揭示出更多 136
的东西。没有事先准备任何详细的访谈大纲，尽管调查者通常会想几个（1 ～ 6）开场问题（有时也叫“总览问题”）来诱导出受访者的故事。在访谈过程中，研究者可以临时提问，目的是澄清问题。研究者还会在访谈过程中给出肯定反馈，好的交流参与者为了保持交流的顺畅都会这样，但是要尽量减少中断的次数。

从上面的叙述中可以很容易地看出，一个非结构访谈想要成功，采访者不可避免地要与受访者建立非常良好的关系。当一个研究聚焦于某个现象的深层含义时，或是当需要某个人对某个现象的发展演变进行历时叙述时，这类访谈是最合适的。在开展焦点更集中的研究（比如定量研究）之前，以及需要开展探索性工作的时候，也可以使用深度访谈（in-depth interview）。

半结构访谈

在应用语言学研究中进行的访谈大部分都属于“半结构访谈”类型。它在两个极端中提供一种妥协：尽管有一些事先准备好的引导问题和提示，它的形式是开放的，并以一种探索性的方式来鼓励受访者阐释所提的问题。换言之，采访者提供了指导和方向（这里是名称中的“结构”部分），但是它也热衷于跟进有趣的发展并让受访者阐述某个问题（这里是“半”部分）。由于这种访谈形式大受欢迎，以下对问题措辞和访谈实施的大部分建议都将特别针对半结构访谈。

如果研究者对于问题中的现象或范围有足够多的看法，并且事先能够就题目提出广泛问题，但是又不想使用现成的、限制受访者故事深度和广度的回答选项，那么半结构访谈就非常适合了。因此这种形式需要一个提前制订并经过先导实验检验的“采访指南”。通常，虽然没有必要按照相同的顺序或措辞，但采访者会问所有的受访者同样的问题，并且会用各种追问来补充主要问题。详情如下所示。

6.4.2 准备访谈及设计访谈指南

完整的访谈过程涉及一系列精心设计的步骤。在第一个访谈阶段开始
137 之前就准备好。在初步抽样计划结束并考虑完诸如知情通知等伦理问题后，研究者需要准备详细的采访指南，并它将作为主要的研究工具。尽管我们可能相信这是一个简单快捷的工作，毕竟，我们要做的就是列出相关

的问题，但是一份好的访谈指南需要谨慎地规划并进行先导实验。几次试验能够确保问卷诱导出足够丰富的数据，而不会主导会话的流程。

访谈指南（或“访谈安排 / 协议”）的主要功能是从几个地方帮助采访者：（a）确保领域被合理地覆盖，并且没有意外排除什么重要的东西；（b）建议的问题措辞恰当；（c）假如可能会用到，提供一份有用的追问问题清单；（d）为开场陈述提供一个模板；（e）列出一些需要记住的评价。有可能的话，建议结合这个指南与“访谈日志”，在访谈板上留下空间来记录访谈的细节（例如受访者、背景、长度等）以及采访者的评价及注释。正如麦克拉肯（McCracken 1998）指出的那样，访谈指南有时被视为定性研究中的酌处事项；他认为这是错误的，考虑到我们想要达到的严格目标及在访谈中我们必须面对的多种因素，访谈指南是必不可少的。事实上，做过访谈的人都认可访谈过程中的每一个帮助都是采访者需要的，访谈指南在这方面给我们提供了可能的最好帮助。

问题类型及措辞

在访谈指南中我们可以包含各种问题，但是我们需要记住的是，这些问题只是提供了框架，真实意义的揭示通常来自于脱离了访谈安排的探索性和非结构性回答。

- **前几个问题**：这几个问题在访谈中相当重要，这不是从内容的角度来说的，而是由于它们奠定了访谈的基调并创建最初的良好关系。假如受访者感到他们在回答前几个问题时能够充分发挥自己的能力，会使他们对自己的能力感觉良好，帮助他们放松，鼓励他们在接下来的回答中放开心态。这就是为什么研究者们经常以简单的个人问题或事实性问题开头（例如，关于受访者的家庭或工作）。随后问题的回答质量将在很大程度上取决于我们在最初破冰阶段建立起来的信任氛围。

- **内容问题**：巴顿（Patton 2002）指出，对于任何既定主题可以问出六种主要类型的问题，这主要集中在以下方面：(a）经验和行为，(b）意见和价值观，(c）感觉，(d）知识，(c）感知信息（也就是某个人看到、听到、尝到、闻到了什么等，甚至是假如采访
138 者在某个特殊地方可能已经看到或听到的），和（f）背景和人口统计信息。这六种问题涉及受试者对现象的整体观点/经历的不同方面，因此通过在访谈指南中加入探讨每个维度的问题，我们可以了解整体情况。
- **追问**：通过使用追问可以增强定性访谈数据的自然属性，它以受访者所说的东西为出发点，进一步探索，从而增加回答的丰富性和深度。追问可能包含细节主导的问题和澄清式问题。但是一个常用的以人为中心的心理测量技巧就是简单地选一个受访者反复使用的实词，然后让他阐释（“你已经使用了‘自由’这个词两次——它对你而言究竟意味着什么/你是想用这个词表达什么？”)。巴顿（2002）也提到一种有趣的追问，即“对比追问”，询问一个特殊的经历/感觉/行为/术语和某些其他相似的概念相比会如何。
- **最后的结束问题**：它允许受访者发表最后讲话。许多学者已经在文献中注意到，仅仅靠诸如“你还有别的什么需要补充吗？”或是“我应该问你什么我没有想到的问题吗？”这样的结束问题就能够产生十分丰富的数据。

关于在定性访谈中所问问题的措辞，文献中有大量的建议。有的建议是不言而喻的（例如“不要使用受访者不理解的词语”），但是还有其他一些真正实际而且有用的建议，例如，巴顿（2002）提供了特别详细的指南。和书面问卷测度项的措辞相似（见 5.2.3），也有很多经验法则来生成我们的问题。我们应当避免两个重要的规则：a）有引导性的问题（“这让人

有点困惑，不是么？”）以及（b）具有多重含义的词、歧义词以及行话。一般来说，仅包含一个想法的短小而且相对简单的问题效果最好。使用对受访者有意义且能反映他 / 她世界观的词汇有助于与受访者建立联系，并且有助于改善访谈数据的质量。

6.4.3 访谈的实施

练习常常能使我们成为更轻松、更优雅的访谈者，而我发现仅仅熟悉某个关于访谈如何进行的核心问题已经很有帮助了，况且还有几个我们从一开始就能使用的效果极佳的技巧。所以让我们一起来看看访谈过程的核
心组成吧（另见 Richards 2003：第二章，针对应用语言学非常实用的描 139
述，也包含了培养访谈技巧的建议）。

访谈录音

假如我们想要用半结构或非结构访谈的内容作为研究数据，我们需要将其录音，这是文献中普遍认可的观点。仅仅做笔记是完全不够的，因为我们不太可能捕捉到个人意义中所有的细枝末节；更何况，做笔记也干扰了访谈的过程。不过，我们必须意识到很多人不喜欢被录音，因此我们必须事先和受访者讨论这方面的问题。

录音涉及技术和理论两个方面。技术方面很简单：我们必须确保设备运转良好以便我们能够得到高质量的录音。尽管这听起来是不言自明的，但研究者们未能得到高质量录音的频率却高得出乎意料。技术方面的重要性反映在迪朗蒂（Duranti 1997）的《语言人类学》（*Lingnistic Anthropology*）专著的附录中，他用了整整 7 个页面来讨论录音问题，涉及从怎样放置麦克风到怎样标记磁带等。

最好的预防措施是非常认真地对待墨菲定律（Murphy's Law）：“如果某件事可能出错，那么它必将出错。”所以，假如可能的话，我们应当随身携带一个备用录音机，总是使用新电池（和新录音带，如果可以的

话），并且在访谈一开始就通过调试录音来测试设备运行。录音带来的一个让人苦恼的问题就是，如果我们不立刻准确地给音的磁带 / 光盘 / 数字文件做标记，它们就容易搞混。因为我们很可能得到许许多多的录音，所以从一开始就对记录录音内容的日志进行维护是十分重要的（另见 3.4.2 和 3.4.3 中的研究日志和数据存储）。迪朗蒂（1997）也建议当我们结束录音后，我们给最初用于听写和转写的磁带制作副本。用数码术语来说这叫作制作备份文件。

录音的理论问题主要在于录音过程中我们不可避免地会遗漏某些信息，例如眼动、面部表情或身体姿势等非言语的提示。这将意味着录视频总是更好，可是很多学者并不接受这个说法。尽管视频数据明显地比音频记录更加丰富，但录视频的过程比打开小型录音机更加困难更加别扭，并且分析视频数据也不是一个容易的任务（见 10.2.1）。所以我的建议是我们应当只有在真正需要的时候才在我们的研究中使用视频数据。

开始访谈

访谈阶段的最初几分钟很重要，因为这是我们为访谈奠定基调 / 氛围
140 和“推销自己”的时机。也就是说，建立我们的信任度并且使我们被接受。我们必须明确表现出对受访者要说的东西很感兴趣，而且我们是相当友好且毫无威胁的人。正如麦克拉肯（McCracken 1998：38）所总结的那样，最好表现出“稍稍迟钝又相当讨人喜欢的样子，而不能有任何批评或嘲讽的迹象”。他还认为，一种有效展现我们自己的方式就是在正式与非正式之间取得平衡：在衣着和风格上做到相对正式是很有用的，因为它创造了一种“严格”和“专业”的印象（毕竟，“真正的”科学家穿着白大褂并且使用几乎无人能懂的拉丁文），这也暗示着调查者为受访者做出的保密承诺值得信赖。另一方面，某种程度上的非正式也很有用，因为这能使受访者安心，让他们知道我们也是不完美的人类，对受访者生活的复杂和困难不会漠不关心。

在开始录音之前，我们需要再次解释访谈目的——理解问题的目的能够增强受访者坦诚、详细回答的动机。我们也应当简单概括访谈数据会怎样处理，这可能也会让受访者对保密性这个问题感到放心。在这一阶段，我们需要建立一种轻松的、没有威胁的氛围，以便让受访者舒适地表达他/她的感受。一些闲聊也有助于和受访者保持融洽的关系。当我们认为受访者已经放松时，我们应当询问是否可以打开录音机，并测试它的运行。然后开始第一个问题——正如在之前章节中描述过的（见 6.4.2），这些问题应当是一些很容易回答的问题。

实施访谈

一场好的定性访谈有两个关键的特征：（a）运转自然，各部分也是无缝对接。我们必须记住，我们在这里最首要的任务是倾听（不是诉说！）——事实上，这就是罗伯森（Robson 2002）的对访谈的整体建议（在表 6.1 中展示）。我们必须让受访者来决定访谈进度，不要催促，也不要打断他们。即使出现了沉默，我们需要保持耐心，并且坚决不能过快地进入新的问题；（b）细节丰富。因此，理查兹（2003：53）指出对于所有访谈的一个黄金法则是："总是寻找独特之处"。毫无疑问，满足第二个要求可能需要牺牲第一个要求，因为有时我们需要打断叙述的自然流程（特别是当它陷入漫无边际的模式时），并且聚焦于特定的细节。这是各种巧妙使用的追问可以真正发挥重要作用的时候。下面我会回到这个问题，但是首先我们需要解决一个对采访者至关重要的问题：采访者的**中立性**。

访谈方法中的一个关键原则是采访者应该尽量中立，不强加任何个人 141
的偏见。但是在实际运用中，这种中立性意味着什么呢？我认为在于为受访者创造一个恰当的空间来与我们自由地分享他们的经历，而不考虑任何社会、道德或是政治内容。此处要强调的是，仅仅不表达我们自己的个人偏见也许还不足以创造这种中立的空间，因为受访者会不可避免地受到我们通常称为"社会称许性偏见"的影响（见 3.1.1）。也就是说，他们可能会感觉到某些回答可能不会被接受，这不是因为我们已经暗示这样的回答不允许出现，而是因为这个回答可能和一些社会公约或规范相冲突。受访者进入访谈后不可避免地怀着某些想法，他们可能会猜想哪些回答是采访者想要的，哪些不是。假如我们不正面解决这个问题，那么我们可能得到的是整齐划一的、经过自我审查的、相当贫瘠的叙述。毕竟正如奥本海默（Oppenheim 1992）警告我们的，即便是事实性问题也负载了期望偏误：比如人们可能会报告比他们实际上更多的阅读量、更多的洗澡次数或是更多的和孩子共度的时间。真正的中性访谈空间甚至鼓励低于社会期望的分享。

那么，这样的中立性如何实现呢？信任是必不可少的，而且不将我们自身置于完美的光环之下也很有用。有几条实用技巧能够减少偏误（另见 Dörnyei 2003）。例如，把问题当作一种普通行为的方式来组织措辞（例如"即便是最尽责的老师有时也……"）；诉诸权威来使敏感问题 / 行为看起来是合理的（例如"许多研究者现在认为……"）；包含解释行为的理由（例如"你忙碌的日程有时会阻止你……？"）；或是简单地使用随意的提问方式（例如，"你有没有碰巧……？"）。

必须指出的是在定性文献中，关于中立性问题还存在争论（最新的分析见 Kvale 2006）。例如丰塔纳和弗雷（Fontana and Frey 2005）提倡在"移情式访谈"（empathetic interview）中采访者应当有立场。这两位作者认为在访谈阶段保持科学中立的目标"多半像神话一样虚无"（p. 696），因为访谈不仅仅是在交换问题和答案，更是在共同构建社会交换，在这个过程中，采取立场是无法避免的。这种移情的立场无疑有助于解决敏感话题和引出更多实情，因为采访者被看成了一个盟友。但是假如采访者的个人立场与受访者不是完全一致（或者甚至与之冲突），我不是很确定他该怎么处理访谈。显然，在合情合理的中立性和移情式理解认同之间需要一些微妙的平衡措施。

表 6.1　罗伯森的访谈整体建议（Robson 2002：274） 142

- 倾听多于诉说。大部分访谈者说话太多。访谈并非是采访者个人经验和观点的展示平台。
- 用简单、清晰、无胁迫的方式来提问题。假如人们感到迷惑或抵触，你将不会得到你所需要的信息。
- 消除引导受访者采用某种方式回答的提示（例如，“你反对原罪吗？”）。很多受访者会试图通过给出“正确的”回答来讨好采访者。
- 享受这个过程（或者至少表现得好像很享受）。不要传递出你厌倦了或是害怕了的信息。让你的声音和面部表情多样化。

一旦我们成功建立起了访谈的流程，我们需要保证它处于一种不唐突的状态中。许多有用的技巧可以用来让访谈走上正轨：

- **持续的反馈**：隐秘反馈示意信号（例如点头、“喔”这样的声音、像“是啊”这样的单词话语）作为正常交流的一部分通常由有共鸣的听众提供。采访者必须是看起来特别有共鸣的听众。米勒和克拉布特里（Miller and Crabtree 1999）也强调了一下小姿势的重要性，例如“有意识的前倾”和“眉毛闪动”等，我们还可以在这里加上“会意的微笑”。
- **肯定反馈**：正如一个正常的谈话，我们需要时不时地提供肯定反馈，表明我们对访谈进行的方式很满意，肯定受访者的努力是值得的。每个人都喜欢被表扬！
- **反面肯定**：当访谈没有按我们的设想进行时我们应当怎么做？毕竟，人们往往喜欢说话，然后以一种非“自发涌现的个人意义”的方式转移话题，并开始絮絮叨叨。假如我们定期给出过肯定反馈（例如点头、“喔”等），然后暂且停止反馈，插入的问题或转移一下位置，也许就能把访谈带回正轨。或者，正如巴顿（2002）指出的，某些巧妙的短语可以用来表示没有冒犯意义的中断和重新强调（例如，“让我在这里打断你片刻，然后回到你早先说的东西，以确保我更好地理解你的意思”）。

- **鼓励解释**：在受访者对某一话题不太感兴趣的情况下，我们可以使用各种追问（在 6.4.2 中讨论），包括保持沉默来暗示我们在等待更多回答的“沉默追问”（silent probes）、直接请求解释的“回声提示”（echo prompt）（重复受访者说的最后一个单词）、低推理的释义、反思概括以及澄清式问题。如前所述，一个常用的技
143 巧是选一个受访者多次使用过的实词，用一种疑问的语气来重复它或者要求受访者阐述它的含义。
- **集中注意力的手段**：在一个漫长的访谈中，我们需要时不时地重新激发受访者的兴趣，重新调整回答的焦点。在提问之前进行评论以获取注意力可以实现这个目标；可以是关于问题的重要性、难度或者一些其他特征的评论（“我现在可否问你一个非常重要但是不难讨论的问题……”）。在陈述一个新问题前说一些过渡和介绍的话也很有用，因为这种提前的提醒将帮助创建适当的心态或模式。

结束访谈

我们可以通过结束前的一些举动，比如概括或简要复述讨论的要点来给出访谈即将接近尾声的信号。从内容层面来说这些信号也很有意义，因为它们允许受访者纠正那些我们可能理解错了的事情，并允许他们补充一些要点。事实上，与关于访谈指南的讨论一样（6.4.2），我们也希望明示受访者作出可能的相关 / 重要评论，但是这些评论在剩余访谈中不会涉及［“我没有更多问题了，你在我们结束访谈之前还有什么其他想要提出或询问的吗？”（Kvale 1996：128）］。不论是否进行这一步，我们要注意不要以一个困难的话题结束访谈——正如在口语考试中一样——而是可以通过将访谈引向积极的经历从而最后营造一个比较放松的阶段。克韦尔

（Kvale）将这个功能称为“任务汇报”，并认为它十分关键，因为受访者他/她自己已经坦诚相告，并可能已经深入地透露个人信息。因此，在最后阶段，我们需要再次表达我们的感谢与尊敬，并且讨论这些材料未来的使用方式以及将来如何保持联系等组织工作。

6.4.4 访谈的优缺点

访谈是一种自然且被广泛接受的信息收集方式。大部分人都对它感觉到舒适。它能用于各种情形，也能聚焦于多种主题来产生有深度的数据。采访者的出场允许使用灵活的方法去探索那些涌现出的新问题，并且访谈指南能帮助访谈系统地覆盖这个领域。由于访谈的社会知名度很高，我们绝大多数人在我们脑海中会有几个很好的采访者榜样，因此即便是研究新手也能在他们的第一次访谈中得到丰富的数据。

访谈的主要弱点是设置并进行访谈颇耗费时间，并且需要采访者具备良好的交流技巧，这并不是我们所有人天生就有的。因为访谈形式不允许
匿名性，很可能受访者会过分地展示他/她自己的闪光点。受访者也可能 144
太害羞或太不善言辞，不能产生足够的数据，或者走另一个极端，他们可能太过于详细，产生了大量不够有价值的数据。

6.5　焦点小组访谈

焦点小组访谈（focus group interviews）有时被视为访谈的一种次类型，但是由于在访谈过程中，不论是形式还是采访者的角色它都与一对一访谈有很大不同，我认为将它们看成两种单独的方法更为合适。焦点小组访谈——正如其名所示——指的是一种小组形式，采访者记录了所有小组成员（通常有6～8个成员）的回答。这很显然是收集相对较多的定性数据的一种比较经济的方式，因此焦点小组在不同的领域中有着不同的目的。这个名称最初起源于市场研究，但是现在“焦点小组访谈”这个术语

和“小组访谈”（group interview）可以交替使用。政党使用它来测量某些既定政策的选民反映，小组访谈形式也经常出现在电视节目中，大众也就逐渐熟悉了这种方法。

访谈小组的形式是基于小组头脑风暴（brainstorming）的集体经验，也就是说，受访者们一起思考，受到彼此的灵感激发和挑战质疑，最后对新出现的问题和观点做出反应。这种组内互动可以产生高质量的数据，因为它创造了一种协同环境，开展了深入而有见地的讨论。这种形式允许不同程度的结构，这有赖于研究者遵循访谈指南 / 协议的程度，而不是受访者享有的讨论某些宽泛主题的自由程度。与一对一访谈相同，这种半结构焦点小组访谈是最常见的，因为它包含了研究者提出的开放式和封闭式的问题。

6.5.1 焦点小组的特点

焦点小组的规模在 6 ～ 10（偶尔 12）人之间。少于 6 人可能会限制“集体智慧”，而太大的规模则难以使每个人都参与进来。当设计焦点小组研究时，两个需要确定的技术问题是（a）在一个小组中是否包含同质和异质的人；（b）要有多少个组。

- **组成**：尽管根据最大变异抽样（见 6.2.3），由不同人组成的不同质样本对提供涵盖所有角度的、丰富多样的数据很有帮助，但研
145 究发现采用同质样本能使焦点小组的活跃度更好。因此，为了获得覆盖范围更广的信息，通常的策略是由几个彼此不同的小组构成一个整体，但是每个小组都由相似的人组成。这通常被称为“分割”（segmentation），它涉及样本中的组内同质和组间不同质。
- **编号或平行焦点小组**：标准的做法是在任何研究项目中都运行几个焦点小组。按照这种方式，我们能够减少由于某些意料之外的、影响小组活跃度的内部或外部因素而出现的特殊结果。因此，为

了达到足够的信息广度和深度，通常建议每个项目最少包括 4 ～ 5 个小组，可能的话再多几个。

6.5.2 实施焦点小组访谈

在焦点小组访谈中，采访者通常被称为“主持人”，这个特别的称呼反映了研究者的角色与他们在一对一访谈中的角色不同。尽管他们仍然需要提问，但在这个过程中他们需要更多地扮演讨论的促进者，而不是传统意义上的访谈者。由于焦点小组的活跃度是这种方法的特点之一，研究者的角色不可避免地涉及小组的领导功能，包括确保没有人主宰发言，使即便是最害羞的受访者也有机会表达他们的观点。此外，主持人需要防止出现任何一边倒或受抑制的小组意见——或者叫“小组思维”（group-think）——通过积极鼓励小组成员进行批判性思考（Dörnyei and Murphey 2003）。正是由于身兼多责，研究方法学家一般认为只有主持人好，焦点小组才会好。

因此，主持焦点小组是一项富有挑战的任务，特别是鉴于焦点小组访谈可以持续长达 3 小时（尽管通常的时长在 1 ～ 2 小时）。访谈过程以一个介绍阶段开始，在这个阶段主持人欢迎受访者，大致说明讨论的目的，并根据时长和保密性来设置访谈的参数。在此时，研究者应当也花费一些时间来解释为什么他们要对访谈录音，以及这会给焦点小组讨论带来了什么样的技术性问题（特别注意一次谈论一个）。最后，重要的一点是要强调讨论涉及的是个人的见解和经验，因此没有所谓正确或错误的答案。

实际上的讨论大致遵循访谈指南，但是即便是一个半结构的指南通常只有 5 到 10 个宽泛、开放的问题，同时也有几个封闭性问题。毕竟，这种形式的强项在于涌现出关于一个宽泛话题的讨论。主持人可以通过追问引导讨论，身体语言和姿势也是控制流程和保持注意力集中的有效工具。146

特别需要注意的是，也要让社会期望值较低的观点得到表达，因为在分组会话中，受访者可能比在一对一访谈中更不愿意说出不符合预期的答案。

在总结阶段，主持人需要询问是否还有需要进一步讨论的问题，或是还没有讨论到的问题。由于该会话是小组讨论，所以也需要有一个短暂的放松阶段和一些正面反馈，目的是不要让任何人在结束访谈的时候怀着对自己的不满意或是带着他们投射出的社会形象。

6.5.3 焦点小组访谈的优缺点

焦点小组的用途很多：如前所述，它们可用于广泛的领域，从市场研究到政治观点探析。在教育环境下，它们也常被用于课程评估，评估某个课程的有效性，理解什么起作用了、什么没起作用，以及为什么会这样。人们通常不介意参与到焦点小组中——实际上，他们往往觉得访谈有趣而刺激——并且访谈通常都会产生丰富的数据。有这些优点，再加上周期短，使得这种方法受到欢迎。

由于这种方法灵活多变且信息丰富，因此在混合法的研究中经常使用。尽管可以作为一种独立的调查方法使用，但除了在某些能很好地建立焦点小组的领域（最值得注意的就是市场研究），单独使用这种方法并不常见，因为在一对一访谈中，研究者通常会感觉到他们对内容有更多的掌控，并且能够引出更深层且“未被编辑的”个人意义。在应用语言学研究中，焦点小组被广泛用于生成问卷和挖掘后续深入访谈的新想法。

焦点小组访谈的缺点是需要很多的准备工作才能开展，并且要想把焦点小组访谈做好，主持人需要能够同时承担几个职能。而且更需要即兴发挥，因为访谈指南指定的问题数量相当少，很多内容通过追问的方式从管理得当的小组讨论中自然涌现。根据诱导出的材料内容，史密森（Smithson 2000）提到了两个可能的缺点：被社会接受的观点类型可能得到凸显，某些类型的受访者可能主导研究过程。最后，一个很重要的技术难点在于转写这样的访谈可能十分困难，因为涉及的受访者（也就是声音）的数量太多。有鉴于此，研究者们有时也为访谈准备了视频录像来补充录音磁带，以便于他们识别在某个时刻是谁在说话。

6.6　内省法 147

自 19 世纪末开始心理学研究以来，心理学家们一直在尝试寻找一些方法来获取难以观察的心理过程信息，例如思维、感觉和动机等。这些过程的一个明显的信息来源就是个体自己，因此各种从受访者那里诱导出自我反思的方法常常都属于“内省法”（introspective methods）的范畴。它包含几种不同的方法，其目的都是帮助受访者将他们作判断、解决问题或是执行任务时脑中正在 / 曾经经历的东西用言语表达出来。用这种方法产生的数据被称为“口头报告”（verbal report）或者“口头协议”（verbal protocol）。因此，各种内省法也被称为“口头报告法”（verbal reporting）或是“协议分析”（protocol analysis）。

在这里我们必须强调一点，这个领域中的专业术语有些不一致，因为有时“内省”（introspection）被用作一个高等级的术语，它包括日记、访谈甚至调查等所有形式的自我报告。由于这个术语的应用过于宽泛，以至于自我报告仅被视为一个子集（见 Gass and Mackey 2000）。然而，当我们谈论起内省法时我们常常使用两个特定的技巧：“有声思维法”（think-aloud）和“回溯报告 / 访谈法”（retrospective reports/interview），后者也叫作“刺激回忆法”（stimulated recall）。这两类内省法的主要区别在计时方式上：有声思维法是用于即时的情况，与所检验的任务 / 过程同步；而回溯访谈，正如其名所示，发生在任务 / 过程完成之后。

加斯和麦基（Gass and Mackey 2000）解释说，内省法的一个潜在假设就是它可能观察到内部的过程，也就是说，在一个人的意识中正在发生什么，这很大程度上与你观察外部真实世界事件的方法相同。当然，这种

“观察”需要得到思维过程正在被我们检测的那个人的积极配合。那么，一个后续的假设就是，人类在一些条件下能够进入他们的内部思维过程，并且能够用言语表达它们。

埃里克森（Ericsson 2002；另见 Ericsson and Simon 1987）观察到内省在西方思维中已经存在了很长时间，但是作为一种科学调查方法出现却是在 19 世纪末，那时心理学刚开始作为一门科学兴起。事实上，早期的心理学家十分依赖对思维和记忆的内省分析，但是这种方法很快就失宠了，因为它开始被认为不可靠且过于活跃（也就是干扰了实际的思维过程而不是纯粹地报告它们）。在 20 世纪 60 年代认知心理学逐渐取代了行为主义的主导地位后，口头报告法特别是有声思维法被再次引入到科学研究中，这种方法也得到了系统地改进。

148 鉴于各种心理操作在语言产生中的重要性，几十年来内省法被视为与应用语言学有很大的关联性（见 Færch and Kasper 1987）。科尔莫什（Kormos 1998）指出这种方法在二语研究中特别重要，因为它可以帮助揭示语言运用中的认知和心理过程。因为内省法能够作为大部分其他研究方法的补充，所以我认为它在应用语言学领域中有很大的应用增长空间。

6.6.1 有声思维技术

内省法在心理学上的一个主要支持者，埃里克森（2002）解释道，思考过程和言语报告最紧密的联系是在指导受试者们用言语表达他们集中于某个任务时的持续想法时发现的。这种技术逐渐作为“有声思维”为人所知，它涉及某人“内部言语”（inner speech）的同步发声而不提供任何分析和解释。因此，只要求受访者说出那些仍然保留在他们短期记忆里的进入他们注意范围的想法。这样的话，这个步骤不会改变任务完成时的思维顺序，并且根据埃里克森的观点，有声思维可以作为思维的有效数据被接受。最终的口头协议将被录音，然后进行分析。

提供有声思维的注解不是一个自然的过程，因此在期待受试者产生有用的数据之前需要对他们进行精细的指导和一些训练。需要告诉他们应该集中于任务表现而不是“有声思维”，然后通常也需要提醒他们在进行一项活动时不要停止说话（例如，“是什么使你那样做？”或者“你现在正在想什么？”）。说到训练，研究者首先需要示范一个相似任务的过程（或者播放一个示范所要求的行为的视频），然后用热身任务让受试者进行练习，直到他们感觉到不需要解释或澄清就能做口头报告时为止（见 Cohen 1998）。加斯和麦基（2000）指出，口头报告可能受到之前输入的影响（也就是可能有干扰变量），因此这样的训练如何影响口头报告的效度仍是一个未解决的问题。

6.6.2 回溯性访谈或刺激回忆法

在“内省”时，受访者在执行完一个任务或心理操作后用言语表达他们的思维过程。在这样的情况下，他们需要从长时记忆中提取相关的信息，于是回溯报告的效度取决于一个想法产生和口头报告它之间的时间间隔。埃里克森（2002）总结认为延时较短的任务（5 ～ 10 秒）能够让受试者产生准确的回忆。但是对于持续时间较长的认知过程，让受试者准确回忆之前思维过程的难度就会增加。麦基和加斯（Mackey and Gass 2005） 149
报告了一些在应用语言学研究中的即时回忆研究，他们指出这种类型的内省在诸如互动研究的领域很难执行。相反，他们建议采用另外一种通常被称为“刺激性回忆”或“回溯性访谈”的内省法。

刺激性回忆在目标思维过程出现的一段时间后进行，为了帮助受试者提取他们相关的想法，利用某种类型的刺激来促进回想（因此术语为“刺激性回忆”），例如通过视频让受访者观看自己在执行任务时的表现，同时让受访者听自己当时说话的录音，或者给受访者看他 / 她写的书面作业。因此，刺激回忆法的基本理念就是某些可感知（视觉或听觉）的提醒事件会在一定程度上刺激回忆，让受访者可以提取它们，然后用言语表达在事件过程中他们的思维正在发生什么（Gass and Mackey 2000）。

虽然回忆的质量不可避免地受到延时的影响，且和刺激提示的性质无关，但埃里克森（2002）还是强调了这种方法的一个优点：它是所有内省技术中反应性最小的，因为目标思维过程不受这个步骤的影响，特别是当在任务执行过程中，我们不告诉受访者我们之后将要求他们给出一个现场评述的时候。

我们如何改善回忆数据的质量？根据加斯和麦基（2000）、麦基和加斯（2005）、法尔奇和卡斯珀（Færch and Kasper 1987）以及我自身的经验，我提出以下建议：

- 我们需要尽量缩短任务和回溯访谈之间的间隔时间。在通常情况下（例如在策略研究中），研究者首先需要转写并分析受访者的言语来使回溯阶段真正有意义，因为只有完全地沉浸到文本中才能够揭示某些需要归类的细小事项；然而，即便是在这样的情形下，间隔时间也不应该超过两天（最好应当少于 24 小时）。
- 关于目标事件的语境信息和刺激越丰富越好。因此听录音要优于仅观看转写记录，看视频录像要优于听录音。
- 我们应该只鼓励回忆可直接提取的信息（例如，“你当时在想什么”），而不是解释或是说明。
- 假如可能的话，在任务完成前不应当告知受访者后续的回溯访谈（或是它将包含的具体细节），不要让这种预告影响他们的表现。
150
- 加斯和麦基（2000）指出，刺激性回忆不需要对受试者进行大量训练，因为通常来说，简单的指示和直接的示范就足够了。我们需要注意不要给受访者提供任何他们不必了解的研究方面的信息，以免影响他们回答。
- 在回顾性访谈的过程中，我们应该尽量多让受访者自动提供数据（例如，要求他们在记起某些可能有用的信息时停下录音机），甚至当我们想要强调某些部分并做评述时（例如在关键点停止播放磁带），我们也应当避免诱导性问题或其他形式的研究者干预。

- 如果可以，回溯性访谈应当用受访者的一语来进行（或是用受访者自己选择的语言）。
- 整个回顾过程要有引导。加斯和麦基（2000）提供了一套在口语互动环境中刺激性回忆的完整示范。

6.6.3 分析内省数据

内省报告正因为“直接出自当事人之口”，所以不能被看成是思维过程的终极反映。相反，正如卡斯珀（Kasper 1998）强调的，它们代表着完成任务或解决问题时大脑处理了什么样的信息，和其他类型的数据一样，潜在的认知过程需要从这些口头报告中推理出来。换言之，口头报告只能被看成一个有价值的数据来源，与其他所有定性数据类型相似，也需要经过定性数据分析（见第十章）。斯温（Swain 2006）还认为，口头报告法不仅报告了认知过程，也能够影响认知，并且尽管考虑到定性技术需要受试者的深度参与，但在一般情况下，受访者数据和设计参数之间存在某种相互作用的威胁也不足为奇（比如“研究者效应”“练习效应”或者是“定组调节作用”，见 3.1.1）。我们需要记住的是，内省数据对上述效应非常敏感，因为思维的发声很容易（斯温认为这是不可避免的）影响思维的发展。这进一步让我们认清了一个事实，即我们在解释内省数据时需要谨慎行事。

6.6.4 内省法的优缺点

使用内省方法的主要优点很明显。通过使用它们，我们有可能了解到
以语言加工和产出为核心的心理过程，而用其他方法无法了解这些过程。
口头报告也有多种用途，所以可以在多个领域使用——回溯访谈可以使用 151
从视频录像到书面产出、甚至是测试或问卷回答等不同的刺激材料。内省

可以和大多数其他的研究方法结合使用（见 7.3.2）。并且人们普遍认为它能极大地提高所得数据的丰富程度，也能在很大程度上增加数据分析的信度（Kormos 1998）。

尽管内省测量的信度和效度在心理学中遭到质疑，但似乎设计良好并实施规范的内省研究能满足科学研究的要求（见 Cohen 1998；Ericsson 2002；Gass and Mackey 2000）。正如埃里克森总结的那样，针对口头报告的理论和方法提出的问题从来没有质疑人们是否有能力回忆他们的部分思维过程，所有关于思维的主要理论框架都支持使用思维过程的口头报道。

缺点方面，如科恩（Cohen 1998）所概括，对内省法的批评表示，很多认知过程无法了解，因为它是无意识的，即使是某些有意识的过程也被认为过于复杂，以至于难以在口头报告中反映出来。况且，口头报告也不能消除社会期望偏差，因此可能存在受访者的背景知识或者“民间心理”感染数据的风险。此外，在刺激性回忆研究中，任务和回顾访谈之间的延时带来了无法避免的信息丢失。

对内省数据最严重的担忧之一是产生口头报告时的反应性效应。这个步骤会受到任务完成和思维过程的干扰。在斯特拉特曼和昂普-里昂（Stratman and Hamp-Lyons 1994）关于写作中的有声思维的反应性研究里，他们发现了一些证据（但是并不确凿），证明有声思维报告影响了对组织层面错误的纠正，也影响了微观结构意义改变的数量及类型。此外，我已经提到过斯温（2006）的担忧，口头报告不是中性的“大脑倾倒”，而是理解和重塑经历的过程。

6.7 个案研究

“个案研究”，正如其名，是对“一个案例的特殊性和复杂性”的研究（Stake 1995：xi）。什么是一个“案例”？案例首先是人，但是研究者也可以深入研究一个项目、一个机构、一个组织或是一个社区。事实上，只要构成一个单一实体，并有清晰的定义边界，几乎所有东西都可以作为一个案例。研究有时会描述一系列的“多个案例”，只要每个案例被视为一个分开研究的目标，这也是可行的。例如，达夫（Duff in press）从至少三个层次描述了她的匈牙利双语教育民族志个案研究：第一个层次是一
个案例，即国家本身；第二个层次涉及三个案例，即三所研究的学校，第 152
三个层次包含多达八个案例，即受试教师。

怎样研究所选的案例呢？个案研究的研究者们通常会结合多种数据收集方法，例如访谈、观察和文档库。尽管个案研究一般是在定性研究的标签下对结果进行讨论（因为单独一个案例不能代表一个总体），实际进行的个案研究通常也包含问卷以及问卷以外的定量数据收集工具（Verschuren 2003）。因此，个案研究不是一种特殊的技术，而是一种收集和组织数据的方法，能让我们对所研究的社会存在或客体的单一性获得最大化的理解。从很多方面来说，这是最好的一种关注“特殊个体”的定性方法。

6.7.1 个案研究的主要特征

斯德克（Stake 1995；2005）区分了三种类型的个案研究：(a)“内在个案研究”（intrinsic case study）被用来理解特殊案例非常有趣的特性。也就是说，这个案例有趣不是由于它说明了什么或者代表了其他的案例，而是由于它自己的价值和特殊性；(b)“工具性个案研究”（instrumental case study）意在为更广泛的问题提供洞察力，而实际案例则放在次要位置，它增进我们对其他事物的理解；以及（c）“多案例或集体个案研究”（multiple or collective case study）对某个特殊案例的兴趣甚至更小，为了调查某个现象或是普遍条件而同时研究若干个案例。因此，多个案研究实际上是将工具性个案研究扩展到几个案例上。作为一个应用语言学中个案研究的领衔研究者，达夫（Duff 2006）说道，她的学生所进行的大部分个案研究都有 4 ～ 6 个在一个或多个场所中的核心受试者，这种多个案研

究的形式可以视为是相当典型的。达夫解释道，选择 6 个案例首先就意味着即使有受试者流失（通常会有），也还有可能留下有 3 ～ 4 个案例。

由于我们期望收集关于案例的详细信息，研究者通常会花很长的一段时间来测试在自然环境下的案例。因此，个案研究至少从性质上来说是局部纵向的。在如上所述的期间内，几乎可以使用能产生特定案例数据的所有类型的研究方法。当案例不是一个个体，而是一个机构时，可能导致数据过于丰富，为了掌握所有细节，制定一个“数据收集计划”可能会很有帮助，它能明确案例、研究问题、数据来源以及时间分配。

153

6.7.2 概括性问题

对个案研究的质疑主要在于其概括性，尤其是当它们关注个体而非社会对象时。从一个特殊来源得到的知识如何具有更广泛的相关性呢？在 2.1.3 我们了解到，只要研究者相信从样本中得到的特定个体的意义深刻而且有启发性，那么定性研究并不过分关注概括性问题。诚然，相信一个小型的定性研究（不论样本大小）和相信一个个案研究之间存在很大的心理差异。因此，这个问题在文献中是一个热议的话题，也值得进一步关注。

我们从上面的论述中可以得知，在个案研究中，案例代表了某些独特或是尚未明了的特征。这些特征可能不仅向研究者也向研究受众解释了案例与我们对更广泛领域的总体理解有何关联。例如，几乎没有人会质疑“语言天才”（一个心理技能低于平均水平，但是有非常特别的语言能力的个体）或是天赋异禀的语言学习者在应用语言学中是一个有价值的并且广受欢迎的调查个案。多案例个案研究因为它们的对比属性而具有令人满意的表面效度（例子见 Wong-Fillmore 1979，尽管只包含了五个案例，但该研究确是应用语言学中十分有影响的研究）。那么，真正的问题斯德克（1995; 2005）称之为工具性个案研究。在这种研究中，我们能够通过检验个案来洞察更普遍的事情。这里我们要考虑以下两点：

- **分析性概括**：达夫（in press）指出，尽管“概括性”的概念经常被理解为面向总体概括，但它也指对理论模型的概括，得到“分析性概括”。在应用语言学中，早期的个案研究（见 6.7.3）很多都归于工具性一类，因为形成了几种至今仍被认为很有价值的理论原理和模型，并且很好地代表了这种方法。
- **目的性抽样**：在工具性个案研究中，一个可以解释调查的更广泛相关性的关键问题是特殊案例选择的抽样策略。事实上，达夫（in press）证实案例选择和抽样是“个案研究中最关键的考量”。我们在 6.2.3 展示了属于更大的“目的性抽样”种类下的各种定性抽样策略；我认为假如操作得当，通过这些策略中的几个——比如典型抽样、标准抽样、极端抽样 / 两极抽样和关键案例抽样——会找到一些案例，对这些案例的研究能为更广泛的研究群体提供很多发现，尤其是在新概念和新命题方面。正如庞奇（Punch 2005）所强调的，这在我们知识仍旧肤浅、零碎、不完整或匮乏的领域尤其如此。 154

因此，遵循目的抽样，并结合分析性推广的个案研究可以提供（并已证明能够提供）与其他任何研究方法一样可信的结果。另一方面，庞奇（2005）也强调了深度个案研究的潜在价值并不意味着我们不应当批评那些过分偏重描述或是未能充分整合进相关主题的更广泛研究中的独立研究，还有那些数据不能支撑结论的独立研究。

6.7.3 应用语言学中的个案研究

最近，达夫（in press）和范利尔（van Lier 2005）关于个案研究的综述提供了有说服力的证据，它们证明个案研究方法在应用语言学中富有成效，并具有很大的影响力。事实上，正如两位学者所指出的，整个学科的基础建立在 20 世纪 70 年代到 80 年代第一批对语言学习者进行的个案研究的基础之上（研究者如 Hatch、Schmidt、Schmidt、Schumann、Wong-Fillmore 等）。这些研究在文献中被广泛引用，因为它们用最根本的方法帮助我们塑造了我们的集体思维。

个案研究在奠定基础之后并没有失去重要性，应用语言学研究进入了对第一代学者所作的整体观察进行微调的阶段。正如在第二章中描述的，唯有定性研究能够记录并分析场所、语境如何影响语言习得和使用以及在语言学习 / 教学过程中学习者和教师身份认同的微妙变化。个案研究者（如 Duff、Han、Lam、McKay、Norton、Sarangi、Toohey 及其同事）已经投身于广泛的相关话题中——从种族和性别到社区成员和社会地位。利用个案研究方法固有的纵向性，他们成功地对受试者如何经历和理解二语习得以及受试者的能动性对他们特定语言发展有什么影响等方面产生了新的理解。范利尔（2005）指出，目前非常需要个案研究的领域是技术在二语习得中的应用，例如计算机辅助语言学习（CALL）。

为了阐释个案研究的多样性，我来列举这些研究中的一些典型受试者（in press）：婴儿、单语和双语家庭 / 学校中的儿童、少数民族学生、青少年和成年移民、留学生、学习其他语言或是丢失现有语言的成人、超常学习者等。个案研究涉及的领域也很广，达夫（in press）覆盖的主要话题有以下方面：儿童语言习得、双语现象、双语家庭、二元文化主义、语言消亡、发展顺序、身份认同、投入量、性别、固化、语用发展、
155 语言社会化、虚拟话语共同体、教师能动性等。因此，个案研究方法显然适用于应用语言学发展过程中的多种语境和话题，以及当前最有兴趣的领域。

6.7.4 个案研究的优缺点

个案研究是描述扎根于文化背景中的复杂社会问题的极佳方法，比其他任何方法更能产生丰富深刻的内涵，还能允许研究者们检验错综复杂的环境如何结合在一起并通过相互作用改变我们周围的社会环境。假如进展

良好，正如达夫（in press）所总结的，个案研究展示了高度的完整性、分析的深度和可读性，并且在形成新的假设、模型以及对目标现象的不同理解方面十分有效。因此，在探索未知的领域或是解释一个特别有争议的研究领域时，强烈建议使用该方法，并且它还能带来对于纵向过程更好的理解。范利尔（2005：195）总结说："个案研究已经成为研究随时间变化而变化的复杂现象的核心方法。许多在个案研究中进行调查的过程不能在其他任何普通的研究方法中进行充分研究。"

此外，从这本书的角度来看，特别值得注意的是，在混合法研究中，个案研究天然地适合与其他研究方法（如后续检验）相结合。事实上，达夫（in press）认为个案研究已经逐渐用于诸如项目评估等混合法研究中。

关于个案研究的弱点，达夫（in press）指出，个案研究方法通常与大规模的实验方法产生负面的对比，一种方法的强项恰好是另一种方法的弱点。这种对比是不正确且相当不公正的，因为两种方法类型针对不同的目标。然而，仅有一个案例也呈现出了某些局限，由于个案研究作为定性研究的一种原型，很多在第二章（见 2.3.3）提到的定性方法的潜在缺点也可以视为它的缺点。我的个人感受是，这种方法在异质的不可预见性和受众临界性（audience criticality）方面高度脆弱，因而在大部分情形下采用（a）多个案例设计或是（b）把个案研究和其他方法结合起来是值得一试的。

6.8　日记研究 156

写日记是一种流行的叙事形式。

（McDonough and McDonough 1997：121）

用日记来记录人们的日常事件已经有上百年的历史，但是日记研究作为一种数据收集方法被社会研究者使用却开始于20世纪70年代。日记方法最初起源于心理学领域，用来研究在不同场景中经历的日常情绪和心情。它还被用在家庭心理学领域，用于获取关于夫妻生活亲密关系的数据（Laurenceau and Bolger 2005）。一般来说，日记为调查日常情境中的社会学、心理学以及社会心理学的过程提供了可能性。正如博尔杰等人（Bolger *et al.* 2003）所概括的那样，要求受试者定期记录他们日常生活的某一方面，从而能让研究者捕捉到他们经历的特别之处，这是使用其他方法不可能做到的。

“日记研究”这个术语通常仅仅指从“征求日记”中得到的数据，也就是说，由单个或多个信息提供者专门应研究者的请求产生的叙述（Bell 1999）。这点非常值得注意。当然，个人日记也可以包含某种和研究目的相关的数据，但是使用那样的数据会引发研究伦理和效度问题。而且无论如何，找到如此自觉的日记对大多数研究者来说并不现实。征求日记为使用更系统和更可控的方式捕捉私人日记的自传性方面提供了可能性，从而让“人们按照自己的方式被倾听”（p. 266）。

在应用语言学中，日记自20世纪80年代就被用来获取对个人语言学习经历的描述，采取的方式主要是学习者自己描述和父母记录他们（主要是双语的）孩子的二语发展。此外，日记研究也被用于教师的教育项目中（详细概述可见 Bailey 1990；Duff in press；McDonough and McDonough 1997：第八章）。

6.8.1 记日记条目

根据何时记录日记条目，日记研究常常被分为三类：“间隔”（interval）、“讯号”（signal）以及“视事件而定”（event-contingent）的设计（Bolger *et al.* 2003）。视间隔而定的设计要求受试者按照提前确定的时间间隔定期报告他们的经历（例如每天下午4点）。视讯号而定的设计依赖某件标志性的设置，例如一个传呼机，一个程控腕表或是打电话来提醒受

试者提供日记报告。研究人的短暂体验如心理状况（快乐或压力）时，常
常使用这种设计。视事件而定的研究需要受试者在每次有特定事件（例如 157
遇到一个二语说话者）发生时提供一份自我报告。

在日记调查中最常使用的方法是给受访者提供传统的纸笔日记。日记条目可以包括填一份简短的问卷或是输入一段短的口头陈述。事实上，前者就是一个重复测量的定量问卷研究，在此将不讨论。在过去的十年中，纸笔日记已经逐渐被各种使用配有专门软件的手提电脑的电子数据收集方法所取代（包含软件描述的详细技术介绍见 Bolger *et al.* 2003）。这些技术考虑到了特定的讯号，并且为回复提供了时间-日期的标签。

6.8.2 日记研究的优点

日记具备了很多其他数据收集方法无法复制的特征。最重要的一些特征如下所示：

- 日记允许研究者以一种不显眼的方式介入人们的日常生活领域，而这一领域通常难以进入（Gibson 1995）。我们从第二章中得知，定性研究涉及对人们在自然环境下的研究，需要尽可能少地让受试者感觉到研究者的存在——日记研究能够在很大程度上满足这个要求。
- 定性调查的另一个要素是尽量诱导受试者对事件和行为的自我描述和理解——在日记研究中，在持续记录他们自己的感受、想法或是活动时，受试者不可避免地变成了共同研究者。日记数据从定义上来讲就是内部的叙述。
- 通过收集同一个体在许多场合的数据，日记方法使研究者能够研究个体内部和时间相关的进展或是波动。因此，日记研究适用于寻找动态过程中的短暂变化，如用于调查人们怎样改变或者对某个刺激做出反应。与许多其他的纵向设计相比，日记研究对这样的问题更加敏感（见 4.3），因为它们通常能够得到随忠诚度逐步

增强而变化的高频数据记录。

- 日记研究能够提供持续的背景信息，这些信息能够帮助解决变量之间因果方向的模糊问题。在应用语言学中，例如施密特和弗罗塔（Schmidt and Frota 1986）指出，日记能够帮助他们证实某些习得顺序的存在。
158 • 日记提供了一种自我报告的形式，能够减少来自不能正确记住某事而导致的不准确性，因为当他们写日记条目时，受试者回忆的是当前的事件而不是遥远的事件（van Eerde *et al*. 2005）。

6.8.3 日记研究的缺点

如果日记研究有上文所描述的那么多的优点，为什么我们不更多地使用呢？至少有两个主要的原因造成了在应用语言学中日记研究并不多见。第一个原因纯粹是因为这种方法相当的新颖，因此还未被纳入标准方法论课程和教材中。因此，许多学者只是不怎么熟悉这种方法，以致在准备研究设计时没有将它视为一个现实选项。另一个原因是这种方法有一些严重的缺陷，让研究者在尝试使用之前考虑再三。我们来看看这些缺点：

- 日记研究首要也最明显的限制在于受访者不仅仅需要有空，而且实际上要能够且愿意写日记。正如吉布森（Gibson 1995）所指出的，一种解决文盲问题的方法就是允许受访者提供音频或视频日记。
- 日记研究的第二个弱点就是它对受访者自身的要求非常高。首先，它需要有一个详细的训练来确保受试者完全理解了这种报告方式。第二，日记研究必须达到在其他类型的研究中很少要求的受试者投入和敬业水平，才能定期产生高质量的数据（Bolger *et al*. 2003）。例如，罗西特（Rossiter 2001：36）的经历似乎是很典型的："学生被要求在布置的家庭作业之外完成学习日记和动机曲线，但是因为他们没有动机来做这些事，很多人就没有做"。解决这个问题的方式之一是减少使用日记工具的时间，但是这毫无疑问要以牺牲最终数据集的丰富程度为代价。

- 在日记研究中有一个更深层次、似乎有些烦琐但是在实际操作中却十分严重的问题就是很容易遭遇诚实的健忘，受试者未能想起安排的回复时间或是未能将日记随身携带（Bolger *et al*. 2003）；又或者，他们可能太疲倦或者仅仅只是没有心情来准备日记条目。这当然能够抵消日记的主要优点，即获取准确的实时信息的能力。
- 人们还发现日记条目的篇幅和深度呈现出很大的差异。例如吉布森（Gibson 1995）的综述研究报告了一个事实，即随着时间的推移，
事件叙述持续下降。同时，由于非常明显的原因，日记条目在带 159
来压力的事件中呈下降趋势。但从研究者角度来看，这样的事件正是研究的兴趣所在。

6.8.4 促进日记研究的实际建议

尽管日记研究有很多问题，但日记研究仍旧可以更有效地应用于应用语言学研究中。因此，我列出了一些实用的、能促进操作的要点：

- 日记研究的各种好处促使研究者在许多情况下至少尝试使用一次日记研究。我曾见过许多在教育环境中成功使用日记研究的例子，其中研究者们定期与受访者联系（他们自己或他们的研究助手/助理指导受访者）。
- 研究者们已经尝试了很多不同的方法，以提高受访者坚持参与研究的动机，并且在预定时间制作高质量的日记条目（见 Bolger *et al*. 2003；Gibson 1995）。首先，这个步骤应尽可能方便，而且用户友

好，制作便携的、口袋大小的日记并提前将期望得到回复的日期和时间印在日记扉页上，以便让受访者始终走在正轨上。在某些研究中日记可以通过在日记扉页上增加例如何时、何地、何事、何人的关键问题来进一步地结构化。第二，定期进行“温和的”检查。如果需要的话，由和受访者建立了良好关系的研究助手来进行“助推”，人们发现这一办法十分有用。第三，在某些情形下，研究者可以使用报酬作为提高参与性的鼓励——可以用钱或一些礼券。

- 最后，即便日记条目中存在缺漏，也可以由后续访谈来填补。在这种情况下，日记条目与在刺激性回忆法中使用的书面或音频回忆方式有相似的功能（见 6.6.2）。

6.9　研究日志

> 发现让你感兴趣的东西，整理你对已知事物的想法，最好是从研究日志入手。
>
> （Hatch and Lazaraton 1991：10）

研究日志是研究者自己在研究项目进行的过程中每天写的日记，而非受试者写的关于所调查主题的日记（这在前一小节中已经讨论过）。尽管在文献中“日记”和“日志”这两个术语通常是同义词，但为了明确将它们区分开来，我会将研究者的笔记称为“日志”。通常建议在社会研究
160 中，研究者应当坚持写日志，我们发现很多发表的研究中都提到了使用作者的研究日志（最新的在教育研究中使用研究日志的回顾见 Altrichter and Holly 2005）。然而，除了民族志研究中的现场记录是调查不可分割的一部分外，定性调查对日志数据的特点几乎没有提供细节描述，即记录哪种类型的信息以及怎样记录。事实上，正如哈默斯利和阿特金森（Hammersely

and Atkinson 1995）指出的，民族志的现场记录以“相对不直观”为特点（p. 176），我的个人经验是，未专门从事民族志研究的初级研究者通常不会意识到这个事实，即如果他们能以某种标准的形式来让他们的研究日志“有条理”，那么这些日志就可以作为有价值的数据源。

我在第二章中说过，在定性研究中几乎所有细节都能被理解为潜在数据，因此没有理由将研究者的现场记录、实时评论、备忘录、注释视为例外。个人能动性是定性调查很重要的一个部分，研究者丰富的“元数据”给项目提供了有价值的内涵。在 3.4.2 中我们讨论了“研究日志”的重要性，但是尽管在定量研究中的日志很大程度上起了管理作用，定性研究中的日志可以成为数据集的一个重要部分。正如哈默斯利和阿特金森（1995：191–192）评论的，“分析性记录的结构……精确组成了一种内部对话，或是有声思维，这正是反身民族志的根本”。并且将个人知识通过反思和分析转换为潜在的公共知识的工具正是研究者的日志。西尔弗曼（Silverman 2005：252）也建议坚持写研究日志，因为在日志中“你可以向你的读者展示你思维的发展过程，帮助你自己深思，改善你的时间管理，给你未来写作提供想法”。

理查兹（2005）强调了正确写“日志记录”的更多意义。她认为，为了使研究结论可信，定性研究者需要解释项目实施的每一个步骤，并且记录自己的想法和理论来自何处。因此，这样的叙述十分有助于抵御定性研究中对效度和信度的挑战（另见 3.1.2 对“审查测试”的讨论）。

尽管有这些明显的优势，但实际上，几乎没有研究者坚持记录系统的研究日志。造成这个局面的一个原因可能仅仅是未能意识到研究日志的重要性，达夫（in press）指出了第二个可能的原因，也就是对某人的研究活动保持系统的叙述和深思需要很强的自律性，“特别是同时进行多种任务（包括数据收集和分析）时”。但她还是建议写研究日志，因为它不仅有助于记住后来的重要细节，而且“保持写日志也变成了分析和理解过程本身的一部分，因为研究者开始了对新数据和主题的仔细思考”。她引

用了施密特的著名研究日志（Schmidt and Frota 1986）作为一个很好的例
161 子，阐明日志如何成为了一个“构思、发现、阐明或测试新假设或新想法的平台”。

6.9.1 如何做研究记录

科学数据需要满足一些信度和效度的要求，因此假如我们决定将研究日志作为数据来源，则需要注意某些技术性的细节。假如我们使用纸笔日志，最基本的要求就是有预先绑定的文件夹，每页都要编号，每个条目也要标注日期，但是某些研究者建议使用更正式的方法。例如西尔弗曼（2005）概括了由四种类型组成的组织框架：(1）关于经验的观察记录，(2）关于怎样收集数据和收集了哪种数据的方法记录，(3）描述直觉、假设和想法的理论记录，(4）包含感觉状况（如满足、惊奇、震惊等）以及其他主观评论的个人记录。克莱尔（Cryer 2000：99）建议研究生应当在他们的记录本和日志中记录以下内容：

- 你做了什么？在什么地方？怎么做的？什么时候做的？为什么这样做？
- 你读了什么？
- 你收集了什么数据？你怎么加工数据？
- 任何数据分析的结果。
- 特殊的进展、僵局或惊喜。
- 你怎样思考或感受正在发生的事，以及任何可能跟你的研究有关的想法。
- 其他任何影响你的事。

随着个人电脑特别是便携式电脑的使用逐渐普及，越来越多的学者将一些传统的纸笔记录转换为电子文档。定性数据分析软件完全支持这种电子日志和电子版备忘录（见 Richards 2005 和本书的 10.4），用它们整合电子版的研究条目和余下的转写数据更为容易。这样的话，我们自己的反思和想法不仅能成为分析的工具——也能成为可进行进一步分析的数据。

阿尔特里希特和霍利（Altrichter and Holly 2005）强调，研究日志作为数据来源的一个重要方面就是包含诸如对活动和事件的陈述，或是对对话重构的“顺序描述”。这两位作者强调，在这样的叙述中细节比概括更重要，我们需要聚焦于特殊而非普遍。精确的引用（用引号标注）是很受欢迎的，特别是标出某人典型的用词和常用语。阿尔特里希特和霍利 162
也总结了一些实用的要点，在此基础上，我们可以提出以下六点日志写作策略：

1. 定期写作。
2. 很多新记录者都会遭遇困难时期，一定要坚持下去。
3. 将日志视为私人事宜，因此你不必审查自己或担心格式和标点（你之后可以自主决定披露哪些部分）。
4. 在你的日记条目中引入一种正规结构和格式。
5. 收入相关的佐证材料，例如照片、笔记、文档、课程计划、学生作业等。
6. 不时地对日志条目作暂时性的分析来检验不同类型笔记的比例和记录是否正确。

第七章

163

混合法研究：目的和设计

……重要的是，我们看到定性和定量技术之间没有鸿沟。我们的经验是，很多定性项目在某些阶段包含了计算，很多问题最好通过量化来回答。

（Morse & Richards 2002：27）

一个混合法研究涉及在单个研究中收集或者分析定量和定性两种数据，它尝试在研究过程的一个或多个阶段整合这两种方法。换言之，混合法研究混合了定量和定性研究方法或范式特点（Johnson and Christensen 2004）。在 2.4 提到，用于描述这种方法的标签有多种：多特质–多方法研究、相互关联的定性定量数据、三角检视法、多方法研究、混合模型研究以及混合法研究。“混合法”逐渐成为广泛接受的标准术语。

在第二章中我们看到，在 20 世纪 70 年代和 80 年代强调定性和定量研究意识形态差异的“范式战争”之后是一段和解时期，定性和定量研究者不仅开始彼此接受，而且还开始整合这两种方法。事实上，正如桑德洛维斯基（Sandelowski 2003）所总结的，混合法研究现在成为了一种时尚，一种方法论的时尚，并且运用到了方法论的“普世教会运动”。它有自己的狂热信徒，奥韦格布兹和利奇（Onwuegbuzie and Leech 2005：375）甚至认为“单一方法研究是社会科学提升的最大威胁”。混合法的拥趸们不仅将使用多视角、多理论和多重研究方法作为教育学研究中的一个优势，他们还认为混合法研究要优于通过单独的定量研究或是定性研究进行的调查。这是公认的极端观点，不过目前在文献中的大量证据表明，结合多种方法的确能够为社会科学研究开辟卓有成效的新途径。

为了给混合法研究提供令人信服的案例，需要回答三个基本问题： 164
（1）为什么我们需要混合法研究？（2）范式之间的冲突会抵消各自的潜在优势吗？（3）混合法最好的方式是什么？每一个问题会在独立的小节中解释，本章的结尾会回答一个附加的问题：为什么人们没有更多地使用混合法？

7.1 混合法的研究目的

根据桑德洛维斯基（2003）的观点，组合方法有两个主要并且有些矛盾的目的：（a）获得对目标现象更全面的了解，（b）对照一组结果验证另一组结果。首先，混合法研究的目的是从不同角度出发，实现对复杂事物详细、全面的理解。第二个目的是传统的三角定位的目标，也就是通过汇集由不同方法获得的结果来验证某人的结论（对教育学研究中不同功能的详细讨论及实例见 Hammond 2005）。我们可以在开展混合研究的主要原因中添加非常实用的第三个目的：打动那些对单独使用某种方法不感兴趣的观众。让我们更详细地看看这三个目标。

7.1.1 拓展对复杂问题的理解

根据梅尔滕斯（Mertens 2005）的观点，当我们想要调查植入在复杂教学或社会环境中的问题时，混合法有特别的价值。她认为很多研究者使用了混合法，因为他们的直觉明白无误地告诉他们，增加某个项目中研究策略的数量并将各种策略结合起来将会拓宽调查的范围，增强学者对当下研究问题得出结论的能力。在 1989 年一篇重要的文献中，格林、卡拉切利和格雷厄姆（Greene, Caracelli and Graham）列举了混合法研究能够对某个问题产生更全面见解的四个特殊功能：

- 补充功能：定性和定量方法用于测量某个现象有重合但不相同的方面，通过举例、证实或对某个方面的阐释来形成对现象丰富的理解。因此可以假设，补充调查结果可以更全面地描绘出社会世界，就像用正确的方式把拼图碎片拼接在一起（Erzberger and Kelle 2003）。这种想法隐含了常常提到的所谓定性-定量“劳力分配”概念（如 McCracken 1998），即定性研究是用来探究新现象并形成初步假设，然后由定量方法（比如一个调查）来检验这些假设在总体中分布的广度。

165
- 发展功能：依次使用定性和定量方法以便能让用第一种方法得到的结果来预示第二种方法的发展。例如，采用一个焦点小组访谈来为定量问卷形成题目。“发展”这里也可以理解为预示取样决策（例如，通过一个问卷为后续访谈研究选择受访者）。
- 启发功能：由多种方法得到的结果不总是产生确凿的或是补充的结论；然而，不同的结果也可以是有启发性的。因此，研究者可能有意采用多种方法来产生差异、悖论或矛盾，这意味着在重塑问题的过程中不断刺激问题，以期引出新的角度。
- 扩充功能：研究者们通常都希望通过包含多种成分来拓宽研究的范围和广度。例如，定性方法能用于探索某个教学项目的过程，定量方法能评估这个项目的成果。

7.1.2　通过三角测量证实结果

2.4.1 提到在 20 世纪 70 年代，社会科学中引入的“三角测量”对推动定性和定量研究的结合起了关键作用，将坎贝尔和菲斯克（Campell and Fiske 1959）最初的观点转变成一个更宽泛的研究框架。登青（Denzin

1978）用这个术语来指为了证实某种解释，通过使用各种数据来源、调查者、理论或是研究方法对一个现象生成的多种视角。从那时起，三角测量就被视为一种确保研究效度的有效策略：假如一个结果经受住了一系列不同方法的检验，它就可以被看作比仅用单一方法进行检验的假设更加有效（Erzberger and Kell 2003）。

需要重点指出的是，尽管一个用不同的方法都得到了证实的结论确实令人信服，但真正的问题是我们应当怎样解释用三角法发现的分歧。探究矛盾结果能够深化我们的理解，尤其是当需要再收集数据时。但是这个过程已经不是严格意义上的“三角测量”的一部分，而是变成了上面讨论过的“启发功能”的一个例子。

我们还应指出，严格意义上的“三角测量”只是指“通过聚合来证实”，它通常被看成是混合法的同义词，从而在研究方法课本中广泛使用。因此“三角测量”已经成为一个流行的、包含很多可能含义的涵盖性术语。它和很多的问题都相关，这使得塔沙克里和特德利（Tashakkori
and Teddlie 2003c）认为混合法研究者不应该使用这个术语（对三角测量 166
问题的最新综述详见 Moran-Ellis *et al.* 2006）。

7.1.3 打动多个观众

我已经在 2.4.1 谈到，由于混合法研究结合了多种方法，最终的结果可能比用单一方法研究的结果更能为某些观众所接受。总之，一个进展良好的混合法研究有多个卖点。例如，假如一篇博士论文的答辩小组主要由擅长定量范式的学者组成，而博士论文使用了某些定量的元素，那么学者们将能更好地看懂一个定性研究。这不仅是如前面章节里所描述的通过三角测量来证实有效性的一个案例，也为研究者创造了一个整体的可信度。托德等人（Todd *et al.* 2004）也认为这种方式可以让研究结果更具可接受性，并大大增加了将定性研究成果发表在以定量为传统的期刊上的概率（另见 13.2.1，“混合法研究报告的挑战和优势”）。

7.2　不同研究范式的兼容性

> ……“现实世界”里的大部分研究并不能明白无误地归为“定性”和“定量”范畴，并且似乎也不太关注评论家们特别看重的认识论问题。
>
> （Harden and Thomas 2005：257）

在了解混合法设计的主要类型之前，我们先解释混合法研究潜在的核心问题：关于世界的不同形式的数据和知识能够融合吗？毕竟，我们从第二章了解到，定量研究者追求客观性和普遍真理，而定性研究者则提倡关注“社会知识的解释性、价值负载、语境和偶然性本质”（Greene *et al.* 2005：274）。那些 20 世纪 70 至 80 年代的范例之战中的“范式勇士”都是反应过激吗？又或者，不同世界观和对立的解释逻辑只能在表面得到混合，从而产生一个折中的大杂烩，这种说法是否蕴含着某些真理呢？

我相信以这种方式提问是得不到正确回答的，因为一切都取决于在我们的研究中我们到底追求的是什么。不同的学者从不同的角度来看世界，把不同的事情看成是需要了解的重点，并且最好在不同的研究范式中表达他们自己。然而，不要误以为这种多重色彩的研究场景是一个“万事皆可”的处理；关键点在于一个人的世界观、研究方法和解释性本质应当
167 是**一致**的。假如能达到这种一致性，我们就能通过定性和定量两种方法产生高质量的研究结果。人们提倡将混合法研究作为实现这个目标的第三种原则性强的方法。约翰逊和奥韦格布兹（Johnson and Onwuegbuzie 2004：14–15）在一篇表明立场的名为《混合法研究：恰逢其时的研究范式》的论文中清晰地表达过：

> 我们写这篇文章的目的就在于将混合法研究视为教育学研究的第三种研究范式。我们希望这个领域超越定量和定性研究之争，因为正如混合法研

> 究所认为的，定量和定性研究**两者都**很重要，也很有用。混合法研究的目的并不是一定要代替任何一种方法，而是对两种单一调查研究和跨方法研究扬长避短。假如用一个连续统来表示，将定性研究定在一端，定量研究定在另一端，那么混合法研究覆盖了一大组中间区域的点。假如你更喜欢归类思考，混合法研究就坐在第三把新的交椅上，定性研究坐在左边，定量研究坐在右边。

我们如何在一个混合了不同元素的方法中取得一致性呢？关键的步骤是“基于规则的混合”。混合法本身并不太好，实际上，它可能对严肃研究造成干扰。然而，某些混合可以通过增加优势总量对不同的方法进行融合，也就是整体大于部分之和。这种“添加式混合”是混合法研究的核心，这也正是约翰逊和特纳（Johnson and Turner 2003）所总结的，**混合法研究的根本原则**是研究者应当用不同的策略、途径和方法来收集多种数据，用这种方法得到的混合物或是结合物就很可能是优势互补和弱势抵消的产物。

根据混合法研究的实用基础，混合过程集中于调查的目的，即研究主题或问题。约翰逊和奥韦格布兹（Johnson and Onwuegbuzie 2004）认为当今的研究局面正越来越走向跨学科和复杂化，因此很多研究者感觉到需要用另外的方法来补充某一种方法。布兰宁（Brannen 2005）提出了一个超越范式的研究维度：社会研究者不断增长的、连接微观和宏观层面分析的愿望。在过去，社会科学家对个体和周围社会世界关系的探索也典型地采用了两种视角之一：以个体为中心或以社会为中心。

- 以个体为中心视角。社会环境的复杂度之所以重要，仅仅是因为它是个体的心理过程和由此产生的态度、信仰及价值观的反映； 168
也就是说，这个角度是通过个体的眼睛来看社会世界（例如，在社会认知领域）。
- 以社会为中心视角。以社会为中心的视角聚焦于广泛的社会过程和宏观语境的因素，例如社会文化规范、团体间关系、文化适应/同化过程和民族间冲突；从这个视角看，个体的行为通常被视为由更强大的力量决定（具体例子见社会认同理论）。

两个视角间的紧张关系已经成为社会研究中最基本的困境。在过去几十年里，有人呼吁发展一个融合的理论框架，通过连接两种范式来理解社会中的个体（综述见 Abrams and Hogg 1999）。混合法研究似乎天然地适合在研究层面上进行微观和宏观视角的理论超越。

作为小结，让我们回过头来看本小节开头的问题：不同的研究范式能够融合吗？在这个领域出现的一般答案是"能"，并且经常得到很好的效果。格林和卡拉切利（Greene and Caracelli 2003）甚至认为在实际研究中，范式没有那么重要，因此对于范式兼容性的哲学讨论与实证研究几乎没什么联系："应用社会调查家似乎首先根据所调查的现象本质和开展研究的环境来做出调查决定。调查决定很少甚至从未有意识地根植于哲学假设或信仰中"（p. 107）。从这个角度来看，混合法研究给研究者提供了能从方法选项的全部"曲目"中选择的优势，最终产生很多不同种类的创造性混合。接下来我们将调查这些选项。

7.3　混合法研究的主要类型

几个复杂的分类已经可以用来涵盖所有的可能性，定性和定量研究的不同成分可以据此整合到一个研究之中（综述见 Creswell 2003；Creswell *et al.* 2003；Johnson and Onwuegbuzie 2004；Maxwell and Loomis 2003）。尽管这些分类在组织和给各种实践操作贴标签方面很有用，并由此传递出一种严谨的感觉，但还不清楚追求一个如此正式的方法类型的价值有多大。这个问题是双重的：一方面，在混合法研究中，实际或是可能的多样性比任何分类法可能涵盖的类型都多。因此，即便是最详细的分类也会很难穷尽所有的可能性（Maxwell and Loomis 2003; Teddlie and Tashakkori 2003）。另一方面，分类方法似乎也脱离了实际的研究实践，发展了一条自己的路。尽管我们可以想到一系列复杂的混合模型，但布里曼（Bryman 2006）对研究文献进行的综述表明了在实际研究中使用的结合非常 169
少，尤其是两种方法结合——问卷和半结构化访谈处于主导地位。

由于以上原因，以下大部分描述各种研究设计的材料将围绕“基于范例”的分类进行组织，强调最频繁的方法结合方式。尽管本章集中描述数据收集，第十一章强调数据分析，但这两章的材料有所重叠，因为混合设计通常同时在不同层面进行结合。

7.3.1 类型的组织

根据塔沙克里和特德利（Tashakkori and Teddlie 2003c：682）的总结，目前描述混合法设计的术语都是“杂乱无章”的。为了建立某种秩序，人们围绕各种组织原则已经提出了很多不同的分类法。两种最为广泛接受的分类原则是各种方法成分的**顺序**（sequence）和**主导性**（dominance），学者们已经研发出一个简单的符号系统来进行简明的视觉呈现（如 Johnson and Christensen 2003：418）：

- QUAL 或者 qual 代表定性研究。
- QUAN 或 quan 代表定量研究。
- 大写字母表示优先性或增加的权重。
- 小写字母代表较低的优先性或较轻的权重。
- 加号（+）代表同时收集的数据。
- 箭头（→）代表依次收集的数据。

因此，例如，qual → QUAN 就表示一个研究包含了两个阶段，其中第二个阶段，定量阶段占主导；例如，这种符号组合可用于描述问卷调查中的一个最初的焦点小组访谈如何被用于改善问卷工具。

假如一个研究只有定性和定量两个成分，那么不论是顺序还是主导性都有三类（先定性、先定量或同时采用；以及定性主导、定量主导或是相等地位），这带来了九种可能的组合：

1 QUAL + QUAN
2 QUAL + quan
3 QUAL + qual
4 QUAL → QUAN
5 QUAN → QUAL
6 QUAL → quan
7 qual → QUAN
8 QUAN → qual
9 quan → QUAL

170 假如我们将多于两个的可能阶段纳入考虑，这个清单将变得冗长，并且如果我们按照几位学者的建议添加更多的组织类别，可能出现的设计类型将无可避免地激增。例如，庞奇（Punch 2005）也建议考虑这些方法是否影响彼此的运作；克雷斯韦尔（Creswell 2003; Creswell *et al*. 2003）将聚合的功能分为三类：三角测量、解释或是探索。塔沙克里和特德利（1998）强调了决定在研究过程中的哪个阶段发生聚合的重要性：研究目标形成阶段、数据收集阶段、数据分析阶段或是数据阐释阶段。这些都是重要的分类维度，但是假如我们在一个分类中包含它们的所有排列，这个分类将变得过于庞大，无法达到任何实用目的。与此同时，约翰逊和奥韦格布兹（2004）总结说，这种多样性展示了混合法研究真正为未来研究打开了激动人心和近乎无限的潜力。

7.3.2 样例分类

由上文可见，分类方法倾向于十分抽象，尽管有可能想到大部分不同种类的具体案例。和那些以设计新研究项目为目的的研究相比，这种从理论上构想的分类在那些以事后分类为目的的研究中作用更大。因此，接下来我会遵循一个更加实用的路径，借此来陈述各种围绕实际应用的数据收集方法进行组织的混合设计以及混合的主要功能。用这种方式列出设计类型有优点，也有缺点。优点是它使用了描述性的标签来促进理解（例如，“受惠于之前访谈的问卷调查”而不是 qual → QUAN）；缺点是这个列表是有选择性的，而非综合的，也就是说，它只包含了最主要的基本结合方式。我认为这样一个选择性的方式对研究者们熟悉混合的观念很有用，让他们能够量身定做适合自己的方法。

问卷调查加上后续访问或回溯（QUAN → qual）

我们在第五章得知，尽管问卷调查是一个多功能的技术，让我们能够在相对短的时间内收集大量数据，但是它也有着天然的缺陷：受访者的参与程度往往十分肤浅，因此我们不能直接用这个技术来探索复杂的意义。使用复杂的统计过程能够让我们检查所测变量之间的相互关系，但是假如我们发现了某些预期之外的结果（总是存在一些预期之外的结果！），我们也不能基于问卷数据来解释它们。况且，即便某个观察到的关系是合理的，问卷数据也几乎不能揭露这种关系的具体本质。增加一个后续的定性成分能够弥补这个缺陷。在后续访谈中（以个体或小组的形式），我们可 171
以要求受访者解释或说明那些得到的型式，由此来让研究结果变得更加丰满。在一个调查课堂大小对教学过程影响的研究中，布拉奇福德（Blatchford 2005：203）非常明确的表达了这种互补功能：

> 也许存在只用一种技术来解释的研究问题，但是也有这样的时候，即基于不同技术融合的结果之和超过了部分之和，我们认为对课堂大小和教学之间关系的研究属于此类研究。这是因为看到，例如，小班教学方式能使个人注意力提高的各种证据，通过它们在某个课堂里的具体信息（个案研究）以及个体教师对这些数据的感知（问卷），变得更加强化和全面了。

克雷斯韦尔等人（Creswell *et al.* 2003）把这种结合称为“顺序解释设计”

（sequential explanatory design），它能很好地表达这种结合的基本原理。这是一种很容易执行和分析的简单设计，却能极大地丰富最终的研究结果，有利于几乎每一个定量研究。

这种强调解释性本质的设计的一个重要变体涉及对某些受访者进行“回顾性访谈”，用受访者自己对问卷的回答作为回顾性提示，从而得到他们真正意思的开放性反映（见 6.6.2）。这种设计型式也可用于检验新开发测试的测试结果的有效性。

受到之前访谈促进的问卷研究（qual → QUAN）

一个常受推荐的设计新问卷的步骤是首先进行一个小型的探索性定性研究（通常用焦点小组访谈，一对一访谈也能达到这个目的），以此来为语境提供背景信息、找到或缩小可能变量的关注点，并作为一个思想库为基于问卷量表结构的测度项提供来源。这样的设计对于改善调查内容的代表性非常有效，因此有利于改善研究的内部效度。当研究者在创建一个新工具时必须使用这种方法。

访谈研究加上后续问卷调查（QUAL → quan）

在研究方法中，定性研究的优势之一在于它的解释性本质让我们能够得到新的见解，形成新的理论，这个概括性结论总体上正确。然而，由于典型样本不具代表性，定性数据不能够告诉我们所发现的东西在世界其他地方存在的范围有多广。检验某种现象在总体中分布的典型性是定量研究
172 的目标。结合定性访谈和后续调查能够两全其美，因为问卷在研究的第一阶段能够特别针对要揭露的问题，然后在更广泛的总体中调查这个新假设的概括性。除此之外，问卷也能用于检测理论中的某个在定性阶段出现的元素。

受之前问卷调查促进的访谈研究（quan → QUAL）

第二章曾指出（2.1.3），定性研究的薄弱之处在于用于调查的样本通

常较小。解决这个问题的一种方式就是采用目的抽样（见6.2）。如果我们在研究中包含一个初步问卷，该问卷旨在帮助系统地选出随后进行的定性阶段的受访者，那么就能够使得这个抽样过程更加规范。因此，正如达夫（Duff in press）指出的，这种设计有助于建立所呈现案例的代表性。这种设计的优势在于它的灵活性，因为它能够用于大多数理论抽样目的（例如，选择极端典型的案例或是强调有某种特点的个体）。然而这种设计也有一个可能的缺点：假如初步问卷是匿名的，它就起不了作用，因为那样我们不能识别合适的受试者来做调查。

同时结合定性和定量研究（QUAL/qual+QUAN/quan）

到目前为止，我们已经了解了顺序设计（sequential designs），其中某个主要阶段伴随有一个次要的元素，目的是增强主要方法的优势或弥补它的弱点。顺序设计的一个替代者是并行设计（concurrent designs），其中我们用单独或平行的方式来使用两种方法（也就是说，它们不影响彼此的操作），研究结果在解释阶段进行融合。这种设计的主要目的是拓宽研究的视角，并由此提供一个全景式的结论，或者检验不同的发现怎样相互补充或相互证实。根据分配给各种方法的权重，一个研究可能归于以下几种：（a）QUAL+quan，它广泛运用于个案研究，因为个案研究的定性数据可以通过问卷或是测验数据进行补充；（b）QUAN+qual，对描述某些定量研究的某一方面很有用，这些定量研究不能够定量化或是在更大的以定量为主的研究中嵌入了一个定性元素，例如项目评估。（c）QUAL+QUAN，这种设计主要使用在传统的三角测量等设计中，其目的在于效度验证方面。

从总体上讲，当我们检验一个有多个层次的现象时，并行设计非常有价值。例如，教师认知的影响力可以通过访谈在教师层面研究，也可以通过问卷在课堂层面（也就是学生）研究。并行设计对结合微观和宏 173
观视角也非常有用。例如，定量研究可以探测社会生活中的大规模趋势，而定性研究可以从微观层面分析这些广泛趋势如何影响个体或是如何被个人理解。

实验加上平行访谈（QUAN+qual）

以上描述的混合法型式包含了将两种最常见的研究方法——问卷调查和访谈研究——作为关键的研究组成，但是方法的混合不局限于这两者。约翰逊和克里斯滕森（Johnson and Christenson 2004）指出，我们有时可以改善实验，甚至可以采取进一步访谈（一对一或焦点小组）来获取在实验研究结果背后潜藏着的受访者视角和意义。实际上，由于实验涉及特征性过程元素（也就是将受试者的发展作为实验处理的结果），用一个定性阶段来探索这种过程的本质，这是一个自然而很可能又富有成效的设计，能够极大地提高研究的内部效度。

纵向研究加上混合法成分（QUAN+QUAL）

以上描述的实验设计已经是一个纵向研究的例子，我们一般可以概括性地总结，纵向设计在项目的不同阶段将它们自己导向了定性和定量方法的各种结合。这在第四章中已经详细地解释过了（4.5）。

结合自我报告与观察数据（QUAL+QUAN）

获取与人有关的信息有两种基本方法：(a) 通过自我报告，也就是通过个体自己的陈述（如通过访谈或问卷）；(b) 通过对个体外部的观察。（还有一种方法包含用一个工具或是任务来评估个体的表现，但是这需要在测试学的支持下才能进行，因此超出了本书的范围。）两种方法都有优点和缺点，二者的结合体现了混合法研究经典的优势，也就是加强了研究的优点，减少了研究的缺陷。实际上，因为研究者们对趋同与趋异的结果都十分感兴趣，课堂观察研究也常常伴随着各种自我报告的方法（混合法课堂研究的更多细节，见 8.3）。

7.4　为什么人们不更多地使用混合法?

前一节列出的最常见的 QUAL 和 QUAN 方法的组合清单提供了（我
希望如此）令人信服的证据来证明方法的混合是有利的，并且对研究者来
说，投入相对较小。此外，有些人认为混合不同的世界观将导致我们处于 174
一种“范式真空”或是处于一种难以解决的“范式分裂”，但上面提到的
可行案例成功地（再次申明，我希望如此）减少了我们的这些担忧。混合
法研究在很多情形下可以视作一种有吸引力的选择，并且正如之前解释过
的，这种方法最近也颇受好评。然而，我们并未看到很多以混合法规范为
主题发表的研究。所以，为什么人们不更多地使用混合法呢?

尽管这是一个无疑有很多种解释的复杂问题，但我认为问题的核心在于两个主要的因素：缺乏关于方法混合的知识以及缺乏进行混合设计的专业知识。第一个因素解决起来相对简单：混合法研究在研究的“调色盘”上是一个新现象，因此可能需要一段时间才能将其完全融合到方法论教材和课程中。然而，考虑到混合法越来越受欢迎，可以断定这种方法离完全“解放”并不会太远。但是当这一切发生时，人们真的会采用它吗？那些著名学者会改变他们单一方法的立场吗？年轻学者会迎接混合法的挑战吗？这些问题很难回答，因为混合法研究有一个严重的“缺陷”：它要求对定性研究和定量研究都有足够的驾驭能力。让我们来研究一下这个问题。

大部分著名的学者并不是同时精通定性和定量方法，并且这不能简单地归因于研究训练不充分或不平衡。我认为大部分研究者都会自然倾向于定性或定量研究中的某一种，这很可能和他们的认知风格和某些性格特质的差别有关，关于这一点我将在第十四章中进一步讨论。以我自己为例，尽管我真诚地羡慕以定性为导向的同事有从大量流动、凌乱的数据中梳理出有意义的型式的技能，但结构良好的系统、轮廓清晰的边界、标准化的

过程以及统计分析对我的吸引力使我更自然地成为一个定量研究者。相似的是，也有很多人会感觉他们自己用某一种方法比用另外一种方法更能够发挥自己的才能。此外，用一个（或多个）独立的方法来研究某个现象需要相当大的努力，而且出于所有这些原因，很多（如果不是大部分）研究者可能更倾向于留在安全的单一方法的大陆上。

和其他人一样（如 Hanson *et al*. 2005；Johnson and Christensen 2004），我认为应用混合法研究的真正潜力在于由不同研究方向的成员组成团队开展工作。达夫（2002：22）正确地总结说，“在对同一现象的互补性分析中，结合不同研究范式的应用语言学家的专业知识也能够对复杂问题产生
175 更丰富的分析。”应用语言学中合著出版物的数量就可以证明，合作研究十分普遍；因此，建立一个这样的“混合”团队也就根本不是不可思议的事情。定性和定量研究者过去合作不足的原因之一可能是缺乏这种合作的清晰蓝图。混合法设计现在提供了有吸引力的能够促进团队合作的行动计划。格林等人（Greene *et al*. 2005）就团队合作如何开展、如何成为“哈佛家庭研究项目”（Harvard Family Research Project）的一部分进行了详细的描述；几位作者说，通过混合法，他们实现了对研究主题（低收入母亲的就业与家庭教育参与的关系）独特、复杂且细致入微的理解，他们“也将混合法称赞为一种富有挑战性却值得重视的方法”（p. 279）。

最后，混合法研究的缺乏可能有第三个原因。目前研究环境中的论文发表压力导致发表变得零碎，因此，即便一个项目涉及方法混合，作者也可能尽量选择单独发表不同阶段的成果（Judit Kormos 私下交流）。

第八章 176

课堂研究

课堂研究是一个总称，指的是将课堂作为主要研究地点的实证研究。因此，这个术语和如何在情境中进行教与学的研究有关。因为教学地点是多种多样的（如专题教室、语言实验室、计算机机房和演讲厅等），所以我们无法简单地定义什么是“课堂”。最好的办法是借助常识，把所有计划用于教学的物理空间都纳入到“课堂”范畴。努南（Nunan 2005）在最近对这个领域所做的概述中指出，这种定义开始受到挑战，因为随着信息科技在教育领域的普及产生了“虚拟”课堂。但本章不会将课堂研究延伸至基于计算机的学习环境。

为什么需要将课堂研究单独作为一章呢？我赞同麦基和加斯（Mackey and Gass 2005）的意见。他们指出，尽管课堂是独特的研究情境，但是许多在课堂研究中使用的方法并不是课堂情境所独有的。不过这两位作者也专门用了一整章篇幅讲解这个主题，和我有着相同的原因：课堂（通常指外语 / 二语课堂）是应用语言学最主要的研究场所，而这个情境独有的特点和我们在其中进行研究的方式有很大关系。这并不意味着课堂研究的所有东西都是独特的；之后我们会看到，课堂研究者使用之前早已描述过的一些方法（比如调查、准实验和民族志研究等）。以课堂为情境进行的研究仍有三个方面需要特别引起注意：

1. **课堂观察**作为一种研究方法是非常成熟的数据收集方法，是调查学习环境的典型方法。

2. 大多数课堂研究者偏爱开展混合法研究，以理解复杂的课堂事件。
在整本书里，我一直都认为在多数研究情景中，定量与定性相结
177 合的方法是有益的；甚至有几个学者宣称混合法在课堂研究中必
不可少。

3. 开展高质量的课堂研究会面临一些特别的挑战。研究进展良好已属不易，更何况课堂调查天然地具有某些困难，这是这种研究的一个突出特点，通常都被研究报告和方法论教材忽略了。沙赫特和加斯（Schachter and Gass 1996：viii）将这点总结得非常好：

> 研究项目报告让一切看起来都很简单……但是研究项目的许可、数据的实际收集、转写工作的开展等都需要付出血汗与泪水，这都没有在研究报告中得到体现。

根据沙赫特和加斯（1996）的观点，这种情形有点像看电影：所有的表演看起来都很容易和专业，但是大家很少思考在准备阶段的背后都发生了什么。罗西特（Rossiter 2001）谈及她关于课堂研究的博士论文时也曾强调，在她所读过的研究手册中，没有一本手册能为研究过程中遇到的复杂问题提供真正全面的解决办法；她呼吁说，研究教材应该反映使研究更好地开展的真实情境。达夫和厄尔利（Duff and Early 1996）一致认为，对于实际开展的课堂研究中的相关困难，选择略过不提或者进行轻描淡写似的描述是对其他研究者的伤害，尤其是对缺乏经验的研究者（p. 26），而且他们鼓励对可能阻碍课堂研究的困难展开开放式的讨论。

下面会讨论以上概括的三个问题，最后一节将针对课堂研究的一个有争议的特殊类型——通常被称为“行动研究”——展开讨论。但是，本章会先从简述课堂研究的起源及主要类型开始。

8.1　课堂研究的起源与主要类型

正如雷格（Wragg 1999）所述，早期的课堂研究始于20世纪二三十
年代的美国，主要研究教师行为与教师话语的有效性，产生了针对不同
教师行为的有倾向性价值的表述。现代课堂研究开始的时间要晚很多，
是在20世纪50年代。在当时的一些教师培训课程上，培训人员意识
到他们需要合适的观察工具和质量标准来评估教学的有效性。在20世
纪60年代，这个领域通过所谓的“方法比较研究”（Nunan 2005）又得
到了进一步的发展。它涉及一些大规模的比较各种教学方法的调查，比
如，对从听说教学法到语言教学领域更传统方法的调查。从教师培训转 178
向基本研究的一个结果就是促进了应用工具的改进（Allwright and Bai-
ley 1991）。这些方法包括起初包含非常广泛的既定分类、后被更详细的
以描述为目的的检查清单替代的观察表 / 方案；还有许多标准化的观察
计划，其中最有名的就是弗兰德斯的交互分析类别（Flanders Interaction
Analysis Categories, FIAC）方案（Allwright and Bailey 1991 的附录中有收
录）。

当代课堂研究，无论是教育心理学还是应用语言学，都在努力将各种课堂中的学习、记录以及导致不同学习结果的过程和条件之间的动态相互作用分析置于情景中去理解。正如莱特鲍恩（Lightbown 2000：438）在她对课堂二语习得研究的综合概述中总结的，不同的课堂研究有一个共同的愿望，即“确定并且更好地理解课堂互动中不同受试者的角色，特定的教学指导方式对外语 / 二语学习产生的影响以及促进与阻碍学习的因素”。为此，研究者会使用所有可用的研究方法和技术：虽然结构化的课堂观察一直处在课堂研究的突出位置，但是也要通过自我报告技术（如调查、访谈和日志研究）收集课堂里的相关信息。另外，具体的教学特征和练习的作用常常在准实验的框架下通过有意识的操控

来验证。课堂研究的一个突出领域是民族志研究，它将课堂看作亚文化群，其复杂性需要基于内部记录持续地通过定性方法来揭示（van Lier 1988）。后面的这些方法在第五章与第六章已有描述，在此不再进一步讨论。课堂研究的最后一个领域是课堂互动的语篇分析，但是正如第一章所说的，语言分析不在本书范围之内（相关评述可见 Zuengler and Mori 2012 编辑的《应用语言学》特刊）。

8.2　课堂观察

> 课堂是异常繁忙的地方，因此观察者需要保持警惕。
>
> （Wragg 1999：2）

除了提出问题之外，**观察**我们周围的世界也是所有人从婴儿时期就开始的为了学习和获得理解而参与的基本人类活动。从研究的角度看，观察与提问有根本的区别，因为观察提供直接的信息而非自我报告的陈述，因此它是实证研究的三种基本数据来源之一（第三种是测试）。尽管观察是
179 整个民族志研究的有机组成部分，但是本节所关注的课堂观察的典型类别不是提供全面的民族志的表述，而是关注具体领域的细节；由于这个原因，珀利欧（Polio 1996）称这种研究为“非民族志非实验研究”。

课堂观察可用的多种方法一般可用两个两分法来进行分类，即“受试观察”与“非受试观察”，以及“结构观察”与“非结构观察”。受试观察者成为受访者的一员，参与所有调查活动。这是民族志研究中一种常见的观察方式。然而，在课堂研究中，研究者通常不会参与或者很低程度地参与到情境中，因而，他 / 她被称为“非受试观察者”。虽然这种区分在一些情况下可能对我们有所帮助，但是莫斯和理查兹（Moss and Richards 2002）提醒我们，它将正在看和听的无数方式简化了；他们认为，没有观

察者是完全的参与者，而几乎在所有的非实验研究中没有参与的话就不可能进行观察。

观察的结构化与非结构化的区别和定量与定性的区别十分类似。高度结构化的观察带着具体的关注点和观察类别（定量）进入课堂。然而非结构化观察对要观察的内容不太清楚，研究者在确定研究的意义之前首先需要观察正在发生什么（定性）（Cohen *et al.* 2000）。结构化观察包括制作观察方案，而非结构化观察需要做实地笔记，通常要用示意图或图表作为补充。当然，这是一个连续统，实际操作时通常会结合这两种方法。

下面会主要关注使用观察表的结构化定量观察，因为它是课堂研究中非常独特的数据收集方法。不过，我先强调，不管观察方案多么精密，它也不能记录所有的课堂细节。正如奥尔赖特和贝利（Allwright and Bailey 1991）提醒我们的，结构化的封闭式技术可能很容易漏掉受试者自己提供的见解。为捕捉到这些见解，我们需要通过混合法研究把结构化观察和其他可选择的数据收集方式结合起来，本章第三节有相关描述。

8.2.1　观察方案

如果我们决定使用结构化的“观察方案”（也称为观察计划或协议），我们可以从多种现存的工具中做出选择。但在多数情况下，我们需要对它们进行修改以适应我们的观察重点和课堂情境。奥尔赖特和贝利（1991）给出了七种已经发表的不同的编码方案。关于现存方案的有用信息还可以在肖德龙（Chaudron 1988）以及麦基和加斯（Mackey and Gass 2005）的 180
研究中找到。

观察方案的主要原则和调查问卷类似，就是要有一些可以让研究者使用记号来快速记录事件的系统化类别。在观察期间，研究者通常没有时间写下冗长的开放式评论，因此需要提前规划好观察方案。记录事件有两个主要的方法：

- 在**事件抽样**中，每次某个类别的事件发生时（比如每次教师提问题），用记数符号记下一次。因此，这种方法对所观察事件或步骤的频数有准确描述。
- 在**时间抽样**中，某个类别在固定时间间隔内被记录，通常是每 30 秒或 1 分钟。研究者要么记录在时间间隔内正在发生的事情，要么为已经发生在前一个间隔内的事情绘制图表。因此，时间抽样不会对发生的事情做详尽的记录，而是按时间先后顺序呈现整个课堂的流程，也就是特定现象在课堂中的分布情况。

无论使用哪种编码体例，通常都是把每个类别的所有计数符号相加，然后得出最后的分数，再将时间总和标准化，从而抵消课时长度的不同（例如，将总分除以总课时分钟，再乘以 100）。这里应注意的是，观察方案可能也会包含“等级量表”（通常是“语义区分量表”，见 5.2.3），研究者用它来对在观察中或观察后所观察到的课堂的一些方面进行整体评价。

观察方案可以包含哪些类别？因为课堂过程变化很大，并且有不同的或者不断变化的参与者，所以过去使用的很多类别都很宽泛，从教师话语的各个方面和任务安排的身体语言到学生行为，如自愿行为，不一而足。唯一的标准是类别应当指的是用下面两种方式之一**观察**到的现象。

- **低推理类别**：它简单直接，所以即使是在实时编码中（比如在观察过程中不间断地编码）观察者也能在记录它时达到几乎完美的可靠性（例如黑板上的教师板书）。
- **高推理类别**：它基于观察者能看到的东西，但也要求对所观察
181 到的行为的功能或含义做一定的判断（例如反馈或表扬类型）。对于这种类别而言，如果没有一定训练，研究者很难持续进行记录。

麦基和加斯（2005）指出，尽管课堂观察方案变化非常大，但我们总可以找到一些很重要的描述课堂过程的共同要素，甚至都不用管研究具体的焦点是什么。这些共同的类别包括受试的“分组形式”（例如个体、结对或小组活动）、任务 / 课的“内容 / 主题”、“互动”的主要特征（例如由谁发起或使用了什么语言），还有目标“语言区域”等。让我通过对比来解释以下三个差异很大的方案，分别是格特鲁德 · 莫斯科维茨（Gertrude Moskowitz）的 Flint、斯巴达和弗勒利希（Spada and Fröhlich）的 COLT 以及吉约托和德尔涅伊（Guilloteaux and Dörnyei）的 MOLT。

Flint（外语互动分析）是莫斯科维茨根据二语研究的需要对弗兰德斯著名的互动分析分类（FIAS）进行修改后的方案。Flint 要求根据 22 个类别以 3 秒的间隔做实时编码。这些类别可以分为三组：（a）教师话语（和“间接影响”有关的六个类别，例如“表扬”或“笑话”；和“直接影响”有关的六个类别，例如“提供指示”或“批评学生的回答”）；（b）学生话语（三个类别：“学生回答，具体”“学生回答，共同”和“学生回答，开放式或学生发起”）；（c）混杂类，包括七种分类，如“沉默”“困惑，工作导向”和“笑声”。

COLT（语言教学的交际取向；Spada and Fröhlich 1985）是作为安大略教育研究院（加拿大多伦多）的交际能力与语言教学大规模调查的一部分而建立起来的。这个方案分为两个部分：A 部分关注课堂事件，要求以 1 分钟为间隔进行实时编码，使用的编码表十分精细，包含了 48 个类别栏（见表 8.1）。这些类别涉及活动类型、受试者组织、内容、学生特性（即使用的语言技能）和材料的各个方面。B 部分有 30 多个类别，主要用于对每个活动的交际语言特征作非实时的事后分析（基于录音记录）。在通常情况下，只有选自 A 部分的特定活动才会在 B 部分进行非常详细的微观分析。由于有详尽的分类系统，而且被很多著名的研究所采用，COLT 在二语课堂研究中有很大的影响力。

表 8.1　斯巴达和弗勒利希（1995）以交际为导向的语言教学的观察方案的 A 部分

以交际为目的的语言教学（COLT）：A 部分

学校：　　成绩：　　日期：

教师：　　课程：　　观察者：

科目：

1	2	3	4	5	6	7	8	9	10	11	12	13	14	15	16	17	18	19	20	21	22	23	24	25	26	27	28	29	30	31	32	33	34	35	36	37	38	39	40	41	42	43	44	45	46	47	48
时间	活动	参与的组织机构							内容																								学生情态					材料									
		班级			小组		混合		管理		语言					其他话题														话题控制								类别							用处		
		T s/c	S s/c	合唱式	相同	不同	个体	小组个体	程序	科目		形式	功能	语篇	社会语言	窄				受限					广					教师	学生/教师	学生	听	说	阅读	写作	其他	课本		听觉	视觉	完全教育	半教育	非教育	高度控制	半控制	最小控制
																课堂	原型	个人/自传	其他	个人	常规/社会	家庭/社会	学校话题	其他	抽象	个人/提示	想象	世界话题	其他									最小化	扩展								

MOLT（语言教学的动机取向；Guilloteaux and Dörnyei in press）是以 183
COLT 为模板发展而来的，它主要关注教师激发学生动机的行为和学生在语言课上受动机驱动的行为。实时间隔的抽样格式与 COLT 方案的 A 部分相似，包含的 41 个类别中有一些恰好和 COLT 相同。描述教师激发学习动机的行为类别来自德尔涅伊（Dörnyei 2001）的动机策略系统。表 8.2 是方案的摘录样本。

表 8.2　MOLT 观察方案摘录（只有含动机分类）
（Guilloteaux and Dörnyei in press）

分钟	生成、保持和保护特定情境的任务动机																	鼓励正面内省式自我评价				受动机驱动的行为		
	教师语篇									活动设计														
	指示	开始交际目的/活动功效	建立关联	提升融合价值	激发好奇心或注意	提供支架	提升合作	促进自主学习	参考性问题	结对活动	小组活动	有形报酬	拟人化	创新性/趣味性/想象元素	智力挑战	队内竞争	有形的任务产出	有反馈处理环节	有诱发个人/同伴反馈环节	有效的表扬	全班鼓掌	注意（超过全班人数 2/3）	参与度（超过全班人数 2/3）	自愿参与度（至少 1/3）
1																								
2																								
3																								
4																								
5																								

8.2.2 课堂录像

“录像”可被看作课堂研究的理想技术，因为它可以替代实时编码。如今连大多数的研究生都可以在他们的研究中借助高质量的设备来进行课
堂观察。许多高校和研究中心不仅有可供研究的摄影机，还有可提供帮助 184
的技术人员。遗憾的是，在研究设计中加入录像并不能解决所有与课堂观察有关的问题，因为作为课堂研究工具的录像远远达不到完美。麦基和加斯（2005）指出，在实验室中录像会是一个相对简单直接的事情，但是在

教室中录像会遇到一系列特殊的问题，包括技术上的问题，如何使用麦克风捕捉所有细节（录像设备通常更擅长储存图像而不是声音）。还有伦理问题，如果有些同学不同意录像，该如何处理呢？

详细分析了“分析者眼睛”与“摄像机眼睛”之间的区别，祖恩格勒等人（Zuengler *et al*. 1998）认为虽然科技可以帮助我们看到更特定的事情，但它也可能造成“字面意义与比喻意义的盲区”（p. 4）。研究者们特别强调了下面两个问题：

- 字面意义的盲区：固定的摄像机只能看到它指向的那些位置，通常我们不可能将摄像机退后以捕捉到整个教室和教师。祖恩格勒等人（1998）首次尝试通过移动摄影机的摇摄扫描技术来弥补这个缺点，但是有两个原因导致这个办法行不通：第一，课堂事件的不可预测性导致摄影机总是落后于行动；第二，这个技术加入了强烈的主观因素，因为摄像机操控人员必须持续地即时判断哪个人或什么内容值得摄像机集中“可贵的焦点”。团队达成一致的解决办法是使用两台摄像机，一台是移动摄像机，由操控人员在后面控制来拍摄教师；另一台是静态摄像机，放在前面来拍摄所有学生。虽然这种安排达到了满意的摄影效果，但是这种额外设备的使用不仅极大地增加了研究费用，而且还有造成了课堂的混乱。甚至，之后对两个平行录像记录的分析也不容易；他们发现最好的解决办法是采用“画中画”技术来将两个录像画面结合起来：他们合成这两个录像，将教师的图像叠放在更大的课堂静态影像的角落。
- 由摄影机引起的注意力分散：即使在这个摄像机很普遍的年代，在课堂录像也还是可能会分散受试者的注意力，可能会导致教师和学生都做出不同往常的行为。祖恩格勒等人（1998）发现，就连在他们的历时研究中，原本期望受试者能够熟悉这些程序，以

> 至忘记研究者的存在，但数据表明受试者仍然经常感觉到自己在被录像，而达夫（Duff in press）也提到过类似的经历。在麦金太尔和加德纳（MacIntyre and Gardner 1994）的一项有关焦虑对二语习得影响的实验研究中，他们故意使用摄像机让受试者产生 185
> 了焦虑，成功地创造了实验条件。但是，祖恩格勒等人认为，多数人不能在较长时期内明显改变大部分的课堂互动和行为，因此一次性的记录非常容易受摄像的影响，从而得到失真的、反常的数据。

尽管有以上（甚至还有其他的）缺点，但是祖恩格勒等人（1998）总结认为录像的优点仍然非常明显。他们将这种情况比作将显微镜引入生命科学，让从前不可见的东西变得可见，从而引发了生物学的革命。同样的道理，录像可以帮助我们揭示课堂生活的细微现实。另外，录像也可以作为录音的有用辅助：缪里森-鲍伊（Murison-Bowie 私下交流）指出，录像在消除录音歧义方面很有用，尤其是任何时候都能识别谁是当前的说话者。在这种情况下，设置固定的摄像机拍摄整个班级的概况，得到的录像记录只用于辅助转写。一旦完成了录音转写，录像记录就可以丢弃了，如此就可以解决与录像相关的伦理问题了。

8.2.3 观察数据的优点与缺点

观察数据的最大优点在于它允许研究者直接观察人们在做什么，而不必依赖他们说他们在做什么。因此，这种数据可以提供对事件和行为更客观的记录，而不是二手的自我报告的数据。观察还有很多功能，它可以用于语言技能弱的受试者。它能提供关于目标现象情境的描述性信息，这点非常珍贵。

使用观察方案使观察结构化，让整个过程更可靠，而且让不同课堂、不同时间的结果可以比较。结构化的观察指南让记录复杂的课堂事实这种艰难的任务变得可行，并且有助于聚焦特定的关键事件和现象。因此，编码方案让研究过程更有系统性。另外，处理结构化的观察数据相对比较简单，可以进一步通过统计程序分析。

就缺点而言，我们首先从明显的现象开始，即它只能观察容易观察的现象。然而在应用语言学中，研究者调查的许多关键变量和过程是心理方面的，因此是不易观察的。第二个问题是记录一个现象未必就能理解事情发生的原因，尤其在使用低推理类别时。一般来说，之前早已讨论的关于录像技术的问题也适用于观察，也就是说，研究者的出场可能
186 影响和误导受试者的行为。的确，观察数据的质量取决于研究者进行观察所用的技巧。

最后，结构化观察的一个重要问题是，不管使用了何种编码体例，它都简化了所观察的情境。由于注意力集中在目标类别，观察者可能遗漏事件的一些更重要的特征。高度结构化的方案也有定量测量的普遍缺点，即要检测的类别是事先设定的，这种工具对特定情境下出现的意外信息不太敏感。

8.3　混合法课堂研究

课堂是高度复杂的环境。因此，正如特纳和迈耶（Turner and Meyer 2000）所说，人们已经从各个角度对它进行了研究，涉及“促进受试者理解课堂的观念、目标、价值、感觉、行为、课堂管理、社会关系、物理空间以及社会情感与评估环境等”（p. 70）。课堂环境通常至少可以从两个维度来进行区分。“教学情境”主要和所有课堂要素中的教师、学生、课程、学习任务与教学方法有关；而“社会情景”主要和课堂也是学生的主要社交平台这个事实有关，它为学生提供了深刻的个人经历，比如友谊、爱或身份构建等。这两个情境相互依存，也和复杂的学习过程相互影响，从而为教育学、心理学、社会学和人类学这些广泛领域中的研究方向和学

科提供了充足的思想营养。

在 7.1.1 我曾说过，对复杂环境——如课堂——运转的理解需要采取混合法研究，因为结合几种不同的策略可以拓宽研究的视野，增强研究者得出结论的能力。过去有很多课堂研究者都是这样认为的。例如，奥尔赖特和贝利（1991：67）曾说：

> 综合这个话题的所有内容，一个很明显的事实就是，在客观与主观相结合的调查中，我们在只定量那些可以定量的东西、只收集合适的定性数据和进行适当的分析步骤中发现大部分的价值。

麦基和加斯（2005）也强调在课堂研究中“使用多种方法和技术”的必要性（p. 190），根据努南（2005：237）的说法，“课堂研究者似乎越来越不愿意只采用一种数据收集技术，甚至一种研究范式”。同样地，肖德龙（1988：13）用下面这段话作为他课堂研究综述的开头： 187

> 在以下对二语课堂研究的调查中，读者会发现这些研究不断成功或失败地使用定量或定性方法描述与解释课堂互动的过程与结果。

然而，我们应当注意，混合法课堂研究在实际使用中可能会引起混淆。关于这一点，两个经验十分丰富的课堂民族志研究者，达夫和厄尔利（Duff and Early 1996：18），曾在他们的自我反思中清晰地表明，“……尽管两种方法有互相矛盾的规则与保证……我们的研究都发现尝试有效地平衡课堂现象研究中的定量和定性方法具有挑战性”。

本节以教育心理学学者特纳和迈耶（Turner and Meyer 2000：79）的话开头。现在再回头去看看他们的描述，看看他们如何处理定性与定量之间的冲突：

> 我们允许数据和不同方法之间的矛盾影响我们的分析。而且，我们改变了编码类别，重新查看归纳推理后得出的结论。这导致的结果是，我们对形

成问题的理论有了新的、更情景化的理解。

最后，这个重复过程得到的丰富成果使特纳和迈耶（2000）倡导使用多重方法来描述与阐释课堂正在发生事情。他们认为，教育心理学中用于测量课堂变量的方法多数是演绎和定量方法，较少探讨学习的方法与原因。根据他们的经验，为了洞察特定情境下的各种构念意义，能够揭示参与者解释的定性方法就显得很有必要。本书已经不止一次表述过这种说法了。

8.4　课堂研究的困难与挑战

在我心目中，墨菲先生无疑是最早的课堂研究者（出自墨菲定律[①]），而正是这个经历最初让他产生了十分悲观的世界观。事实上，我和罗西特（2001：36）有完全相同的经验：

> 面对逐渐增多的非等价组、学生与教师受试者、数据收集、数据分析、任务差异和伦理考虑有关的制约，处在与我同样位置的许多课堂研究者可能会尝试缩短甚至放弃研究。然而，我坚持认为，通常被研究者看成是问
> 188 题的那些事情，实际上只是许多教师都经历过的日常情境的现实反映。这
> 些研究情境的限制可能会使研究者沮丧……然而，它们是课堂情境的重要部分。

因此，下面所列困难与挑战的主要目的在于给研究者发出预警，还有就是让他们放心，他们在课堂研究中遇到困难并不代表他们自身存在不足，从而需要换一种研究。所以，让我们看看这十个特别突出的难点。遗憾的是，这个列表可能没有穷尽所有的困难和挑战。

---

① 西方世界的日常用语。其内容是：如果一件事情有可能向坏的方向发展，就一定会向最坏的方向发展。——译者

1. **满足不同的需要与标准**：皮卡（Pica 2005：341）指出，或许开展课堂研究的最大挑战是研究者必须满足方法论的严格标准。在复杂的教育情境下，受试者有重要的学习任务需要完成，有着可能与研究者不相容的责任与目标。她提出，“是否能发明一套同时满足学习者、教师与研究者需要和期待的方法？”诚实的回答是**过去**可能有过，但是并不总是那么易于实现，并且有时候被证明是不可能实现的。
2. **学生主体的易变性**：严谨的研究需要定义明确的受试样本。如果研究不是一次性的横向调查，这个看似基本的条件在学校环境中却可能出人意料地难以达到。例如，罗西特（2001）详细地解释了减少的学生、新来的学生、重修的学生和因各种原因退出研究的学生如何打断过她的准实验设计。这些变化不仅减少了她的样本数量，使之不再完整，而且影响了受试组的课堂气氛，造成了相当大的混乱。达夫和厄尔利（1996）也报告了相似的经历。
3. **耗时的特性**：在课堂中进行的研究耗费大量的时间，不单是在数据收集方面（这是可以预料到的），而且还需要和学校管理者、教师、学生，甚至有时候和父母定期见面，向他们兜售这个研究项目，让他们持续参与其中。另外，即使是实地工作结束后，研究者的工作也还没有完成，因为他们还需要将结果反馈给受试者。斯巴达（Spada 2005：336）总结得很对，“课堂研究耗时的特点并不是一个无关紧要的因素”。
4. **与教师合作**：典型的课堂研究需要长期和许多教师合作。这个工作可能很费精力，因为教师工作非常繁忙，又有很大的压力，他们有自己独特的观念与风格，有工作与私人日程。因此，让他们 189
参与进来不是件容易的事，而且在几乎所有的研究中，让他们坚守承诺都是一个挑战。这是可以理解的，因为我们要面对现实，研究对教师来说通常是件很麻烦的事，这就要求研究者具备良好的社交技巧来让教师保持对研究的热情（达到此目的的详细说明可见 Spada *et al*. 1996）。朗兹（Rounds 1996：45）对这种冲突作了非常恰当的总结：

> 研究者常常将教师形容为不配合的、不起帮助作用的、死板的、不可信赖的，甚至完全妨碍工作的人。而研究者有时也被教师看成是苛求的、侵扰的、不起帮助作用的、死板的、教条的人。为什么会这样呢？

几乎各类学校的教师离职率都很高，这也起到了负面的作用。即使教师并不离开学校，频繁地对教师进行重组是如今许多国家教育制度的特征，这也可能会使研究设计中断。另外，我们需要教师在课上用我们给定的一些指导方式上课，这也是一个特别的困难来源。即使准备了完整的带有详细指南的教学内容，也未必就能成功。“事实就是，在教学干预期间我们仍然不可能知道课堂上发生的所有事情”（Spada 2005：334）。

5. 与学生合作：即使我们得到了教师的完全支持与配合，也不代表所有学生都会跟着做。学生可能有不同的母语文化、学习水平、学习风格、学习动机、学习态度，由不同学生组成的小组可能有不同的氛围。事实上，让每个学生都能尽最大努力参与他们不太感兴趣的、与学习成绩无直接关系的研究的可能性极小。例如，在一项大规模的任务型研究中，我们（Dörnyei and Kormos 2000）发现，只有将认真对待任务与不认真对待任务学生的结果进行对比才有意义。达夫和厄尔利（1996）也曾说过，在他们的研究中，不规则的测试结果必须另作分析或者直接删除。
6. 突发事件和干扰：几乎所有的课堂研究者都曾遇到过这种情况，在某个重要的日子带着所有技术设备到了学校，却发现没有人记得告诉他们学生们都离开去做班级旅行或滑雪度假了。令人伤心的是，欧康纳和沙基（O'Connor and Sharkey）的经历很普遍：

> 尽管预料到了病假、下雪日、学校假期和教师-家长见面会等会塞满我们的时间安排，但是我们没有，或许也不能，预见到一些会打乱我们研究进程的善意事件。这些事件通常被称为一周通知甚 190
> 至每日通知，包括官员到访、全校会议、ESOL 会议、客座讲座，还有鼓励教师参加的专业发展工作坊，等等。

7. **显眼的研究者效应**：有一个问题和我们研究者自身有关。我们早已提到过“观察者效应”的负面影响。不管我们如何尽力保持低调，我们还是会面临这个问题：课堂研究者是闯入者，不可避免会很显眼。在很多情况下，要找到减少干扰的办法，当我们在场的时候，让课堂事件尽可能自然地进行，无表演成分，这是一个极大的挑战。当然，这是获得有效数据的前提。
8. **伦理考虑**：第三章谈及了各种伦理问题，对许多应用语言学家来说，这些问题真的会在课堂研究时出现。上面提到的问题可能不仅会破坏数据的纯粹性，更广泛地说，它们还会影响整个学习过程。学生可能不仅不会从参与研究中受益，而且这个研究可能会对他们的发展产生负面影响。另外还涉及隐私和保密的问题。达夫和厄尔利（1996）指出，如果研究的学校只有一个校长、一个或两个语言教师，那么常见的对受试者身份进行保密的建议就不太有用。我们如何在报告受试者数据的同时不透露谈及的人的身份呢？
9. **技术困难**：墨菲定律认为，如果有可能出错，那就一定会出错。对于这个问题，我只能补充，偏偏在我们忘记带备用设备的时候，课堂设备坏了。即使电子设备工作正常，录制的声音可能会被环境噪音淹没，如走廊、街道和操场上的噪音（Rossiter

2001）。

10. 多地点设计：最后，达夫和厄尔利（1996）注意到了多地点设计（即为了实现受试者的多样性，包含了多个研究地点）可能存在的缺点。这两位研究者发现，由于不能长期待在一个研究地点，所以必须通过远程手段或者代理人来开展研究，这样带来的麻烦可能超过拥有广泛研究地点和众多受试者所带来的好处。

8.5　行动研究

191 介绍“行动研究”（action research）并非易事：一方面，理想情况下它应该是一个有强大影响力、切实可行的研究领域。另一方面，尽管它毫无疑问是一个崇高的理念，尽管自从社会心理学家库尔特·莱文（Kurt Levin）于20世纪40年代中期首次提出这个概念以来，为了让它发展下去无数人投入了不懈努力（信息丰富的历史概述见Burns 2005），但它似乎并不能应用于实际。接下来让我们来解开这个谜。

8.5.1 定义

“行动研究”是对共享一些重要原则的相关方法的总称。最重要的原则涉及研究与教学、研究者与教师的紧密联系。行动研究由教师开展或在与教师的合作中开展，目的在于更好地了解教育环境和提高教学有效性。因此，增强实践性和开始向社会企业引入变化都是行动研究的重要特征（Burns 2005）。

该领域的研究在传统上十分重视教师–研究者的联系，以至于认为只有教师自己开展的研究才是真正的行动研究。然而，在意识到期待教师具有开展严格研究的专业能力通常不现实之后，学者们开始强调教师与研究者进行合作。伯恩斯（Burns 2005）解释说，这个合作可以有多种形式，比如研究者作为项目主持人邀请一名教师参与，或者研究者和教师共同参与研究。

8.5.2 疑难问题

行动研究有一个很大的问题：研究数量太少。在应用语言学中已发表的行动研究的数量很少。就我个人经验而言，找到一个曾自主参与行动研究的教师非常难。所以，讽刺的是，尽管行动研究的一个明确目标是“大众化”研究，即反对“专业的专家模式”，避免掉入学术干预、政策形成和政策执行的“自上而下的技术转移模式”陷阱（David 2002：12），但是现在研究者却主要都试着推崇“自上而下”。有趣的是，巴特尔斯（Bartels 2002）提供的一些证据说明连应用语言学家自己都没能在自己的教学中开展行动研究，这暗示着可能存在双重标准。

行动研究缺乏关注至少有三个原因：教师通常缺少（a）时间，（b） 192
动机，还有（c）实质性投入研究的技术或专业支持。先谈时间问题。语言教师通常有非常大的工作量，他们常抱怨自己甚至没有充足的备课时间，更别提做额外的研究了。值得注意的是，就连行动研究最初的倡导者之一迪克·奥尔赖特（Dick Allwright）也开始严重怀疑他在巴西启动的一项备受瞩目的研究的可行性：

> 基于课堂的二语研究很显然占用教师过多时间，所以不值得进行。而且，它还要求教师学习一些对他们生活没有帮助的研究技巧。因此，这种研究反而会拖累他们正常的工作生活，而非有所帮助。（Allwright 2005：354）

之后，奥尔赖特（Allwright 2005：355）补充道，“通过观察当时在世界不同地方进行的行动研究，我认为它们和我的研究学术模式一样有造成破坏的可能”。许多在其他地方工作的作者也响应了这种悲观的看法（例如 O’Connor and Sharkey 2004）。例如，当谈到加拿大非英语母语课程的环境时，罗西特（2001：40）总结道：

> 多数教师只有极少的时间备课和反思教学，阅读手边期刊或研究手册的机会就更少了。然而，没有对研究过程和相关文献的清楚了解，连有志向的教师研究者都很可能会浪费时间和精力做无用功。

课堂实践者往往更愿意忙碌一点，我的经验是如果有一些激励制度，比如正式认可、奖金或假期形式等，许多实践者会积极参与一些有意义的探索活动，甚至投入自己的闲暇时间。但是，这种情况很少发生，即使为教师提供在职培训，也更可能是讲座或工作坊而不是某种形式的行动研究。

最后，努南（2005）总结说，一般的课堂实践者可能并不具有那些能保证调查信度和效度的研究知识和技巧。这一状况的危险在于，即使教师决定开展行动研究，也可能由于没有足够的背景知识和研究专业知识而得到仍然有问题或者无用的结果。乐观地看，他们需要专业督导员的帮助或者至少某种“研究诊所”的帮助，很遗憾，多数情况下这也只是奢望。

8.5.3 行动研究的结束语

193 正如本节开头所说的，总结这样一种非常值得推荐但我认为目前还暂时行不通的研究并非易事。我完全赞同伯恩斯（2005：251）的说法，行动研究“为教师提供了成为有关二语教学与学习知识的代理人而不是接收者的途径，因此为教育实践理论的建立作出了贡献”。我也能理解为什么行动研究可以激发思想热情，克鲁克斯（Crookes 1993：137）很好地说明了原因：

> 只要研究只能由除教师以外的人做，只要教师认为研究报告只能用他们不会读与说的语言写，我们就会一直适应教师所在机构的剥削压力。抵抗这些压力的行动有很多形式。作为批判性地反思教学与教师所在社会政治环境的手段，行动研究有可能成为持续努力促进二语教学的主要工作。

然而，行动研究似乎不能满足这些愿望，因为在目前教学环境不支持的情况下，它不可能发展到有一定影响力。奥尔赖特已经接受了这个事实，转而开始倡导一个更加教师友好型的行动研究模式——“探索性实践”（见 Allwright 2005；Allwright and Bailey 1991）。这个方法与行动研究有相似的目标，即同样为教师提供理解课堂事件的方法，但是不再使用严格的研究方法来达成目标，它用的是一系列反思性的教学实践（例如，以课堂教学过程为实验对象，然后解释结果）。当然，这也超出了本书的范围。

总之，我认为下面的三个说法很合理：（a）许多语言教师（如果不是多数）会希望更全面地了解教学和学习过程，以及各种课堂事件；（b）应用语言学研究的一个主要目标是为这些相关问题给出回答；（c）目前，在大部分国家，教师和研究者之间的研究水平有很大的差距，这些差距需要填补。莱特鲍恩（Lightbown 2000：453）总结说，对研究者来说，非常基本的一点就是要“开始与课堂教师对话——如此，不仅教师可以了解研究者的领域，研究者也可以了解到教师的观点”。

那么，问题是如何成功建立教师与研究者之间积极有效的联系。过去，只是将教师看作研究知识的被动接收者并不可行。相反，试着让教师得出自己的知识和理论也不可行。面临的挑战就是要在这两个极端之间找到一种教师与研究者相结合的可行形式，既能得到教育管理者支持，又
不会让教师觉得给自己繁忙的日常生活增加负担。最明显的可着手的地 194
方就是职前与在职教师培训课程，正如伯恩斯（2005）和麦克多诺（McDonough 2006）所说，确实有希望在这些地方开始行动。麦克多诺描述的研究生教学助手的行动研究计划似乎非常有用且可行。

理查兹（Richards 2003：232）的观点是教师可以融入研究过程这种积极态度的典型代表，我们从他的著作中摘录了一段话，并以积极的态度为行动研究的讨论画上句号：

大部分ESOL（即EFL/ESL）教师都是天生的研究者。我们已经习惯去了解学生的需要，评估特定教学方法的效果，找出有用和无用的方法来做相应的教学调整。极少的教师会机械地工作，我们几乎所有人都会反思自己在课堂上的做法。

第三部分

数据分析

第九章 197

定量数据分析

数据收集完成后，下一步是运用一系列数学程序对其进行分析，这就是统计学。这些程序涉及的范围很广，从简单的描述性统计，比如计算一组分数的平均分，到复杂的多变量程序，比如结构方程模型。如何选择恰当的程序取决于研究问题和收集到的数据的类型。一旦数据分析完成，其结果可以为回答研究问题、接受或排除研究假设提供信息。从第二章我们得知，定量分析在这一方面比定性分析更直接，因为定量分析有设计好的程序和广泛接受的标准可以用来处理研究事项，并且计算机会为我们做大量的精细计算工作，从而提供相对直接的结果。

本章将用大量笔墨描述应用语言学研究所使用的主要统计程序。然而，在数据分析开始之前，我们首先需要讨论两个前提:（1）挑选和学习一个统计软件以便运行统计程序;（2）准备好用于分析的数据。

9.1 计算机化的数据分析和 SPSS

早年间，数据的统计分析主要借助简单的计算器通过手工计算的方式在纸上完成，因此纸上会写满一串串方程式。这种状况现在已经完全改变。如今，定量数据分析的计算大都留给了计算机；人们开发了数款统计软件，用以指导计算机的工作。这些软件包逐渐变得用户友好，从一定程度上讲，研究者并不需要经过数学训练就能使用它们，而且多数程序是完全交互式的（我们甚至不必编写命令，只需从现成的菜单中挑选符合我们
198 目的的程序）。我们需要做的是了解不同统计程序的目的，从而可以为分析数据挑选合适的程序，然后指导计算机来完成分析。

市场上有很多统计软件包，就连微软的 Excel 电子数据表也能做大量的统计。然而，我建议研究新手从一开始就应该选用一个主流的软件。人们已经做出了相当大的努力来使这些软件的程序变得用户友好，因此它们用起来并不比小型软件更复杂，而它们所能运行的范围却是小软件无法比拟的。那么问题是，我们应该选择哪个软件呢？在应用语言学和教育研究中最常用的软件是 SPSS（Statistical Package for the Social Sciences，社会科学统计软件包），它由美国芝加哥 SPSS 公司制作，是明智之选。因此，本章所有对统计应用的具体建议都与 SPSS 有关。它能执行在这个阶段我们所需要的所有统计操作，如果你的研究在之后的阶段需要更进一步的、更专业的统计分析（例如结构方程模型），你可以找到能兼容 SPSS 的合适软件。

SPSS 不是为初学者设计的软件包，但是因为它的用户友好度高，具有交互特性，它也适合对统计和编程没有一点经验的人。它从开发出来已有超过 35 年的时间了，所以最新的版本（写此书时，已经是第 14 版）经过改进后已经几乎没有漏洞。SPSS 易安装、易启动。如果决定在你的研究中使用它，你需要某种指南或者说明书来帮助你运行这个软件，当然你可以借助软件自带的“帮助”系统，然后花上一些时间学会使用它。另外，因为很多大学都有 SPSS 相关课程，所以在网上快速搜索一下就能搜出大量有用的网上学习指南和对用户友好的概述。由于 SPSS 使用广泛，许多重要的学术出版社还提供了它们自己的使用指南——我建议选择一个有如下特点的指南：（a）里面没有任何数学公式；（b）除指导如何运行软件外还提供统计解释；（c）有分步骤的详细指导，还有大量的说明；（d）提供结果呈现方式的模板（我觉得 Pallant 2005 很有用）。

9.2　准备分析用的数据

布朗（Brown 2001）指出，收集好数据只是成功了一半，我们现在还需着手另一半，即处理成堆的调查问卷、测试或是对各种定量评分的记录。戴维森（Davidson 1996：ix）说，令人惊讶的是，很少有统计学教材描述过“将一堆杂乱无章的纸稿整理成可靠的在线数据的痛苦经历”。情况大致如此，所以我们先花点时间来浏览几个初始步骤，这几步通常被称作数据准备。 199

准备分析用数据的第一条原则是需要将定量数据存储到计算机文件中。这需要对数据进行系统编码，创建一个数据文件，然后输入编好码的数据。一旦数据在线，在对它进行分析之前需要筛选和清理，甚至有可能需要操纵数据。

9.2.1 编码定量数据

定量数据分析软件可处理数值型的数据，而非字母型的数据。尽管SPSS 允许储存记录为字母的信息（例如词语或固有名称），但是和处理数值统计技术的巨大工具库相比，处理文本数据的程序非常有限。因此，数据处理的第一步是通过“编码步骤”（coding procedures）将受访者的回答转化为数值。因为数字本身并无意义，并且很容易整合起来，因此编码阶段的一个要素是定义每个变量，然后为每个特定变量可能会具有的“值”做编码说明（这里我们应当注意“值”是统计学专用的一个术语，指的是分配给对变量做出回应的各个选项的数值）。例如，性别数据通常被标记为“性别”，它有两个数值型的值：“男性”通常编码为 1，“女性”为 2。

如测试分数这样的数值型变量，它的编码很简单，因为变量的取值范围就是测试的分数（例如，某人 TOEFL 变量的分值是 580）。有些调查问卷的内容是封闭式的测度项，例如利克特量表（可参见 5.2.3），它的编码框架同样很简单：每个事先定义好的回答选项都被分配一个数字（例如，“十分不赞同”=1，“不赞同”=2，“中立”=3，“赞同”=4，“十分赞同”=5）。对于简单的开放式调查问卷（比如一个背景信息问题“你过去学过哪些外语？”），它的编码框架会比较复杂，因为它可以有非常多的类别（例如，德语 =1，法语 =2 等），实际上，调查问卷有多少个回答就有多少个类别。因此，有了这些测度项，在处理数据的过程中，受访者每提及一门新语言，就多加一个数字，编码框架就不断地被拉长。

然而，关于其他一些诱导更多或更长回答的开放式调查问卷测度项的编码，可能不再局限于机械地将一个类别转换为数字，而是需要编者自己做出大量的主观解释和总结。例如，对于这样一个问题“你最喜欢的休闲活动是什么？”，我们的任务是将回答里的多种信息压缩至有限的类别
200 数，不断地决定是否将两个相似但不完全相同的回答（例如遛狗和散步）归为同一类或划为不同类。

从前，研究者们不得不编制一个编码本，其中包括了他们调查中涉及的每个变量的编码框架。而 SPSS 最新一版的数据文件提供了便利的功能，包含了对所有变量及其值的详细描述，调查者现在只需将编码本合并到数据文件中。这种便利的另外一个证据是，从第 12 版开始，变量名称的长度可以达到 64 个字符，并允许输入意义丰富的描述符（然而在更早的版本中，变量名称最多只有 8 个字符，这迫使我们只能取一些带有奇怪缩写的变量名）。

9.2.2 输入数据

将数据输入计算机文件需要三个步骤:（1）创建数据文件，（2）定义变量的编码框架，（3）键入数据。

创建和命名数据文件

在现代统计软件（比如 SPSS）中创建一个新数据文件是很简单的事

情。然而，在数据分析的过程中，我们通常会改变数据文件的性质（例如，重新编码变量或计算新合成的变量）。还有研究新手（甚至是有一点经验的研究者）经常碰到的问题是多个版本的数据文件存储在一起，它们的文件名经常混淆，文件就变得混乱。另外，在很多研究中，我们可能在后期阶段返回到数据集，这时如果没有安全的命名和标签系统，也没有持续更新的研究日志（参见 3.4.2），分清楚每个文件分别是什么是一件令人气馁的事情。因此，采取以下的命名步骤是可行的（如何正确执行这些步骤还需要咨询 SPSS 的指南）：

1. 用一个简单的总名称命名数据文件（例如，“动机 _ 数据”），SPSS 会加上一个扩展名 sav；无论何时你改动了这个数据文件，用一个新名称保存修改后的文件（例如，“动机 _ 数据 1.sav”“动机 _ 数据 2.sav”等）。我的经验是不能在文件修改后仍保持原文件名，因为这会让你在后期很难（不是说绝对不可能）追溯曾做过什么改动。
2. 第一版的数据文件（“动机 _ 数据 1.sav”）如果没有经过任何修改的话，应该保存了原始的数据。
3. 每当对数据文件做出改动，我们需要以“命令文件”的形式永久记录下这个改动，在 SPSS 中这称作“语法文件”，带有扩展名 201
sps。这样的语法文件可用“复制”（PASTE）命令以互动模式来实现。
4. 命名这个创建了新数据文件版本的语法文件，让它和新建的数据文件名保持一致。例如，如果新建的数据文件名是“动机 _ 数据 2.sav”，那么这个语法文件名应是“动机 _ 数据 2.sps”。
5. 如果你一贯按照这个程序来，你会始终知道哪个是最新的数据文件——版本数最高的文件——你也可以通过查看对应的语法文件来追踪这个版本和其他版本相比有何变化。表 9.1 是这个过程的一个例子。

表 9.1　创建 SPSS 新数据文件的样例

保存了原始数据的初始数据文件：动机 _ 数据 1.sav 创建新一版数据文件的语法文件：动机 _ 数据 2.sps *动机 _ 数据 2.sps 举例*： 获取文件 =“C:\ 我的文档 \ 动机 _ 数据 1.sav”. 重新编码 问题 1 问题 5 问题 10 (1=6)(2=5)(3=4)(4=3)(5=2)(6=1). 保存输出文件 =“C:\ 我的文档 \ 动机 _ 数据 2.sav” / 压缩 . （这个语法文件首先打开最新版本的数据文件，然后重新编码 3 个变量的值——问题 1、问题 5 和问题 10 ——最后以接下来的连续号码保存这个新修改的数据文件。）

定义编码框架

创建数据文件并正确命名后，我们需要为每个变量确定编码框架。SPSS 数据编辑器窗口有数据视图和变量视图（显示在左下角）。在变量视图中我们必须首先命名每个变量（最好为每个变量选择一个低于 64 个字符的词，名字越短越好），我们可能也会想要给变量创建一个变量标签（这是自选的）——更长的定义或描述（例如，形成这个变量的整个调查问卷测度项的名称）。我建议在变量命名完成后为每个变量创建值标签（这也是自选的）来描述变量可能带的值，还有描述每个数字代表什么。在后期返回数据文件时，适当的标签会帮助我们记住细节。

202 ### 键入数据

键入数据是十分单调和费时的步骤。我们所有人做定量研究时都要花数不尽的时间在计算机屏幕前输入似乎无止尽的数据。不管这个工作如何无聊和机械，保持专注是基本的要求，因为一旦输错数字就会污染整个数据集。我赞同布朗（2001）的观点，他发现让这个工作更有趣和更准确的方法是与一个同伴合作，轮流口述和输入。SPSS 数据编辑器窗口提供很多用户友好的捷径和选项（例如，剪切和粘贴）来帮助数据输入——请咨询用户指南。

当我们碰到数据缺失情况时——例如，我们没有某个人的水平测试成绩，因为这人缺席了考试——最好的办法是留一个空格（而不是按传统的输入方式输入一个编号如“99”）。这样会确保我们不会无意间将真正的值与缺失数据的编号混合在一起，也为之后数据分析保留了处理缺失数据的机会。

9.2.3 数据筛选和清理

据我的经验，初始数据文件总有错误。有些是在数据输入阶段人为出的错（例如，输入了错误的数字），有些是受访者在填写调查问卷时出的错。“数据筛选和清理”涉及在正式分析数据之前尽可能多地找到并纠正错误和不准确的地方。这是数据准备不可或缺的一个阶段，因为一些错误会完全扭曲研究结果。主要的筛选技巧如下：

- **更正不可能的数据**：多数测度项都有一个明确的取值范围，由给出的回答选项或是这个测度项内在的逻辑决定。快速列出所有测度项的频数（SPSS：分析→描述性统计→频数）可以查找范围之外的值；例如，用利克特六级量表测量时出现了数值 7，这明显不对。如果某个人的年龄为 110，我们也可以怀疑是人为的输入错误。一旦发现这种不可能的数值，我们需检查这份调查问卷的硬拷贝或记录纸，然后输入正确的值。
- **更正在允许范围内输入错误的值**：利克特六点量表中出现数字 7，这很容易被发现和纠正。但是，如果在这个量表中，4 被错误地记录成了 5，遇到这样的打字错误该怎么办呢？唯一的办法非常费劲，即在另一个数据文件中重新输入整个数据库，然后对比两个文件。
- **更正自相矛盾的数据**：有些调查问卷有“路由”测度项，即只有当受访者对前一个问题给了特定的答案时才需要回答的后面的问题。例如，如果一个语言学习者对“你是否在二语环境中持续待了一段时间？”这个问题给出了否定的回答，却对接下来的问题“如果有，多久？”回答了“六个月”，这其中肯定有错。根据问题类型，我们可以从逻辑上检验出来一些错误。但不管怎样，当发现了这种不一致的时候，再仔细地检查一遍问卷可以对错误进行补救。但有时候，摆脱这种污染的唯一办法是清除自相矛盾或是不合逻辑的所有数据。

处理异常值

数据核查强调的是处理与数据集内其他数据不符合的值，因为它们不在通常的范围内（例如在一项任务中，说话量最多的语言学习者比第二多的学习者高出一倍）。这些值得怀疑的值被称为极端值（outliers），它们通常是错误数据的结果，会严重扭曲统计结果。因此，数据筛选或清理的一个重要作用是查出极端值，然后处理它们（如果有的话）。对极端值的定位可以使用“散点图”（图形→散点图）。SPSS 中的探索（EXPLORE）功能（分析→描述统计→探索）非常适合核查极端值，它不仅提供各种绘图（如直方图和箱体图），还呈现每个变量的极值（5 个最大值，5 个最小值）。图 9.1 呈现了对二语学习者在交际任务中使用单词数量的“探索”结果（统计选项中标记了极端值）。在箱体图中，所有被 SPSS 视为极端值的数据都以一个圆圈显示，其对应的编号写在旁边。在这个例子里，第 34 个数据是极端值，极值表可以证实这一点，这个学生比第二健谈的学生多用了超过 20% 的单词。

我们应该如何对待极端值呢？首先，我们需要核查调查问卷或数据记录，了解极端值是否只是我们输入数据时犯的一个错误，如果是这样，这很容易纠正。但是，极端值也可能是一个不寻常但真实的回答，可能是受访者的疏忽，甚至是受访者刻意犯傻（这种事的确会发生在像青少年这样的受访者身上）。如果仔细分析调查问卷的回答，我们应该考虑删除不合理的信息以防结果有偏差。如果我们不能清楚地得出极端值是否真实，我们可以将数据分为包含和不包含极端数值两种情况，然后将数据分析两次，最后对结果进行观察，看其是否能为如何处理极端值提供线索。

204

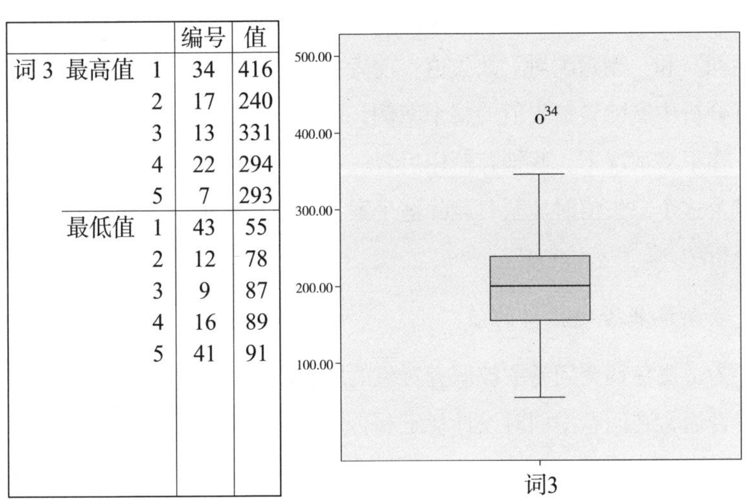

			编号	值
词 3	最高值	1	34	416
		2	17	240
		3	13	331
		4	22	294
		5	7	293
	最低值	1	43	55
		2	12	78
		3	9	87
		4	16	89
		5	41	91

图 9.1　SPSS“探索”功能极端值处理输出图（程序：极端值和箱体图）

9.2.4 数据操作

数据操作指的是在分析之前改动数据集，使之更适合特定的统计程序，但它不会以某种方式改变研究结果。这个阶段关注 3 个详细的问题：（a）处理缺失数据，（b）重新编码某些值，（c）考虑数据标准化。

处理缺失数据

缺失数据的情况很麻烦，至少有两个原因。第一，我们不太确定缺失的回答是否有意义，换言之，是故意省略的，还是只是一个意外。第二，对于特定的统计程序而言，缺失一个值可能会使该受试者的所有其他数据

205 都无效。例如，在多变量的统计中，许多变量同时检验，基本要求是一个人的**所有**变量都要是有效的值，否则这个人会被自动排除在分析之外。遗憾的是，考虑到在所有调查问卷中，缺失数据十分常见，我们最终会丢掉多至一半的样本。很明显这不是我们所期望的结果。这种情况下，统计程序可能会提供一些可以补全缺失数据但不影响实验结果的方法，例如输入平均值或最大似然估计值。幸运的是，好几个统计程序都允许选择“删除整列”和“删除配对”缺失值：前者指的是“强硬”的解决方式，即在所有分析中删除含缺失值的整个案例，尽管有些数据可能在计算中还用得上。在很多情况下，我推荐使用后者——它指的是只在某个具体统计步骤中涉及这个缺失值时才暂时删除这个案例，但仍然可以将它们纳入到其他的分析中。

重新编码否定措辞的值

为了避免调查问卷中被调查对象的所有回答偏向量表的某一端，问卷设计者通常在问卷中同时设计肯定和否定措辞的测度项（这会降低“默许偏差”的不良影响）。例如，一个目标为二语课堂积极态度的量表可能会有这样的测度项“我发现我的语言课很无聊”。如果有否定措辞的项目，在放入多测度项量表之前，我们绝对不能忘记需要倒转分值（转换→重新编码→放入同一个变量中；例子可参见表 9.1）。这听起来好像是一个很普通的、微不足道的建议，容易遗忘，除非你把对这些值的重新编码看成数据准备阶段必需的一个步骤。

数据标准化

我们采用各个子样本的合成结果时（例如几个学校、几个班级），控制子组不齐性的一个办法是使用标准分。原始分的标准化将样本内数据的分布转化为平均值为 0，标准差为 1（这些术语的解释可参见 9.5 的描述性统计）。因此，标准分表达的是原始分和小组平均分的距离，并且通过等量化平均值，各子样本的分数立刻变得可以比较了。基于相关性的分析（如相关分析、因子分析和结构方程模型分析）允许这种转换，因为在我们计算相关性时，对原始分进行机械转换不会影响相关系数的结果。加德纳（Gardner 1985：78-80）支持标准化不齐性问卷数据，也为以下的 206
现象提供了一个假设性的解释，在单独分析时，两个班级分别显示动机与学习成绩有很强的相关性，但将两组数据合成分析时（未经标准化），相同数据的相关性就不再显著。计算标准分可通过点击 SPSS 中的“描述”下的对话框“将标准化得分另存为变量”进行。具体步骤是：点击“分析”，点击“描述性统计”，再点击“描述”，在打开的对话框中勾选“将标准化得分另存为变量”（分析→描述性统计→描述→将标准化得分另存为变量）。

9.3　数据简化和信度分析

“数据简化”（data reduction）介于数据操作和数据分析之间，在某种程度上，尽管这个步骤影响结果，但它的影响被控制在最小范围内。这个步骤的目的在于将变量的数量简化至容易管理的程度，以方便数据分析。每个初始的定量数据集有很多变量，多到甚至超出了需要。例如，一份精心设计的调查问卷包含数个关注各个领域的测度项（可参见 5.2.2），因此，为了数据分析，需要将平行测度项加起来以形成“多测度项量表”。所以，数据简化是创建数量更少却更广泛的变量，其信息量与原始的变量没有差别。实现这个目的最常见的步骤是计算平行或相互联系的几个测度项的平均数（转换→计算变量）。为了判断哪些测度项以及有多少测度项之间互相有联系，我们可以使用“因子分析”这个有用的程序（见 9.10.2）。

合成的变量如多测度项量表只有在其各成分变量同质时才有效，换言之，它们测量的是同一个目标领域，这一点不言自明。在心理测量领域中，这指的是多测度项量表中的每一个测度项都应与其他测度项和量表总分相关，这在利克特的标准中被称为“内部一致信度”（internal consistency reliability）。事实上，“内部一致信度”是问卷这一研究工具中的多测度项量表的心理测量之前提。令人惊讶的是，量表的内部一致信度不仅取决于测度项之间的内部一致性，还取决于量表中的测度项数量。也就是说，包含 20 个测度项的量表比只有 3 个测度项的量表更容易达到适当的内部一致信度。当然，对一个只有 3 到 4 个测度量的小量表而言，一个差异大的测度项造成的破坏程度要比有 20 个测度项的量表大得多，因此对信度证明来说，小量表要比大量表提供更多同质性的证据，这样说也很有道理。

内部一致信度可用克朗巴哈系数（Cronbach Alpha，以创始者 L. J. Cronbach 的名字命名）来测量。它的取值范围在 0 至 +1 之间（尽管在极端情况下——如样本数量太少，测度项测量不同的东西——这个值可能会
207 是负数），如果它非常小，说明不是量表测度项太少就是这些测度项之间几乎不相关。含有 10 个左右测度项的精心设计的量表，其内部一致性估计应该接近 0.80。由于二语习得的复杂性，二语研究者通常想要用一份问卷研究多个不同领域，因此，不能用太长的量表（否则制作问卷将花费好几个小时）。这说明克朗巴哈系数可能有点低，但是就算是只有 3 到 4 个测度项的小量表，我们也应该保证其信度系数超过 0.70；如果量表的克朗巴哈系数达不到 0.60 的话，就应该拉响警报了。

如何计算克朗巴哈系数呢？用 SPSS 分析信度相对简单。SPSS 的“信度”程序（分析→度量→可靠性分析）不仅为每个量表提供克朗巴哈系数，而且通过选择统计选项，它还可以计算将一个特定测度项从量表删除后可能达到的信度系数。观察列出的每个测度项的信度系数，我们可以立刻知道哪个测度项降低了量表的内部一致性，然后考虑删掉它。

9.4　重要的统计概念

在开始探讨我们可以使用的统计技术之前，为了能恰当地选择统计程

序和解释结果，我们需要了解几个重要的统计概念。在这一节会讨论定量数据的几个主要类型、数据正态分布的重要性及统计显著性、置信区间和效应量。

9.4.1 定量数据的主要类型

尽管定量研究有几个可能的数据来源，但是最终以数值编码的数据只有三种类型:“称名”(或是“分类”)(nominal or categorical)数据、“顺序”(ordinal)数据和“等距”(interval)数据。这三种主要数据类型的区别在于测量的精确度，这种区别决定了我们分析数据时使用的统计程序类型。

- **称名或分类数据**：精确度最低的数据类型。它和非数值型的变量有关,例如性别或种族。它对变量的赋值完全是任意地。如前所述，对于性别变量，男性编码为“1”，女性为“2”，这样的取值并不说明大小或程度不同。
- **顺序数据**：涉及的是一些有序的数值。例如一个多选测度项，有选项“决不”“每日一次”“每周一次”和“每月一次”，这会产生顺序数据,因为这些回答可以放在一个“频率”连续统(continuum) 208
  中，但是这些值和量表上的定期测量无关(如“每日一次”“每日二次”“每日三次”等)。
- **等距数据**：最精确的一类数据，也可以被看作是顺序数据，只是它的各值之间的距离是相等的——或者说连续统中彼此间距相同。例如，考试分数通常提供的是一系列的值，在程度和大小上的取值间距没有差异。

当我们为数据选择统计技术时，区分这三种数据类型变得尤为重要。在“参数统计”(parametric procedures)与“非参数统计”(non-parametric procedures）之间存在一个分水岭，前者适用于等距数据，而后者要求的数据类型是顺序数据，甚至是称名数据（我们会在 9.9 再讨论这个问题）。

9.4.2 数据的正态分布

具有统计意义的数据的第二个特征是它们是否成“正态分布”。这指的是，如果我们为数据绘图，会得到一个对称的、钟形的曲线，其中频率最高的分值位于中间，频率更小的分值往两边发散，就如下图所示。实际来说，正态分布意味着有些值低，有些值高，但大多数的值都分布在中间位置，靠近平均值。

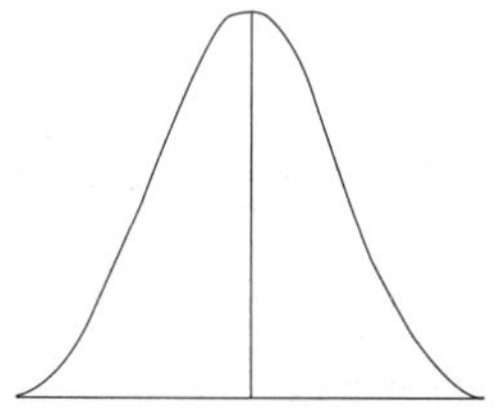

前一节提到了“参数”检验要求等距数据，现在我们可以补充，为了能用参数统计程序，等距数据需要成正态分布。这是数据的一个重要假定，因为本章讨论的多数统计方法都是参数的（非参数检验可见 9.9）。幸运的是，数据不必完全成正态分布，因为许多统计程序可以很好地处理只是接近正态分布的数据。

我们如何判断数据是否成正态分布呢？SPSS 的“探索”程序（分析→描述性统计→探索）的“绘制图”（Plots）选项提供一个特别的“带检验的正态图”（Normality plots with test）功能，它能生成各种绘制图和柯尔莫可洛夫–斯米尔诺夫（Kolmogorov-Smirnov）统计结果，可以检验数据的正态性。柯尔莫可洛夫–斯米尔诺夫统计结果对更小的样本很有效但
209 是对大样本会过于敏感——然而，对于有 100 个或更多案例的样本，其偏离正态分布的可能性会很小。而且有这样大的数据集，通常从表面分布形状就可作判断了（Tabachnick and Fidell 2001：74）。

9.4.3 描述性统计 vs 推断性统计

统计学可以被分成两个主要领域:“描述性统计”和“推断性统计”。二者的区别是统计学的关键，如果不够重视这个区别，往往就不能很好地理解统计学。描述性统计用于总结多组数值型数据，从而达到节省时间和空间的目的。很显然，在描述受访者的回答时，提供一个变量的平均值和范围（即最小值和最大值）会比呈现得到的所有分值更专业。此外，如果进一步统计结果的“标准差”（standard deviation，我们会在 9.5 的描述性统计那里再提及标准差，它是分值间平均离散程度的指数），我们会得到对分值的一个全面描述，并满足许多统计目的。因此，描述性统计能整齐地呈现数据。然而须要注意，依靠这些统计得不到超出样本以外的一般性结论。这意味着我们在报告描述性统计结果时，要在描述每个描述性特点的句子前加上“在本样本中……”。如果我们想要从研究中得出可能的一般性结论——研究目的通常如此——则需要进行推断性统计。一般来说，推断性统计和描述性统计只有一点不同，即进行推断性统计时，计算机还会检验我们从样本观察到的结果（例如差异和相关）是否强大到可以概括至整个总体。直觉告诉我们，我们所发现的结果如果要具有概括意义还需要迈过一定量级的门槛——推断性统计主要就是评估结果和这个门槛之间的关系。

描述性统计很有用，例如，它可以用来描述一个班级学生的成绩。但是如果我们发现样本中男生与女生的二语成绩有明显差异，而且女生表现比男生好（通常都这样），这说明了什么呢？我们可以由此推断出女生更擅长学习语言吗？不可以。基于描述性统计结果，我们只能说，这个班上的女生比男生表现得好。为了能够概括至更广的总体而不仅仅限于特定的样本，我们需要从统计学的角度说明男生与女生的成绩之间存在着显著差异。为了达到这个目的，如上述讨论，我们需要进行推断性统计。

210 9.4.4 统计显著性

通常推断性统计主要关注对“统计显著性”的检验。统计显著性指某个样本的观察结果是否适用于总体，即是否具有概括性。如果一个结果是不显著的，意味着我们不能确定这个特定样本的结果是否只是出于偶然（例如，因为所调查学生的独特组合）。换言之，即使我们觉得这个描述性数据显示出了一定的真实性和概括性的倾向，但如果结果不显著，便不能排除这可能只是巧合。因此，研究中我们必须忽略那些统计不显著的结果。

统计显著性一个重要的特点是它不止与结果的量级有关，还与样本的大小有关。原因很简单：如果我们评估上百万人，即使只有相对小的倾向也会被认为可以代表整个总体，然而如果只有很少的人，即使有很强的倾向我们也不能妄下结论。因此，在计算结果的显著性时，计算机会同时考虑结果的量级和样本的大小。如果一个结果被标记为显著，我们可以松一口气，因为这说明观察到的现象和可能会出现的偶然性有显著的差异。也就是说，它可以被认为是真实的，我们可以报告出来。但是，如果这个结果是不显著的，我们就不需要报告出来（例如，如果两组分数的平均分没有显著差异，即使描述性统计显示了差异性，我们也绝不能说一组大于另一组！）

显著性用概率系数（p）测量，取值范围从 0 到 +1。$p = 0.25$ 意味着获得的结果在 25% 的情况下纯粹出于偶然。在社会科学研究中，我们通常认为，如果 $p < 0.05$，则结果具有显著性，即结果不真实、偶然情况（如样本的特殊性）出现的概率低于 5%。显著性通常以如下方式标记：

*　指 $p < 0.05$

**　指 $p < 0.01$

***　指 $p < 0.001$

须要强调的是，统计显著性并不是最后的结果，因为即使一个结果具有统计显著性（即这是个可靠的、真实的结果，可以适用于更大的总体），它也可能不具有价值。从统计学的角度看，“显著性”只表示“可能真实”而不是“重要性”。要检测一个观察结果的重要性，我们需要考虑“置信区间”（confidence interval）和“效应量”（effect size）这两个概念——见下文。最后有一个技术要点：我建议研究者将计算机程序设置成“双尾”（two-tailed）显著性检验（SPSS 中是默认设置）。当我们不能准确知道结果为肯定或者否定的时候（在 t 检验时——见 9.6 ——我们不确 211
定比较的平均值哪一个更大；还有在相关性分析时，我们不知道相关系数的正负），“双尾”显著性检验对我们特别有用。以我个人的经验来判断，我们要预知结果的方向性，仅凭“单尾”（one-tailed）显著性（更容易达到）检验就足够的情况是很少见的。

9.4.5 置信区间

关于结果，“统计显著性”只给了我们一个是或否的答案，“置信区间”则可以提供更多的信息，即在什么范围内具有显著性（介于两个边界之间）。在社会科学研究中，置信水平通常为 95%，一个拥有 95% 置信区间的平均分可以理解为总体的平均分落在这个范围内的概率是 0.95。如果某个具体样本的平均分落在这个范围内，就可以看作是显著的。SPSS 通常将统计显著性的检验与置信区间合在一起，最近许多研究者建议我们在发表的研究中多报告置信区间。在发表指南中，APA 格式（APA 2001：22）被普遍认为是指导应用语言学呈现研究结果最重要的手册（见 12.2 有关格式手册的内容），该手册指出：

> 报告置信区间是结果报告的一个非常有效的方式。因为置信区间结合了范围信息和精确度信息，可以直接用来推断显著水平；基本可以说，它是最好的报告策略。因此，强烈建议使用置信区间。

用 SPSS 报告置信区间很容易，因为它的很多程序都默认产出置信区间的结果。尽管如此，应用语言学和教育心理学的实际研究通常都只给出统计显著性，却不呈现置信区间。

9.4.6 效应量

如果结果具有统计显著性，我们为什么要为“效应量”（又称“关联强度”）烦恼呢？因为“统计显著性”只说明一个观察到的现象很可能真实且适用于总体（不只是我们的样本），不过这种真实可能没有那么重要。例如，若样本量足够大，即使两组之间的差异很小，也有可能达到统计显著性，但是可能并没有实际或理论重要性。这引起了对显著性测验的
212 总体价值的一个更广泛的争论，事实上，过去十年里对这个问题的争论一直很激烈（近期的综述可见 Balluerka *et al*. 2005）。这一争论导致的结果，是美国心理学会（APA）成立了一个“推断统计任务小组”（TFSI），得出的结论认为，研究者应该在报告主要结果时报告效应量（Wilkinson and TFSI 1999）。

因此，为了提供观察现象所适用范围的相关信息，我们需要计算效应量。如此一来，我们也可以比较不同研究所报告的结果，因为效应量已经转化成了同样的等级。事实上，威尔金森和推断统计任务小组（Wilkinson and TFSI 1999）强调说，学者们应该在报告了效应之后，接着报告和解释效应量，这样可以评估样本、设计及分析之间的结果的稳定性。话虽如此，我们还必须知道效应量最主要的缺陷，即还没有一个公认的、直接的指数用来描述效应量。相反，不同的统计检验有不同的计算，甚至在同一个检验中，我们有时也会发现有可供选择的、互相竞争的几个效应量指标（详细的概述参考 Grissom and Kim 2005）。《APA 出版手册》（APA Publication Manual 2001：25–26）对多指标并存导致的问题进行了很好的解释（见下文），这可能经常困扰许多还不太精通统计学的研究者：

> 你可以用许多常见的效应量估算方式来估计效应量或关联强度，包括（但不限于）r^2、η^2、ω^2、R^2、ϕ^2、格拉默的“V”、肯德尔的 W、科恩的 d 和 K、古德曼–克鲁斯卡的 λ 和 γ、雅各布森和特鲁瓦克斯以及肯德尔提出的对临床显著性的测量，还有用来检测多变量的罗伊的 Θ 和皮莱–巴特利特的 V 等等。

9.4.7 概括的程度

我们之前不止一次提到过，定量数据分析的一个关键问题是判断是否可以将结果概括至其他环境，如果可以的话，可以到何种程度。我们从统计学课本上得到的常规建议通常是一个宽泛无益的方针：不要过度概括！然而，多数情况下的研究都是需要得到可概括的结果。毕竟，可能除了“行动研究”，应用语言学很少只研究一个样本，并且该样本的唯一目的就是只调查在本研究下的特定人群。而我们在定量研究中通常希望发现更多关于总体的情况，也就是世界上所有类似的人群。所以，真正的问题是“不要过度概括”警告中的“过度”究竟是什么意思。

为“过度概括”给出一个没有什么用处但理论上正确的定义也很简单，即将结果概括于样本无法代表的总体（可见 5.1.1）。也就是说，如果研究的是小学生，则不应该将结果概括至中学生或者大学生。这种说法 213
的正确性毋庸置疑，但是它回避了问题的关键，即如果我们过于遵守这个方针，那么在教育心理学中只有很少的研究（如果有的话）可以一般性地谈论“学生”。很显然，没有任何一个调查的规模可以大到包含所有年龄组、种族、学校类型和主题事项等（只列出了 4 个关键因素）——但是对结果的讨论很少仅仅局限在特定的分组内。

话虽如此，我仍然认为应该谨防过度概括。不过在没有对过度概括中的“过度”进行硬性规定的情况下，我们需要尽力在以下两种考虑中找到微妙的平衡。一方面，我们希望探讨更广泛的关联（因为把讨论限制在非常特定的子组会严重减少我们的受众）；另一方面，只有基于大规模的研究才能得出大的结论。虽然如此，研究文献中一些经典研究针对的是非常有限的目标事项，而一些有名的大结论真的是基于小样本研究得出的。

所以，我现在能给出的唯一的结论是，研究者在他们的研究报告中选择概括程度时须要十分谨慎。莱扎拉顿（Lazaraton 2005）提醒我们，使用高性能的参数统计程序容易诱导研究者过度概括他们的结果，从而得出宏大的结论，“结论过于超出了他们方法论所允许的范围”（Tarone 1994，转引自 Lazaraton 2005：219）。另一方面，和美国心理学会的推断统计任务小组一样（Wilkinson and TFSI 1999：602），我鼓励研究者不要害怕“将解释拓展到一般的班级或者人群，如果你有理由假设你的结果可以应用于此”。

9.5 描述性统计

如前所述，描述性统计通过描述数据的总体趋势和数值的总体分布（即分值的变化程度）帮助我们对研究发现进行总结。我们在分享结果时（例如，我们在论文的研究方法一节中描述受试者时），这种统计很有必要，并且是后续进行推断性统计的基础。描述性统计主要有两类：“测量集中趋势”和“测量离散趋势”。

对“集中趋势”的测量指用一个单独的数值去描述整个数据集。三种最常用的测量方式如下所示：

214
- **平均数**（mean）：即分数的平均值。它是最常用的描述性测量，因为考虑了所有分值。但是它有一个缺点，就是极端值会严重扭曲平均值。
- **中数**（median）：即第五十个百分位，即按序排列后位于一组数据中间位置的数。这种测量方式不受极值的影响，而是取决于位于中间的分值。

- 众数（mode）：即出现次数最多的分值。它是一种直接的测量方式，但是它只有在某个分值出现多次时，才能有效地估计集中趋势。

对“离散趋势”的测量为数据集中分值的离散和变异程度提供指数。包括以下几种测量方式：

- 两级差（range）：即最高分与最低分的差。
- 方差（variance）和它的平方根，即标准差（standard deviation）：它们显示所有分值和平均值的平均距离。如果样本数据分布不均匀，包含极端值，方差和标准差就会高；如果样本数据分布均匀，聚集在平均值周围，它们就会低。

我们可以通过 SPSS 的几个步骤得到描述性统计结果，最常用的两个是“频数”和“描述”。在我们的研究论文、学位论文中，这些统计结果总是以表格的形式报告。表 9.2 用 APA 的格式给了一个典型的样本。可以看到几个基本的统计结果，包括平均数（M）、标准差（SD）和受试人数（n）。请注意，在表格中我们通常省略小于 1 的数据的个位 0（我们写 .80 而不是 0.80）。

报告描述性统计的样本

表 9.2　匈牙利学芬兰语的中学生的语言焦虑分数（根据水平分组）

	语言水平								
	初级			中级			高级		
	均值	标准差	人数	均值	标准差	人数	均值	标准差	人数
女性	3.35	.38	353	3.20	.45	1041	3.12	.52	274
男性	3.22	.47	257	3.04	.47	653	2.97	.52	152

215

9.6 比较两组差异：t 检验

对不同组别的人群进行比较是应用语言学研究最常用的统计程序（Lazaraton 2005）。在统计学中，根据想要分析的组别数量，我们可以有很多种不同的方法。如果想要比较两个组（例如，男性和女性），我们可以进行“t 检验”，这是本节的主题。比较两组以上的程序是“方差分析”（ANOVA），我们会在 9.7 小节讨论。

如果取任意两组分数，我们肯定会发现原始分有一些差异，但是我们不能不假思索地假设这个可观察到的差异反映了“真实的”差异。因此我们须要运行 t 检验来检查是否得到了一个可概括的结果，或者这个分数是否只是人为的随机变异。主要有两种 t 检验：

- **独立样本 t 检验**：适用于需要比较独立存在的两个组别结果之间差异的研究设计（例如一班和二班）。
- **配对样本 t 检验**：适用于需要比较从同一组样本中获得的两组分数（即两个变量）的研究设计（例如，学习者的历史和英语成绩）或用于测量同一组受试者两次或多于两次（例如，课前或课后的测试成绩）的设计。也就是说，这个程序检验从同一组样本中获得的不同结果。

这两种检验很相似，都检验两组分数是否存在显著差异。然而，因为前者涉及两组不同的受试者而后者只涉及一组，所以 SPSS 对它们用两种不同的分析运算；因此，我们运行 t 检验时，必须提前选好相应的程序。

9.6.1 例证

SPSS 提供用于练习使用程序的样本数据集，它自带了美国 1991 年综合社会调查的数据。调查的一个变量是受访者感受到的幸福水平。我们检验一下美国 1991 年的男性与女性感受的幸福水平是否有显著差异。为此，我们需要运行一个独立样本 t 检验。它的“语法文件”（分析→比较均值→独立样本 T 检验 + 粘贴）包含以下几个简单的命令：

T 检验 216

组别 = 性别（1 2）

/ 缺失 = 分析

/ 变量 = 幸福

/ 标准 = CI（.95）.

表 9.3 和 9.4 呈现了 SPSS 的 t 检验输出结果：

SPSS t 检验结果样例

t 检验

表 9.3　组统计

性别		N	均值	标准差	标准误差均值
幸福感	1	633	1.76	.593	.024
	2	871	1.83	.532	.021

表 9.4　独立样本检验

		列文方差相等性检验		平均值相等性的 t 检验						
		F	显著性	t	自由度	显著性（双尾）	平均差	标准误差差值	差值的 95% 置信区间	
									下限	上限
幸福感	已假设方差齐性	.029	.865	–2.196	1502	.028	–.071	.032	–.134	–.008
	未假设方差齐性			–2.219	1409.089	.027	–.071	.032	–.133	–.008

从表 9.3 可以看出男性（“性别”变量中用“1”表示）比女性的平均

分要低（1.76 对 1.83），关键问题在于是否达到显著差异。因为表 9.4 中 *p* 值——标记为“显著性”——小于 0.05（0.028），可以将这个差异看成是真实的［注意表 9.4 中，列文检验（Levene’s test）显示差异不显著，我们可以假设两组方差齐性，因此可以看结果的第一栏。如果列文检验显示了显著差异——即 *p* 值小于 0.05——这代表方差不齐，那么我们需要考虑底下这行数据］。这里我们需要注意，在这个数据集里，分数越低代表幸福水平越高，所以我们可以推断美国 1991 年的男性比女性的幸福感要高。

217 独立样本 t 检验最常用的效应量指标是埃塔平方（eta squared，它可以理解为目标变量的差异可以被分组变量解释的百分比）。遗憾的是，SPSS 不提供这个指标，但是用下面的方程式很容易计算（Pallant 2005; N 指的是组内人数）。

$$\frac{t^2}{t^2+(N1+N2-2)}$$

本例的埃塔平方值是 0.003。通常对埃塔平方值的解释是 0.01 = 小效应，0.06 = 中效应，0.14 = 大效应，所以本例的效应量非常小，意味着即使幸福感有显著差异，实际程度也可以被忽略。所以实际上，美国男性并没有比美国女性更幸福。

9.6.2 报告 t 检验的结果

我们经常发现研究文章会以将结果嵌在文本内的方式报告 t 检验的结果，而不是另用一张表。下面的节选是一个典型的结果总结；它表明我们需要提供平均值和标准差（有时候会用表呈现）、t 值、t 值括号里的自由度、*p* 值，还有效应量（“自由度”是一个统计数字，它大致反映了样本的大小。它和样本大小并不完全一致，因为在这种情况下还应该减去分组数量）。

我们已经运行了独立样本t检验来比较美国男性和女性的幸福分数。结果显示男性的分数（$M = 1.76$，$SD = 0.69$）与女性的分数（$M = 1.83$，$SD = 0.63$）之间有显著差异，$t(1502) = -2.20$, $p < 0.05$，但是均值差异的效应量很小（eta squared = 0.003），幸福分数的差异可由性别解释的百分比只有0.3%。

如果有一连串的t检验统计结果，如果觉得放在文本内报告会引起混乱的话，可以用表格形式报告。表9.3和9.4是配对样本t检验的统计结果；表格内我们需要提供总的受试人数（N）、两个比较变量的平均值（M）、标准差（SD）、自由度（*d*）、t值，还有效应量。为了节省空间，我们通常不会在表格内单独呈现*p*值，而是有显著差异的话就在t值后面加上星号来表示显著水平。通常在表格下面会解释这些星号（如表9.5）。

报告t检验统计结果的样本表格

表9.5　学生听力和阅读考试表现的配对样本T检验 218

	均值	标准差	自由度	t	效应量[a]
听力理解			79	8.57*	1.13
考试1	87.8	13.5			
考试2	69.6	18.2			
阅读理解			79	−7.21*	.83
考试1	33.0	22.4			
考试2	51.8	22.5			

* p < .001

[a] 埃塔平方（eta squared）

9.7　比较两个以上的组：方差分析

"方差分析"（更准确来说是"单因素方差分析"，通常被称为ANOVA），与t检验非常相似，但是我们用它来估计超过两组均值的差异显著性（例如，三个班级的平均成绩）。我们也可以运行方差分析来比较两个组的均值，其结果和 t 检验的结果是一样的。在对 1991 至 2001 年间发表在四大应用语言学期刊的实证研究的调查中，莱扎拉顿（2005）发现方差分析是最常用的统计程序，它在论文的报告分析中的占比超过了 40%。她断定，“这个发现暗示如果应用语言学家们想要只运行和 / 或解释一个统计程序，那这个程序应该是方差分析”（p. 218）。运行 ANOVA，我们需要以下两种变量：

- **因变量**是用来比较的目标变量，如学校成绩。
- **自变量**（SPSS 里称为“因素”）是分组变量。我们想要比较多少个组就有多少个值。例如,我们可能有一个叫作“班级组”的变量，它有代表三个班的三个值（1、2 和 3），这样我们就可以用方差分析比较这些班级。

ANOVA 通过两个步骤来产生多重比较。首先计算 *F* 值，并检验显著性。如果这个值显示出显著性，说明在组间均值比较中至少有一个是有显著差异的。然而，有不止两个组，就有不止一次的比较（即有三个组——
219 A、B 和 C——就有三次比较：A 与 B，B 与 C，C 与 A），我们需要第二步来决定哪个或者哪些比较是显著的。因此，我们要做事后检验（post hoc）。在 SPSS 中，方差分析有这个“事后检验”选项。它列出了几种事后检验的方法，一般都会给出几乎一致的结果（最常用的是 LSD、S-N-K 和 Tukey）。这里有必要指出的是，只有在之前方差分析的 *F* 值具有显著意义时才进行事后检验。

9.7.1 例证

我们再一次采用美国 1991 年综合社会调查的数据。如果我们观察

“种族”变量（指的是受访者的种族背景），会发现受访者可分为三类：白种（1），黑种（2），其他（3）。我们来检验一下这三个种族是否有不同的幸福感。

它的“语法文件”（分析→比较均值→一元方差分析 + 粘贴）和 t 检验一样简单：

单因素

种族幸福感

/ 统计描述性

/ 缺失分析

/ 事后分析 =SNK 显著性 (.05)

SPSS 的输出结果打印在下面的表 9.6—9.8 中。正如 p 值（表 9.7 中标记为“显著性”）所示，F 值在 $p < 0.001$ 的水平上具有统计意义上的显著性，这十分引人注目。事后检验（S-N-K）表明，差异主要体现在白种人和其他种族之间（从两列中可以看出）：白种人比非白种人（黑种和其他）幸福感更高，后两组之间没有显著差异，因此必须看成是相同（应注意它的编码是分值越低，幸福水平越高）。

方差分析统计的 SPSS 输出结果报告样本 220

表 9.6　描述性

幸福感

					均值的 95% 置信区间			
	N	**均值**	**标准差**	**标准误**	**下限**	**上限**	**最小值**	**最大值**
1	1256	1.77	.604	.017	1.73	1.80	1	3
2	201	1.97	.651	.046	1.87	2.06	1	3
3	47	1.94	.673	.098	1.74	2.13	1	3
总计	1504	1.80	.617	.016	1.77	1.83	1	3

表 9.7　方差分析

幸福感

	平方和	自由度	均方	F	显著性
组间	7.680	2	3.840	10.225	.000
组内	563.679	1501	.376		
总计	571.359	1503			

事后检验

均一子集

表 9.8　幸福感

纽曼–科伊尔斯检验[a,b]

种族	N	阿尔法子集 = .05	
		1	2
1	1256	1.77	
3	47		1.94
2	201		1.97
显著性		1.000	.725

呈现了均一子集中的均值

a. 使用了调和平均样本量 =110.914

b. 各组大小不平衡。使用了平均样本量调和，无法保证不出现 Type I 错误[①]。

221　就像 t 检验一样，方差分析最常用的效应量指标也是“埃塔平方”（可以理解为因变量的变异可由自变量解释的百分比）。遗憾的是，SPSS 不提供这个指标，但是用下面的方程式很容易计算（Pallant 2005）：

$$\frac{\text{组间平方和}}{\text{总平方和}}$$

“平方和”的数字可在方差分析的结果表格中找到。本例的埃塔平方值为 0.013。通常对埃塔平方值的解释是，0.01= 小效应，0.06 = 中效应，

① 所谓 Type I 错误指的是本来应该接受零假设，却错误地拒绝了；和 Type I 对应的是 Type II 错误，它指的是本来应该拒绝零假设，却错误地接受了。——译者

0.14 = 大效应，所以本例的效应量非常小，意味着即使幸福感有显著差异，也没有实际意义。

9.7.2 报告 ANOVA 的统计结果

与 t 检验相似，研究文章中，ANOVA 的结果通常以嵌在文本中的形式报告。下面的例子表明我们需要提供平均值、方差、F 值、自由度、括号中的样本量、P 值和效应量。如果有显著差异，则还需要提供事后检验的结果。请注意，在下面的例子里，描述性统计结果嵌在文本里，但是为了使表述更清晰，描述性的信息通常用单独的表格呈现。

> 单因素方差分析表明，白种人（M = 1.77，SD = 0.67），黑种人（M = 1.97，SD = 0.65），其他人（M = 1.94，SD = 0.67）的幸福感有显著差异，$F(2，1501) = 10.23$，$p < 0.001$。效应量很小（eta squared = 0.013）。纽曼-科伊尔斯事后检验说明白种人与非白种人（黑种人和其他人）的幸福感有显著差异，白种人幸福感更高，$p < 0.05$，而黑种人与其他人种之间没有显著差异。

如果进行了多次比较，则可以用表格报告结果。表 9.9 呈现了方差分析统计结果的样本，包含了对所比较的子样本的描述性统计。

报告方差分析统计结果的表格样本

表 9.9　不同居住环境学习者情感变量比较 222

	均值（标准差）			F(24,798)	效应量[3]
	乡村（n=1,555）	城镇（n=1,690）	城市（n=1,553）		
对待游客态度	3.26（1.06）	3.22（1.05）	3.13（1.09）	6.28*	.003
自信度	4.06（0.75）	4.06（0.76）	4.11（0.70）	2.45	.001
语言学习动机	3.16（0.96）	3.09（0.98）	2.98（0.99）	13.20**	.006

*$p < .01$. **$p < .001$

[3] 埃塔平方（eta squared）

9.7.3 协方差分析

协方差分析（ANCOVA）程序回答的主要问题与 t 检验和方差分析相同：不同组间均值是否有显著差异，也就是说，是否同样应用于总体。然而，协方差分析在比较均值之前比方差分析多了一个要素，它从统计上去除了特定的遮蔽效应或者干扰效应，例如，与目标变量（因变量）相关的特定组间差异。例如，如果我们想要比较两个班级的二语课程成绩，去掉班级之间语言天赋差异的影响后，结果可能会更公正。因此，如果要比较两组或超过两组的变量，而且我们怀疑各组之间可能存在一些重要的、可能会影响因变量的背景变量时，我们可以指定这个背景变量为"协变量"，然后控制这个协变量，运行协方差分析来检验组间差异。换句话说，实际上，协方差分析通过去除特定背景变量的影响为进行组间比较创造了一个更公平的比较方法。

使用协方差分析的一个特例是准实验设计（可参见 5.3.2），我们控制前测成绩作为协变量，然后比较控制组和实验组的后测成绩。在此例中，我们发现后测成绩之间有显著差异，那么差异只能和前测之后发生的事件有关，因为控制前测成绩后，先前存在的两组差异已经被去除。

223 SPSS 的"一般线性模型"（General Linear Models）（分析→一般线性模型→单变量）下有"协方差"选项。尽管在 SPSS 中运行这个程序不是很难，但是篇幅有限，在此就不提供具体指导了——具体细节请参考 SPSS 的指南。关于 SPSS 输出结果的一个好消息是在靠近显著值处有"偏埃塔平方"指标，也就是效应量，所以不需要我们手工计算。

9.8 相关性

统计学的两个关键目的是观察变量间的差异——在 9.6 和 9.7 已经讨论过了——和检验变量间的相关性。达到第二个目的的统计程序被称为"相关性分析"，我们可以通过它来观察和估计两个变量之间相关的程度和相关的方向。为此需要计算两个变量的“相关系数”，取值从 –1 至 +1：

- 相关系数高代表相关性强（即如果一个个体在一个变量上得分高，他 / 她很可能另一个变量也得分高）。例如，学生在语言天赋上的得分和外语成绩很可能呈很高的正相关。
- 相关系数为 0 说明两个变量无关联。例如，学生对巧克力的态度与兄弟姐妹的个数无显著关联。
- 相关系数为负说明是负相关。例如，学生缺课天数很可能和他们的综合学习成绩呈负相关关系。

当然，与 t 检验和方差分析相似，相关系数需要具有统计意义上的显著性才能表明它是真实可信的。

9.8.1 相关度

为了指出相关系数的程度，在应用语言学研究中，我们可以发现相关系数低至 0.3–0.5 仍然是具有意义的相关性（例如，学习动机和学习成绩），并且如果两个测试的相关系数大约是 0.6，我们可以说它们测量的很可能是同一件事。尽管负相关前面有个负号，但这只代表它们的关联方向而不是程度：相关系数 $r = 0.6$ 和 $r = -0.6$ 代表同样程度的相关度。此时我们必须注意，相关系数只描述“线性关系”，也就是说，两个变量的关联遵循“如果一个得分高，很可能另一个也得分高”的原则。因此，相关性不适合估计“曲线关系”，即分值的 U 型分布（例如，对于 224
多数人而言，吃巧克力和享受之间的关系在上升到一个水平后会稍微有所下降）。

为使实际的相关度更清晰，将相关系数平方的做法很常见，因为这样得到的结果代表的是两个变量方差的比例（即一个变量的方差由另一个变量解释的程度）。例如相关系数为 0.60 意味着 36% 的方差由两个变量的关系解释而不是出于偶然或其他原因。这个指标可以看作相关性的“效应量”。

9.8.2 相关分析的主要类型

下面列举了应用语言学使用的四个主要相关性分析类型（第五种——非参数会在 9.9.2 中介绍）：

- 皮尔逊（Pearson）积差相关：标准类型，计算的是两个连续变量。我们一般谈论“相关性分析”的时候，通常指的就是这个。皮尔逊积差相关系数用小写字母 *r*（发音为“rho”）表示。
- 点双列相关和 phi 相关系数：一个或两个变量都是二分变量（即只有两个值，例如“性别”）时，可以计算的相关系数；幸运的是，我们不需要担心这个，因为 SPSS 会相应地自动调节计算。
- 偏相关：这是一个非常有用的技术，它允许我们在去除了两个变量和第三个变量因互相关联而引起的相关影响后检验两个变量的关系（例如，一个学习者智力 / 天赋的背景变量在计算学习动机和学业成绩时很容易影响分值）。这在某种程度上相当于方差分析的相关分析对应程序。
- 多重相关：计算一个变量与一组变量相关性的技术。这个相关性可以用于如多个学习者特点组合起来对学习成绩的影响（如天分、动机、创造力、焦虑等）等方面。它通常用大写字母 R 表示。

9.8.3 因果关系的问题

225 在讨论相关分析的各种技术之前，我要强调一下相关研究的最大缺陷就是它不能确定原因与结果。当两个变量显示了较强的相关性时，我们不能断定这是因为一个变量导致或影响了另外一个变量。我们只能说，它们相互关联，一个变量得分越高，另一个变量也可能得分越高。也可能存在这样的情况：观察到的两个变量的显著相关性可能只是因为它们分别与第三个变量相关。例如，我们可以认为体力和语言学习动机有显著的负相关，不是因为这两个变量之间有什么联系，而是因为它们都与学习者的性别有关：男生可能更强壮，女生可能学习语言更积极。因此我们在报告相关结果时必须非常谨慎。另一方面，因为两个变量之间可能（通常）有因果关系而相互关联，所以相关性分析可能为后续的实验研究指出方向。

9.8.4 运行 SPSS 的相关分析

运行“普通的”相关分析（即“皮尔逊积差相关”）很简单：分析→相关→双因素。我们不需要担心只有两个值的变量——SPSS 会相应地自动调节计算。我发现，运行相关性分析之前，生成描绘数据分布的散点图（图形→散点图）很有用。图 9.2 呈现的是 44 名英语学习者在一项二语交际任务中产出的单词（word）和轮次（turn）的数据分布。尽管图中有明显的异常值（我们可能想要“处理”——见 9.2.3），但我们可以发现“雪茄形”的一团，它暗示很可能有强相关（的确，$r = 0.57$）。如果这个主体的一簇圆点形成了一条曲线，那么采取相关分析就不合适了，因为相关设想的是线性相关。

偏相关和前者相似，其操作也很简单：分析→相关→偏相关。这里我们需要做的是指定应该控制的附加变量。

多重相关可以用“回归”（Regression）命令来计算（分析→回归）。这里多重相关作为默认值而产出。多重相关用于计算一个变量与一组变量之间的相关性。在“回归”对话框中指定一个变量为“因变量”，将多组变量输进“自变量”对话框。“方法”应该是“输入”（enter），这是默认设置。在输出的结果中，多重相关系数 R 可以在“模型摘要”（Model summary）表格里找到，还可以在这张表里的“R 平方”下找到共项方差的总量。R 的显著性可以在下一张命名为“方差”的表格中找到。

226

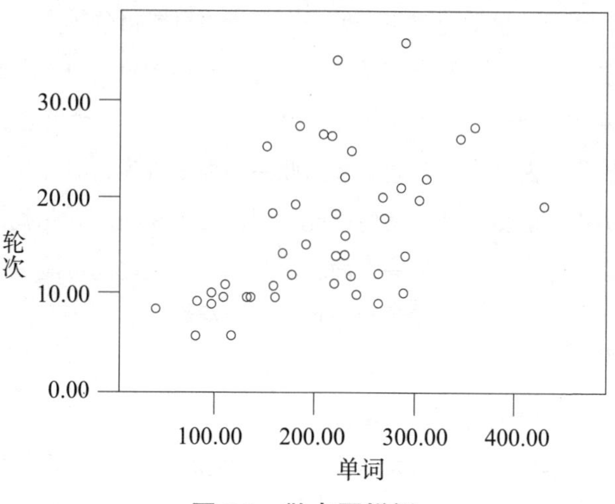

图 9.2　散点图样例

9.8.5 报告相关性

研究文章通常用表格或者“相关矩阵”来报告相关性。这些表格会显示研究中所有变量之间的相关系数。表 9.10 就是一个典型的例子。请注意，表格中使用的所有缩写在表格下面的“注”里都有解释。

相关矩阵样例

227 **表 9.10　动机定位和成就测试之间的相关性**

成就测量	动机定位	
	内在动机	外在动机
GPA—总分	$.34^{***}$	$-.23^{**}$
GPA—语言艺术	$.23^{***}$	$-.17^{*}$
GPA—数学	$.25^{***}$	$-.15^{*}$
CATS—总分	$.27^{**}$	$-.32^{***}$
CATS—阅读	$.21^{*}$	$-.30^{***}$
CATS—数学	$.28^{**}$	$-.28^{***}$

注：GPA= 平均学分绩点，CATS= 加利福尼亚的成就测试

$^{*}p < .05.$ $^{**}p < .01.$ $^{***}p < .001$

相关系数也可以夹在文本中报告。这里有一个例子："我们可以从证实内在动机有益的大量文献中得出结论，总平均绩点和内在动机确实有强烈的正相关（$r = 0.34$ $p < 0.001$）。"有些期刊不用括号来呈现数据，如下面这个例子："皮尔逊相关分析证明可以接受 GPA 和内在动机相关的假设，$r = 0.34$，$p < 0.001$。"

9.9　非参数检验

在 9.4.4 中我们看到有几种不同的定量数据，"等距""顺序"和"称名"。等距数据提供最"精确"的信息，这种数据——假如是近乎正态分布的——可以用参数检验来处理，如方差分析或皮尔逊相关分析。如果在我们手中的是不太精确的顺序数据，或者是分类数据（即称名数据），又或者是不呈正态分布的数据，那么参数检验就不合适了，我们需要使用非参数统计程序。SPSS 提供多种非参数检验，每个基本的参数程序都有相对应的非参数的替代选项。

在具体描述这些程序之前要注意一点，即我们对数据的"等距性"或者数据是否正态分布不太自信的时候，也可以用非参数检验。然而，这引起了一个问题：如果非参数检验可以用于称名、顺序甚至等距数据，丝毫不用担心是否正态分布，那么为什么我们不一直使用这种检验方法？这是因为我们要选择效能最大的程序来检验我们的假设（在统计学中，"效能"是一个专门术语，它和取得统计显著结果的概率有关）。参数检验利 228
用了最多的信息，所以它比相应的非参数检验的效能更大。实际上，这说明我们在进行比较的时候，如果用参数检验的话，如比较两组均值的 t 检验，相比用非参数测验做同样比较，我们更可能得到显著的结果。因此，如果我们对变量的测量和分值的分布有信心的话，参数检验应该是首选。但是请注意，非参数检验并不一定就是次佳的选择。例如，在最近一个研究中，我们怀疑度量的间距，因此用非参数检验（斯皮尔曼相关——见后文）代替了参数的（皮尔逊）相关分析。我们惊讶地发现有时候得出的相关系数实际上更高！

应用语言学中最常用的非参数检验是“卡方检验”。描述完它之后，我会简短地概述一下几种其他的有用的非参数选择。

9.9.1 卡方检验

卡方检验（Chi-square test）这个程序很有价值，因为它是少数可以处理称名数据的程序之一。回想一下，与称名数据相关的是一些可归为不同类别的信息。（称名数据的典型例子是“母语背景”，可分为汉语普通话、匈牙利语、韩语等；或者“性别”，可分为男性和女性）。举个例子，有一个由 40 名学生组成的学习小组（20 名男生和 20 名女生），他们参与了一场需要投“是”或“否”的投票活动。投票的频数按性别分类，可以放在一张 2×2 的表格里：

	男生	女生
是	4	11
否	16	9

观察以上数据，我们不禁怀疑学生的性别是否影响他们的选择，因为男生似乎很少人投“是”。卡方检验程序能够告诉我们投票方向是否和性别呈显著相关，如果真的相关，那么我们可以找出每个方格里的数据与预期值相差多少。卡方检验可以通过“交叉列联表选项”中的统计选项来执行（分析→描述性统计→交叉列联表→统计）。除了选择卡方检验之外，也可以在“单元格”（cells）选项中选择“期望”（expected）、“观察计数”（observed counts）和“非标准化残差”（unstandardized residual）。

还有一种简化形式的卡方检验。如果已知变量值，当我们想要看看这些变量值是否与期望值有显著差异时，它就会很有用。最常见的例子是用它来检测样本的性别分布是否与普遍的性别分布有显著差异，因为我们知

道普遍性别分布大致是均匀的。这种卡方检验可以通过选择分析→非参数检验→卡方→运行。 229

例证和报告结果

为了解释第一种卡方检验（最常用的一种）的结果，我们再次使用了美国 1991 年综合社会调查的数据集（在 9.6.1 和 9.7.1 曾用过）来检验取样的“性别”和“种族”是否互相独立或者两者有系统的联系（即某个种族中挑选了更多男性或更多女性）——很显然，我们不想看见后面这种情况，因为这相当于性别有偏差。表 9.11 和 9.12 呈现了 SPSS 的输出结果。

报告 SPSS 卡方检验统计结果的样例

表 9.11　性别 * 种族交叉列联表

			种族			总计
			1	2	3	
性别	1	计数	545	71	20	636
		期望计数	529.9	85.5	20.5	636.0
		残差	15.1	−14.5	−5	
	2	计数	719	133	29	881
		期望计数	734.1	188.5	28.5	881.0
		残差	−15.1	14.5	−5	
总计		计数	1264	204	49	1517
		期望计数	1264.0	204.0	49.0	1517.0

表 9.12　卡方检验

	值	自由度	渐进显著性（双尾）
皮尔逊卡方	5.011[a]	2	.082
似然率	5.094	2	.078
线性和线性组合	2.944	1	.086
有效案例中的 N	1517		

[a]0 单元格（.0%）的期望计数小于 5。最小期望计数为 20.54。

我们首先看皮尔逊卡方检验结果中卡方值的显著性，如果显著即 $p < 0.05$，则可以断言两个变量并不是批次独立的，而是相关的。如果这样，观察结果和期望值的“残差”就会告诉我们最大的影响出现在哪里。
230 在本例中，皮尔逊卡方检验的卡方值不显著，意味着样本中男性与女性的比例之间没有显著差异（从研究角度来看这是好消息）。的确，相对样本量而言，“性别”变量的交叉列联表中的残差非常小。

我们可以按以下方式报告结果：“一个 2 × 3 的卡方检验分析结果表明，样本中受访者的性别与种族背景之间没有显著相关，χ^2 (21,517) = 5.01，$p = 0.082$”。

9.9.2 关键参数检验的非参数对应检验

虽然不做详细介绍，但我会列出其他一些有用的非参数检验。它们的运行很简单，解释的方法也和相应的参数检验一样。

- **斯皮尔曼**（Spearman）**等级相关**：点击皮尔逊相关对话框中的“斯皮尔曼”就可获得斯皮尔曼相关系数（可见 9.8.4）。正如其名所示，这个分析基于数据的序列（依次排列）而不是实际的值。它适用于不满足正态分布或等距性假设的顺序数据或等距数据。如果我们比较斯皮尔曼和皮尔逊这两种相关分析，用它们计算相同的变量，我们会发现它们很相似，但是斯皮尔曼相关系数——不出所料——通常效能低于皮尔逊相关系数；也就是说，效能越低，伴随的显著性指标就会越高。
- **曼-惠特尼 U 检验**（Mann-Whitney U test）：独立样本 t 检验的非参数对应检验（分析→非参数检验→两个独立样本→曼-惠特尼 U 检验）。
- **威尔科克森符号秩检验**（Wilcoxon signed-rank test）：配对样本 t 检验的非参数对应检验（分析→非参数检验→两个相关样本→

威尔科克森）。

- **克鲁斯卡–沃利斯检验**（Kruskal-Wallis test）：单因素方差分析的非参数对应检验（分析→非参数检验→ K 个独立样本→克鲁斯卡–沃利斯 H）。

9.10　高级统计程序

前面的章节介绍了一些基本的、最常用的统计程序。在这最后一节，我会介绍一些更高级的方法。多数情况下，“高级”并不是说人们一定需要学习更多数学知识来运行检验。事实上，第一个要介绍的程序——“双因素方差分析”——与之前讨论的运行程序的区别只在于在我们熟悉的交互式 SPSS 对话框中稍微多了一些选项。 231

接下来要介绍两个程序“因子分析”和“聚类分析”。它们是探索性方法，选择不同的选项会导致不同的结果。因此，这些方法需要我们对指导原则有全面的了解（但不是数学！）。最后，我会简单介绍两个在过去十年里非常流行的程序：“结构方程模型”和“元分析”。它们在某些方面很复杂，需要借助特别的软件才能使用。这里我只对它们稍做总结，从而帮助理解使用了这些程序的论文。

尽管高级统计程序似乎提供了更多的分析机会，但是，这里值得引用美国心理学会“推断统计任务小组”的建议，要注意不要将分析复杂化（Wilkinson and TFSI 1999：598）：

> 现代定量方法的种类太多，留给研究者的重要任务是选择与研究问题匹配的分析和设计。尽管复杂的设计和先进的方法有时候在处理研究问题时很有效，但是更简单的经典方法通常可以为重要的问题提供精妙的、充分的回答。不要为了给读者留下深刻印象或为了避免批评而选择分析方法。如果更简单方法的设想和效能对你的数据和研究问题来说是合理的，那就用它。

9.10.1 双因素方差分析

双因素方差分析（Two-way ANOVA）和我们在 9.7 中讨论过的单因素方差分析类似，二者只有一个区别：不是只有一个自变量或分组变量，而是同时包含两个这样的因素。例如，如果有一个来自三个不同班级的入学儿童数据集，我们会用单因素方差分析来比较它们的结果。但是，如果我们知道还有其他一个相关因素可以把这些学生分为其他的组（例如他们的性别或二语熟练水平），我们想要把这个因素也加入到范式中，那么就需要运行双因素方差分析。

从数学上来说，双因素方差分析比单因素方差分析更复杂，因为我们需要不止一个 F 值，而是三个：两个自变量各有一个，还有一个是交互作用。举例是理解它的最好办法。

一项关于匈牙利入学儿童对不同外语所持态度的大规模的纵向调查（Dörnyei *et al*. 2006）发现，儿童对德语的态度在 1993 年（第一批数据收集）至 2004 年（最后一批数据收集）之间有显著下降的趋势。我们也注意到在校学德语的学生比学其他语言的学生更倾向于对语言抱有积极的态
232 度，不管德语是他们自己的选择还是不得已的选择，因为学校只有这一门二语课程。我们想要结合这两个观察结果，并且检验是否在这 11 年里积极的德语学习者的态度比非德语学习者的态度下降程度要低。这是双因素方差分析的一个典型例子，其中“对待德语的态度”是因变量，“时间”和“学校”是自变量。

我们可以在 SPSS 中先选择“一般线性模型”，然后选择“单变量”来运行双因素方差分析。自变量称为“固定因素”。表 9.13 呈现的是我们获得的 SPSS 输出结果。我们对表中的第三至五行感兴趣。第三行告诉我们学校这个自变量的效应的确非常显著（我们之前知道）。第四行告诉我们的确有非常显著的时间效应（我们也知道）。第五行报告的是影响德语相关态度的两个变量的交互作用的结果。极为显著的 F 值表明有“真实的”联合效应。

报告双因素方差分析 SPSS 输出结果的样例

表 9.13　受试间效应检验

因变量：对待德语学习态度

源	III 类平方和	自由度	均方	F	显著性
矫正的模型	649.585[a]	3	216.528	534.084	.000
截距	98781.531	1	98781.532	243652.7	.000
学校	275.011	1	275.011	678.336	.000
时间	350.540	1	350.540	864.635	.000
学校 * 时间	21.847	1	21.847	53.888	.000
错误	3875.404	9559	.405		
总计	119082.480	9563			
矫正后的总变异	4524.989	9562			

a. R^2 = .144（矫正后的 R^2 = .143）

解释这种交互作用的最好办法通常是图表。SPSS 的“单变量”的选项为我们提供“绘图”（plot）选项。图 9.3 是基于输出结果的线性图。如果两个自变量之间没有显著的交互作用，我们在图 9.3 中会看到两条几乎平行的线。在本例中，交互作用很显著，我们不难发现，这是由于积极的德语学习者对待德语的态度并没有和非积极学习者一样下降得那么剧烈。

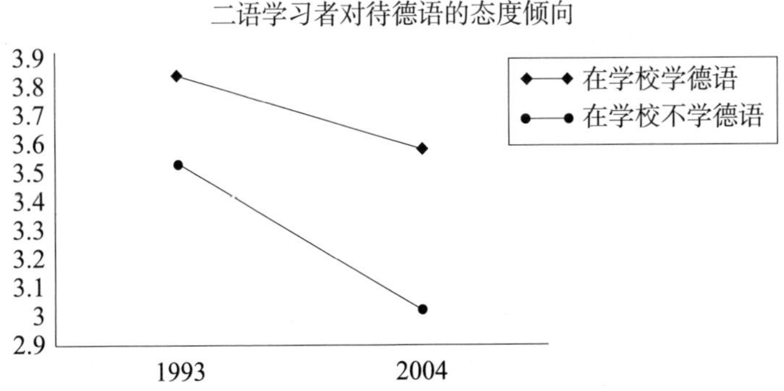

233

图 9.3　描述二语学习者对二语的态度倾向随时间变化的图表样例

熟悉这个程序的研究者会愿意研究每个变量只有两个值的自变量（如图 9.3），因为这样，对结果的解释更简单一点。超过两个值就需要进行事后检验（和方差分析类似）——这些在 SPSS 中是现成的。我们可以通过点击选项“效应量估计”（Estimates of effect size）得到效应量；对效应量指标“偏埃塔平方”的解释和方差分析的解释一样。

9.10.2 因子分析

“因子分析”（factor analysis）从数学上来说是非常复杂的，但是从概念上来说却非常简单。为了发现大数据集下面的内在结构，它将提交分析的变量减少至少数几个变量，但仍然包含了原始变量中大部分信息。这个程序的结果是一个小的潜在的维度集，称为“因子”或“成分”。例如，如果我们收集了关于一组儿童的各种片段信息，有二语水平（如测验分数、课程成绩、能力知觉）和体能（如跑步速度、体育课成绩、一些体力指标），因子分析可能会产生两个因子，就是对应这两个领域。

作为因子分析输出结果的一部分，SPSS 产生的这张表——因子矩阵（factor matrix）——包含了获得的因子之间的相关性和提取因子的原始变量。这些相关性是“因子载荷”（factor loadings），它们表明每个原始变量对最后合成因子的促成程度。因此，使用因子分析的研究利用了其“模
234 式发现”（pattern-finding）能力，即对各种不同的测度项进行抽样，继而检验它们和公共主题之间的关系。因子分析的作用在于使大数据集更易于管理，因此通常用作进一步对数据进行处理前的准备步骤。

SPSS 中因子分析的运行很简单（分析→降维→因子分析）。然而，还有四个问题需要考虑：

1. **提交分析的测度项**：使用因子分析常犯的一个错误是认为如果把足够广泛的、和目标域相关的测度项提交至因子分析，最终的因子结构会公正地代表潜伏于领域之中的主要维度。这是不对的。

最后的因子结构只代表已经提交分析的测度项。如果刚开始就没有把和领域关键特征相关的测度项放进问卷，那这个测度项绝对没有成为统计因子的可能。也就是说，我们对测度项的选择基本决定了最终的因子结构。

2. **选择因子分析的类型**（**提取和旋转**）：因子分析是逐步进行的程序。第一步是“因子提取”，即将变量群压缩至数目相对较少的因子。第二步是“因子旋转”，即用数学方法使因子更好解释。两个步骤都有几种可供选择的方法，因此我们必须决定用哪个方法。实际上，必要的决定可以限制在：两个提取方法，包括“主要成分分析”和“极大似然分析”；两个旋转方法，包括“正交旋转”和“斜交旋转”。它们可以组合为四种方式，都可以在教育心理学和应用语言学文献中找到例子。我个人偏爱使用极大似然分析加上斜交旋转，但如果数据中潜伏着很强的多维度结构，那任何方法都可以把它们找出来，个体载荷中的变化也很小。这意味着如果不同的方法产生了基本相同的结果，便可以确定因子结构是有效的。然而，如果用不同的方法处理数据得到截然不同的结果，就应该是数据来源的问题。

3. **决定提取的因子数量**：因子分析最复杂的问题是决定提取的因子数量。SPSS 会提供一个现成的答案，但不是客观的解答而只是人为设置的“默认值”。典型默认原则是，当因子比每个提交分析的单独测度项所解释的方差小的时候（即因子的特征值要小于 1），提取过程应该停止，因为实际上，因子并不比单独的测度项要好。然而，这不一定是最好的解答：有时因子越少，得到的结果越好，有时却是因子越多结果越好。没有完美的方
法可以用来设置最好的因子数量，但几个有用的指标可供研究 235
者考虑：

- 卡特尔的碎石检验法（Cattell 1966）：通过画出与每个因子相关的方差（计算机会为我们操作），我们得到急剧下降的视觉呈现——“斜坡”——接着是平缓的下降——因子的“碎石”。根据碎石检验，只应考虑在斜坡上的因子。图 9.4 画出了碎石图的特征值（eigenvalue）（每个因子可解释的变异值的指数），通过选择“抽取”（extraction）选项下的“碎石图”（scree plot）获得——在这个特定的案例中我们认为确定 5 个因子是最好的方案。

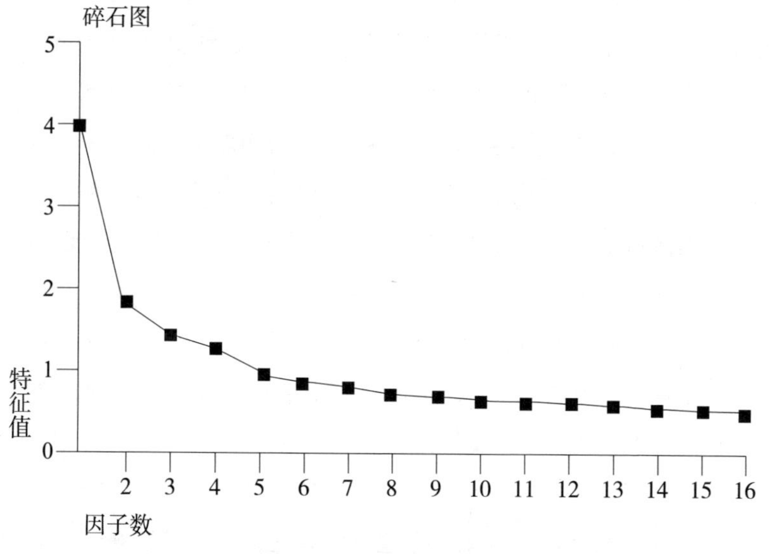

图 9.4　SPSS 碎石图的因子特征值的输出结样例

- 以简单结构为目的：即选择一个因子分析方法，其中每个变量只在一个因子上（即没有交叉载荷）有突出载荷（即载荷超过 0.3），每个因子至少接受两个变量的突出载荷（需要有确定好的因子）。表 9.14 呈现的是碎石图 9.4 代表的 5 个因子的图像阵列。这个分析结果的确符合要求。但是请注意，这些清晰的因子矩阵只有在我们选择了“按大小排序”（sorted by size）或“抑制绝对值低于 0.30

的值”（suppress absolute values less than .30）这两个选项时才能获得。前者根据因子分组重新排列了因子的顺序，后者删除了不显著的、会使情况复杂化的因子载荷。

表 9.14　SPSS 因子矩阵的样本输出结果 236

模式矩阵 [a]

	因子				
	1	**2**	**3**	**4**	**5**
ZS6A	.669				
ZS3A	.620				
ZS2A	.537				
ZS17U	.513				
ZS14U		.762			
ZS11U		.634			
ZS12U		.578			
ZS13U			.767		
ZS16U			.493		
ZS19U				.694	
ZS15U				.460	
ZS21U				.373	
ZS1A					.658
ZS4A					.602
ZS10A					.519

提取方法：最大似然法

旋转方法：凯撒标准化最大方差法

[a] 旋转在 10 次迭代后已收敛

4. 确定和命名因子：因子分析的最后一个难题是，即使我们得到了清晰的、无重合的一组因子的简单结果，解释和命名这些单个因子也可能会非常困难。因为每个因子都由有着最大载荷的变量决定，解释因子的任务就是要确定这些变量的共同特征，也就是理解将这群变量聚集在一起的主题。然后，因子的名字应该尽可能接近这个共同主题。在有些例子中，命名一个因子非常简单。但是在有些例子中，因子从似乎不同的变量中接受了突出载荷，最后的因子命名反映的可能是研究者的主观意见，因此可能会引起很大的争议。独立命名，然后和多人讨论，是减少个人偏见的好办法。

237 9.10.3 聚类分析

聚类分析（cluster analysis）的目的是区分特定同质的子组——或者特定样本中拥有类似特征的受试簇。聚类分析有两种主要的类型："层级"（hierarchical）和"非层级"（non-hierarchical）聚类。层级聚类中，第一步是将每个样本定义为一个单独的类。之后，重复合并最接近的类直到一个单独的类包含了所有的样本。非层级聚类的途径与层级聚类不同，在聚类过程中，先把样本放进事先定义好的类别中。第一步，统计软件首先选择 N 个样本（N 等于分析前定义好的类别数），然后将这些样本定义为 N 个类别的中心。随后，通过将每个样本分配到离类别中心最近的那个类别，整个数据集因此被分为 N 个类别。最后，基于类别成员的位置确定新的中心，根据新的中心重新分组。重复这个步骤，直到中心变得稳定，即直到它们再一次重新分组也不产生变化为止。

层级聚类和非层级聚类都既有优点也有缺点。一方面，如果样本量太大，使用层级聚类会很难。另一方面，非层级聚类的结果高度依赖于最初的类中心。为了避开这些局限，通常将聚类分为两阶段：首先，用更小的子样本执行层级聚类。基于第一步，确定了类别数和它们的位置（即最初的类中心），随后，输入之前定义好的类中心对整个样本运行非层级聚类，重复进行非层级聚类直到获得稳定的类中心。SPSS 既提供层级聚类（分析→分类→层级聚类），也提供非层级聚类（分析→分类→ K 平均值聚类）。SPSS 的 11.5 版本也引进了一个叫作"两步聚类"（Two Step Cluster Analysis）的程序，它提供了一种结合的方法。关于运行聚类分析的具体细节，请查阅 SPSS 指南。

需要指出的是，聚类分析是一种探索类方法，而不是一种基于理论的假设验证类方法（Kojic-Sabo and Lightbown 1999）。凭借这个方法，计算机基于从学习者数据中发现的数学结构图来发现各种分组模式。分组可基于不同的原则，目前聚类分析缺少普遍认可的统计理论作为内在主体。因此，研究者需要作一些与计算方法有关的稍微随意的决定，并且这些决定会对分类结果产生很大影响。的确，一个数据集很可能得出不同的聚类结果。所以，为了有效使用这个方法，研究者需要小心确保分析基于可靠的 238
理论基础，并使用多种程序验证出现的类别。

在统计学的教学中，一个非常适合检验结果的程序是将一个外部的标准变量用作类别差异的因变量指标。一般来说，如果确定好的子组对给出的标准测量显示出显著差异，表明这个分类产生了有意义的不同分组，从而证实了这种分组结果有效。我们可以用一个简单的方差分析来比较标准变量与类的区别。

9.10.4 结构方程模型分析

与因子分析相似，“结构方程模型”（structural equation modeling，以下简称 SEM）用于解释在一个框架内几个变量之间的关系。它比因子分析多了一个优势，即不止涵盖了变量之间如何关联的信息，还涵盖了变量间的方向路径。因此，SEM 使检验基于相关数据的因果关系成为可能（如前所述，相关分析不提供因果分析）。这使 SEM 成为一个功能强大的分析工具：把实验研究的相关分析和因果有效性分析两种功能结合在一起。待检验的结构关系通过一系列回归方程检验（因此名称中有“结构方程”），名称中的“模型”只表示结构关系可以用绘图的方式模拟出来。图 9.5 是一个典型的 SEM 模型：大圆圈代表潜伏的理论成分，由矩形中真实的、可观察到的测量所定义（本例中为组合的问卷量表）。小圆圈代表的是这个阶段我们应该忽略的错误变量（通常在 SEM 的输出数据中省略掉）。箭头指的是变量之间的联系，箭头旁的系数可以用相关系数的方式解释。

239

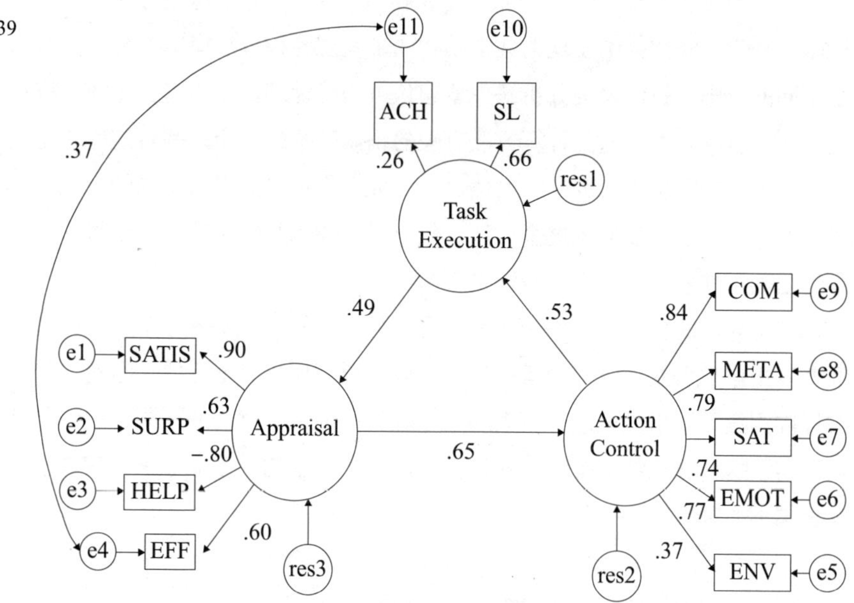

图 9.5　SEM 结构模型的样本①

要将 SEM 运用于数据，研究者需要一个明示的理论模型，其中要量化主要的变量，讲明它们之间的方向关系，然后用 SEM 程序证实或拒绝模型的有效性——因此，SEM 不是探索性的方法而是验证性的方法，尽管它可以通过"指标修正"对模型的调整提供建议。在建立模型之前，研究者需要做两件事情：

1. 描述测量变量和假设潜在变量之间的关系（例如，要确定"自信"这个概念的理论构念通过三个变量来测量：二语使用焦虑、

---

① 图 9.5 中三个大圆圈代表潜伏的理论成分，最上面圆圈里的文字的是"任务执行"，左边是"评价"，右边是"行动控制"。——译者

自我能力感知和自我报告的信心量表)。这将产生一个测量模型。对于涉及多种变量的复杂研究，我们通常用两个或以上的测量模型。

2. 假定研究中所有潜在(理论)变量之间的因果联系，这使得形成一个完整的结构模型，实际上就是一个综合了所有测量模型的结合体。

然后，SEM 测试这两类模型的适当性，为完整(即组合)结构模型提供拟合优度(goodness of fit)测量，并为模型的改善提供修正指标。前面提到过，运行 SEM 需要特别的软件。目前，LISREL、AMOS 和 EQS 是三个最流行的用于运行 SEM 的统计包，SPSS 支持 AMOS。

正如每个分析技术都有局限性，SEM 也有某些不足的地方，其中一 240
个不足之处要牢记：SEM 提供了几个指标来显示最后的模型如何符合要求，这些指标可以用来对备选模型进行比较，从而剔除不合适的模型。然而，一个刚好合适的模型可能只是同样适合于数据的众多模型中的一个。因此，SEM 不是“从相关数据中推导因果的研究中最好的方法”(Gardner 1985：155)。它不给出因果关系，只告诉研究者，一个基于整个数据的因果关系假设是否可信。

9.10.5 元分析

“元分析”(meta-analysis)作为一个统计术语是由吉恩·格拉斯(Gene Glass)在 1976 年提出的，它是一种用来描述对就某一主题已发表的大量研究进行综述和综合分析的系统方法。他是这么定义的，“元分析指的是对分析的分析……意味着用一种严格的分析方法来替代对研究文献所做的随意的、叙事式的讨论，这也代表了我们为理解当前数量激增的研究文献所做出的努力”(p. 3)。因此，元分析可看成是一个“定量的文献综述”。它的目的是对不同研究所报告的效应量作总结和评估，从而产生一个综合了各个研究的统一的、上位的结果。9.4.6 提到效应量提供了有关研究中一个观察现象的量级信息，它也可以让我们对不同研究中报告的结果进行比较，因为效应量指标转换到了共同等级。元分析利用了这些指标独立于研究环境的特点。这个程序包括几个步骤：

1. 进行文献搜索，找到大量相关研究的样本。为此，学者通常使用电子数据库（如 ERIC 或语言学与语言行为摘要，即 LLBA）。
2. 剔除不符合特定研究标准或不包含某些必要技术细节的研究。
3. 为每个研究确定合适的效应量指标。1994 年以来，《APA 手册》鼓励研究者报告效应量，《TESOL 季刊定量手册》也要求报告效应量。尽管如此，诺里斯和奥尔特加（Norris and Ortega 2000）发现，许多发表在应用语言学期刊上的实证研究仍然没有提供效应量指标，因此做元分析的研究者需要准备好对初次的研究数据做第二次分析，从文章的细节中推导出合适的效应量指标（见诺里斯和奥尔特加对大量客套话的研究）。

241 4. 最后的任务是计算总效应。有很多方式可以计算总效应（请查阅统计学的指南），网上也可以搜到几个免费的计算软件，例如由拉德纳、格拉斯、艾瓦特和埃莫里（Rudner, Glass, Evartt and Emery）设计的 Meta-Stat（其他软件可见网址 www.edres.org/meta）。

因此，元分析为组织和综合分析急剧增多的研究文献提供了一个系统的方法。不过，分析的质量最终取决于所分析的那些研究的质量。

第十章 242

定性数据分析

和自然出现的数据打交道必然是件很混乱的事……

（Leung，Harris and Rampton 2004：242）

第二章提到，定性研究并不是一个统一的方法，而是以多样性为特点。正如庞奇（Punch 2005）所指出的，没有哪个研究方法比定性数据分析更具有多样性。的确，从巧妙的想象推理到设计严谨的分析步骤，从演绎分类到规律归纳，不同的学者用“定性数据分析”这个术语来指称多种不同的活动。在某种程度上，这些不同方法的最小共同特征是它们都拒绝使用定量统计技术。但是，当然，这也正是定性数据分析的核心：不束缚于程序的限制，不牺牲研究者对解读的创造性自由，按照特定的、原则性的分析顺序进行分析。换句话就是“寻找规范化，但并不迷信它”（Miles and Huberman 1994：310）。

说到这里，当我们跳出哲学讨论，开始坐在定性数据面前，梳理其隐含意义并看看实际上到底发生了什么的时候，我们会发现它们有很多共同点。大量的分析过程由不依赖于方法的通用步骤组成，这一点我们在后面会讨论。事实上，在实际操作中会有很多不同，但是这些不同点都可以从几个关键问题和困难角度作出总结。因此，在定性分析的差异中存在着许多共同点，这些共同点主要涉及学者如何“驯服数据”和如何尝试弄懂它们（从二语角度进行的非常有用的描述，见 Richards 2003

的第六章)。

接下来，我首先会讨论定性数据分析的四个原则。然后，对近三十年发展起来的主要数据分析方法进行概述。在呈现定性数据分析的一般阶段
243 后，再讨论其中的一个方法——“扎根理论”的更多细节。本章的结尾会讨论计算机如何帮助我们处理定性数据。

10.1　定性数据分析的主要原则

关于定性数据分析主要原则的论文成千上万，反映了这个问题的复杂性。我们先看看对理解定性数据分析至关重要的四个一般问题吧！(a)分析有基于语言的特性;(b)重复的过程;(c)规范和直觉之间的矛盾;(d)受制于方法和独立于方法之间的冲突。

10.1.1 基于语言的分析

我们从第二章得知，多数的定性数据都转写为文本形式——例如访谈转写——分析的主要对象是文字。因此，定性数据分析本质上是一种基于语言的分析(大体上，分析对象也可能是图像，但是不如基于语言的分析那么突出，因此本章不会讨论)。我们必须意识到定性分析的语言特性，实际上，它对应用语言学家很有用，因为语篇分析技术(包括对话分析)是应用语言学核心学科的一部分。第一章提到，本书不会涉及语言学方法，因为应用语言学文献中有很多关于语言学方法的专门教材。

10.1.2 重复的过程

> 没人知道数据分析开始的具体时刻。
>
> (Stake 1995：71)

定量分析以一种线性方式有序进行：基于相关文献的知识，设计研究工具，然后收集、处理和分析数据，最后整理并报告研究结果。每一步都是计划好的，而且建立在前一个步骤的基础上。与此相反，定性研究是重复操作的，采用一种非线性的“曲折”模式：根据自然涌现的结果，在数据收集、数据分析和数据解释之间不断重复。例如，我们决定进入到分析阶段去收集某一类别更多的数据，或者返回到原始数据转写阶段，为了一个新构思的类别重新编码文本，这些步骤并不是很罕见。也就是说，和定量研究不一样，定性分析在开始阶段不需要大量的原始数据，因为正如赫西–比伯和利维（Hesse-Biber and Leavy 2006：370）指出的，“从很少的数据中就能得到很多有用的信息”。事实上，这两位学者提醒我们不要在初始阶段收集太多的数据，因为这会 244
让我们把注意力从细节上移开——研究新手经常犯这样的错误（也可见 6.1）。

定性数据分析的一个关键术语是“饱和”。在谈及定性抽样时我们早已用过这个词，它指的是当更多的数据似乎不能再提供更多信息的时间节点。用在数据分析上这个术语也有同样的含义，即重复的过程不再产生新的主题、概念和类型，这个研究趋向稳定（Richards 2005）。这个时候，研究者了解到什么是相关的，什么不属于研究范围。当然，正如理查兹强调的，研究浅显的数据时，尤其是在没有超过表面含义的问题时，可能在很浅的水平上就达到了饱和——饱和只表明在使用分析的水平上涵盖了数据的广度。

10.1.3 主观直觉 vs 规范

6.1 提到最初的、未加工的定性数据即使谈不上混乱无序，也远非齐整。对分析者的挑战是要将收集到或观察到的多个有关人类故事或实践的报告进行见解深刻的分类。这个时候，我们可以借助两个本质上不同的分析方法：我们可以依赖主观直觉找到走出迷宫的创造性方法，或者也可以按照**规范的分析步骤**来帮助我们通过一个系统有序的过程找到隐藏的含义。这两种方法都有很多定性研究支持者。

支持以直觉法为主的观点强调研究者的主观意见和反思在分析中的重要性（见 2.1.4），同时认为必须保持不受程序化传统束缚、允许新理论自由产生的流动性和创造性。事实上，定性研究者对定量研究者的主要批判之一是分析太刻板。与此相反，定性分析需要具有灵活性，由数据引导，还要有“艺术性”（artful）——这是支持直觉法的学者们常用的术语。

定性研究者虽然没有质疑灵活性在分析中的必要性，但是对分析过程中所能容忍的“巧妙流动性”的程度还未达成一致意见。我们在面对一个新数据集的时候总是从头开始？或者，我们可以在为发现复杂的隐含意义而采用已有技术时利用方法论知识吗？在支持更为结构化的数据分析方法的学者中，迈尔斯和休伯曼（Miles and Huberman 1994）影响力最大。他们坚持认为，缺乏对分析传统的认可是定性数据分析的缺点而非优点，因为
245 依靠直觉反思本身并不能为“出错”提供保护措施。另外，迈尔斯和休伯曼认为不管我们用哪种方法，都需要有三个步骤：“数据简化”“数据呈现”和“数据解释”。这两位作者主张，只有以透明的方式使用特定的、系统的——也就是规范的步骤，我们才能让读者相信这些结论是有效的（另见 3.1.2 的“定性研究的质量标准”。）

因此，定性数据分析最基本的挑战是通过使用有助于产生新认识的程序和框架，而不是阻挠新结果涌现的限制模版，从而取得“严格的灵活性”或者“有纪律的艺术性”。不同的定性数据分析方法在保持研究者主观自由的同时尝试使分析过程标准化这一点上有很大的不同。

10.1.4　一般分析步骤 vs 具体方法

对理解定性数据分析很重要的最后一个方面是两种主张之间的冲突，

一种主张是提倡使用具体连贯的方法，如扎根理论（见 10.3），另一种是强调总的、一般性的分析步骤，如“编码”和“备忘录”（见 10.2.2 和 10.2.3）。我们发现这两种主张都有大量文献支撑，但是在我的印象中，实际发表在研究期刊上的研究更倾向于支持后一种方法；当学者们不想归属于一种特定的方法时，他们通常用一个宽泛的术语“定性内容分析”来概括为了在数据中建立模型而采用的一般定性分析步骤的特征。在下一节（10.2），我会详细描述这种方法最常见的“找规律”的步骤，然后在后一节（10.3）我会介绍一种相对具体的方法，即扎根理论。

10.2　定性内容分析

近来内容分析和定性研究联系愈加紧密，因此我们容易忘记它实际来源于一种定量分析方法。这种方法主要用来检查书面文本，并计算文本中属于特定类别的单词、短语或语法结构的实例数量。因为定性数据通常是文本（见 10.1.1），所以定量内容分析已经转到了定性分析领域，只产生了一个基本的变化：和定量分析不同的是，用于内容分析的定性类别不是事先计划好的，而是从分析的数据中归纳、推导出来的。区分定性和定量内容分析的另一个办法是将前者称为“显性层分析”，因为它是对数据表面含义的客观的、描述性的解释；将后者称为“潜在层分析”，因为它涉 246
及对数据第二层的、更深层次含义的解释性分析。

在这一节，我的焦点放在潜在内容分析。这类分析按照非常普遍的顺序：主题编码、寻找规律、作出解释还有建立理论（Ellis and Barkhuizen 2005）。我们可以在这个顺序前面加一个初始阶段“转写数据”，因为大多数（虽然不是所有）的定性数据都包括录了音的口头报告数据，都需要转写。后面会谈到，将录音转成文字记录已经具有解释的特点。因此，我会在之后的讨论中重点谈论分析过程的四个阶段：（a）转写数据，（b）预编码和编码，（c）形成想法——备忘录、小片段、访谈简况和各种形式的数据呈现，还有（d）解释数据和得出结论。

10.2.1 转写数据

数据分析的第一步是将录音转为文本形式（当然，在有些情况下，我们使用的是文字数据，如文档、信件或者日记，这一步骤就不需要了）。这是非常耗时的过程，尤其在文本还需要翻译时——取决于录音的质量，转写一个 1 小时的访谈可能花费 5—7 个小时，而如果需要更加细致的转写，如需要测量停顿，可能会花费 20 小时（Duff in press）。尽管我们有可能只处理磁带（即没有转写版本，通常称为“录音分析”）或者只做部分转写，但我们应该只在特殊情况下借助这些省力策略。在实践中，我们默认的是要将录音数据完整地转写为文本（更详细的讨论见下一节）。

转写过程唯一的好处就是它能让我们全面地了解数据，除此之外它真的是一个太过漫长的不那么愉快的过程（毫不夸张地说）。买或借一个带有脚踏、速度控制和耳机的转写机很有必要，它可以明显地加快我们的工作；或者，用计算机转写原始录音也是可以的，因为高品质的软件可以帮助转写数字声音文件。不幸的是，单调和乏味还不是转写的最大困难——真正让人忧虑的是在转写过程中我们会丢失信息。不管转写的文本有多准确和详细，它都不能反映录音的真实情况。用米勒和克拉布特里（Miller and Crabtree 1999：104）的话说，转写就是“冻结的解释性构念”。

丢失的最明显的信息是非语言方面的原始交流情景，例如，受访者
247 的身体语言（如面部表情、姿势或者眼动）——考虑到“行动胜于雄辩”，文本的转写在这方面非常贫乏。如何处理超音段特征也是个问题，如重音和语调，还有如何处理副语言因素，如听到的声音（如咕哝声）或非发音的响声（如嘘声）。第三个经常出现的问题是如何转写在某些程度上“有瑕疵的”语言，例如，错误开始、词语重复、结巴或语言

错误。

对于像语篇分析或对话分析这样的语言调查来说，更重要的是要在转写时尽可能多地记录细节，并且从最近开始，越来越提倡使用录像作为对书面语料库的补充（参见 Adolphs 2006）。另一方面，如果我们对言语数据的内容而非形式感兴趣，我们可以删除所有的语言的表面现象，但不建议对内容作挑选或编辑，因为我们不知道哪些内容可能后来被证明是重要信息。受访者的情绪暗示可能对信息真正表达的意义非常关键，因此，通常用标点符号、大写字母、画线或加粗的方式在文本中指出相关的语调轮廓和强调之处。

到目前为止的描述可能让大家觉得，转写只是一个技术范畴。然而，问题比这更复杂，因为我们使用的转写惯例会影响对数据的解释（相关讨论可见 Duff in press；Roberts 1997）。口语语篇的窄式转写通常不连贯、不精细，这点应用语言学家很熟悉。然而，更普遍的问题与口头语言和书面语言的结构差异有关。因此，为了在文本中创造出口语交流的“感觉”，我们需要运用特定的书写策略（如给文本润色、使用不同的标点符号、将谈话切分为句子）来达到这样的目的。

因此，我们应当始终留意，用不同的转写惯例来处理同一个录音可能对读者产生非常不同的效果。正因如此，拉帕达特（Lapadat 2000）和许多其他学者才强调转写是对源文本信息的解释性“重述”（retelling）。或者又如罗伯茨（Roberts 1997：168）所说，“转写者把自己的语言思想带到了任务中。换言之，所有的转写都是陈述，没有自然的或者客观的方式可以用来转写谈话”。罗伯茨继续强调转写的“重述”特征，她强调说，所有关于如何转写的决定都是在讲述一个故事。问题在于，是谁的故事？又是为了什么目的？在二语习得的应用语言学研究实践中，转写的标准是应该尽量详细地呈现受访者话语中的各种中介语特征，但是这样做通常的代价是会突显受访者个人身份认同的信息。

介绍完以上所有的注意事项后，我们来处理所有定性研究者都会遇到的两个实际问题：

248 1. 我们应该采用哪种转写惯例?

遗憾的是，没有我们可以不假思索就选择的“完美的”转写惯例。现有几个广泛使用的转写方案，我建议根据基于原则的“拼凑”方法来从它们中间进行选择（关于惯例的详细描述见 Schiffrin 1994：422–434 的附录 B；还有 Wray *et al*. 1998：201–212）。个人发明的转写规则和格式如果足够好且适合研究目的，也可以使用（Lapadat 2000）。因此，我完全同意罗伯茨（1997）的意见，她建议转写者使用或者开发一套最能代表他们所记录的互动的转写系统。如果这样做，我们需要处理好准确性、可读性和“政治表征”之间的矛盾关系。为此罗伯茨给出了一些实用建议。

- 为了避免污名化并使语篇自然、可读，即使在转写非标准语言时，也尽量使用标准的拼写体系。在合适的条件下，与受访者讨论，看看他们希望我们怎么表达他们的说话特征。
- 试着找到可以将说话者的声音置入上下文语境中的方法。
- 考虑使用分层方法来转写，针对不同的读物提供不同的版本（如更像民族志和更有条理的系统）。

2. 如果转写如同上文所说的一样具有解释性，这是否意味着研究者必须靠自己而不是雇一个研究助手来转写?

从现实情况看，因为转写过程既费力又费事，所以我们通常需要别人帮忙转写。然而，即使有转写者帮忙，我们也应该尽可能地熟悉数据，这包括准备详细的指南（“转写方案”）、定期对报告进行讨论，还有至少检查部分转写文本。在转写方案中应该强调转写的机密性，还要规定转写者“整理”文本的程度，以及使用什么特别符号（如用于难辨认的部分、停顿、强调的符号）。

磁带分析和部分转写

我相信为了做一个成熟的定性研究，我们需要对将要分析的录音进
行完整的转写。然而，对于一些混合法类型（尤其是 qual → QUAN 和
QUAN → qual；见 7.3.1）的研究来说，定性研究方法处在次要位置，
其主要目的是提供补充解释或说明，此时，我们没必要转写所有访谈，
而是进行录音分析。这意味着我们只在听录音的时候做笔记，可能需要 249
标记部分数据（例如，磁带录音或数字版本）以保证之后进行更详细的
分析。研究方法通常是研究目的和资源的平衡器，在某些情况下，录音
分析可看成是一种折中办法，因为一些特定的数据可能不需要耗费巨资
来进行完整地转写。

本着以上的原则，另一个可能的折中办法是对可能重要的部分进行**部分转写**。这个方法有一个明显的缺点，即我们在分析的早期就要作出重要决定来对转写的内容进行取舍，不过这个步骤预留了在后期可以增加转写的选项。改善这个办法的一个方式是在整个录音的重点部分记下笔记，这样会显示有哪些部分尚未进行转写。

计算机辅助转写

阿克西和奈特（Arksey and Knight 1999）提到过一个很有趣的技术创新——计算机辅助转写——一些研究者可能认为很有用。软件的最新发展逐渐创造出了很多能准确识别语音的软件，用于帮助研究者让计算机“听”录音，然后直接转写成文本。我们只需要通过耳机听录音，然后一点一点地将听到的内容复述出来。不幸的是，即便是经验丰富的“听写员”也会有出错的时候，我们纠正这些错误仍然会耗费一些时间，不过花费的时间要比我们自己转写录音少。阿克西和奈特认为随着这些

软件的日渐成熟，计算机辅助转写可能会成为转写录音数据的首选方式。的确，达夫（Duff in press）在报告中说她的几个学生已经成功地使用了这个方法。

录像转写

录像的优势在于它能捕捉到我们可能在录音中丢失的信息。的确如此，但我们如何真正地转写这些额外的信息呢？在描述身体语言和情景信息的时候，除了“书写”我们没有其他对应方式。此外，如果说转写语言已经带有太多的主观因素（我们已经在上文讨论过），转写和解释身体语言肯定更有选择性，更具争议。实际录像转写中常见的一个步骤是在语言转写的下一个位置留出一栏空间用于书写评论，而这会使转写所费时间翻倍。因此，阿克西和奈特（Arksey and Knight 1999）只是建议在特殊情况和有具体重点的时候采用录像转写。当然，这引起了人们对是否有必要做录像记录的质疑，因为在我的印象中，未被转写的录像带只有在研究后期才会被重新查看。

250 10.2.2 预编码与编码

多数讲述研究方法的教材会坚定地认为，不管用了哪种方法，定性数据分析都从编码开始，无一例外。不过，这种说法只是部分正确，因为我们在开始实际的编码之前已经做了大量的分析。斯德克（Stake 1995：71）将这些分析定义为“为第一印象和最后编辑赋予意义的重要事情”，搞清楚第一印象是很关键的预编码步骤。它包括阅读和再阅读需要转写的文本，反复思考，在日记（6.9）和备忘录（10.2.3）中记下我们的想法。这些属于预编码的思考会形成我们对数据的看法，影响我们编码的方式。理查兹（Richards 2005：69）将这个问题总结如下：

> 除了阅读和思考每个数据记录之外别无选择，而且越早进行越好。这是

> 有目的的阅读。目的在于对记录提出问题、加以补充、作出评论，还有寻求能引导你从特定文本上升到研究主题的想法。

因此，预编码阶段“有意义地接触数据”的过程是一个不可或缺的准备步骤。正如一名博士生所述：

> 如果直接开始编码，我觉得我会在数据中不知所措，或许最后会得到数以千计的编码，却不能将这些编码并入一个有意义的框架中。（Maggie Kubanyiova，私下交流）

然而，在某一时刻，预编码需要让位于更正式的、结构化的编码过程。这相当于在超市中包装蔬菜，即将有着不规则形状的、不同类型的、不同大小的“混乱的”农产品变成分门别类、包装整齐的小包，使其可以放进架子或堆积存放。毕竟，一条“编码”只是一个为文本贴上的标签，目的是让这些信息更易管理和可塑。当然，就像标签一样，编码可用于许多目的，从单纯的描述（如，照片上的“诺丁汉姆，2000”字样）到更抽象的概念（如，婚礼照片上的“重大时刻”）。莫斯和理查兹（Morse and Richards 2002）指出，正因为编码可用于多种目的，所以不同的研究者用“编码”这个术语来指不同的东西。所有定性编码技术的目的就是突出数据片段特征，并在将这些特征与更大主体或概念建立联系的同时简化数据。

在实际操作中，编码是强调已转写数据的摘录，并以适当方式为之贴上标签，使它们更容易被识别、检索、分组。传统上，我们通常使用文本的硬拷贝打印件，用不同颜色的荧光笔在上面做标记。但现在，我们逐渐开始使用计算机编码（见 10.4）。不管用哪一种技术，编码都规定了语言
构块的长度，可以从一个词组到几个段落不等。 251

在 10.1.2 我们看到，定性分析是一个重复的过程，这在编码过程中体现得尤为明显。研究者通常对一个文本进行多次编码与再编码，第一

次编码往往是描述性的，然后低推断性的编码逐渐被更高层次的“模式编码”所取代或补充（例如，一个摘录刚开始时被编码为“低收入”，可能后面会将其再编码为“负动机的原因”）。多次查看数据后，和多种数据片段有联系的突显的内容分类开始涌现。然后，进一步编码将这些片段汇集起来，以便我们能够集中处理来“得到数据的新切入点”（Richards 2005：86）。

在更详细地描述编码过程之前，我先说明将在 10.3 介绍的扎根理论包含了详细的三层编码成分，整体影响了定性数据分析。因此，下面要描述的一般步骤与扎根理论建议的具体编码方法有很多相似之处。

初始编码

我们应该如何开始编码？这里有一个典型的方法：首先选择一个文本，经过多次阅读后得到对数据的整体概念。然后拿一支荧光笔（如果你看的是硬拷贝），从头开始读这个文本。当你读到了和你的主题相关的一段，用荧光笔把它画出来，并且在旁边的空白处添加信息标签。按照定性研究的精神，在这个阶段，你应该把任何看起来有趣的段落突显出来，即使它和你目前关注区域并没有直接联系。这是新观点产生的方式。

关于编码标签的特征，最重要的一点就是要清晰，因为如果编码的意思不能立即被理解，就会破坏整个编码。有些研究者为了使初始编码更可信，喜欢从段落中取出关键词作为编码（这在扎根理论中被称为“体内编码”）。对编码做详细的描述很重要——图 10.1 呈现了数据分析软件 NVivo（见 10.4.2）的对话框，它可以让我们对编码属性作准确记录。而且，林奇（Lynch 2003）建议研究者试着安排一个外部的编码检查，也就是说，让其他人看一部分数据，用已经形成的编码表重新对它进行编码，也可以引入新的编码表。相似点和差异都会有启发性，引导我们再次更正原始的编码。

252

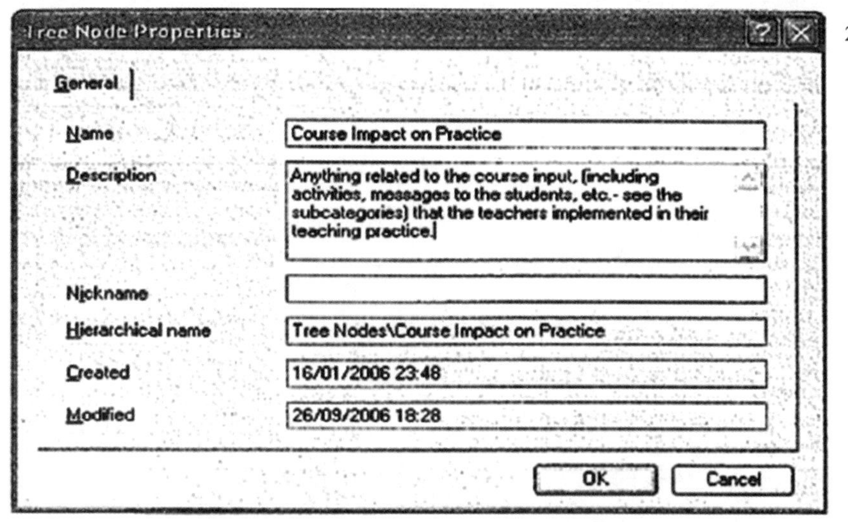

图 10.1　记录编码属性的 NVivo 对话框[①]

二级编码

每个定性分析方法都包含二级编码过程，因为在多数研究中我们并不是只关心相关数据片段的描述性标记。我们得到的想法很快就会超越我们

---

① NVivo=Nudist Vivo，全称是 Non-numerical Uninstructed Data by techniques of Indexing Searching and Theorizing Vivo，意即非数值型的、无结构化数据的搜索及理论化自动索引技术。它是一款定性数据分析软件，可以分析文本、图像图形、声音和录像带数据。它包含一系列工作界面，比如标题栏、菜单工具栏、导航视图、列表视图和明细视图等。运用 NVivo 进行定性数据分析包含一些基本过程，比如准备阶段（新增项目、原始资料建立、整理原始资料）、编码阶段（建立节点、利用个案属性进行编码以及利用关键词进行编码）、定性分析阶段（树状节点分析和矩形节点分析）和整合（组合和建立模型）等。图 10.1 所介绍的就是在“编码阶段”对树状节点属性进行定义的工作界面。图中标题栏是“树状节点属性”（Tree Node Properties），从上到下的对话框名称依次是常规（General）、名称（Name）、描述（Description）、昵称（Nickname）、层级名（Hierarchical name）、创建日期（Created）和修改日期（Modified）。对话框里面是具体的例子。“名称”对话框中的内容是“课程对实践的影响”；“描述”对话框的内容是“和课程输入有关、教师在教学实践中进行的任何事情（包括活动、给学生的通知等。详见子类）”；“层级名”对话框中的内容是“树状节点\课程对实践的影响”。——译者

所读的具体描述，我们也有可能注意到了从单个记录中涌现出来的模式（更多这些模式的相关细节见 10.3.3 的“轴心编码”）。二级编码的目的在于捕捉更抽象的共同点。

开始二级编码的一个方法是浏览几个受访者的记录，然后列出我们为它们加的所有代码。肯定会有一些相似的或者高度相关的类别，我们可以将这些类别统一在一个覆盖面更广的标签下。此时，我们需要观察所有聚集在这个新形成的上级类别中的具体摘录，从而决定这个新标签是否适用于所有成员，或者是否有一些成员需要再次进行编码。如果大多数的摘录适用于这个新系统，就说明这个编码有效。一旦完成对编码表的修改，我们可能会回到最初需要转写的文本，然后根据新类别对这些文本进行再次编码。在有些研究中，这个步骤可能不止重复一次。

另一个二级编码的有用步骤是生成一个树状的编码层级。图 10.2 呈
253 现了部分“树”，它由数据分析软件 NVivo 生成，描述与“内在动机”有关的编码层级。斟酌这些编码结构本身就是一个有效的分析步骤，因为可以帮助我们弄清楚这些类别是如何相关的。

使用编码模板

克拉布特里和米勒（Crabtree and Miller 1999）形容这个编码方法为“模板组织方式”。这是标准编码步骤的一个有趣变体，因为它不强调编码的自然涌现特性。相反，它从编码模板入手，因此在定性研究中，数据分析的第一步是准备模板或编码手册，已经转写的文本按照这个已定的模板进行编码。很显然，只有当主题背景信息充分到能定义模板的类别时，才可以使用模板法，虽然这两位作者断定初步浏览数据后就可以准备模板。而且，如果我们考虑在分析中的某一刻修改或者调整这个模板，这个过程可能会更加具有“定性”特征。

虽然使用事先准备好的分类有悖于某些定性原则，但实际上很少有研究者在没有初始想法或偏好时就开始数据分析（见 2.3.2 的自然 / 非自然之争），而且拥有具体的编码模板会帮助我们以集中高效的方式对大量文本进行编码，同时在编码早期就为从不同描述中选取的摘录建立联系。迈尔斯和休伯曼（Miles and Huberman 1994）也强调说，探索如何通过演绎 254
获取分析类别（比如，将编码运用于数据）和通过归纳逐步得到它们（比如，从数据中发现编码）都很有用。但是应注意，这是定性研究的一个有争议的问题。

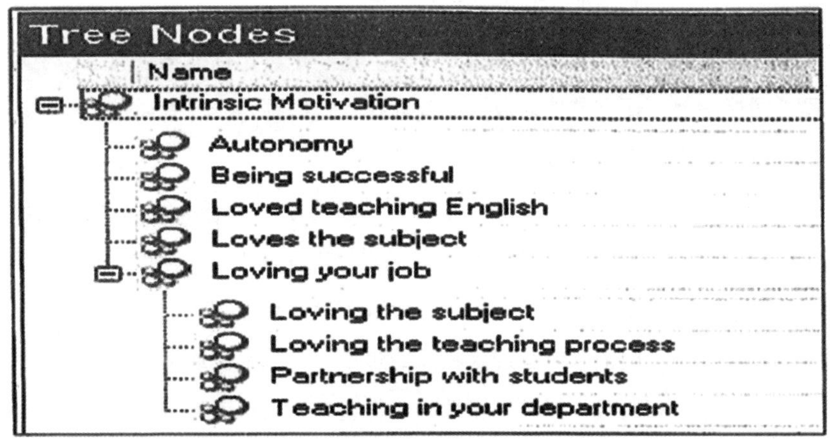

图 10.2　NVivo 的树形类别编码的样本输出结果 [①]

有趣的是，克拉布特里和米勒（Crabtree and Miller 1999）强调模板方法的一个优势是能让怀疑定性研究的人更接受这个分析。他们总结道：

① 图 10.2 的标题栏名称是“树状节点”（Tree Nodes），下面一栏是“节点名”（Name），对话框中的节点名是“内在动机”（Intrinsic Motivation），包含 5 个次节点，分别是“自主性”“渴望成功”“热爱英语教学”“热爱这个科目”和“热爱你的工作”。在“热爱你的工作”这个次节点下，又包含 4 个子节点，分别是：“爱这个科目”“喜欢教学过程”“和学生的合作关系”以及“在你自己的机构任教”。——译者

> 解释大量信息丰富的有目的抽样的定性文本似乎无法做到，尤其是对擅长定量方法的研究者来说。这足够让大家踌躇和颤抖。然而，本章描述的模板组织方式是专门给受过定量训练的人的方法……是定量研究者走向定性分析的第一步。（p. 77）

10.2.3 新产生的见解——备忘录、小片段、访谈简况和各种数据呈现

毫无疑问，编码是定性内容分析的一个关键步骤，但是许多研究者一致认为它应该和其他能够帮助"产生见解"的基本分析工具一起使用，然后将见解发展为研究的最终的主要主题。这些工具包括准备备忘录、小片段、访谈简况，还有其他的数据呈现形式，这些都是研究者通过结构化反思得出的次生（衍生）数据。

这些分析工具中最重要的一个是写"备忘录"。研究者在数据分析时使用备忘录的程度因人而异，但"真正的分析存在于备忘录的写作中"这样的说法并不罕见。编码的过程让分析者积极地投入到数据中，在这个过程中他们会用笔记记录所有进入脑海的想法。这些笔记通常被称为"分析备忘录"——它们对于促进二级编码非常重要，也可能包含了即将出现的主要研究结论的萌芽。因此，备忘录实际上是关于编码的见解、预感和想法的探索；或者用林奇（Lynch 2003：138）的话来说，它们是"工作思路，可能会在整个分析中出现，也可能不会"。它们可能短至一句话，长至几个段落，它们是整个数据集的一部分，有助于让小组中的每个研究者都处在集体思维中。

图 10.3 呈现了一个分析备忘录样例（NVivo 的截屏），它讨论了两个相关编码的不同点（NVivo 称它们为"节点"）。制作这个备忘录的研究者在下面评论说，这个备忘录引起了一连串的想法，这些想法最终促使她
255 形成了最终报告的主题概念（Maggie Kubanyiova 私下交流）：

这个备忘录实际上打开了一个全新的主题；再次阅读数据记录和早期标注后，我发现了大量表明受试者在表面上支持课程内容的线索。我开始发现很多线索指向了我后面发现的有关数据的一个重要方面：研究受试者希望达到研究者的预期。这是重要的指标，表明研究受试者参与这个研究的动机，反过来，似乎也会导致教师的变化。

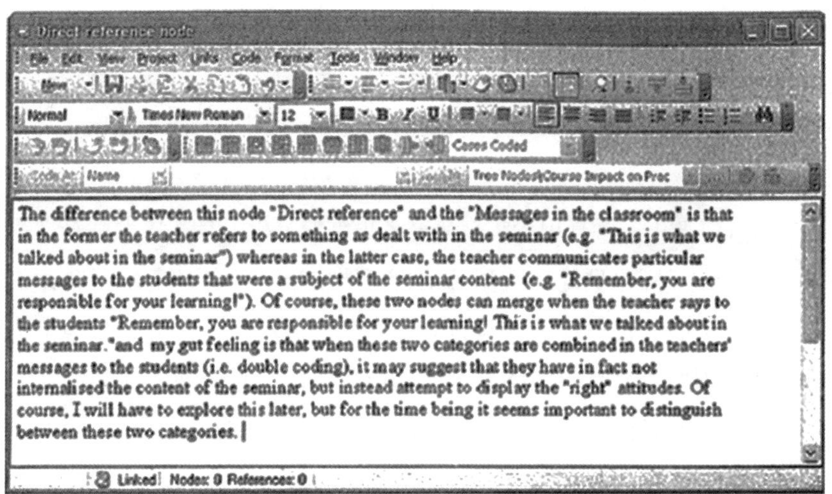

图 10.3　NVivo 分析备忘录输出结果样例[①]

除了写备忘录，许多定性研究者还会准备小片段，小片段是对事件或

① 图 10.3 是一个分析备忘录的工作界面。标题栏是“直接引用节点”。下面是“工具栏”，依次是“文件”“编辑”“视图”“项目”“连接”“编码”“格式”“工具”“视窗”“帮助”。文本编辑框中的内容是“‘直接引用’节点和‘课堂信息’节点之间的区别在于教师用前者指在研讨会上处理的事情（比如，‘这是我们在研讨会上所讨论过的’），而用后者向学生传达特定的信息，这些信息是研讨会内容的一个科目（比如，‘记住，你对你自己的学习负责’）。当然，这两个节点是可以合并的，如果教师说‘记住，你对你自己的学习负责，这是我们在研讨会上说过的’。我个人的感觉是，如果把这两个类别在教师给学生的信息中进行结合（比如‘双编码’），这可能暗示他们没有将研讨会的内容内化，并尝试去展示正确的态度。当然，我将在稍晚的时候对此进行探索，但目前重要的是区分这两个类别”。——译者

受试者经历进行集中描述的短篇叙述。小片段不像备忘录，它不是分析性的，而是故事性的，是对典型或有代表性事情的生动描述。

塞德曼（Seidman 1998）推荐了一个进一步分析和解释访谈数据的有效方法。他提出制作“访谈简况”，即比小片段内容更充实的对受试记录的总结。访谈简况的一个特点是它主要是对受访者话语的编辑，以受访者为第一人称，只包含少量研究者的过渡性补充和说明（从表面看很明
256 显）。达夫（Duff in press）说这些简况和“联系 / 文件汇总表”的功能相同，包含对观察报告、访谈或文件的简短总结，这些总结强调最突出的要点和主题。

到目前为止，所有用于扩展研究者思维的分析工具本质上都是文字的。然而，可视化呈现和数据总结也可能实现。的确，迈尔斯和休伯曼（1994）的大量定性数据分析总结都以“数据呈现”方式呈现，他们将“呈现”定义为“一个有组织的、压缩的信息集合，让我们从中得出结论并对其操作”（p. 11）。在此框架下，他们讨论了几种类型的呈现方式，有矩阵、图表和网状图，通过可视化和可及性的方式，以合适的、简化的“完形或易理解的结构图”组织和呈现信息（p. 11）。这种图解的表现方式可以多种多样，范围从有规则的行与列的传统表格，到流程图及各种可视化的“分类示意图”（图 10.4 是分类示意图的一个例子）。

数据呈现的重要性在于各种视觉总结是帮助研究者得出有效结论的有力工具。正如迈尔斯和休伯曼（1994：11）所说，俗语“人如其食”也可以说成“你呈现的就是你所想的”。奥韦格布兹和利奇（Onwuegbuzie and Leech 2005）也指出，数据呈现不需要做更进一步分析操作就可以马上开始数据解释，可能在这一点上很有吸引力。

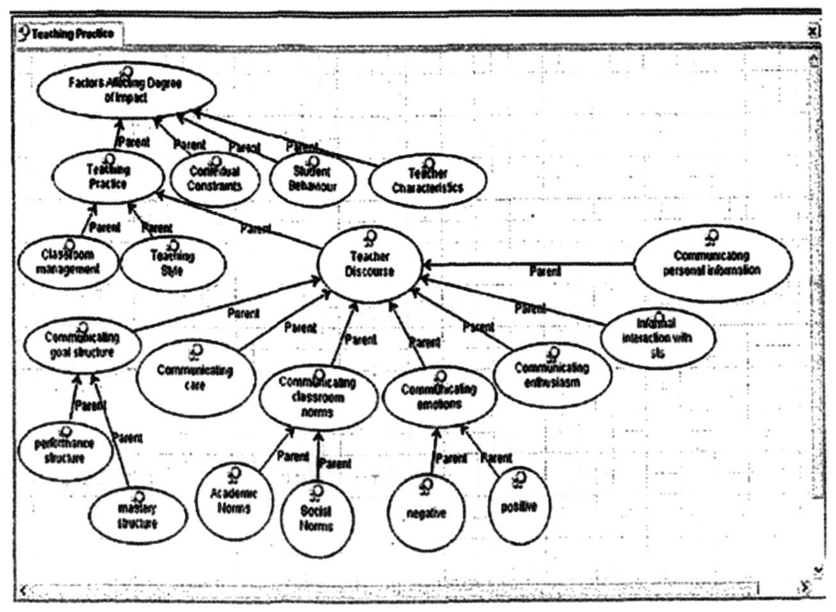

图 10.4　呈现分类示意图的样本截图[①]

10.2.4 解释数据和得出结论 257

定性数据分析的最后一个一般性步骤是解释数据和得出结论。严格说来，解释数据不只发生在研究末期：研究者早在初始编码阶段，在准备备忘录的时候就开始尝试解释数据了。事实上，定性数据分析的整个过程让

① 图 10.4 的标题栏是“教学实践”，编辑框中最高位置圆圈中的文字是“影响影响程度的因素”；箭头指向它的 4 个圆圈从左到右依次是“教学实践”“语境制约”“学生行为”和“教师性格”。箭头指向“教学实践”的 3 个圆圈从左到右依次是“课堂管理”“教学方式”和“教师话语”。箭头指向“教师话语”的圆圈从左到右是“交流目标结构”“交流关怀”“交流课堂规则”“情感交流”“交流热情”“和学生非正式互动”和“个人信息交流”。箭头指向“交流目标结构”的两个圆圈从左到右是“绩效结构”和“掌握结构”。箭头指向“交流课堂规则”的两个圆圈从左到右是“学术规则”和“社会规则”。箭头指向“情感交流”的两个圆圈从左到右是“消极”和“积极”。箭头上的文字是“父母”。——译者

我们越来越熟悉数据，对潜在含义得出越来越抽象的分析见解。因此，正如定性研究有很多步骤一样，数据解释也是一个重复的过程。但是，把最后阶段的解释与早期阶段进行的持续解释区分开来会很有用，因为从解释中我们必须挑选出文本围绕的总体主题。换句话说，我们要从中以最终结论的形式将过程转为结果。

这些最终结论是什么样子的？首先，它们自然建立在各种中期总结、解释（例如备忘录、小片段、简况和呈现）之上，此外还建立在研究者已经形成的更高层级的编码类别上。定性研究的主要主题在分析过程中产生，因此得出最终结论这一步骤包括反思已经得出的东西、评估生成的模式和见解，最后选择要详细说明的少数几个主要的主题或故事线。这个选择过程以特定概念或过程的凸显程度以及与该领域其他重要类别的关系为基础。从理论上讲，主要的主题应该起到焦点或镜头的作用，通过它们可以了解整个领域。

理查兹（Richards 2005）提醒我们，在这个阶段，集合了所有东西的单个故事线或"核心主题"所允诺的东西很诱人，但是它有可能删除了我们经过不懈努力才发现的微小意义。她认为，产生一个完整、统一的解释通常是不可能的，与此同时，对差异和没有大发现的原因的解读可能会促进对情境有更深刻的理解。换句话说，得出最终结论是一个微妙的平衡行为，一方面努力地谈论首要的意义，另一方面却保留不同意义的复杂性。

10.3　扎根理论

> 如果你不知道你在使用哪个（定性）方法，那这个方法肯定不是扎根理论。
>
> （Morse and Richards 2002：56）

“扎根理论”这个术语在定性研究文献中经常出现，以至于通常被当作定性研究的同义词。然而，一般而言，扎根理论和定性研究不同，调查 258
混淆产生的原因就可以让我们有所启发了。首先，这个术语的界限相当不固定，尤其在真正使用的时候：在 10.3.2 中会提到，虽然名字是“扎根理论”，但它根本不是一种理论，而是一种定性研究方法。但是，这仍然不完全正确，因为尽管扎根理论声称它可以用于从受试者抽样、数据收集到数据分析的整个研究过程，但查默兹（Charmaz 2005）指出，研究者用的这个术语通常只是指数据分析的一个特定方法（相似的观点可见 Dey 2004）。她说，“本质上，扎根理论方法是一系列灵活的分析指南，让研究者能够集中收集数据，并通过连续层级的数据分析和概念发展建立归纳性的中等范围理论”（p. 507）。因此，我在本章而不是在第六章讨论扎根理论。

扎根理论大体上被看成是一种特定的分析方法，而它的使用范围如此广泛（通过研究课本中的引用来反映）以致它很容易从总体上被看成是定性研究一个常见的方法论框架（Arksey and Knight 1999）。以下叙述可以部分地解释上述观点，2.3 提到，扎根理论第一次有意识地打破了定量研究的霸权：它为倾向于定性研究的研究者提供了一个有理论基础的详尽的方法论。因此，在早期对理论框架的争论中，扎根理论是定性研究者用来论证合理性的重型火炮。查默兹（2005：509）说，“对许多研究者来说，扎根理论为打着实证主义者印记的定性研究提供了模板。”她还说，即使有些研究者并不总是能理解扎根理论，很少能完全按照其要求进行研究，但他们仍广泛地引用和推崇这种方法，因为它证实了他们之前隐性的做法。

因此，扎根理论变成了一面旗帜，在它的号召之下，定性研究者可以协力合作，这也解释了它在总体上对定性研究方法造成的广泛影响，几乎所有定性研究者都在有意识或无意识地使用扎根理论的一些要素。它已经成为主流的一部分，而且它许多原本独特的方法论的某些方面现在已经成为定性研究的核心问题。然而，我们应该注意，不要随意将自己的研究称为“扎根理论”，除非它至少满足两个基本标准：(a) 数据分析按照扎根理论特定的、有序的编码系统进行（见后文）；(b) 分析产生某个理论作为研究的结果。在下文中给出一个简短的历史概述后，我会评价这两个标准。

259 10.3.1 简短的历史概述

扎根理论的起源要追溯到 20 世纪 60 年代，当时两名美国社会学家，巴尼·格拉泽（Barney Glaser）和安塞尔姆·斯特劳斯（Anselm Strauss）开始在一项关于医疗专业人员和临终患者的互动研究中采用一个新的定性方法。1967 年，他们出版了一本书，详细记述他们在那时备受推崇的“临终研究”的方法论，书名是《扎根理论的发现：定性研究的策略》。正如前文所述，扎根理论是第一个内容足够详尽、步骤足够严格的定性方法，可以经受住定量学者的批判。因此，这个方法从它原本的社会学根源发展到被社会科学各个领域的研究者使用，包括教育学和心理学。它无疑是当今定性研究中影响力最大的研究范式之一。

而讽刺的是，扎根理论的主要优势，即数据分析步骤有详细的指南，却导致了它的两个创始人出现了分歧。1992 年，格拉泽批判了斯特劳斯与另一位作者茱莉叶·科尔宾（Julliet Corbin）合写的一本书，这本书主张使用预先的想法，因此将研究塞进一套理论框架，无法允许新理论自然涌现——这是 10.1.3 描述的主观直觉与规范化相冲突的一个典型例子。研究者通常被期望从扎根理论互相竞争的两个版本中选择一个，而格拉泽和斯特劳斯的分歧蔓延到整个定性研究领域。

随后，关于扎根理论出现了更多的分歧（例子可见 Charmaz 2005），结果是我们如今不可能再谈论一个单个的、统一的扎根理论方法（Dey 2004）。在实践中也有好几个变体。如前所述，大量的研究者开始使用该方法的一些要素（主要是编码步骤）来进行研究，但这些研究也许是真的扎根理论研究，也许并不是（Fassinger 2005）。

10.3.2 扎根理论中的“理论”

扎根理论不是一种理论，那么名称中的“理论”从何而来呢？它来源于这个方法的明确的目标，即发展一个理论。它的目的是发展新理论，这在扎根理论的相关文献中被强调了多次，是格拉泽和斯特劳斯（Glaser and Strauss 1967）对 20 世纪中叶主导定量研究的理论验证做出回应而设定的。因此，用这个名称的目的是表明这个研究方法的归纳性正好和演绎推断形成对比，而术语“扎根”指的是新的理论见解基于实证数据产生。

在这一点上有个明显的问题，即扎根理论这个术语中的“理论”究竟 260
指什么。我们可以放心，格拉泽和斯特劳斯并没有说这个理论是和相对论一样的“宏大理论”，而是关于扎根于数据的实质性话题的抽象解释过程（Creswell 2005）。这个“理论”的重点是研究者应该超越仅仅对目标现象描述或归类，还要提供一些对隐藏的原则、关系、原因和 / 或动机的基本理解。法辛格（Fassinger 2005）指出，关于哪种结果可以合理地称为“理论”有很多争议，但是如果我们的研究结果给出了对一个问题清晰而符合实际的解释（而非只是对情景的描述），甚至可能还描绘出了（尝试性的）模型或框架，扎根理论者可能会认可这就是一个有效的理论贡献。虽然将“理论”定义为不是那么大的理论是可以理解的，但是我认为塞德曼（1998）说的也有道理，他说扎根理论者经常使用的“理论”已经夸大了这个词，因为在某种程度上它并没有那么有效。

10.3.3 扎根理论中的编码

扎根理论最显著的一个方面是区分了数据编码的不同阶段（见 Strauss and Corbin 1998）。10.2.2 提到定性研究的编码有多个层级，而扎根理论描述了一个有逻辑的三个层级的系统：第一，将数据分块，为数据片段分类（“开放性编码”）。第二，找出类别之间的联系（“轴心编码”）；第三，在更抽象的层面上解释这些联系（“选择性编码”）。因此，这个过程似乎是按时序排列的，从描述性转向抽象化，但是考虑到定性研究固有的重复特性，这三个阶段重复出现也不足为奇了。

开放性编码

“开放性编码”（open coding）组成了数据概念分析的第一层级。文本数据被“切分”成构块，这些构块长短不一，有长短语、行、句或者短小的段落。每个片段都得到一个类别标签，但是和该方法所强调的理论建构相一致的是，这个阶段强调促进新看法的产生，因此这个类别是抽象的、概念性的而不是描述性的。这个做法和定性分析的其他形式不同，其他形式会以描述性或解释性的类别开始；在开放性编码时，研究者针对每个片段所问的主要问题有以下几类：这片数据代表了哪个例子？怎么回事？这些行为/说法体现了什么原则？它们的实际意义是什么？因此，在为每个
261 数据片段赋予意义之前，对它们都要进行彻底的“审问”，结果也就是我们所说的将数据抽象至一级概念的阶段。

轴心（或理论）编码

“轴心编码”（axial coding）将抽象化过程从一级概念扩展至更高一级概念。研究者在类别之间建立联系，从而尝试整合它们，并使它们分为包含有几个子类的概念。“轴心”这个词，斯特劳斯和科尔宾（1998）用来指置于数据之中和各个类别相互联系的隐喻性轴心。格拉泽（Glaser 1992）用了一个更宽泛的术语“理论编码”来描述这个阶段。类别之间的关系可能是多种多样的，例如因果条件、条件、相似性，还有情景、程序或策略的相互依赖关系等。这些关系命题通常出现在研究者的备忘录中——备忘录是扎根理论分析的一个不可或缺的部分，其操作方法在10.2.3中有描述——有时受访者自己会提醒研究者注意某个模式的存在（Ellis and Barkhuizen 2005）。

我们应当注意，通过形成这样的关系，我们已经开始强调并且将特定

的类别放在编码过程的中心——这会形成第三阶段“选择性编码”的基础。克雷斯韦尔（Creswell 2005）建议，在这个阶段中，为了阐述或改善新建立的类别之间的联系，勾画出它们之间关系的本质，我们应回到数据收集阶段或重新分析已有的数据。

选择性编码

“选择性编码”（selective code）是扎根理论分析的最后一个阶段；在这一阶段，正如其名所示，我们需要在剩下的分析和研究报告撰写中将焦点放在一个“核心类别”上（或者如 Richards 2003 所说的“解释性概念”）。这个核心类别会成为新提出理论的核心。因为最终我们想要整合大量需要处理的数据，所以这个中心类别 / 主题需要足够抽象以便能够包含其他类别。最常见的选择核心概念的方法是进一步详述已经记录在备忘录上的在轴心编码阶段已经探究过的见解。很显然，不管是从研究者的角度还是从受试者的角度来看，这个中心主题都位于中心，因为我们需要有一个焦点能以凝聚的方式集合其他类别。尽管这个最后的分析阶段在研究中有很大的变化，但是结果通常是有着单一故事线的“核心故事”——也就是所提出的“理论”。这个理论也要根据已有的文献进行评估，以便丰富理解和解释力（Fassinger 2005）。

10.3.4 扎根理论的优点与缺点 262

扎根理论的一个主要优点在于它提供了对现象进行深入分析的工具。正如查默兹（2005：530）所说，“扎根理论的焦点调查采用渐进归纳分析方式，按照理论来进行推动，并且比其他方法涉及更多的实证观察”。这个方法特别适用于我们对所知甚少的现象所在的领域生成理论知识。和各种扎根理论（尤其是 Strauss and Corbin 1998 的版本）相关的系统而详细的步骤能让研究者新手相对容易地使用这个方法，而这些步骤的可用性又有助于从传统的定量研究过渡到更自然的范式。

另一方面，做好扎根理论分析要求很高，并且也是一个劳动密集型任务，需要相当成熟的分析和概念化技能。按照我的经验，也有可能即使严谨地完成了费时的反复编码过程，最终却得不到“理论”或只得出微不足道的结果。扎根理论的困难可以在分析中使用计算机来解决——下一节将讨论在扎根理论分析中可使用几个特别设计的计算机软件。

10.4　计算机辅助的定性数据分析

本章的最后一节内容讨论在定性研究中如何使用计算机。在前一章的定量数据分析的第一节（9.1）我们已经介绍了统计软件 SPSS，以及计算机在定量和定性研究中的不同定位。数十年来，定量研究者使用计算机已经成为标准做法，然而计算机辅助的定性数据分析（CAQDAS）软件近期才出现。研究者的计算机操作能力以及 CAQDAS 软件的质量都在过去十年里迅速上升，质疑理查兹（2005）的说法的方法论者越来越少，使用计算机不再只是定性研究者的自选项：不管喜不喜欢，我们都必须接受计算机已经成为了定性数据分析必不可少的一部分。这一点已经得到了英国社会科学主要的研究资助机构经济和社会研究委员会（ESRC）的认可，他们在 2001 年的修订版指南中建议研究生掌握这些软件包的使用。

因为这样的视角转换，现在讨论 CAQDAS 时，我们不再需要处理过去潜在用户关注的那些关键问题，即“这个软件会节省我的时间吗？”或“它值得我努力去学习如何使用吗？”，取而代之的新问题是“这个软
263 件能为定性研究者提供什么？”和“为了我的分析我如何能最大程度地利用它？”

10.4.1 计算机软件能为定性研究者提供什么？

要强调的关于 CAQDAS 的最重要的一点是这些软件不会为我们做任何分析。它们的设计初衷是帮助研究者处理数据管理中的机械化文本。任

何做过定性数据分析的人都知道，分类、组织和存档数百页的混乱的访谈文本是件非常难办的事，研究者需要试着找出隐藏在厚厚一堆文件中的有用部分，并且将摘录写进备忘录中。这就是 CAQDAS 能提供的极有价值的辅助功能，但是——我来重申一下——这种辅助大体上与研究的实际分析无关。因此，主要的 CAQDAS 专家之一——凯勒（Kelle 2004：486）事实上建议，将这些软件称为“数据管理和存档”工具而不是“数据分析”工具会更合适。也正如塞罗尔（Séror 2005）在最近为应用语言学家所作的关于 CAQDAS 的综述中所说的，计算机能提供的辅助是不必再用传统的定量数据分析工具——纸、笔、剪刀和马克笔，取而代之的是数字化时代的工具——屏幕、鼠标和键盘。在这种意义上，CAQDAS 软件与定量研究使用的统计软件截然不同，因为后者确实执行了部分分析（由主要的软件开发者所写的 CAQDAS 功能总结，可见 Richards 2005）。

回想一下，在定性研究中使用计算机是不可避免的，因为它擅长的两件事情对定性数据分析非常关键：第一，计算机可以储存大量数据，考虑到如今大多数文件（包括记录的文本）都是电子的，把文件先打印出来，再以所谓的硬拷贝形式储存起来，这样的做法已经过时。第二，在电子文档中把摘录加亮是简单基本的文字处理任务，这恰好就是定性编码过程的一个关键部分。因此，一旦有了可用的技术，并没有花费太长的时间就开发出了能够让研究者在文本片段上加上标签以方便之后检索的软件——接着，又开发出了 CAQDAS。

在这之后，也就是 20 年前左右，学者们很快地意识到 CAQDAS 的优点不仅仅在于其编码、存储和检索功能：在二十世纪八九十年代，我们乐意或不乐意学习的几个其他的文字处理技能（如编辑和查找文本、书写和保存备忘录、平行访问几个文本）也有助于定性数据分析。定性数据分析的许多方面变得计算机化，这点变得逐渐清晰。后来，对文本进行定性 264
数据分析和定量内容分析的软件在数量、性能、灵活性和普及性上有了迅速的发展（Bazeley 2003）。

最近 CAQDAS 软件的发展包括程序性能的扩展，使之不再只有文本工具的功能，也可以在实际的分析过程中使用。内容分析程序可以查找单词与短语，计算关键特定领域的单词与短语个数，甚至可以检测特定词语的同现。程序也可以通过文本查找进行“自动”编码；可以生成目标单元出现的频率表格，这个表格可以在统计软件里以文件格式输出，以用于后续的分析。

这些软件也变得越来复杂，使研究者可以分析和以图形呈现已确定的编码之间的联系，并将这些编码按层级组织成有序的“树”，这有助于实现基于编码的理论构建功能。通过这种方法，编码可能会与上层的主题和类别相联系，这是有意尽量让软件适合于多层分析，如扎根理论的多层分析。正如塞罗尔（2005）所说，软件 Qualrus 甚至可以基于用户之前的编码策略以及从数据中找到的模式，用计算策略提出新的编码。迈尔斯和休伯曼（1994）介绍了许多为了发展概念和理论而提出的各种不同的数据呈现方法，并且我们可以期待新的计算机软件在生成新的呈现方式上提供越来越多的帮助。总而言之，软件的发展很迅速，在接下来的十年间很可能会出现一些新的突破。

10.4.2 选择哪个软件?

最近，CAQDAS 软件的发展正处在成长期，有许多软件在竞争这个利润丰厚的主导位置（在定量研究的市场上，SPSS 成功占据了这个位置）。在文献中最常提到的软件名字包括 NUD*IST 及其升级版 NVivo、还有 Ethnograph、Atlas.ti、winMAX 和及其升级版 MAXqda、Qualrus、QDA Miner 和 HyperRESEARCH——塞罗尔（2005），卢因斯和西尔弗（Lewins and Silver in press）对各种软件进行了全面概述（要点总结可见 http://caqdas.soc.surrey.ac.uk），并且所有软件的主页和各种评论网站也可以在网上搜索到。我个人感觉在这个领域中最认真的 CAQDAS 软件开发公司之一是澳大利亚的国际 QSR［定性的解决方法和研究］，它在 20 世纪 80 年代早期就开发了 NUD*IST，接着又将它升级到 NVivo。NVivo 越来越普及，公司里的高级软件开发人员一直在为定性研究方法论的理论进步做出贡献（例如 Bazeley 2003；Richards 2005）。

10.4.3 CAQDAS 的方法论优点 265

我认为 CAQDAS 并非只是我们因为处在数字化时代而不得已要接受的东西。我相信，正如文字处理软件那样，未来有一天我们会想象不出在过去没有定性数据分析软件时是如何处理数据的。CAQDAS 的方法论优点有很多：

- **处理大量数据的速度**：将烦琐的文本任务变得计算机化，促使效率显著提升。它为研究者节省了时间，有助于避免数据过载。另外，计算机可以快速处理大量数据意味着我们可以为了每个问题或操作而查找整个数据库，不只是在最明显的或最易访问的文件夹中查找。
- **近乎无限的存储量和简单的索引选项**：在单个存储系统中可以存储所有不同的数据类型，并且这个数据可以永久地保存。另外，计算机软件提供使用方便的索引系统帮助我们识别和提取需要处理的任何数据。
- **更敏感的二级编码**：哈默斯利和阿特金森（Hammersley and Atkinson 1995）指出，计算机软件允许多次的、重叠的数据片段编码，这意味着我们可以提取各种编码文本摘要的结合，近似于布尔代数（例如，提取所有的 X 和 Y；或提取所有的 X 但不要 Y）。这明显促进了轴心编码（见 10.3.3），我们也可以快速访问和回顾所有已同样编码的数据片段。
- **可能的新分析策略**：CAQDAS 允许研究者自由处理数据，对处理难以管理的、庞大的文本没有空间上和时间上的限制。另外，最近开发的分析工具可以激发或创造全新的分析策略。

- **严密度的提高**：计算机化的程序可能比许多有几分主观的、非透明的所谓“定性”研究的方式更严密。
- **易于审查测试**：3.1.2 提到，使定性研究产生可信度的一个有效方法是设置“审查测试”，证明研究过程具有原则性、理据性和全面性的特点，研究过程包括数据收集和反复分析、编码框架的生成和主要主题的生成。CAQDAS 可以很简单地生成这个记录，只须简单地保存一些重要的截屏或临时文件（详情可见
266 13.1.2）。
- **定性研究合法性的提高**：以我的经验，定量研究者将使用计算机化程序视为对研究质量的一种保证，因此 CAQDAS 也可以说明定性研究的合法性。
- **可在混合法中使用**：最后，因为 CAQDAS 软件可以用来量化某些方面的定性数据集（见 11.1.1），我们可以很方便地将特定受试者的定性与定量数据联系起来，所以它也可以用于混合研究方法中。

10.4.4 CAQDAS 可能存在的风险

我有一个年长的同事仍然喜欢坐在咖啡馆中手写他的很多文章和书，因为他认为用文字处理软件会扭曲他的想法——毫无疑问，在研究中，书写的方法或者分析的方法都会影响最终的结果。还有一点很明显，过去很多学者已经适应了技术条件的变化，成功的学术专著既有手写的也有用打字机或文字处理软件打印出来的。因此，我不认为 CAQDAS 必然的普及会导致有些人担心的结果，即整体定性研究结果的变质（事实上，我个人很乐观地认为这更可能是一种进步）。不过这不是说我们不必警惕使用 CAQDAS 会有一些潜在的风险。最后一节会讨论一些我认为有潜在风险的问题。

- **技术性考虑**：对 CAQDAS 最深刻的担忧在于它可能会导致研究向技术和科技倾斜，这和良好的定性研究的基础，即主观的、创造性的解释，可以说完全相反。无论我们使用多么复杂、多层级、内嵌的出色编码系统，它也不会取代研究者深刻的思考，不会补充原有见解的不足之处。我认为高科技“非法调查”在定性研究中不会取得很大成效。
- **编码陷阱**：关于前面这一点，理查兹（2005）提醒我们在不确定还有什么可做和从数据中似乎得不到任何理论时，过度编码会有危险，尤其是描述性的或主题的编码。她认为，更多的类别不仅不可能解决问题，反而还会妨碍见解的产生，可能形成“延误或甚至破坏研究”的“编码陷阱”（p. 100）。
- **间接的理论影响**：达夫（in press）强调，日渐发展的、不再局限 267
于提供文本帮助的 CAQDAS 软件不再是理论中立的，而是“对数据的本质（例如层级的概念关系）有隐含的假设，这可能引导研究者从另一个角度看数据的隐含假设，这与没有软件辅助时不同。”
- **纸上编码 vs 计算机编码**：我发现在复印纸上校对文本不可能做到像在计算机上那么彻底，塞德曼（1998）发现编码也是如此。他认为，我们从纸质文本上看到的和在计算机上看到的同一份文本有显著的不同。因此，他建议我们先用复印纸张处理数据，然后将编码移至计算机。我不知道计算机和纸张对学者影响的差异程度，因此无法确定对待这个问题我们应该有多重视。
- **编码脱离语境**：如果用文本的硬拷贝来分析，编码肯定处于整个文本的语境中。但是，正如耶茨（2003）曾经历过的，电子编码可能倾向于鼓励越来越精细的分类，然后研究者处理的是那些检索后不再处于语境中的数据块。这个危险显而易见：我们很可能只见树木，不见森林。

- 丢失数据的危险：硬拷贝虽然很繁杂，但至少可靠。而电子文件会让人觉得过于脆弱且易丢失：几乎所有人都知道如果意外删除了一些重要文档或者没有恰当地备份数据，或者计算机崩溃，会导致几个月辛苦劳动的成果消失。
- 数据收集过多：因为用 CAQDAS 处理文本任务很简单，所以可能会有收集数据过多的危险。理查兹（2005：58）说，“大量的数据，尤其是还是未处理的大量数据，可能会产生许多对思考的障碍。”
- 援助不足：塞罗尔（2005）提及了一个我和我的学生都经历过的问题,那就是,即使在今天,能熟练掌握CAQDAS的人也相对较少,这让新手研究者寻求援助不太容易。关于具体的技术问题，我的一个研究生甚至联系过生产使用软件（NVivo）的公司寻求建议。解决这个困难的一个办法是加入一个网络论坛——the QSR forum（http://forums.qsrinternational.com），它有“问题和解答”版块和讨论区。

第十一章 268

混合法的数据分析

定量和定性方法都不是单独使用的，而是互相渗透的，从而出现了许多不同的方法。反复使用归纳和演绎的策略，这种方式很复杂，就方法和方法论而言，大家最近的兴趣都是两者同时使用而不是二选一。

（Greene and Preston 2005：167）

对混合法研究最普遍的看法是认为它是一个模块化的过程，定性和定量成分在这个过程中被同时或依次使用。尽管这种看法大致正确，但是它认为在数据分析阶段，定量和定性方法应该独立进行，只是在最后的解释阶段才混合使用。这个结论只是部分正确。尽管在研究最后阶段才将方法混合的说法完全合理，但一些学者（例如 Caracelli and Greene 1993；Onwuegbuzie and Teddlie 2003）认为也可以在分析阶段就开始整合数据，结果就是我们说的“混合法数据分析”。本章会呈现具体的混合法分析策略，尝试从数据中得出比单独使用定性或定量方法所得更多的结果。

作为铺垫，我先处理一个关键的问题：考虑到定性和定量数据分析本质上不同——定性分析有主要的重复和归纳的过程，而定量分析则循序渐进，有演绎推断的过程——尝试结合这两种方法可能吗？对这个问题的回答有两个方面：在很多情况下单独使用两种分析可能更好，只在最后阶段混合这两种方法来彼此说明或证实。然而，在一些情况下，演绎和归纳的区别过于黑白分明，不能反映在实际的分析中。例如贝兹利（Bazeley

2003）指出，在一些程序中，定性和定量数据以及对它们的分析并没有非常明显的界限。她用解释性的因子分析作为例子（见 9.10.2），得到提取
269 和旋转方法、决定因子数量的最终解决方案是一个归纳的过程，它依赖于研究者大量的理论知识、情景知识和解释能力。这同样适用于聚类分析（见 9.10.3），并且我们也可以从定性研究中找出一些使用更具演绎推断性的方法，模板编码方法（见 10.2.2）就是最好的例子。因此，典型的定性研究和调查归纳逻辑的结合、定量研究与假设性推断的结合在实际中可以交叉互换，使得一些类型的定性与定量结合分析可以通过遵循一些共同的基本原则，从而达到真正意义上的相容。

最常见的综合分析策略是“数据转换”（data transformation），它将定性数据转为定量数据，或将定量数据转为定性数据。因此，本章将从解决这个问题开始讨论。接着，我将描述其他三种广泛使用的分析策略：“极端案例分析”（extreme case analysis），指的是经一种方法识别的极端值由另一种方法再次检验；“类型 / 类别发展”（typology/category development），指的是用一种方法识别出大量的类别，再在另一种方法中用这些类别分析数据；还有“多层级分析”（multiple level analysis），指的是用从更大样本（包含了后面要分析的特定小部分受试者）收集的数据来分析特定小部分受试者的回答，以便获得这些受试者额外的相关信息。但是，这里必须注意，文献中对这些技术的命名非常混乱，这反映了这个领域尚有不确定性。最后，本章将简短讨论如何使用计算机进行混合法分析。

11.1　数据转换

在分析过程中整合定性与定量数据最显而易见的方法是将一种数据转换为另一种，因此能够允许两种数据的统计分析或主题分析同时存在。这个步骤通常称为“数据转换”（但是 Greene *et al*. 2005 称它为“交叉跟

踪分析”），它的第一批支持者是迈尔斯和休伯曼（Miles and Huberman 1994）以及塔沙克里和特德利（Tashakkori and Teddlie 1998）。根据转换的方向，有“定量化数据”与“定性化数据”之分，前者指将定性数据转为定量数据，后者则是将定量数据转为定性数据。在社会科学研究中，前者尤其比较多见。

11.1.1“定量化”数据

“定量化”技术最初由迈尔斯和休伯曼（1994；他们称之为“量化”）提出，但在实际应用中，它却被定性研究者广泛使用，主要用于为数据的
某些特定方面制作数值表格。这个术语由塔沙克里和特德利（1998）提 270
出，他们认为这是混合法数据分析的关键操作。

定量化是将定性数据转换为可用于进一步统计处理的数值编码。因此，那些突显的定性主题会以数值形式呈现，要么以**计分**的形式（例如，主题在样本中出现次数的频率），要么以**量表**的形式（例如，估计叙事性说明的强度、程度或权重，如受访者对自己学习环境的看法）。制作后一种量表分值的可靠办法是找一组专家评委在一个连续统上将数据定级，然后取平均的等级为量表分值。

尽管严格来说说，任何定性主题都可通过分配 0 或 1 以使之定量化，这取决于它是否出现在特定的数据集，但是迈尔斯和休伯曼（1994）早已提醒过我们，定量化数据“并不是一个轻松的操作”（p. 214）。只有当数值被正确使用时，计算才能提高分析的质量。例如，计算受试者提及某个主题的次数，因为更多受试者提及 X 主题就说 X 主题比 Y 主题更重要，这通常是错误的，因为定性样本并不一定具有代表性，因而提及次数的不均衡并不反映任何真实倾向。然而，如果认为样本中有一组受试者可被视为特定人群的代表，那么就可以对其进行比较，但应该检验结果的统计显著性（如使用 t 检验或卡方检验）。如果得到的结果在统计上有显著意义，就有力地证实了推断的有

效性。

一旦将数据定量化，我们就可以将数值编码输入到统计软件中，这样就可以进行各种定量分析，并和其他定量测量联系起来。多数情况下，非参数检验（如卡方检验或等级相关，见 9.9）会比参数统计方法更适合统计分析，因为样本的数量有限，而且数据可能不是正态分布的，或因为我们得到的量表分值是顺序数据而非等距数据（见 9.4.1）。

奥韦格布兹和利奇（Onwuegbuzie and Leech 2005）推荐了一个有趣但有些争议的方法来处理定量化的定性数据。他们认为如果将每个编码类别转为数值，然后用因子分析来处理这些结果，我们会得到包含了原始主题的“元主题”，这样就可以描述这些主题之间的关系。这个方法存在的问题是因子分析要求相对较大的样本量，最好超过 100 个受试者，因工作量太大，这在定性研究中很少能做到。另一方面，正如之前提到的，因子
271 分析的内在逻辑在很大程度上是归纳，因此这种分析符合定性研究的整体目标。我们也可以考虑将定性化数据提交至聚类分析，从而从样本中识别出有相同的、相似的一些观点或特点的子组。

11.1.2“定性化”数据

“定性化”数据，即在定性情境中解释定量数据。这在已发表的研究中并不太常见，因为很少有定量研究者认为有必要为研究加入定性成分。然而，这个方法在小规模的学生论文和学位论文中很常见，学生收集定量数据（典型的是使用问卷），通常因不会处理数据而选择用非定量的方式分析数据。这种做法在多数情况下属于对定性化的不当使用。

对定性化数据的两种最常见（而且合理）的使用方式是（a）在定性化分析中使用定量背景信息，和（b）“形成叙事概要”。第一种的典型例子是，研究者分发一份简短的背景调查问卷（调查年龄和性别等信息）给所有的受访者，然后将这些数据整合为具有数据解释性质的定性说明。这

种方法还可以通过增收关于态度、信仰、习惯等其他问题来进行扩展。实际上，一份对调查问卷的回顾式访谈（见 6.6.2 和 7.3.2）就可直接对调查问卷结果定性化。

基于定量信息的受试者“叙事概要”和将定量背景信息包含在研究中的方式类似，但是这个过程的目的与其说是对受访者记录的情境化（即从额外的定量信息的角度检验数据），不如说是对个人、小组或机构（如个案研究）更全面的了解。概要是传达信息的可行方法，通过加入对一些定量信息的定性化总结，可以让概要更有说服力，更有效。

11.1.3 数据合并

数据转换的一个特殊情况，是不只是转换数据类型，还合并不同类型的数据（先转换一种类型），因此创建了一个新变量。例如为了确定“监控超用者”（monitor-overusers）（Krashen 1978），即担心出错而多次修改二语表达的语言学习者，我们可以使用一份关注分析型风格的学习风格调查问卷（定量），然后将这种测量方式和学习者感知和处理错误的自我报告（定性）结合起来。这种结合可以形成合成型定量测量或分类的基础——见 11.3。

11.2 极端案例分析 272

9.2.3 提到，“极端值”，即和数据集里面其他数据不相容的极值，会破坏统计结果的真实性。然而，由于极端值有不同寻常的特性，对极端受试者的研究可能也会十分有趣，因为对他们的研究可能会解释更广泛的问题。“极端案例分析”旨在检验这些不寻常的值，先用一种方法识别这些值，再用另一种方法检验它们。通常的做法是在定量研究中确定极端值，然后将它们放到更深入细致的定性分析中，以期了解它们偏离常规的原因。但是，我们也可以构想另外一种分析顺序，即首先在定性分析时识别出特殊的受访者，然后对获得的相关受访者的定性数据进行检验，从而帮助我们加深之前的理解。

11.3　类型 / 类别发展

在“类型 / 类别发展”中，我们分析一种数据类型，并在此基础上建立一些基本类别或主题。然后，将这些类别应用于对其他类型数据的分析。我们可以通过这些类别将样本分为一些子样本，即将所有个体归到不同的类型，这就是“类型发展”的一个例子。如果进行分类的类别原本是定性的，那么我们可以检验是否定量数据也支持这种分组，也可以识别出能很好区分两组的变量。例如，基于定性数据我们可能识别了两类学习者：一种为相较语法准确性更注重交际流畅性的学习者，另一种则与之相反。随后的定量分析可以通过比较两组学习者语言水平测试的得分来验证之前的发现，也可以检验两组受试者在其他变量上有无差异，如语言天赋或学习风格。

如果分类是定量的，并且统计结果显示分组之间的差异显著，那么这会使我们将分组原则转移到定性数据分析从而比较以这种方式分类——一般是在定性研究中不合理的分类——得到的子组。例如，如果确定了代表两种学习动机的两组学习者，就可以检验在他们的定性记录中这种区别是如何反映的。

卡拉切利和格林（Caracelli and Greene 1993）进而提及了类别生成策略的另一个重要特点，即可能有重复过程。他们认为，一种数据类型可以产生一种分类，然后应用于对其他数据类型的分析，结果又可以反过来改善和精细化分类。改善后的分类又可以再次应用于随后对其他数据类型的
273 分析，等等，可以进一步解释最初的分析。

类别生成策略的一种变体是“范畴发展”。这种情况下，定量数据用于确定与目标现象有关的突出变量，并且这些类别用于随后对定性数

据的编码。这种策略可与在前一章（10.2.2）描述的编码的“模板方法”协作。

11.4　多层级分析

如果我们拥有一个较大组的定量数据（比如调查），然后利用其中一个子样本进行进一步的定性调查（例如，通过访谈调查），这时就需要使用“多层级分析”。通过这种方法可以得到两个层级的嵌套数据，我们也可以将它们整合，从而得到很好的效果。例如，我们可以将较大样本作为评估子样本特征和表现结果的标准组。在德尔涅伊等人的论文中（Dörnyei *et al.* 2004），我们按照这个策略从对 70 名学生的调查结果角度出发，解释了 7 名受试者不同的天赋和动机。为使定性研究中定量的结果更有意义，我们计算了标准分（见 9.2.4），这可以显示受访者的结果与较大组的平均分的差异程度。因此，多层级分析结合了定性研究与对总体的定量测量。这个策略可以用于定性的个案研究，以使结论更具概括性。

11.5　计算机辅助的混合法数据分析

传统意义上的数据分析软件不是专注于定量结果就是专注于定性结果。然而，正如贝兹利（2003）所说，基于数值的研究与基于文本的研究之间的界限已经越来越不明显，并且几种软件的最新版本为处理混合的数据类型提供了新的可能。现在许多定性数据分析软件可以将定量数据输入并混合到定性分析中，并且许多软件支持定量化的定性数据，可以将它输出到统计软件。贝兹利将这些程序称为分析的“熔合”（fusing），这个词形象地表现出计算机辅助分析可提供混合法分析的新特点。

统计软件也回应了用户的需要，SPSS 甚至发布了一个文本分析追加模块 TextSmart，用以帮助处理调查问卷开放式问题的答案。著名的问卷调查软件 SphinxSurvey，也开发了 Lexica 版本，提供包含特定定性编码
274 功能的高级文本分析。两种软件都支持对新量化的变量与现有定量数据集的综合统计分析。

第四部分

汇报研究结果

第十二章 277

撰写定量研究报告

学术写作是斗争的舞台，在这个舞台上，学生和研究人员难以展现个人的力量和声音。

（Halliday 2002：143）

在收集和分析数据之后，研究人员的工作还远远没有结束，因为他们还要将研究结果写成报告并发表。研究本质上是一种社会活动，正如奥尔特加（Ortega 2005：430）所说，“研究的价值由其社会实用性决定”。她提出，社会科学的任何研究领域，包括应用语言学，最终的目的都是为了提高人类的生活水平，因此，评判应用语言学研究的价值，不仅要看研究方法是否严谨，而且“最终还是要看它对社会和教育问题产生积极影响的潜力”（p. 430）。鉴于应用语言学领域的“应用”性质甚至在学科名字中都有体现，我相信奥尔特加的观点和许多学者都有共鸣。

如果我们同意研究的社会价值很重要这一观点，我们就必须顺理成章地承认与更广泛的社区共享研究成果是研究者工作的核心部分。也就是说，与观众沟通是研究者的主要责任之一。正是由于这个原因，美国教育研究协会的道德标准（AERA 2002）规定，研究人员的责任包括：研究人员应该“尽力向所有利益相关者报告调查结果”（指导标准 1/5），并且“向公众的报告应该直截了当地传达实际意义”（指导标准 1/7）。后一条建议之后被改为：教育研究人员应以明确、直接和适当的语言与相关研究人员、机构代表和其他利益相关者交流其研究结果及其研究的实际意义（指导标准 11/10）。

本章和下一章讨论了定量、定性和混合法研究项目中学术写作过程的
278 各个方面。由于篇幅限制，本书无法就如何实现良好的学术写作提供详细指导，但幸运的是，许多有用的教材可以帮助实现此目的。我们将重点讨论与我们所采用的特定研究方法相关的学术写作，也就是展现了范式变化的部分。例如，本书不会过多地讨论如何使用适用于不同语域的词汇，但会详细分析文献综述在定性和定量研究中的不同作用。

12.1　学术写作的两个功能

学术写作最显而易见的功能就是将研究结果传达给受众。因此，研究人员应该尽力让报告简单易懂。以下三条原则为我自己多年的写作提供了指导：

- **读者友好型**：任何写作——包括定量研究报告——最终都应该遵循读者友好型这一原则，并且作者应该有意识地使用能最大程度地让读者成功理解的方式来呈现内容。因此，我个人认为，只要我们对如何呈现、规范或制定某种东西存在困惑，受众敏感性应该是我们的主要指导原则。
- **易懂的语言和风格**：在研究新手中有一种说法，根据定义，任何严肃的学术写作，其语言都相当复杂。尽管学术界确实有这样的倾向，即通过过度使用行话和复杂的短语让我们的作品更加学术化，但其实简单的语言也能达到这一目的。我们应该注意到，一些最著名的社会科学著作其实写得很清楚易懂。虽然有时候我们确实需要以微妙的方式表达细微差别，但我个人的感觉是大多数晦涩难懂的语言实际上反映了作者自己心存疑虑。

- **讲故事**：讲故事是到目前为止通达观众最有效的方式。如果某个作品的内容围绕着连贯而有趣的故事情节展开，那么连复杂的材料也可以愉快阅读并轻松消化。我很高兴地发现，《美国心理学会手册》的观点与我的不谋而合，这个手册是学术写作中几个最合乎学术规则的手册之一，它也主张学术写作应该生动而有个性。

> 虽然科学写作的形式与文学写作有所不同，但它不需要也不应该缺乏风格或者沉闷乏味。在描述你的研究时，直接呈现你的想法和发现，但要以有趣的、引人入胜的方式来反映你对问题的参与度。（APA 2001:10）

除了作为交际行为，学术写作还有第二个重要作用：它是调查过程 279
的一部分。第十章提到，写作备忘录是发展、提炼和构建我们想法的分析工具。我发现，在更广泛层面上的学术写作同样如此：只有经常写作，我们才能使研究想法达到成熟。因此，如果我们想成为好的研究者，就需要接受一个事实，即作家是我们职业身份的一部分。实际上，正如克雷斯韦尔（Creswell 2005：13）所说，“写作存在于创造性规划和研究过程的所有阶段。”

12.2　风格手册

定量研究的一个特点就是要在各个层次上做到标准化。因此，定量研究报告的编制须遵循“风格手册”详细的指导原则和规定。风格手册（或者“风格指南”）的主要目的是确保学术写作各个方面的一致性，从标点符号到手稿的组织结构等。有几种风格手册可供选择，期刊和图书出版商总是要求作者按照其中一种手册提交作品。不同风格手册之间最显著的区别在于文中引用参考文献的方式（如文本引用格式）以及对参考文献列表的整理（如文本结尾引用格式；更多细节见下一节）。我们还发现标题与副标题、数据与表格在格式上的差异，以及在某些符号、缩写及其他特定语言方面的差异。

在最后一步对已经完成的内容进行格式修改可能会耗费很多时间，因此建议在写作过程的早期就采用一种风格，然后贯彻到底。在应用语言学领域使用最普遍的风格手册由美国心理学会提供，即通常所称的“APA格式”，它以书面形式出版，2001 年出版的第五版（APA 2001）是最新版本。许多应用语言学杂志，如《语言学习》（*Language Learning*）、《现代语言杂志》（*Modern Language Journal*）、《TESOL 季刊》（*TESOL Quarterly*）和《第二语言习得研究》（*Studies in Second Language Acquisition*）都遵循这种风格。对于图书出版社来说，有些采用了 APA 格式，有些则有自己的风格要求。例如，本书的出版商牛津大学出版社就有自己的风格手册，所有由这一出版社出版的书籍和期刊［如:《应用语言学》（*Applied Linguistics*）和《英语教学杂志》（*ELT Journal*）］都遵循这一风格。

APA 风格手册的功能之一是不仅提供格式指导，还提供了关于如何构建研究报告以及如何呈现和组织各种论文内容的详细指南。在下面讨论
280 定量研究报告的结构中，我将借鉴 APA 风格的原则。

12.3 定量研究报告的结构

无论定量研究报告（例如期刊论文、硕博士论文）的长度如何，撰写结果都相对简单直接，因为有一个完善的报告格式与传统的模型和结构来指导我们。关于如何呈现调查结果的具体细节通常由我们希望提交最终报告的论坛提供。这些各式各样的格式要求是必须遵循的，即使它们最初似乎对我们传达信息构成束缚。然而，我已经认识到量化报告格式合乎逻辑且对读者友好，其中的所有内容都可以通过实证结果来呈现。接下来我将描述定量研究报告的主要部分，读者也可以参考《TESOL 季刊》发表的

《定量研究指南》(Chapelle and Duff 2003)。

12.3.1 前页

前页的内容包括标题、摘要，以及一些作品中的目录。这些部分相当有技术含量，其重要性在于它们为作品和读者之间提供了初步的接触点。

- **标题**：一个好的标题具有两种功能：一方面，概括文章主旨，描述题目和实际调查中的变量和相关事项。标题应该提供有用信息，特别是因为在电子摘要数据库［如语言和语言行为摘要（LLBA）］和信息服务［如教育资源信息中心（ERIC）］中，标题搜索是很常见的。另一方面，和创意写作中的标题类似，好的标题也需要"引人入胜"，也就是说，要吸引读者的注意力。因此，有些作者在标题中使用吸人眼球的短语。在这两方面找到平衡并非易事，我建议采用一个相对保守的方法，我倾向于使用提供信息的标题，而不是俏皮的标题。我必须承认，选择一个非常好的标题可以大大促进读者对特定作品的感知——例如盖拉尔迪和特纳 (Gherardi and Turner 1999) 有关定性和定量范式区别的论文标题是《真男人不搜集软数据》。
- **摘要**：摘要是论文开头非常重要的一段，进一步发挥"提供信息和吸引读者"的作用。APA 出版手册（APA 2001：12）指出：

> 大多数人在通过电子摘要检索系统进行文献搜索时，是通过查 281
> 看摘要来获得与文章的第一次接触，电脑屏幕上通常还显示着其他几个摘要。读者经常在查看摘要后决定是否阅读整篇文章。

摘要需要概括研究问题以及说明研究价值，还需要提供关于研究方法、最重要的研究结果和启示的相关信息。通常摘要有严格的字数限制（通常是 100—200 字），因此挑战在于用尽可能少的字数表达尽可能多的东西。

- **目录**：对于比一般文章长的报告，我们还需要目录。西尔弗曼（Silverman 2005）强调目录不只是一个琐碎的、技术性的事物。目录是读者在读一篇学术论文或著作时第一眼所能注意的事项之一。因此，目录传递了关于阅读材料的本质和逻辑的重要信息。

12.3.2　引言、文献综述和研究问题

“引言”再次重申标题和摘要中提到的内容，但篇幅更长。这部分呈现了具体的话题、难点和相关事项，并且回答了以下问题：题目是什么？为什么这一题目重要？本文的研究方法如何与有疑问的事项相关联？研究有什么理论启示？以及此研究和这一领域之前的研究有什么关系？也就是说，这部分仍然是报告的“销售通知”阶段。对于像博士论文、硕士论文这样篇幅较长的作品，引言还需要概述论文结构以及后续章节的主要内容。对于篇幅和一篇文章差不多的报告，引言有时候和文献综述合并到一起。

尽管每个人都认为一份规范的研究报告应该有文献综述，但对于应该总结什么样的文献却往往充满困惑。我认为问题的根源在于对文献综述的所扮演的角色模糊不清，它至少具有四个功能：（a）它可以作为“地形图”，为调查的领域内更广泛的书籍、文章和其他文献提供一个全面的、历史性的概述；（b）它可以为报告的实证调查提供具体的理论背景，证明其必要性，因此主要侧重于对研究设计具有重大影响的作品或对研究结果的解释；（c）它可以用来衡量作者的知识水平，并通过展示作者在该领域中的知识，赢得读者的信赖；（d）最后一点和前面的几点都相关：在大学作业（比如博士论文、硕士论文）中，它能证明作者做了功课，熟悉了
282 各种相关的理论和研究方法。一篇好的文献综述能同时具备这四种功能，但是书籍通常格外关注第一点（所谓的地形绘制），而文章更关注第二点

（提供具体的理论背景）。

这里我们应该注意，许多研究文章的文献综述篇幅很短，通常只占总篇幅的百分之二十，甚至更短（尽管有些情况下，文献综述相当长，占到文章的一半）。这是由于受到了期刊篇幅的限制，编辑希望作者将重点放在新发现上。事实上，APA 指南（2001：16）指出："要讨论文献，但不需要进行详尽的历史性回顾。要假设读者对你正在撰写的领域有所了解，不需要进行完全的汇编。"

在上述关于功能的描述中，我没有提到一个经常被当作文献综述主要作用的功能：提供对文献的"批判性分析"。我认为这不是一个特别有用的规范，因为它往往被用来暗示一些在严格意义上并不具有"批判性"的东西，这点很奇怪。事实上，在已出版的书中，很少发现有显著"批判"意义的文献综述，APA 指南明确指出，应以"专业的，非斗争的"的方式呈现不同意见。当我们跟学生谈及"批判"需要时，我们真正的意思是（a）要有基于文献综述的个人视角、主次顺序或者故事线（见 12.1）；（b）不应该躲在权威身后（不能有太多引用），而应该发出自己的声音。

研究问题和假设的重要性在第三章中已经讨论过（3.3），在定量研究报告中，列举这些问题和假设是必需的。最好是将它们放在文献综述的结尾，但是在较长的作品中，作者可能会在文献综述和研究方法两者之间单独用一部分来描述研究设计和指引性问题。

互联网搜索和电子数据库

在撰写参考文献时，互联网搜索和电子数据库的使用正成为许多研究生项目中的一个棘手问题，所以在此简要地讨论一下这个问题。在当下的数字时代，每当我们需要一些信息时，使用像谷歌这样的互联网搜索引擎进行搜索变得越来越自然。然而，这种做法不应该自动迁移到对相关文献的搜索上来。网络上有大量看似相关但实际上质量存疑的资料。研究者都希望通过书籍和期刊发表研究结果，因为这样才能获得官方认可。然而，

283 一旦作品在一个成熟的论坛上发表，版权问题通常会使它无法在互联网上免费获取。为了找到和研究话题相关的高质量论文，我们需要搜索学术数据库，例如语言和语言行为摘要、现代语言协会国际参考书目、ERIC 或者 PsychInfo 等。这些数据库也是基于互联网的，但有密码保护——可以通过大学图书馆等途径访问。我个人认为，只有在最特殊的情况下，文献综述中才能包含来源于网络的材料。当然，这种限制不适用于来自合法的、基于互联网电子期刊的文章，也不涉及作者在互联网上为公众提供的发表过的论文。

12.3.3 方法

方法部分描述调查中的技术细节。只有在这些信息的基础上，读者才可以评估研究设计的合适性，因此，这一部分对于说服读者接受结果的可信度来说至关重要。要注意的是，这部分应该简明扼要、切中要害，如果读者想查看一些细节，这部分可以作为“参考部分”。因此，在“方法”部分，我们不应该提及其他人的工作，而是只谈及我们自己的研究。

为了方便读者，“方法”部分总是再细分为带小标题的子部分。常规小标题包括“受试者”“工具 / 材料 / 设备”“程序”，有时候还有“数据分析”和“研究中的变量”。

- **受试者**：对研究样本进行适当描述在定量研究中至关重要，因为只有在此基础上，我们才能判断研究结果的概括性是否合法。细节提供的程度取决于研究的重点，但通常至少包括样本量（可能包括对抽样策略的解释和所有符合条件人员的总数）、受试者的性别、种族以及任何相关的分组变量，例如课程数目或者受试者所在班级。如果是关于语言学习者的研究，则需要提供受试者的二语水平、二语学习历史、二语教学机构（如果可能的话），以及学费收取类型。典型的可选背景变量包括受试者的一般能力或语言能力（或学术能力）、社会经济地位、职业；如果受试者是学生，还包括专业、班级规模、使用的二语教学材料和在二语环境中度过的时间。

- **工具/材料/设备**：在定量研究中，设计和研究工具（通常是测试和问卷）的质量决定了所能搜集到的数据的类型。因此，我们不仅必须准确描述工具，还要为包含某些具体内容而不包含某些 284
潜在的领域提供理据。我们还需要提供关于对工具进行先导实验的详细信息，特别是在包含敏感项目时，应如何处理匿名和保密。信度和效度数据可以在这里或后面的“结果”部分中介绍。实际使用的工具通常包含在附录中。
- **程序**：在这个小标题下，我们描述了在数据收集阶段遵循的步骤，特别关注如何管理工具，还应总结测量在何种条件下进行（如格式、时间、地点以及搜集数据的人员）（Wilkinson and TFSI 1999）。如果工具是用受试者的母语写成的，这里就要讨论翻译问题，以及数据搜集过程中可能遇到的困难或意外情况。
- **数据分析**：尽管 APA 指南没有强调“数据分析”是必需的部分，但许多研究还是会包含这一部分，因为提前总结数据处理过程能够方便读者预测接下来的内容，尤其是当使用了复杂的分析技术时。这一部分还有助于讨论可能出现的问题，例如数据丢失、损耗和无响应，以及如何处理这些问题。然而要注意，“数据分析”部分通常很短，**不包含**任何实际结果，仅列举使用的统计步骤。
- **研究中的变量**：当数据分析涉及大量变量时，特别是当某些变量是从其他变量衍生出来的（例如综合评分），为了使报告清晰，我们可能需要列出研究中的所有变量，描述它们如何衍生或操作。

总而言之，“方法”部分有一些小节必不可少。如果我们认为还有其他一些部分有助于对研究进行理解和复制，就应该增添这些部分。

12.3.4 结果和讨论

呈现和解释结果可以放在同一个部分，也可以分成独立的两部分。这取决于我们是先描述结果，再评估、解释，还是同时完成这两个任务。如果在能够得出推论之前，有许多数值数据要呈现，那么将它们作为一个独立的“结果”部分可能会更好，后面再进行概念化“讨论”。在其他大多数情况下，我发现将两部分结合起来可能有助于进一步评论和构建
285 理论框架。

对于较长的作品，如博士论文，有很多不同类型的结果需要报告，最适合读者的方式是将“结果与讨论”部分根据主题划分为独立的章节，每个章节都把结果和讨论结合起来进行报告。根据 APA 指南，请大家注意讨论过程中两个经常容易被忽略的方面：强调结果的理论后果，并审查结论的有效性。

正如桑德洛维斯基（Sandelowski 2003）所说，在定量研究中，数字的吸引力能给予研究以修辞上的威力，因此，“结果和讨论”部分是围绕数字展开的。但需要强调的是，这并不意味着需要使用统计学的“威力语言”和尽可能多的复杂表格，从而使这一部分显得过于专业。莱扎拉顿（Lazaraton 2005：218–219）很清晰地阐明了这一点：

> 许多已发表的应用语言学研究使用了相当复杂的分析程序，其导致的结果是什么？一个结果，是除了我们中最懂统计学的人以外，对大多数的人来说，大量的研究都是模糊不清的。即使是对最忠实的读者而言，结果部分中一页又一页的 ANOVA 表格也会是一种挑战，他们也会放弃阅读并直接跳到讨论部分。

相比之下，一些最好的统计学家把统计过程写得很清楚，强调内部逻辑，而不是分析的数学 / 程序复杂性。此外，如果可能，我们应该使用方便读

者理解的数据呈现方式，如表格和数字。如果我们选择这样做，就必须确保不再逐字重复已经在表格和图中呈现过的信息。

12.3.5 结语

并非所有的研究文章都有“结语”部分，因为如果“结果”和“讨论”部分是分开的，那么后者就可以总结整篇论文。但是，我通常建议写一个简短的结论部分，因为这既能方便读者，又能以非技术语言总结我们的主要发现。正如麦凯（McKay 2006）所说：“结语”除了总结主要的调查结果，还可以包括各种其他内容，如：要求对调查提出的问题进行进一步研究；一些关于研究局限性的讨论；解释结果的教学意义；以及该研究所涉及的主题的总体意义。但是，我们也要注意美国心理学会（Wilkinson and TFSI 1999：602）在推荐“推断统计任务小组”时关于结语内容的建议：

> 可以适当地使用推断，但是要谨慎而明确。注意你研究中的不足。但是
> 请记住，承认不足是为了让结果更有质量，同时避开未来研究中的陷阱。坦
> 白不是为了避免批判。对未来研究的建议应该深思熟虑，且以之前和现在的 286
> 发现为基础。空泛的建议（如对……需要做进一步研究）只是浪费笔墨。

麦凯（2006）建议：在任何情况下，结语应该以一个“强音符”结尾，并有一些一般性的声明，让读者对文章有“正面的看法”（p. 164）。

12.3.6 参考文献

参考文献列表要遵循两个基本准则。第一，报告中出现的所有引用都必须出现在列表里。第二，特定出版物的格式要求必须严格遵守。我发现参考文献列表的质量和准确性以及它在原稿中的呈现方式是衡量整篇论文质量的一个重要指标。

将文章发表在另一个格式要求不同的出版物上时，经验丰富的研究者

通常要极不情愿地耗费大量时间在重新调整参考文献格式上。幸运的是，这种日子将一去不复返了，因为像 EndNote 这样的电脑软件能以通用格式储存我们所有的参考文献，并以任何理想的格式打印出来。每个研究新手都应该清楚这一点。

12.3.7 附录

如果对某些相关材料的详述与文章主体偏离或格格不入，则应该放入“附录”中。例如，一些比较宽泛的数字表格，如果其中没有支撑主要论点的关键结果，就可以放在附录中；如果有，无论规模如何，都应该放在主体部分。附录也可以包含工具、转录文本和其他补充材料，供读者更好地了解研究。一些研究期刊特别要求作者附上所有的实验项目。至于论文，我倾向于鼓励我的学生将所有相关资料纳入附录，这样很久以后也不会丢失。

287 12.4　方便读者理解的数据呈现方式

在定量研究报告中，我们希望数据能以方便读者理解的方式呈现，具体来说有两个原因。首先，对于很多人来说，数字和统计学相当枯燥乏味、难以理解。第二，定量研究通常产生复杂的数据，以有效和易懂的方式呈现才能使之清晰。最方便读者理解的呈现方式是可视化——数字（代表复杂的关系）和表格（提供复杂数据和分析）——我们可以一目了然地了解大量的结果。正如威尔金森和推断统计小组（Wilkinson and TFSI 1999）所说：因为每个人都有处理复杂信息的偏好，所以同时提供数字和表格是有帮助的。另一方面，APA 指南提醒我们，能在文中用几句话就能说清的数据不需要用表格，一部分原因是因为表格更占空间，打印费用也更高。

当我们使用数字和表格时，必须给其编号，并且配上简洁的解释性强的标题。在文本中提到的时候，必须用准确的编号（例如“见图 3”）指代清楚，不能含糊其辞地说“见下表”。

12.4.1 图表

图表（chart）是一种能够使数据的各种特征可视化的方法。在研究报告中，两种类型的图表尤为常用：图表（chart/diagram）和示意图（schematic representation）。

图表，是描述变量彼此之间相关联的大小或强度的一种有效方式。柱状图（bar charts）和线形图（line charts）使用垂直的 Y 轴和平行的 X 轴来表现数据（见图 12.1 和图 12.2）。Y 轴通常表示测量单位（或因变量），而 X 轴通常表示分组（或自变量）。这些图表能灵活地展现数据类型，并能有效地用易于解读的方式呈现出对比和时间变化。

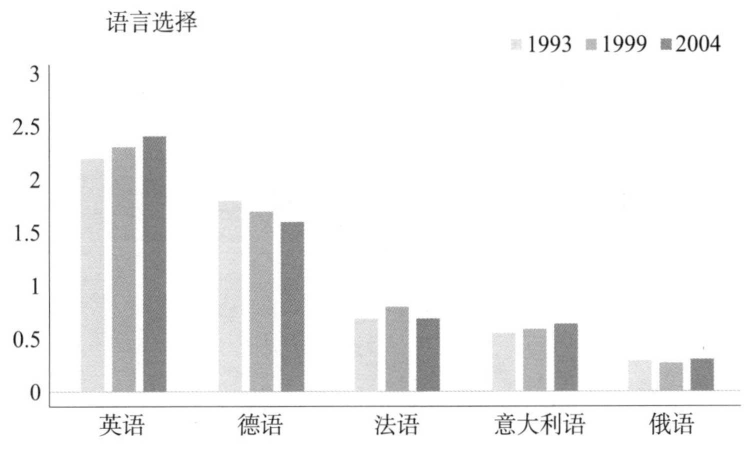

图 12.1　柱状图样例

示意图有利于描述多个变量之间的复杂关系，并且通常会用到各种方框和箭头（见图 12.3）。它们能用于描述心理加工蓝图或多层构造的成分结构。

288
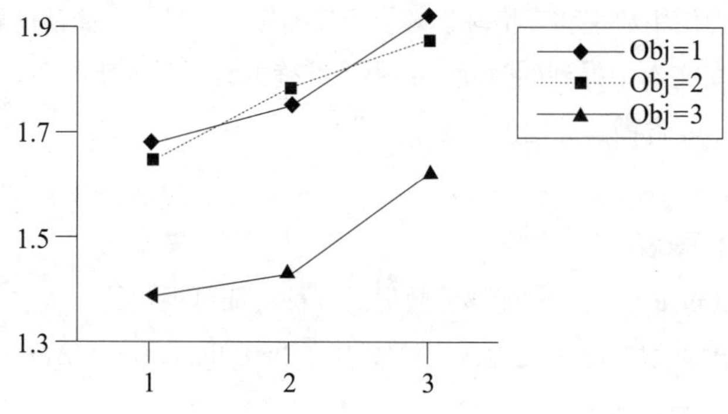

图 12.2　线形图样例

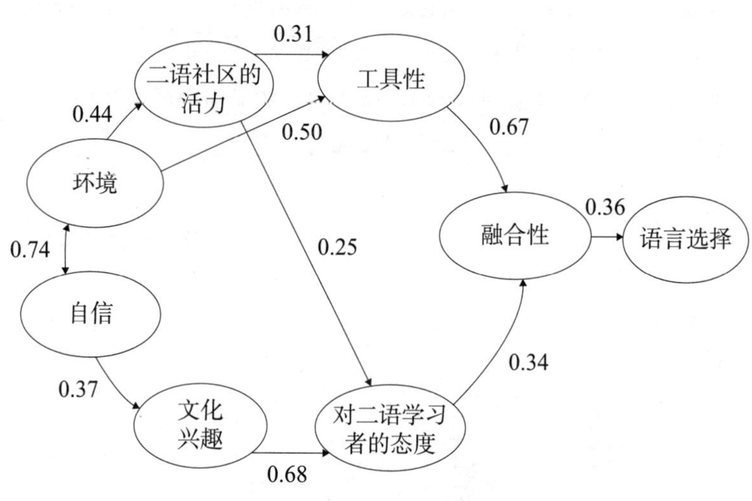

图 12.3　示意图样例

289 ### 12.4.2 表格

表格用于总结大量有关受访者及其回应的数据，并提供统计分析结果。通常由成行成列的数字组成，每个表格都标有标题和子标题。它们可以提供比数字更准确、更丰富的描述，但是却不容易读懂。因此，表格更适合用于学术期刊中的文章，而不是为非专业听众开设的讲座。统计结果通常列在表格中，第九章中出现过几个例子。

关于表格有两点需要强调。首先，“结果和讨论”小节也曾提到，如果我们将数字呈现在表格中，在正文中就无需重复，除非是强调特别值得注意的结果。其次，我们应该注意，数字表格在内容（例如，应该包含什么信息）和格式（例如，通常不用垂线）上都有几种规范形式（如第九章所列举的）。这些需要严格遵守，这意味着简单地将 SPSS 中的表导入到原稿中可能不太合适。然而，为了方便读者理解，以及出于篇幅考虑和特定出版物的版式要求，对标准格式的要求会相对降低。最好的做法是参考已发表的性质相似文章的格式。

290 # 第十三章

撰写定性和混合法研究报告

前一章主要从定量角度介绍了研究报告的撰写，但很多内容也适用于定性或混合法研究。一方面是因为一些学术写作原则是普遍适用的，另一方面是因为定量写作格式在很大程度上可以被视为社会科学的默认格式。经过稍微的修改的 APA 风格的研究报告结构被越来越多的定性研究人员采纳（见下文），这就是一个例证。为了避免重复，本章将重点介绍定性研究报告和混合法研究报告与定量研究报告的**不同之处**，对共性（如标题、摘要和参考文献的特点）不再赘述。

13.1　撰写定性研究报告

> 一个理想的访谈报告除了要具备表达的艺术性之外，还应该能经得起法庭交叉询问似的检验。
>
> （Kvale 1996：259）

为撰写定性研究报告提供指导的文献有很多。作者和出版商都觉得我们需要大量这样的建议，这一事实准确反映了撰写定性研究报告的问题所在。前一章提到，撰写定量研究报告相对直接，有各种模板和规则作指导。相比之下，与定性研究的所有其他方面相似，定性研究写作的特点是更自由、更具多样性和分歧性，而定量研究相对单一。这就是为什么戴维斯（Davies 1995）认为学习撰写定性研究结果报告的最佳途径是阅读并模仿这种特定体裁的期刊文章和书籍章节。我认同遵循模板是定性研究作家
角色社会化的有效途径，在本章中，我总结了一些使用模板的原则和指导 291
方针。

13.1.1 定性研究报告和定量研究报告的主要差别

我们无须审查所有的学术论文就会发现，定性研究和定量研究报告在结构、风格甚至篇幅上差异甚大。尽管整本书都是围绕这一话题，我还是认为对这些差异的解释很大程度上要基于以下六点。

借鉴之前的写作

在第十二章中（见 12.1），我提到从本质上讲作家是研究者职业身份的一部分，只有持续写作才能使研究思想逐渐成熟。定性研究将写作当作不可或缺的调查方式，因而更是如此。定性研究者在他们的项目开始后就撰写备忘录、小片段和其他形式的摘要（见 10.2.3）以及个人研究日志（见 6.9），并定期持续地写作，同时记录和澄清他们对数据的理解。这样，正如桑德洛维斯基（Sandelowski 2003）所说，在定性研究中，写作与其说是调查的最终结果，不如说是调查的过程，因为写作是为了报道一个发现，这通常会使研究者产生更多的想法，从而进行更多的写作。

当然，这个过程不可能一直持续，在达到某种程度后，我们需要总结，产生一个终极报告。到那时我们已经完成了大量各种形式的写作。因此，最终写作过程的主要功能在很大程度上是把这些内容按照连贯的顺序进行整合。事实上，很难想象，如果没有大量地利用我们之前的写作材料，我们将如何产出一份好的定性研究报告。

没有固定格式或模板

我们如何将不同的片段串联在一起？定性研究报告没有固定的格式或

模板［或者用迈尔斯和休伯曼（Miles and Huberman 1994：299）的话说，没有“共享经典”］，这对于一些人来说是幸运的，对另一些人来说是令人遗憾的，依个人偏好而定。这种特质有一种明确的后现代感（而且有的学者还会把定性写作等同于后现代主义写作，见 Hesse-Biber and Leavy 2006），但事实上它并非源自后现代主义，而是源自于后现代主义之前定
292 性研究反复的、浮现的性质。定量研究报告的模板是展示线性过程最终结果数十年经验的结晶。而定性研究通常是非线性的，所以如果将上一章描述的模板强加于此，在许多人看来会适得其反。因此，在过去三十多年里，为了充分呈现定性研究的发现，人们尝试了一些非常规的模式，比如像小说、诗歌、戏剧、舞蹈这样的文学模式（Sandelowski and Barroso 2002）。当我们尝试不同的方法时，能够或者应该在多大程度上偏离学术写作的一般规范，这个问题即使在定性研究领域，也颇有争议。我们会在下一节（13.1.2）回到这个问题上来。

用文字而不是数字作为证据

任何一手研究的共同特征在于用实证数据来支持论点和断言。在定量研究中，证据几乎总是数字数据。尽管定性研究也应用数字，但定性研究证据的主要形式是对受访者或研究者本人的文字叙述的摘录（如田野笔记或备忘录）。通过用具有代表性的低推断描述词来还原特定的情况或现象，进而解释和验证研究者的推论，以增加可信度。其目的是提供丰富而生动的描述，以便“读者能够间接体验与研究的受试者相同的处境”（Johnson and Christensen 2004：539）。

篇幅更长

数字的一个优势是所占篇幅虽短，但总结性很强，我们通常可以用三到四张表格来展示一项研究的所有主要发现。相比之下，词汇是相当“冗长”的，并且提供足够数量的引用占据了大量篇幅，使得定性报告通常比定量报告要长得多（见 Magnan 2006）；高尔等人（Gall *et al.* 2007）估算

发现定性研究报告差不多是定量研究报告篇幅的两倍。因此，定性研究者经常进退两难：一方面，他们需要提供丰富且有说服力的描述，但几乎所有的出版物都会有字数限制；另一方面，即使是编辑好意允许达到字数极限，也只有小部分的原始数据可以出现在最后的报告里。

讲故事

前一章已经提到过（见 12.1），我非常赞同在任何写作中都有清晰的故事线，包括研究报告，而定量研究的格式相对容易保持连贯。毕竟，结构本身呈现出了研究的总体过程：在文献综述中引入目标问题，然后提出具体的研究问题或假设，在数据统计支持下给出简洁明确的答案，最后总 293
结出结论。坚持这个模板就很难出错。相比之下，定性研究报告更长，包含更多细节，以反复的数据收集和分析过程为基础，并且常常描述多个含义。唯一的办法是好好讲故事。“倘若不能让他人阅读我们的故事——我们完整的描述——那么在描述性研究方面我们所做的努力就毫无意义。”（Wolcott 1994：17）因此，定性研究报告的成功很大程度上取决于我们如何将要传递的信息包装成引人入胜的故事。

自反性、风格和基调

尽管定量研究可能在故事线方面略胜过定性研究，但定性研究允许（确切地说，是鼓励）丰富的细节、个人风格和非正式语气。前一章我提到定量研究不需要十分客观和正式（见 12.1），然而事实上定量研究者经常遵循自然科学中常见的研究风格，即大部分信息由数字和事实而非作者自己的声音所构成。因为定性研究的结果通常被认为是受试者和研究者共同构建的产物，所以定性研究具有自反性，也就是说，它会谈论作者的偏见、价值观和文本中的假设。正因如此，定性研究者在谈论自己时倾向于使用第一人称单数而非客观的“研究者”（“研究者”这一称谓即使是在定量研究中也过时了）。

因此，由于强调自反性和研究者参与度，定性研究使作者可以自由传达自己和受试者的声音，这能转化成有力的呈现工具。考虑到定性研究者也推崇富于表达性的语言（Sandelowski 2003），定性研究作者竭尽全力创造一个生动、细节丰富且戏剧性的故事，其可读性远胜于对各种变量的结果分析报告。霍利迪（Holliday 2002：142）谈到了一种“新思维”的出现，“尤其是在革新性的定性研究中，这为研究者提供了一个范围，让他们利用传统的方式体现个人风格”。

13.1.2 定性研究报告的结构

差异性、自由创造以及有意识地避免刻板公式，都是研究过程中每个阶段的定性调查的标志，包括在研究报告的准备阶段。然而，如果我
294 们仔细观察就会发现，表达的自由并不是完全不受限，因为不管我们使用何种具体结构，研究项目的某些方面必须存在于报告中。这些必需的部分包括：引言和课题陈述；研究方法描述（数据搜集和分析）；研究发现及其与领域里其他学者发现的联系；最后还要有结论。显而易见，这些部分和前一章提到的定量研究报告十分相似，不过定性研究可能不会使用定量研究中的小标题，并且这些部分的顺序可能不同，尤其是文献综述的位置十分灵活。客观来说，定性研究与定量研究事实上涵盖相同部分。

当然，涵盖相同部分并不意味着要用相同的方式完成，主要问题在于有多少差异以及何处的差异是可取的。对此，我个人的观点是：与很多研究人员（如 Johnson and Christensen 2004；Morrow 2005）一样，我将提倡以下相当保守的立场：建议将 APA 的定量研究格式稍作修改后用于定性研究，我们甚至能应用 APA 手册所推荐的大多数小标题。这样做有两方面理由：

1. 第一个理由很实际：研究者不是生活在与世隔绝的环境里，因此他们需要意识到所处研究环境的规范性。因此，我不建议使

用非传统格式，因为我从来没有听说过应用语言学接受诗歌形式之类的研究生论文。同样的道理，一个研究者，尤其是研究新手，如果不遵守流行的规范，就鲜有机会在主流论坛上发表文章。

2. 第二个原因与“创造性自由”在研究写作中概念化的方式有关。核心问题是，自由能否在一个固定的框架内行使，或者说传统的研究报告是否限制性太强，不允许表达某种意义。据说画家文森特·梵高曾经抱怨过现代艺术家的困境，即不再有任何界限，而在过去，艺术家可以通过遵守同时又蔑视规范来表达每一个微妙的意义。同样，我认为缺乏边界可能会产生不利影响，而坚持遵守一种体系实际上可能是一种解放。

因此，我建议通过采用最知名的学术组织系统，即 APA 结构化格式，295
定性研究者可以为自己创造一定的自由活动的空间，因为读者对这些规范非常熟悉，进而对任何非常规内容特别敏感，如不太学术的风格。此外，摆脱传统的格式惯例，以一种更文学的形式如诗歌来报告我们的发现，对许多定性作家，尤其是那些刚进入这一领域的作者来说，是难以接受的。我同意理查兹（Richards 2005：187）的观点：没有模板参考“通常是写作的主要障碍”。理查德森和圣皮埃尔（Richardson and St. Pierre 2005：973）提出，在考虑写作格式时研究者应该先看看符合该学科主流写作规范的文章，我相信这也是受到了这一思想的启发。

现在让我们来看看 APA 定量研究报告中那些可能需要一些修改才能适用于定性研究的地方。（详细建议列表，见 Morrow 2005 的附录。）

引言、文献综述和研究问题

引言部分在定性研究和定量研究中的作用类似，除了在文献综述上存在差异。由于研究问题、研究设计和工具都是由先验的理论知识所证明的，所以定量研究起初需要覆盖大量的文献。而定性研究往往是探索性和开放式的，虽然很少有定性研究者会采用“白板”（tabula rasa）方式，但是人们并不认为开始阶段的详细背景知识是必不可少的；例如在扎根理论中，现有的文献只在最终的分析阶段（例如选择性编码；见 10.3.3）才会被审查，以评估新出现的与之相悖的发现或理论。话虽如此，我仍然认为，即使是探索性的定性研究，也需要一个初步的、看似不那么重要的文献综述，为研究提供一个理论背景，并为研究课题提供理由，不过在后面的讨论章节中引入文献也是可行的。最后，定性研究和定量研究在引言部分还有一个区别：研究问题的特点。这已经在 3.3 中讨论过了。

方法

“方法”部分的主要功能与 APA 格式相同，即为后续调查结果的评估提供所需的技术信息，并作为参考部分。但定性研究和定量研究的性质不同，所以需要一些有用的补充和修改（Morrow 2005）：

296 • 在介绍受试者之前，设置一个关于“研究方法和设计”的章节是很有用的，用来描述研究假设和遵循的原则以及定性方法的类型。
- 由于定性研究的性质，对受试者的描述应当尤为丰富，而且必须明确地解释抽样策略。
- 莫罗（Morrow 2005）提出了一个有用的修改方案，我们可以将“工具和程序”部分合并在“数据来源”的标题下，从而可以更好地描述和解释所采取的各种步骤。
- “数据分析”的一个重要方面是描述记录如何转换成文本，包括“转写协议”的主要特征（见 10.2.1）。本节也可能解决“研究者工具”问题，侧重于可能会影响分析的研究者的某些特征（例如偏见和学科背景）。我们还需要提供有关数据分析具体方法的信息，包括各种编码阶段的性质。定性研究的一个共同缺点是，从原始数据中得出推论的过程不是很透明。例如，休伯曼和迈尔斯（Huberman and Miles 2002：x）指出：定性研究的方法部分有时候只不过是“文献中常用设备的购物清单……一种时髦的方法，缺乏对特定数据集分析过程的演示”。为了创造真正的透明度，我们需要提供“审查测试”的关键要素。利用计算机辅助的定性数据分析（缩写为 CAQDAS；见 10.4），这种强大的验证策略已经变得相对容易实施。

- 电子审查测试。布林格等人（Bringer *et al.* 2004）就概述审查线索最有效的途径提供了详细的指导方针，包括编码类别、个人日记页以及基于扎根理论的开放式和轴向编码示例的截屏。（可以通过按键盘上的 Print Screen 键轻松截屏，然后将计算机当前屏幕的静态图像粘贴到文字处理器文档中。）此外，每个主要编码类别的示例提供了强有力的解释。布林格等人还建议用一个表格记录使用的备忘录的数量、类型以及用途。这几位作者所使用的 NVivo 软件是一种特定的计算机辅助定性数据分析软件，具有特别的报告功能，能提供目录和文件列表，也能提供更详细的信息，如每个文件被编码的比率。这些能有效地描述整个项目的进程。
- 最后，3.1.2 列出了许多确保定性研究有效性的实用策略。数据分 297
析部分也应该包含关于使用这些策略的讨论，以增加可信度。

结果和讨论

结果部分与讨论部分合并与否都是可行的，这点已在上一章解释过。莫罗（2005）建议在定性研究文章中将二者分开，以便区分严格的基于数据的推论和研究者对发现的总结。但是，对于像研究生论文这样篇幅较长的文章而言，如果我们将结果和讨论分为专题章节，将数据分析的各个阶段一起描述，就可以使调查结果更清晰。无论是在文章中，还是在学位论文中，将文本划分为带有小标题的小节，也更便于讨论。这些小标题就像方便读者阅读的路标一样。（关于路标的重要性，见 13.1.3）

除了连贯的故事线，另一个影响能否有效呈现研究发现的决定性因素是在我们自己的解释性评论和引用受试者、田野笔记这些支持证据之间保持平衡（Morrow 2005）。良好的定性报告，其文字和引语自然流畅——太多的引用会阻碍研究者自己的声音，使其观点难以理解；而太少的引用可能无法提供足够支持，使读者过于依赖研究者的话。莫尔斯和理查兹（Morse and Richards 2002）强调，我们应该在有关社会情况和交际情境的引用中增加一些语境信息。难点在于有丰富的描述的同时使研究在整体上有较强的分析性，而不是过份偏向描述性。

如果有必要，我们可以对引语进行编辑吗？是可以的，但是不能改变原意。我们还需要遵守某些规范，最重要的是指出（如用省略号）哪些东西因为是多余的而被省略了。简洁的引语比冗长的独白更有力量（Morse and Richards 2002）。编辑的一个重要目的是确保受试者是匿名的，要实现这一点需要做的可能不止是更改名称。对于非本地受访者，我们也可以对不太准确的语言进行编辑来辅助阅读，但如果这样做，就应该在第一次出现时或在“方法”部分清楚地说明这一点。

如果我们决定将“讨论”单独作为一个部分，就应该在这部分整理各种思路，并提供解释。有些定性研究在这里还增加了对文献综述的回顾，根据其他学者的发现来评价解释。

298 **结论**

对于是否需要“结论”部分，以及这部分应该包含那些内容，不同的人持不同观点。例如，西尔弗曼（Silverman 2005：323）强烈地认为，“不应该写一个总结作为论文结尾……要抵制最后选择轻松容易的下坡路的诱惑”。他说，这时应该以清晰明了的方式呈现一切，只有在前面提到的一些事情不太准确的情况下才有必要重述发现。因此，他建议，“结论”部分与其进行总结，不如从最初的研究问题出发反思研究的整体进展，讨论局限性和未来进一步研究的可能性，传达研究的理论意义及其对实践的实际影响。虽然我极力赞同这些观点，但我认为还是可以用较通俗的语言来重述重要结果，因为对于那些喜欢直接从引言跳到结论的读者来说，只有最后的结论引起他们的兴趣，他们才会去阅读其他部分。

13.1.3 无效的定性研究报告

从前面的部分可以看出，撰写有效的定性报告并不是简单的事情，写作中可能出错的地方很多。下面将列举一些做法不正确的例子，来突出一些典型的问题。

伪定性研究报告：定性研究报告的一个固有缺点是很容易被滥用。一个研究可能只具有某些特征，甚至只有一些手写的采访片段，根本没有以理论为依据、以实践为支撑的系统分析，却被称为“定性研究”。不幸的是，根据达夫（Duff in press）的观点，这种不科学的报告太多了，会从总体上抹黑定性探究的学术形象。（也可见 3.1.2 对逸闻主义的危害和缺乏质量保障的描述）

长且枯燥：定性研究报告倾向于长篇叙述，不像定量研究报告那样有表格和其他形式的总结帮助读者理解。理查德森和圣皮埃尔（2005）指出，定性研究作品不能跳读，只能通读，因为它的意思是通过整篇文章来体现的。因此，文章枯燥是一个大问题。理查德森自己的经历很好地说明了这一点：

> 十年前，在这本《定性研究手册》第一版问世时，我承认，多年来，我已经通过许多被奉为范例的定性研究找到了出路。我读了不计其数的文章，细读一半，快速浏览一半。我会对新订阅的书充满期待——只要是我感兴趣的话题，我想读的作者——后来却发现文章枯燥乏味。在向同事和学生说出
> 了我对许多定性研究作品隐秘的不满后，我发现他们也有同样的不满情绪。299

> 本科生、研究生以及同事都说他们发现许多定性研究报告看上去不错，读完却深感枯燥。（Richardson and St. Pierre 2005：959）

学者都受过良好教育，并且在学术研究上花费了大量时间，因此，他们可能没有意识到，学术写作已经成为他们的第二特性。问题是用寡淡无味的学术用语讲故事是收效甚微的。与定量研究相比，这一问题在定性研究报告中体现得更加明显。

没有路标：定性研究通常描述复杂的多重含义，密切关注几个受试者（单一样本研究除外），作者口吻和受试者口吻交替。所有这些都会导致文本变得错综复杂。虽然文本复杂有其益处，但也可能使读者困惑。因此，合适的路标对定性研究报告非常重要。这些路标可能包括对文章结构的概述、各种标题和小标题、每章小结，以及作者如同导游般反复出现的评论，让读者了解进展到哪一步了、本部分与前面内容的联系以及接下来的内容。

难懂的语言：达夫（Duff 2006）提到可能影响定性报告效度的另一个问题来源——使用难懂的语言：

> 如果读者无法轻易理解研究结果并了解推理链，那么新知识或见解就无法传播到新的领域。这些发现可能只会让一小部分志同道合的研究者产生共鸣。因此，就无法达到预期的或本该有的影响力。（p. 89）

另一方面，达夫（2006）进一步解释道：定性研究在这方面也提供了潜在的好处，因为如果做得好，定性报告可以为抽象的现象提供具体的、情景化的例子，从而可以清楚地传达复杂的信息。

更“高级的”错误：除了上述风格、结构和语言方面的问题，定性研究报告还会出现一些更加“高级”的错误。理查兹（Richards 2005）列举了三类错误：

- 拼缝被罩：这种报告由大量长篇的引用组合而成，通过含糊不清或形式化的总结拼凑在一起。事实上，这是一种常见的错误，尤其在研究新手中常见，因为这种“让数据自己说话”的态度通常掩盖了不确定性，要么缺乏重点，要么缺乏创见。

- **生动的描述**：丰富而生动的描述能引人入胜，缺点是未能将数据 300
整合到连贯的论点中。
- **观点跳跃**：作家将有可靠证据支撑的论述作为跳板，突然跳到下一个符合道德或意识形态的断言，而这个推论根本无法从前面的数据直接得出。因为定性调查往往由意识形态的责任或对社会正义的追求所驱动，所以这样的飞跃是可以理解的，但它很容易导致背离研究报告的基本原则，即论证应该基于数据。

13.2　撰写混合法研究报告

在本章我们了解到定性研究报告和定量研究报告在诸多方面有所不同，而且不同的定性研究报告之间也存在很大差异。这对我们写混合法研究报告有何启示呢？答案就像“玻璃杯是半满 / 空的”那个比喻，因为我们可以对混合法研究写作面临的挑战采取积极或消极的态度。接下来我将首先讨论这项工作的挑战和优势，然后介绍混合报告写作的三个主要原则。最后，我会提出一些有助于写作的具体建议。

13.2.1 混合法研究报告的挑战和优势

定性和定量研究报告之间的差异不仅仅是技术性的，还涵盖结构和术语问题。这两种类型的报告要以不同的方式吸引读者，因其读者倾向于发现不同的、吸引人的地方（Sandelowski 2003）。考虑到应用语言学领域（或者社会科学领域）的学者很少是严格意义上的“双语者”，写作混合法研究报告所面临的最大挑战，就是某些材料将不可避免地被潜在的持不同态度的（甚至敌对的）读者阅读和评价。定性和定量研究者倾向于发现不同的论点和有力证据，运用不同的质量标准来评价研究价值（见第三章）；简而言之，如桑德洛维斯基所言，他们和文本互动的方式不同。因此，与单一研究方法相比，混合研究方法能让我们对课题有更好的了解，让读者认同这一主张，是痴人说梦吗？

在实际的写作中，也会面临一些问题。因为在混合法研究报告中，我们需要使用语言和数字来支持我们的解释，虽然这些解释并不会互相排斥，但是以令人信服的方式呈现出来并证明其意义需要不同的框架和格式化方法。可能出现这样的情形：不同的呈现方式十分违和地同时出现在页
301 面上（Brannen 2005）——受试者个人的表述和作者表述之间的差异在定性报告中有所体现，但在定量报告中却是缺失的，这就是个很好的例子。一般来说，定性报告和定量报告有不同的“外观和感觉”（Sandelowski 2003）；由此产生了一个问题，即“混合”法研究报告是否可能具有与单一方法研究报告相同的力量。

第三个问题很实际但很关键：混合法研究报告的篇幅。定性研究论文需要语境化，并且使用引语而不是数据作为支撑证据，因此比定量研究论文更长，这是一个难题。而混合法研究兼具定性研究和定量研究的部分（有时候不只一部分），因此需要更多的篇幅。因为大多数期刊都有严格的字数限制，当采用混合法的研究者想发表论文的时候，篇幅会成为一个严重的问题（Johnson and Christensen 2004）。

积极地看，尽管不可否认混合法研究带来了挑战，但也可以转变成优点：毕竟，过去的单一方法研究通常只是针对目标受众，而正如在 7.1.3 所述，使用混合研究方法，我们第一次有机会影响到整个研究领域，因为这些报告有更多的“卖点”。托德等人（Todd *et al*. 2004）认为，我们可以使用读者熟悉的部分来赢得敌对读者，例如，如果熟悉定性研究的读者看到了细致的定性数据，会更容易接受定量研究结果。也就是说，定性数据能使定量结果变得权威，反之亦然。同样地，混合法研究也可以为我

们开拓更广泛的出版领地，因为定性和定量的期刊都会考虑出版，混合法研究人员的双重范式也可以使他们在展示和公开演讲时获得更广泛的听众（Brannen 2005）。

13.2.2 撰写混合法研究报告的主要原则

在讨论如何写好混合法研究报告这一具体问题之前，先来看看可能指导我们写作的三个基本原则。我认为撰写有效的混合法研究报告需要良好的平衡技能。因此，以下原则与作者对三个关键因素——读者、研究设计和结果的敏感度有关，而这三个因素会对评估研究产生重要影响。

- **读者敏感度**：这个原则可以用一句话概括：如果可能看到报告的 302
各种决策者和利益相关者（例如博士论文答辩委员会、期刊/图书编辑或会议受众、授权申请审查者）的范式导向，就强化他们更加熟悉的研究部分，并且运用特定的语言和呈现风格进行论述。或者，按照约翰逊和克里斯滕森（Johnson and Christensen 2004：540）所说的，“了解读者，并以其容易理解的方式写作。”这并不意味着妥协，也不是改变或省略我们要表达的东西；我们可以将这一过程看作翻译练习。

  桑德洛维奇（Sandelowski 2003）强调，如果我们确定读者是混合的，就要让定性和定量的读者都能“访问”我们的作品（p. 396）。撰写混合法研究报告需要了解定性和定量研究传统中高信度写作的主要范式差异；此外，因为混合的读者对两种方法都不够精通，所以不应该采用高度专业化的定量或定性研究术语，而应该提供易懂的定义和解释，从而“教育”读者。（法官和律师有时在法庭上这样做，因为考虑到许多陪审团成员没有受过专业训练。）
- **研究设计敏感度**：报告的范例框架也取决于研究设计。通常研究中定性部分用定性方式写，定量部分用定量方式写，只在解释和讨论阶段用混合方式。这可能适用于“三角测量”研究，其目的是确认结果作为验证手段（见 7.1.2），但这不太适合于在分析阶段进行混合的研究。综合分析需要以更综合的方式来写。然而，一个研究阶段建立在另一个研究阶段上的序列研究需要用不同的报告框架，因为我们还需要考虑其中一个研究部分是否占有主导地位。研究设计也在一定程度上决定了哪种报告效度最高。

- **结果敏感度**：最后，我要提一个非常实用的原则。最好的呈现方法还取决于结果的类型。如果最令人印象深刻的结果是定量的，整篇报告的框架就应该对此加以强调；如果定性部分更引人注目，并且有强有力的引用作为支撑，则应该倾向于定性呈现方式。

303 **13.2.3 写好混合法报告的具体建议**

作为本章小结，下面我将讨论一些具体的混合法相关事宜。尽管对于研究中只是表面相联系的定性和定量部分，研究者可以选择分开来写，但我还是担心在很多情况下这种做法实际上可能会使报告变质（这并不少见）。因此，我的第一个建议是，如果一项研究足以被称作“混合法研究”，我们就应该有意识地以混合法的方式来构思报告。事实上，汉森等人（Hanson *et al.* 2005）尤其建议研究者在研究标题中使用“混合法研究”这一说法。

以下几点旨在介绍混合法的陈述规范。首先，我们可以说混合法研究报告包括单一方法研究报告的基本特征：要具有引言、文献综述、方法讨论，还有结果和结论的呈现及分析。

- **有意强调混合方法**：因为混合法是一个新兴领域，汉森等人（2005）建议研究者在引言部分解释研究的逻辑、进程及原理。事实上，这能充当“高级故事线”，包括明确陈述目的和明确研究问题侧重于定性还是定量。因为，相对于单一研究方法，混合法研究的价值在于能够对研究问题产生更全面的答案，这一点值得详细阐述。这样的解释不仅可以增加研究信度，而且有助于避免读者一开始就存在方向性偏见。

- **使用修改的 APA 样式模板**：类似于我在 13.1.2 中对定性报告提出的格式建议，我建议混合法研究者采用 APA 样式模板来组织报告的主要部分。使用读者熟悉的小标题有助于读者自行在整体设计中定位，由于具有多种研究范式，这一整体设计必将比单一法研究更为复杂。在心理学文献中，在一篇研究文章中报告多次调查并不罕见，而且它们通常按数字编号（例如：研究 1，研究 2……）。
- **文献综述**：在定性和定量研究中，文献综述的位置和作用差异很大（见 13.1.2）。因此，依据特定混合法研究的排序，我们可以将文献综述分为几个部分，在绪论中进行初步概述，并在相关地方进一步进行更具体的讨论。为了提高透明度，我们可以说明这种 304
划分，让读者对内容有一个预期。
- **方法**：为了方便读者，我认为研究报告的“方法”部分应该简明扼要，并且要分成读者熟悉的小节（“受试者”“工具”“步骤”等），以便读者参考（如有人想查找真实信息）。然而，我们应该避免单一的定量设计，而是添加一个“混合研究设计”部分，可以放在“方法”部分的开头，在其中指定应用的设计类型。
- **语境**：定性研究的性质决定了这种研究对语境化要求很高，而定量研究除了总结主要样本的特点，对语境没什么要求。约翰逊和克里斯滕森（2004）建议，即使是当定量部分占主导地位的时候，我们也应该注重报告的语境。这有利于将定性和定量部分关联起来；而且，语境特征也有利于读者认可混合的效度和结果的概括性。
- **语气和风格**：关于定性和定量呈现要求之间的关系，写作的整体语气和风格是需要考虑的最后一个方面。如前所述，优秀的定性研究报告读起来如同一个生动而丰富的戏剧故事，而定量研究则更分散、更正式、更注重事实，缺乏“文学装饰”（Sandelowski 2003）。混合法研究者要以上节提到的“读者敏感度”为指导，平衡两种写作方式。此外，无论我们在混合法研究中想要实现何种平衡，都不能依赖专业术语的权威力量，因为这样必定会使我们失去一部分读者。

第五部分

总　　结

第十四章 307

如何选择合适的研究方法

> 你的研究方法可以如你所希望的一样灵活。事实上，你可能希望在研究中采用多种方法来回答研究问题。执行项目并没有一种“唯一”的方式。
>
> （Hatch and Lazaraton 1991：4）

在讨论了最重要的研究问题及数据收集和分析的主要原则之后，接下来讨论研究方法中一个最基础的问题：怎样为将要进行的研究选择合适的研究方法？遗憾的是，对于这个问题没有简单而通用的答案，因为不同的人会根据不同的原因选择自己的研究方法。为了提供一些实用的指导意见，我将在结论章节提出两点一般性建议，并总结可能影响选择的一些考虑因素。

14.1 一般建议 I：采用实用方法

在本书中，我一直在讨论研究设计的实用方法。从最广泛的意义上讲，实用意味着保持开放灵活的思维框架和尽可能不受范式教条的束缚。研究终究不是一种哲学活动，而是尝试找到问题的答案，这也是我们在日常生活中以许多不同的方式经常做的事情。存在不同的研究方法有力地证明了科学研究中存在多种可能的解决方案。因此，我的第一个一般性建议非常的笼统：采用实用的方法，并且自由选择你认为最有效

的研究方法。这一观点和西尔弗曼（Silverman 2005：15）类似的总结相呼应。他总结道，“根据研究问题和模式，在不同研究方法之间做出务实的选择是明智之举。”本章剩余的部分将从不同的视角来讨论如何
308 做出实用的选择。

14.2　研究内容因素

格林和卡拉切利（Greene and Caracelli 2003）指出，和我们所预期的并且文献中经常看到的陈述相反，社会研究者似乎主要根据被调查现象的性质和研究背景而不是更抽象的范式来做出研究决定。让我们通过观察研究内容的效果来开始研究这些具体的需要考虑的“基础”因素。这里特别提到三个相关的问题：（a）研究问题 / 课题；（b）研究是探索性的还是解释性的；（c）特定领域现行的研究传统。

- **研究问题**：在塔沙克里和特德利（Tashakkori and Teddlie 1998）关于混合方法研究颇具影响力的那本书中，有一节的标题是“研究问题的独裁性”。在书中他们声称，研究问题决定研究设计的各个方面，对大多数研究者而言，研究方法相对于研究问题是次要的，因为他们坚持实用主义信条，已经准备好用任何可能的方法来处理研究问题。换句话说，“能更好地解决研究问题的方法就是最好的方法。”（p. 167）虽然我倾向于同意这个观点，但这也提出了一个难题：我们如何提前知道什么方法有效？在某些情况下，研究问题和调查方法之间明显是匹配的，但是在其他情况下（我相信，是多数情况），一个研究问题可能有几种研究方法可供选择。在这种时候，这种“选择最佳方式”原则并没有多大帮助，我们需要考虑其他问题再作决定。
- **探索目的**：根据研究问题选择研究方法在有些时候是无效的，这

是因为根本就没有明确的研究问题。比如，对目标问题或现象知之甚少，因为以前没有详细研究过或者以前的研究解释不充分，这样就无法根据研究问题选择研究方法。这时候需要进行探索性调查，帮助我们先熟悉情况，并在后期对我们的具体研究角度进行微调。用莫尔斯和理查兹（Morse and Richards 2002：28）的话说就是："直言不讳地说，如果你不知道可能有什么发现，那么你需要的是能让你从数据中找到研究问题的方法。"2.3.3 提到，这种探索性目的通常与定性方法有关。

- **领域里现行的研究传统**：有些研究领域有几种主导的调查方法。例如，我在前言中提到，当我开始调查语言学习动机，并将它作 309
为我博士研究的一部分时，现有的采用问卷调查方式的研究几乎全是定量的。如果可以将这种方法的突显性和我们的研究问题挂钩，我们就应该按照特定的传统开始研究项目。这样，我们就能从文献中获得指导，并且可以直接将研究结果和其他学者的发现进行对比。当然，之后我们可以选择打破传统，尝试新的研究方法，为这个领域带来新的曙光。

14.3　读者因素

我在本书中不止一次说过，研究是一种社会活动，研究者需要与更广泛的学者群分享研究发现。因此，我们需要对受众保持敏感，无论他们是大学委员会委员、论文评阅人、期刊编辑、与会人员，还是同行（Creswell 2003）。在选择研究方法时，要考虑到目标受众的偏好和期望。然而，毫无疑问，这种务实的受众敏感性和托德等人（Todd *et al*. 2004：5）所谓的"合法动机"，即根据政治原因选择研究方法，两者之间是有细微差别的。这些“合法动机”包括，例如，在研究者的专业领域中尝试用最有利的研究范式拟合方法来取得进展。

14.4　实用性因素

在我的经验中，即使我们尝试在选择研究方法时讲原则，最终的选择很可能仍是在理论和实际间权衡。在我的印象中，研究者常常羞于作出妥协，没有意识到妥协是研究者工作的一部分。当研究新手选择一种调查方法时，下面三点实用性因素特别重要：

- **监督和支持**：每个研究者都有需要帮助的时候，对于缺乏经验的研究者来说，获得支持相当重要。因此，选择应用方法的一个重点是，让它和我们周围人的专业知识或研究偏好相吻合，这些人也许能够提供帮助。
- **可用资源**：不同的研究方法成功完成研究所需的时间和金钱有所不同。因此，我们总是需要认真考虑成本效益。人们常常因为定
310 量研究比定性研究更省时而选择前者（例如，对比问卷调查和采访），但是研究新手往往忘了这些方法需要心理测量仪器和足够的统计知识来处理结果。
- **可用样本**：一种方法是否可行很大程度上取决于研究者是否能取得所需的样本。能否找到最合适的受访者可能会受到技术、财务、后勤或时间因素的各种限制。因此，研究者经常遵循一种机会主义（但合法）的方法：如果发现能够接触到能提供一些独特数据或质量特别高的数据的特定群体，他们可能会修改自己的研究方法（有时甚至修改他们的研究课题）以匹配可用样本的特点。

14.5　个人因素

20世纪90年代晚期，在《TESOL季刊》的一次编辑顾问委员会上，我和夏威夷大学的凯西·戴维斯（Kathy Davies）就定性和定量研究的不同之处进行了一次有趣的谈话。凯西说，定性和定量研究者往往是“不同的人”，也就是说，他们在一些和研究相关的个人特征方面有很大不同。多年来，我对这一点思考得越多，就越重视这一点。情况似乎是这样的：有时候，比起哲学或研究方面的考虑，我们的研究方向更加关乎我们是谁和我们是什么样的人。下面将详细讨论这个问题。

14.5.1 个人风格和研究方向

埃茨贝格尔和克勒（Erzberger and Kelle 2003：482）清楚地概括了关于个人偏好与方法选择之间关系的标准研究方法立场：

> 选择适当的方法不应该取决于对某个方法阵营或者学派的推崇。方法是解答研究问题的工具，而不是反过来。因此，方法选择不应该在研究问题形成之前。

虽然我认为这是一个理性的立场，但我对期望学者违背个人倾向和风格是否现实存在疑问。在2.5中我提到，在我自己的研究活动中，我更倾向于采用定量方法而不是定性方法，只是因为我更擅长、更喜欢这种方 311
法。这和双语现象相差无几。即使可以流利地说两种语言，完全平衡的双语者也是比较少见的——双语者根据特定的语言功能或语境会有所偏好。我的确认为研究者应该努力成为范式上的双语者或三语者，但我希望大多数人都明白自己的第一研究语言是什么。庞奇（Punch 2005：240）将此现象描述如下：

> 有些人因为各种原因偏爱一种方法。这可能涉及范式和哲学问题，但往往也存在潜意识的性格因素。这使得人们对什么是好的研究有不同的看法。学生们经常说他们“更喜欢某种方法”。

一个天然的定量研究者会发现，建立整齐有序、界限分明的变量系统，探索统计数据（在一定程度上检查统计表是一段愉快的经历），并找到管理我们生活某些方面的规律，激动人心也很有意义。相反，具有定性倾向的学者沉浸在“凌乱”、模糊、甚至混乱的社会生活的现实中，并且有从这个“嘈杂”的研究环境中发现形式和挑选潜在含义的天赋；比起整体趋势，他们对塑造了个人意识形态世界的微妙观察、影响和条件更感兴趣。我不了解关于范式偏好的认知研究，但似乎研究者的风格特征（例如，全面与特殊、归纳与演绎或综合与分析）对此有很大的影响。

14.5.2 个人训练和经历

即使我们承认许多研究者有基本的方向偏好，问题是这种偏好是与生俱来的还是后天习得的？我怀疑，如很多情况一样，在社会科学中出现“天性或养成”这一问题时，答案是混合的。我认为在风格或性格方面的某些个人差异可能会影响我们的方法选择，而且研究者的个人训练和研究经验也是重要因素。克雷斯韦尔（Creswell 2003）指出，受过专业的科学写作训练和统计学训练（并且熟悉定量期刊）的人更可能选择定量研究方法。另一方面，定性方法包含不止一种写作形式，在开放式的访谈和观察中，除了讲述经历，还可以增加创造性写作和讲故事的方式。

我们受到的方法训练可以通过两种方式影响我们的思维框架。首先，一旦我们确定了研究问题，就更可能通过熟悉的研究方法制定解决
312 问题的工作计划。第二种方式更微妙：我们受到的某些方法训练和以往

经历不仅能充当工具，还能从总体上塑造我们看待研究问题的方式。因此，可能的情况是（我相信往往是）：我们确定研究问题的方式已经由最初的方法偏向决定了。诺顿・皮尔斯（Norton Peirce 1995）强调，隐性或显性的理论预示了研究者提出的问题，而这反过来影响了他们所选择的研究方法。虽然这无疑是正确的，但也表明我们的经验知识和技能可以“超越我们的理论方向”，而且实际上是方法选择链的起点。莱扎拉顿（Lazaraton 2005：219）甚至认为，某些强大的统计程序的吸引力可能使得一个人提出的研究问题需要使用特定程序来解答，她说这是本末倒置的一个例子。

14.5.3 对一种方法的幻灭

最后，我们可能因为消极的原因选择一种方法，即因为不喜欢或无法采用其他方法。例如，我第一次采用定性研究方法就是因为意识到了定量方法在探索二语动机（我的主要研究领域）新维度上的局限性。事实上，根据莫尔斯和理查兹（2002）的观点，定量研究者有时会采用定性方法，因为他们经常会发现，对调查数据的统计分析结果与受访者在类似情形下所说的话，或与受访者在开放式问题中的回答不一致。

尝试一种新的方法的合理理由是对另一种方法的期望破灭，但是如果像西尔弗曼（2001）所说的那样，我们转向定性研究只是因为我们不会统计且不愿意花心思去学，那就另当别论了。莫尔斯和理查兹（2002）还强调了因为错误的理由决定采用定性方法的风险，这些理由除了试图避免统计这一普遍问题外，还有一些学者持有的另一个有趣的误解，即定量研究在道德 / 伦理层面不如“人文主义”的定性方法。他们指出，定性技术可以是“极具侵入性且有伦理风险；研究人员使用定性技术的唯一合理的理由，就是研究问题的确需要”（p. 29）。

313 14.6　一般建议 II：考虑混合法

我的第二个建议是：**任何情况下**，**都值得使用混合法研究设计**。即使有充分理由选择一种特定的研究方法，采用另一种研究方法中的某些次要成分也可以增加信息量。格林和卡拉切利（2003：107）的话道出了真理："从理论上讲，混合法研究是一种探索差异的方式、一个对话论坛，或者一个更好地用不同的方式理解、看待、了解和评估事物的机会。"这让人联想到迈尔斯和休伯曼（Miles and Huberman 1994：43）的警告，他们提醒人们注意将单一方法设为"默认"模式的危险，其特点是"没有异议，盲目跟风"。我在这里重申莱扎拉顿（Lazaraton 2005：219）的结论："最后，我也希望可以看到更多将定性和定量方法相结合的研究，因为它们各自以不同但互补的方式突出了'现实'。"

14.7　最后的话

关于方法选择，我给研究者最后的建议是：选择自己最得心应手的方法。我坚信，通过运用与本书描述的三种主要方法范式中的任何一种有关的研究策略，都能发掘出几乎所有话题中有价值的东西。换言之，我个人认为研究中的决定因素并不是方法本身，而是如何使用方法。真正的挑战可能不是找到一种探索课题的最佳范例，而是要保持开放的心态和创造力，同时追求一种有原则的、系统的方法。在第一章中我提到，能帮助研究者达到卓越的四个基本特征是：好奇心、常识、好的想法，以及一种自制力、可靠性和社会责任感的结合体。方法技能尽管可以帮助我们避免做不好的研究，但其本身无法使我们成为好的研究者。

当然，还有一个超出研究方法的决策层面：研究者的道德政治立场和诚信。最后引用卢尔德·奥尔特加（Ortega 2005：438）的一句精辟的话作为总结：

> 在最后的分析中我提到，证明人类研究的合法性和质量的并不是研究方法或认识论，而是指导人们努力持续进行研究工作的道德政治目的。

并且，跟选择理论框架和研究方法一样，研究者有责任选择其价值观，并且在这些价值观的引导下进行研究设计、实施和传播。 314

315

后　　记

在写这本书的过程中，我注意到了对我来说本该在很久以前就明晰的一点，即我所做的工作几乎完全符合定性研究的过程。将“典型抽样”和“标准抽样”相结合，我写书这一项目的受试者是我读过的方法论文章的作者。抽样过程具有“目的性 / 理论性”：当达到饱和时，我停止收集任何特定主题的数据，而寻找新的数据（如文献）来考察新近涌现的话题，即使在准备手稿的最后阶段也是如此。此外，这个过程无疑是与数据的广泛接触——八个多月来，我沉浸在这个课题中，不分昼夜。

整个数据集——所有我读过的文献——达到了上万页。为了处理这些数据，我使用了“模板法”来对它们进行编码：我在开始时使用了宽泛的模板（章标题和一些小标题），编码过程包括从这些标题下的各种文本中选择一千多条引用。我用非常实用的小工具 C-pen 扫描了这些摘录，免去了辛苦的转写工作。在编码过程中，模板（如文章结构）被微调和修改了好几次，并且我不断地回溯，对相应的数据进行重新编码。

尽管本书的主题——定性研究和定量研究的互补价值以及通过混合法研究将二者结合以达到最佳效果的可能性——在我脑海中已经构思多年，但某些章节的最终内容和具体角度在分析 / 写作阶段才成形。实际上，最初提交给牛津大学出版社的写作计划只包含了十章的内容，在我的第一个详细计划中增加到十六章，并在最终版本中定为十四章。如果将写作计划中的小标题和最终版进行比较，那就像在看两本不同的书。

在数据分析过程中，我坚持写大量的备忘录，并且在项目初期就开始准备第一稿的写作，因为我发现，按照定性原则，我的理解能力在写作过程中进步很大。终稿的准备工作包括：起草、重新起草、修改文本，从而使材料成形并具有某些特征。我直接体验了定性调查过程的无休无止——如果不是出版商规定了最后期限，我将还处在修改过程中。 316

当我回过头看时，我发现我的写作风格也与定性原则一致。从序言开始，我表明了我的立场，在整本书中，我让读者听到了我的声音。但是，我不希望这以淹没他人的声音为代价。因此在书中，我添加了许多引语来传达其他发声者的观点。虽然在某些点上，我还分享了个人感受甚至一些疑惑，但我确实也尽力做到不偏不倚地处理数据。因此，这本书体现了我个人对研究方法的看法，也受到了受试者的启发。总之，我意识到我所做的正是定性研究！（不幸的是，这个结尾使我想起了那个声称自己会说法语的小男孩的笑话。当他的朋友让他用法语说点什么时，他说“Ja”。他的朋友们说：“但这是德语！”“哇！”这个小男孩欢呼道，“我不知道我还会说德语……”）。

317

参考文献

Abbuhl, R. and A. Mackey. In press. “Second language research methods” in K. King and N. Hornberger (eds.). *Encyclopedia of Language and Education,* Vol. 10, Research Methods. New York: Springer.

Abrams, D. and M. A. Hogg (eds.). 1999. *Social Identity and Social Cognition.* Oxford: Blackwell.

Adolphs, S. 2006. *Introducing Electronic Text Analysis: A Practical Guide for Language and Literary Studies.* London: Routledge.

AERA. 2002. “Ethical Standards” . http://www.aera.net/aboutaera/?id=222.

AERA, APA, and NCME. 1999. *Standards for Educational and Psychological Testing.* Washington, D.C.: Author.

Aiken, L. 1996. *Rating Scales and Checklists: Evaluating Behavior, Personality, and Attitudes.* New York: John Wiley.

Alderson, C. J. 2006. *Diagnosing Foreign Language Proficiency: The Interface between Assessment and Learning.* London: Continuum.

Allwright, D. 2005. “Developing principles for practitioner research: the case of exploratory practice” . *Modern Language Journal* 89/3: 353−366.

Allwright, D. and K. Bailey. 1991. *Focus on the Language Classroom: An Introduction to Language Classroom Research for Language Teachers.* New York: Cambridge University Press.

Altrichter, H. and M. L. Holly. 2005. “Research diaries” in B. Somekh and C. Lewin (eds.). *Research Methods in the Social Sciences.* London: Sage.

APA. 2001. *Publication Manual of the American Psychological Association,* 5th Edition. Washington, D.C.: American Psychological Association.

Arksey, H. and P. Knight. 1999. *Interviewing for Social Scientists.* London: Sage.

Bachman, L. F. 2004a. “Linking observations to interpretations and uses in TESOL research” . *TESOL Quarterly* 38/4: 723−728.

Bachman, L. F. 2004b. *Statistical Analyses for Language Assessment.* Cambridge:

Cambridge University Press.

Bachman, L. F. 2006. “Generalizability: a journey into the nature of empirical research in applied linguistics” in M. Chalhoub-Deville, C. A. Chapelle, and P. Duff (eds.). *Inference and Generalizability in Applied Linguistics: Multiple Perspectives.* Amsterdam: John Benjamins.

Bachman, L. F. and A. S. Palmer. 1996. *Language Testing in Practice.* Oxford: Oxford University Press.

Bailey, K. M. 1990. “The use of diary studies in teacher education programmes” in J. C. Richards and D. Nunan (eds.). *Second Language Teacher Education.* Cambridge: Cambridge University Press.

Baker, C. In press. “Survey methods in researching language and education” in K. King and N. Hornberger (eds.). *Encyclopedia of Language and Education,* Vol. 10, Research Methods. New York: Springer.

Balluerka, N., J. Gòmez, and D. Hidalgo. 2005. “The controversy over null hypothesis significance testing revisited” . *Methodology* 1/2: 55–70.

Bartels, N. 2002. “Professional preparation and action research: only for language teachers?” .*TESOL Quarterly* 36/1: 71–79.

Bazeley, P. 2003. “Computerized data analysis for mixed methods research” in A. Tashakkori and C. Teddlie (eds.). *Handbook of Mixed Methods in Social and Behavioral Research.* Thousand Oaks, Calif.: Sage.

Bell, L. 1999. “Public and private meaning in diaries: Researching family and childcare” in A. Bryman and R. G. Burgess (eds.). *Qualitative Research,* Vol. 2. London: Sage.

Bettelheim, B. (ed.) 1987. *A Good Enough Parent.* London: Thames and Hudson.

Birnbaum, M. H. 2004. “Human research and data collection via the Internet” . *Annual Review of Psychology* 55: 803–832.

Blatchford, P. 2005. “A multi-method approach to the study of school class size differences” . *International Journal of Social Research Methodology* 8/3: 195–205.

Block, D. 2000. “Problematizing interview data: voices in the mind’s machine?” . *TESOL Quarterly* 34/4: 757–763.

Bolger, N., A. Davis, and E. Rafaeli. 2003. “Diary methods: Capturing life as it is lived” . *Annual Review of Psychology* 54: 579–616.

Brannen, J. 2005. *Mixed Methods Research: A Discussion Paper.* Southampton: ESRC National Centre for Research Methods. (Available online:http://www.ncrm.ac.uk/publications/documents/MethodsReviewPaperNCRM-oo5 .pdf).

Brewer, J. and A. Hunter. 1989. *Multimethod Research: A Synthesis of Styles.* Newbury

Park, Calif.: Sage.

Bringer, J. D., L. H. Johnston, and C. H. Brackenridge. 2004. "Maximizing transparency in a doctoral thesis: The complexities of writing about the use of QSR* NVIVO within a grounded theory study" . *Qualitative Research* 412: 247−265.

Brown, J. D. 1988. *Understanding Research in Second* Language *Learning*. Cambridge: Cambridge University Press.

Brown, J. D. 2001. *Using Surveys in Language Programs*. Cambridge: Cambridge University Press.

Brown, J. D. 2004a. "Research methods for applied linguistics: scope, characteristics, and standards" in A. Davis and C. Elder (eds.). *The Handbook of Applied Linguistics*. Oxford: Blackwell.

Brown, J. D. 2004b. "Resources on quantitative/statistical research for applied linguists" . *Second Language Research* 20/4: 372−393.

Brown, J. D. 2005. *Testing in Language Programs: A Comprehensive Guide to English Language Assessment*. New York: McGraw Hill.

Brown, J. D. and T. S. Rodgers. 2002. *Doing Second Language Research*. Oxford: Oxford University Press.

Bryman, A. 2006. "Integrating quantitative and qualitative research: How is it done?" . *Qualitative Research* 6/1: 97−113.

Buchner, A., E. Erdfelder, and F. Faul. 1997. "How to Use G* Power" : http://www.psycho.uni-duesseldorf.de/aap/projects/gpower/how_to_use_ gpower.html.

Burns, A. 2005. "Action research" in E. Hinkel (ed.). *Handbook of Research in Second Language Teaching and Learning*. Mahwah, N.J.: Lawrence Erlbaum.

Campbell, D. T. and J. C. Stanley. 1963. "Experimental and quasi-experimental designs for research on teaching" in N. Gage (ed.). *Handbook of Research on Teaching*. Chicago: Rand McNally.

Campbell, D. T. and S. W. Fiske. 1959. "Convergent and discriminant validation by the multitrait-multimethod matrix" . *Psychological Bulletin* 56: 81−105.

Caracelli, V. J. and J. C. Greene. 1993. "Data analysis strategies for mixed-method evaluation designs" . *Educational Evaluation and Policy Analysis* 15/2: 195−207.

Carter, R., A. Goddard, D. Reah, K. Sanger, and M. Bowring. 2001. *Working with Texts: A Core Introduction to Language Analysis*. London: Routledge.

Cattell, R. B. 1966. "The scree test for the number of factors" . *Multivariate Behavioral Research* I: 245−276.

Chalhoub-Deville, M. 2006. "Drawing the line: the generalizability and limitations of research in applied linguistics" in M. Chalhoub-Deville, C. A. Chapelle, and P. Duff (eds.). *Inference and Generalizability in Applied Linguistics: Multiple Perspectives.* Amsterdam: John Benjamins.

Chapelle, C. A. 1999. "Validity in language assessment" . *Annual Review of Applied Linguistics* 19: 254–272.

Chapelle, C. A. and P. Duff (eds.). 2003. "Some guidelines for conducting quantitative and qualitative research in TESOL" . *TESOL Quarterly* 37/1: 157–178.

Charmaz, K. 2005. "Grounded theory in the 21st century: Applications for advancing social justice studies" in N. K. Denzin and Y. S. Lincoln (eds.). *The Sage Handbook of Qualitative Research,* 3rd Edition. Thousand Oaks, Calif.: Sage.

Chaudron, C. 1988. *Second Language Classrooms: Research on Teaching and Learning.* New York: Cambridge University Press.

Chaudron, C. 2003. "Data collection in SLA research" in C. J. Doughty and M. H. Long (eds.). *The Handbook of Second Language Acquisition.* Oxford: Blackwell.

Cherryholmes, C. H. 1992. "Notes on pragmatism and scientific realism" . *Educational Researcher* 21: 13–17.

Clarke, D. D. 2004. " 'Structured judgement methods' : The best of both worlds?" in Z. Todd, B. Nerlich, S. McKeown, and D. D. Clarke (eds.). *Mixing Methods in Psychology:The Integration of Qualitative and Quantitative Methods in Theory and Practice.* Hove, East Sussex: Psychology Press.

Cochran, W. G. 1977. *Sampling Techniques,* 3rd Edition. New York: Wiley.

Cohen, A. D. 1998. *Strategies in Learning and Using a Second Language.* Harlow: Longman.

Cohen, L., L. Manion, and K. Morrison. 2000. *Research Methods in Education,* 5th Edition. London: RoutledgeFalmer.

Collins, L. M. 2006. "Analysis of longitudinal data: the integration of theoretical model, temporal design, and statistical model" . *Annual Review of Psychology* 57: 505–528.

Converse, J. M. and S. Presser. 1986. *Survey Questions: Handcrafting the Standardized Questionnaire.* Newbury Park, Calif.: Sage.

Cook, T.D. and D. T. Campbell. 1979. *Quasi-Experimentation: Design and Analysis Issues for Field Settings.* Chicago: Rand McNally.

Crabtree, B. F. and W. L. Miller. 1999. "Using codes and code manuals" in B. F. Crabtree and W. L. Miller (eds.). *Doing Qualitative Research.* London: Sage.

Creswell, J. W. 1994. *Research Design: Qualitative and Quantitative Approaches.*

Thousand Oaks, Calif.: Sage.

Creswell, J. W. 2003. *Research Design: Qualitative, Quantitative, and Mixed Methods Approaches.* Thousand Oaks, Calif.: Sage.

Creswell, J. W. 2005. *Planning, Conducting, and Evaluating Quantitative and Qualitative Research.* Upper Saddle River, N. J.: Pearson Prentice Hall.

Creswell, J. W., V. L. Plano Clark, M. L. Gutmann, and W. E. Hanson. 2003. "Advanced mixed methods research designs" in A. Tashakkori and C. Teddlie (eds.). *Handbook of Mixed Methods in Social and Behavioral Research.* Thousand Oaks, Calif.: Sage.

Crookes, G. 1993. "Action research for second language teachers: going beyond teacher research". *Applied Linguistics* 14/2: 130–144.

Cryer, P. 2000. *The Research Student's Guide to Success,* 2nd Edition. Buckingham: Open University Press.

David, M. 2002. "Problems of participation: the limits of action research". *International Journal of Social Research Methodology* 5/1: 11–17.

Davidson, F. 1996. *Principles of Statistical Data Handling.* Thousand Oaks, Calif.: Sage.

Davies, K. A. 1995. "Qualitative theory and methods in applied linguistics research". *TESOL Quarterly* 29: 427–453.

Denzin, N. K. 1978. *The Research Act: A Theoretical Introduction to Sociological Methods.* Englewood Cliffs, N.J.: Prentice Hall.

Denzin, N. K. and Y. S. Lincoln. 2005a. "Introduction: The discipline and practice of qualitative research" in N. K. Denzin and Y. S. Lincoln (eds.). *The Sage Handbook of Qualitative Research,* 3rd Edition. Thousand Oaks, Calif.: Sage.

Denzin, N. K. and Y. S. Lincoln (eds.). 2005b. *The Sage Handbook of Qualitative Research,* 3rd Edition. Thousand Oaks, Calif.: Sage.

Dey, I. 2004. "Grounded theory" in C. Seale, G. Gobo, J. F. Gubrium, and D. Silverman (eds.). *Qualitative Research Practice.* London: Sage.

Dörnyei, Z. 2001. *Teaching and Researching Motivation.* Harlow: Longman.

Dörnyei, Z. 2003. *Questionnaires in Second Language Research: Construction, Administration, and Processing.* Mahwah, N.J.: Lawrence Erlbaum.

Dörnyei, Z. 2005. *The Psychology of the Language Learner: Individual Differences in Second Language Acquisition.* Mahwah, N.J.: Lawrence Erlbaum.

Dörnyei, Z. and J. Kormos. 2000. "The role of individual and social variables in oral task performance". *Language Teaching Research* 4: 275–300.

Dörnyei, Z. and T. Morphey. 2003. *Group Dynamics in the Language Classroom.* Cambridge: Cambridge University Press.

Dörnyei, Z., K. Csizér, and N. Németh. 2006. *Motivation, Language Attitudes and Globalisation: A Hungarian Perspective.* Clevedon, England: Multilingual Matters.

Dörnyei, Z., V. Durow, and K. Zahran. 2004. "Individual differences and their effect on formulaic sequence acquisition" in N. Schmitt (ed.). *Formulaic Sequences.* Amsterdam: John Benjamins.

Duff, P. 2002. "Research approaches in applied linguistics" in R. B. Kaplan (ed.). *The Oxford Handbook of Applied Linguistics.* New York: Oxford University Press.

Duff, P. 2006. "Beyond generalizability: contextualization, complexity, and credibility in applied linguistics research" in M. Chalhoub-Deville, C. A. Chapelle, and P. Duff (eds.). *Inference and Generalizability in Applied Linguistics: Multiple Perspectives.* Amsterdam: John Benjamins.

Duff, P. In press. *Case Study Research in Applied Linguistics.* Mahwah, N.J.: Lawrence Erlbaum.

Duff, P. and M. Early. 1996. "Problematics of classroom research across sociopolitical contexts" in J. Schachter and S. Gass (eds.). *Second Language Classroom Research: Issues and Opportunities.* Mahwah, N.J.: Lawrence Erlbaum.

Duranti, A. 1997. *Linguistic Anthropology.* Cambridge: Cambridge University Press.

Eisenhardt, K. M. 1989. "Building theories from case study research" . *Academy of Management Review* 14/4: 532–550.

Ellis, R. and G. Barkhuizen. 2005. *Analysing Learner Language.* Oxford: Oxford University Press.

Ericsson, K. A. 2002. "Towards a procedure for eliciting verbal expression of non-verbal experience without reactivity: interpreting the verbal overshadowing effect within the theoretical framework for protocol analysis" . *Applied Cognitive Psychology* 16: 981–987.

Ericsson, K. A. and H. A. Simon. 1987. "Verbal reports on thinking" in C. Færch and G. Kasper (eds.). *Introspection in Second Language Research.* Clevedon, England: Multilingual Matters.

Erzberger, C. and U. Kelle. 2003. "Making inferences in mixed methods: the rules of integration" in A. Tashakkori and C. Teddlie (eds.). *Handbook of Mixed Methods in Social and Behavioral Research.* Thousand Oaks, Calif.: Sage.

Færch, C. and G. Kasper (eds.). 1987. *Introspection in Second Language Research.* Clevedon, England: Multilingual Matters.

Fassinger, R. E. 2005. "Paradigms, praxis, problems, and promise: Grounded theory in counseling psychology research" . *Journal of Counseling Psychology* 52/2:

156–166.

Firebaugh, G. 1997. *Analyzing Repeated Surveys.* Thousand Oaks, Calif.: Sage.

Fontana, A. and J. H. Frey. 2005. "The interview" in N. K. Denzin and Y. S. Lincoln (eds.). *The Sage Handbook of Qualitative Research,* 3rd Edition. Thousand Oaks, Calif.: Sage.

Fox, J., C. Murray, and A. Warm. 2003. "Conducting research using web-based questionnaires: practice, methodological, and ethical considerations" . *International Journal of Social Research Methodology* 6/2: 167–180.

Fulcher, G. and F. Davidson. 2006. *Language Testing and Assessment.* London: Routledge.

Gall, M. D., J. P. Gall, and W. R. Borg. 2007. *Educational Research: An Introduction,* 8th Edition. Boston, Mass.: Pearson.

Gardner, R. C. 1985. *Social Psychology and Second Language Learning: The Role of Attitudes and Motivation.* London: Edward Arnold.

Garratt, D. and Y. Li. 2005. "The foundations of experimental/empirical research method" in B. Somekh and C. Lewin (eds.). *Research Methods in the Social Sciences.* London: Sage.

Gass, S. M. and A. Mackey. 2000. *Stimulated Recall Methodology in Second Language Research.* Mahwah, N.J.: Lawrence Erlbaum.

Gherardi, S. and B. Turner. 1999. "Real men don't collect soft data" in A. Bryman (ed.). *Qualitative Research,* Vol. 10. London: Sage.

Gibson, V. 1995. "An analysis of the use of diaries as a data collection method" . *Nurse Researcher* 3/1:66–73.

Gillham, B. 2000. *Developing a Questionnaire.* London: Continuum.

Glaser, B. G. 1992. *Basics of Grounded Theory Analysis: Emergence vs. Forcing.* Mill Valley, Calif.: Sociology Press.

Glaser, B. G. and A. L. Strauss. 1967. *The Discovery of Grounded Theory: Strategies for Qualitative Research.* New York: Aldine.

Glass, G. V. 1976. "Primary, secondary, and meta-analysis of research" .*Educational Research* 5:3–8.

Green, A. and J. Preston. 2005. "Editorial: Speaking in tongues: Diversity in mixed methods research" . *International Journal of Social Research Methodology* 8/3: 167–171.

Greene, J. C. and V. J. Caracelli. 2003. "Making paradigmatic sense of mixed methods practice" in A. Tashakkori and C. Teddlie (eds.). *Handbook of Mixed Methods in So-*

cial and Behavioral Research. Thousands Oaks, Calif.: Sage.

Greene, J. C., H. Kreider, and E. Mayer. 2005. "Combining qualitative and quantitative methods in social inquiry" in B. Somekh and C. Lewin (eds.). *Research Methods in the Social Sciences.* London: Sage.

Greene, J. C., V. J. Caracelli, and W. F. Graham. 1989. "Toward a conceptual framework for mixed method evaluation designs" . *Educational Evaluation and Policy Analysis* 11/3: 255–274.

Grissom, R. J. and J. J. Kirn. 2005. *Effect Sizes for Research: A Broad Practical Approach.*Mahwah, N.J.: Lawrence Erlbaum.

Guilloteaux, M. J. and Z. Dörnyei. In press. "Motivating language learners: a classroom-oriented investigation of the effects of motivational strategies on student motivation" . *TESOL Quarterly.*

Hammersley, M. and P. Atkinson. 1995. *Ethnography: Principles and Practice,* 2nd Edition. London: Routledge.

Hammond, C. 2005. "The wider benefits of adult learning: An illustration of the advantages of multi-method research" . *International Journal of Social Research Methodology* 8/3: 239–255.

Hanson, W. E., J. W. Creswell, V. L. Plano Clark, K. S. Petska, and J. D. Creswell. 2005. "Mixed methods research designs in counseling psychology" . *Journal of Counseling Psychology* 52/2: 224–235.

Harden, A. and J. Thomas. 2005. "Methodological issues in combining diverse study types in systematic reviews" . *International journal of Social Research Methodology* 8/3: 257–271.

Harklau, L. 2005. "Ethnography and ethnographic research on second language teaching and learning" in E. Hinkel (ed.). *Handbook of Research in Second Language Teaching and Learning.* Mahwah, N.J.: Lawrence Erlbaum.

Hatch, E. M. and A. Lazaraton. 1991. *The Research Manual: Design and Statistics for Applied Linguistics.* New York: Newbury House.

Haverkamp, B. E. 2005. "Ethical perspectives on qualitative research in applied psychology" . *Journal of Counseling Psychology* 52/2: 46–55.

Heinsman, D. T. and W. R. Shadish. 1996. "Assignment methods in experimentation: when do nonrandomized experiments approximate answers from randomized experiments?" *Psychological Methods* 1/2: 154–169.

Hesse-Biber, N. S. and P. Leavy. 2006. *The Practice of Qualitative Research.* Thousand Oaks, Calif.: Sage.

Holliday, A. 2002. *Doing and Writing Qualitative Research.* London: Sage.

Holliday, A. 2004. "Issues of validity in progressive paradigms of qualitative research". *TESOL Quarterly* 38/4: 731–734.

Hornberger, N. 1994. "Ethnography". *TESOL Quarterly* 28/4: 688–690.

Hsieh, P., T. Acee, W.-H. Chung, Y.-P. Hsieh, H. Kim, G. D. Thomas, J. You, and J. L. Levon. 2005. "Is educational intervention research on the decline". *Journal of Educational Psychology* 97/4: 523–529.

Huberman, A. M. and M. B. Miles. 2002. "Introduction" in A. M. Huberman and M. B. Miles (eds.). *The Qualitative Research Companion.* Thousand Oaks, Calif.: Sage.

Johnson, D. M. 1992. *Approaches to Research in Second Language Learning.* New York: Longman.

Johnson, R. B. and L. Christensen. 2004. *Education Research: Quantitative, Qualitative, and Mixed Approaches,* 2nd Edition. Boston: Allyn and Bacon.

Johnson, R. B. and A. J. Onwuegbuzie. 2004. "Mixed methods research: a research paradigm whose time has come". *Educational Researcher* 33/7: 14–26.

Johnson, R. B. and L. A. Turner. 2003. "Data collection strategies in mixed methods research" in A. Tashakkori and C. Teddlie (eds.). *Handbook of Mixed Methods in Social and Behavioral Research.* Thousand Oaks, Calif.: Sage.

Jordan, G. 2004. *Theory Construction in Second Language Acquisition.* Amsterdam: John Benjamins.

Kasper, G. 1998. "Analysing verbal protocols". *TESOL Quarterly* 32: 358–362.

Keeves, J. P. 1994. "Longitudinal research methods" in T. Husen and T. N. Postlethwaite (eds.). *The International Encyclopedia of Education,* Vol. 6, 2nd Edition. Oxford: Pergamon.

Kelle, U. 2004. "Computer-assisted qualitative data analysis" in C. Seale, G. Gobo, J. F. Gubrium, and D. Silverman (eds.). *Qualitative Research Practice.* London: Sage.

Kemper, E. A., S. Stringfield, and C. Teddlie. 2003. "Mixed methods sampling strategies in social research" in A. Tashakkori and C. Teddlie (eds.). *Handbook of Mixed Methods in Social and Behavioral Research.* Thousand Oaks, Calif.: Sage.

Kirk, J. and M. L. Miller. 1986. *Reliability and Validity in Qualitative Research.* Newbury Park, Calif.: Sage.

Kojic-Sabo, I. and P. M. Lightbown. 1999. "'Students' approaches to vocabulary learning and their relationship to success". *Modern Language Journal* 83/2: 176–192.

Kormos, J. 1998. "Verbal reports in L2 speech production research". *TESOL Quarterly*

32: 353–358.

Krashen, S. 1978. "Individual variation in the use of the monitor" in W. Ritchie (ed.). *Second Language Acquisition Research.* New York: Academic Press.

Kvale, S. 1996. *Interviews: An Introduction to Qualitative Research Interviewing.* Thousand Oaks, Calif.: Sage.

Kvale, S. 2006. "Dominance through interviews and dialogues" . *Qualitative Inquiry* 12/3: 480–500.

Lapadat, J. C. 2000. "Problematizing transcription: purpose, paradigm and quality" . *International Journal of Social Research Methodology* 3/3: 203–219.

Larzelere, R. E., B. R. Kuhn, and B. Johnson. 2004. "The intervention selection bias: An underrecognized confound in intervention research" . *Psychological Bulletin* 130/2: 289–303.

Laurenceau, J.-P. and N. Bolger. 2005. "Using diary methods to study marital and family processes" . *Journal of Family Psychology* 19/1:86–97.

Lazaraton, A. 2000. "Current trends in research methodology and statistics in applied linguistics" . *TESOL Quarterly* 34/1:175–178.

Lazaraton, A. 2003. "Evaluative criteria for qualitative research in applied linguistics:Whose criteria and whose research?" . *Modern Language Journal* 88/1: 1–12.

Lazaraton, A. 2005. "Quantitative research methods" in E. Hinkel (ed.). *Handbook of Research in Second Language Teaching and Learning.* Mahwah, N. J.: Lawrence Erlbaum.

Leung, C., R. Harris, and B. Rampton. 2004. "Living with inelegance in qualitative research on task-based learning" in B. Norton and K. Toohey (eds.). *Critical Pedagogies and Language Learning.* New York: Cambridge University Press.

Levy, P. S. and S. Lemeshow. 1999. *Sampling of Populations: Methods and Applications,* 3rd Edition. New York: John Wiley amd Sons.

Lewins, A. and C. Silver. In press. *Using Software in Qualitative Research: A Step-by-Step Guide.* London: Sage.

Lightbown, P. M. 2000. "Classroom SLA research and second language teaching" . *Applied Linguistics* 21/4: 431–462.

Lincoln, Y. S. and E. G. Guba. 1985. *Naturalistic Enquiry.* Newbury Park, Calif.: Sage.

Liskin-Gasparro, J. E. (ed.). 2005. "From the Associate Editor, MLJ Reviews: Presenting the Special Issue Reviews" . *Modern Language Journal* 89: 467–488.

Lynch, B. K. 2003. *Language Assessment and Programme Evaluation.* Edinburgh:

Edinburgh University Press.

Macintyre, P. D. and R. C. Gardner. 1994. "The subtle effects of language anxiety on cognitive processing in the second language". *Language Learning* 44: 283–305.

Mackey, A. and S. M. Gass. 2005. *Second Language Research: Methodology and Design.* Mahwah, N.J.: Lawrence Erlbaum.

Magnan, S. 2000. "From the Editor: MLJ policies and practices: their evolution from 1916 to the year 2000". *Modern Language Journal* 84/1: 1–4.

Magnan, S. 2006. "From the Editor: the MLJ turns 90 in a digital age". *Modern Language Journal* 90/1: 1–5.

Markee, N. 2001. "Reopening the research agenda: respecifying motivation as a locally-occasioned phenomenon". Paper presented at the annual conference of the American Association of Applied Linguistics (AAAL), St. Louis, Miss., USA.

Mason, J. 2006. "Mixing methods in a qualitatively driven way". *Qualitative Research* 6/1: 9–25.

Maxwell, J. A. 1992. "Understanding the validity in qualitative research". *Harvard Educational Review* 62/ 3: 279–300.

Maxwell, J. A. and D. M. Loomis. 2003. "Mixed methods design: an alternative approach" in A. Tashakkori and C. Teddlie (eds.). *Handbook of Mixed Methods in Social and Behavioral Research.* Thousand Oaks, Calif.: Sage.

McCracken, G. 1988. *The Long Interview.* Newbury Park, Calif.: Sage.

McDonough, J. and S. McDonough. 1997. *Research Methods for English Language Teachers.* London: Arnold.

McDonough, K. 2006. "Action research and the professional development of graduate teaching assistants". *Modern Language Journal* 90/1: 33–47.

McKay, S. L. 2006. *Researching Second Language Classrooms.* Mahwah, N.J.: Lawrence Erlbaum.

McLeod, J. 2003. "Why we interview now: reflexivity and perspective in a longitudinal study". *International Journal of Social Research Methodology* 6/3: 201–211.

McNamara, T. 2006. "Validity and values: inferences and generalizability in language testing" in M. Chalhoub-Deville, C. A. Chapelle, and P. Duff (eds.). *Inference and Generalizability in Applied Linguistics: Multiple Perspectives.* Amsterdam: John Benjamins.

Mellow, J. D., K. Reeder, and E. Forster. 1996. "Using time-series research designs to investigate the effects of instruction on SLA". *Studies in Second Language Acquisition* 18: 325–350.

Menard, S. 2002. *Longitudinal Research,* 2nd Edition. Thousand Oaks, Calif.: Sage.

Mertens, D. M. 2005. *Research and Evaluation in Education and Psychology: Integrating Diversity with Quantitative, Qualitative, and Mixed Methods,* 2nd Edition. Thousand Oaks, Calif.: Sage.

Miles, M. B. and A. M. Huberman. 1994. *Qualitative Data Analysis,* 2nd Edition. Thousand Oaks, Calif.: Sage.

Miller, W. L. and B. F. Crabtree. 1999. "Depth interviewing" in B. F. Crabtree and W. L. Miller (eds.). *Doing Qualitative Research.* London: Sage.

Milroy, L. and M. Gordon. 2003. *Sociolinguistics: Method and Interpretation.* Oxford: Blackwell.

Moran-Ellis, J., V. D. Alexander, A. Cronin, M. Dickinson, J. Fielding, J. Sleney, and H. Thomas. 2006. "Triangulation and integration: Processes, claims and implications". *Qualitative Research* 6/1: 45–59.

Morrow, S. L. 2005. "Quality and trustworthiness in qualitative research in counseling psychology". *Journal of Counseling Psychology* 52/2: 250–260.

Morse, J. M. and L. Richards. 2002. *Readme First for a User's Guide to Qualitative Research.* Thousand Oaks, Calif.: Sage.

Moser, C. A. and G. Kalton. 1971. *Survey Methods in Social Investigation.* London: Heinemann.

Moskowitz, G. 1971. "Interaction analysis: A new modern language for supervisors". *Foreign Language Annals* 5: 211–221.

Neale, B. and J. Flowerdew 2003. "Time, texture and childhood: the contours of longitudinal qualitative research". *International Journal of Social Research Methodology* 6/3 : 189–199.

Norris, J. and L. Ortega. 2000. "Effectiveness of L2 instruction: A research synthesis and quantitative meta-analysis". *Language Learning* 50/3: 417–528.

Norris, J. and L. Ortega. 2003. "Defining and measuring SLA" in C. J. Doughty and M. H. Long (eds.). *The Handbook of Second Language Acquisition.* Oxford: Blackwell.

Norton Peirce, B. 1995. "The theory of methodology in qualitative research". *TESOL Quarterly* 29/3: 569–576.

Nunan, D. 1992. *Research Methods in Language Learning.* Cambridge: Cambridge University Press.

Nunan, D. 2005. "Classroom research" in E. Hinkel (ed.). *Handbook of Research in Second Language Teaching and Learning.* Mahwah, N. J.: Lawrence Erlbaum.

O'Connor, A. and J. Sharkey. 2004. "Defining the process of teacher-researcher collaboration" . *TESOL Quarterly* 38/2: 335–339.

Onwuegbuzie, A. J. and C. Teddlie. 2003. "A framework for analyzing data in mixed methods research" in A. Tashakkori and C. Teddlie (eds.). *Handbook of Mixed Methods in Social and Behavioral Research.* Thousand Oaks, Calif.: Sage.

Onwuegbuzie, A. J. and N. L. Leech. 2005. "On becoming a pragmatic researcher: the importance of combining quantitative and qualitative research methodologies" *International journal of Social Research Methodology* 8/5: 375–387.

Oppenheim, A. N. 1992. *Questionnaire Design, Interviewing and Attitude Measurement,* New Edition. London: Pinter.

Ortega, L. 2005. "Methodology, epistemology, and ethics in instructed SLA research: An introduction" . *Modern Language Journal* 89/3: 317–327.

Ortega, L. and G. Iberri-Shea. 2005. "Longitudinal research in second language acquisition: Recent trends and future directions" . *Annual Review of Applied Linguistics* 25: 26–45.

Pallant, J. 2005. *SPSS Survival Manual,* 2nd Edition. Maidenhead, England: Open University Press and McGraw-Hill Education.

Patton, M. Q. 2002. *Qualitative Research and Evaluation Methods,* 3rd Edition. Thousand Oaks, Calif.: Sage.

Pavlenko, A. 2002. "Poststructuralist approaches to the study of social factors in second language learning and use" in V. Cook (ed.). *Portraits of the L2 User.* Clevedon, England: Multilingual Matters.

Pica, T. 2005. "Classroom learning, teaching, and research: a task-based perspective" . *Modern Language Journal* 89/3: 339–352.

Polio, C. G. 1996. "Issues and problems in reporting classroom research" in J. Schachter and S. Gass (eds.). *Second Language Classroom Research: Issues and Opportunities.* Mahwah, N. J.: Lawrence Erlbaum.

Polkinghorne, D. E. 2005. "Language and meaning: Data collection in qualitative research" . *Journal of Counseling Psychology* 52/2:137–145.

Punch, K. F. 2005. *Introduction to Social Research,* 2nd Edition. Thousand Oaks, Calif.: Sage. Rampton, B. 1995. *Crossing: Language and Ethnicity among Adolescents.* Harlow: Longman.

Richards, K. 2003. *Qualitative Inquiry in TESOL.* Basingstoke: Palgrave Macmillan.

Richards, L. 2005. *Handling Qualitative Data: A Practical Guide.* London: Sage.

Richardson, L. and E. A. St. Pierre. 2005. "Writing: a method of inquiry" in N. K. Denzin and Y. S. Lincoln (eds.). *The Sage Handbook of Qualitative Research,* 3rd

Edition. Thousand Oaks, Calif.: Sage.

Roberts, C. 1997. "Transcribing talk: issues of representation" . *TESOL Quarterly* 31/1: 167–172.

Roberts, C., M. Byram, A. Barro, S. Jordan, and B. Street. 2001. *Language Learners as Ethnographers.* Clevedon, England: Multilingual Matters.

Robson, C. 1993. *Real World Research: A Resource for Social Scientists and Practitioner-Researchers.* Oxford: Blackwell.

Robson, C. 2002. *Real World Research: A Resource for Social Scientists and Practitioner-Researchers,* 2nd Edition. Oxford: Blackwell.

Rossiter, M. J. 2001. "The challenges of classroom-based SLA research" . *Applied Language Learning* 12/1: 31–44.

Rossman, G. B. and B. L. Wilson. 1985. "Numbers and words: combining quantitative and qualitative methods in a single large-scale evaluation study" . *Evaluation Review* 9/5: 627–643.

Rounds, P. L. 1996. "The classroom-based researcher as fieldworker: strangers in a strange land" in J. Schachter and S. Gass (eds.). *Second Language Classroom Research: Issues and Opportunities.* Mahwah, N. J.: Lawrence Erlbaum.

Rubio, O. G. 1997. "Ethnographic interview methods in researching language and education" in N. Hornberger and D. Corson (eds.). *Encyclopedia of Language and Education,* Vol. 8, Research methods in language and education. Dordrecht, Netherlands: Kluwer.

Ruspini, E. 2002. *Introduction to Longitudinal Research.* London: Routledge.

Ryen, A. 2004. "Ethical issues" in C. Seale, G. Gobo, J. F. Gubrium, and D. Silverman (eds.) *Qualitative Research Practice.* London: Sage.

Sandelowski, M. 2003. "Tables of tableaux? The challenges of writing and reading mixed methods studies" in A. Tashakkori and C. Teddlie (eds.). *Handbook of Mixed Methods in Social and Behavioral Research.* Thousand Oaks, Calif.: Sage.

Sandelowski, M. and J. Barroso. 2002. "Reading qualitative studies" . *International Journal of Qualitative Methods (online journal)* 1/1: Article 5.

Schachter, J. and S. Gass. 1996. "Introduction" in J. Schachter and S. Gass (eds.). *Second Language Classroom Research: Issues and Opportunities.* Mahwah, N.J.: Lawrence Erlbaum.

Schieffelin, B. and E. Ochs (eds.). 1986. *Language Socialization across Cultures.* New York: Cambridge University Press.

Schiffrin, D. 1994. *Approaches to Discourse.* Oxford: Blackwell.

Schiffrin, D., D. Tannen, and H. E. Hamilton (eds.). 2003. *The Handbook of Discourse Analysis.* Oxford: Blackwell.

Schmidt, R. and S. F. N. Frota. 1986. "Developing basic conversational ability in a second language: a case study of an adult learner of Portuguese" in R. Day (ed.), *Talking to Learn: A Case Study of an Adult Learner of Portuguese.* Rowley, Mass.: Newbury House.

Schwandt, T. A. 2000. "Three epistemological stances for qualitative inquiry" in N. K. Denzin and Y. S. Lincoln (eds.). *Handbook of Qualitative Research,* 2nd Edition. Thousand Oaks, Calif.: Sage.

Seale, C., G. Gobo, J. F. Gubrium, and D. Silverman. 2004. "Introduction: Inside qualitative research" in C. Seale, G. Gobo, J. F. Gubrium, and D. Silverman (eds.). *Qualitative Research Practice.* London: Sage.

Seidman, I. 1998. *Interviewing as Qualitative Research: A Guide for Researchers in Education and the Social Sciences,* 2nd Edition. New York: Teachers College Press.

Seliger, H. W. and E. Shohamy. 1989. *Second Language Research Methods.* Oxford: Oxford University Press.

Séror, J. 2005. "Computers and qualitative data analysis: Paper, pens, and highlighters vs. screen, mouse, and keyboard". *TESOL Quarterly* 39/2: 321–328.

Shavelson, R. J. and L. Towne. 2002. *Scientific Research in Education.* Washington, D.C.: National Academies Press.

Shohamy, E. 2004. "Reflections on research guidelines, categories, and responsibility". *TESOL Quarterly* 38/4: 728–731.

Silverman, D. 1997. "The logics of qualitative research" in G. Miller and R. Dingwall (eds.). *Context and Method in Qualitative Research.* London: Sage.

Silverman, D. 2001. *Interpreting Qualitative Data: Methods for Analysing Talk, Text and Interaction,* 2nd Edition. London: Sage.

Silverman, D. 2005. *Doing Qualitative Research,* 2nd Edition. London: Sage.

Skehan, P. 1989. *Individual Differences in Second Language Learning.* London: Edward Arnold.

Smith, G. T. 2005. "On construct validity: Issues of method and measurement". *Psychological Assessment* 17/4: 396–408.

Smithson, J. 2000. "Using and analysing focus groups: limitations and possibilities". *International Journal of Social Research Methodology* 3/2:103–119.

Spada, N. 2005. "Conditions and challenges in developing school-based SLA research programs". *Modern Language Journal* 89/3: 328–338.

Spada, N. and M. Frohlich. 1995. *The Communicative Orientation of Language Teaching Observation Scheme: Coding Conventions and Applications.* Sydney: Macquarie University, National Centre for English Language Teaching and Research.

Spada, N., L. Ranta, and P. M. Lightbown. 1996. "Working with teachers in second language acquisition research" in J. Schachter and S. Gass (eds.). *Second Language Classroom Research: Issues and Opportunities.* Mahwah, N.J.: Lawrence Erlbaum.

Stake, R. E. 1995. *The Art of Case Study Research.* Thousand Oaks, Calif.: Sage.

Stake, R. E. 2005. "Qualitative case studies" in N. K. Denzin and Y. S. Lincoln (eds.). *The Sage Handbook of Qualitative Research,* 3rd Edition. Thousand Oaks, Calif.: Sage.

Stratman, J. F. and L. Hamp-Lyons. 1994. "Reactivity in concurrent think-aloud protocols" in P. Smagorinsky (ed.). *Speaking About Writing: Reflections on Research Methodology.* Thousand Oaks, Calif.: Sage.

Strauss, A. L. and J. Corbin. 1998. *Basics of Qualitative Research: Techniques and Procedures for Developing Grounded Theory,* 2nd Edition. Thousand Oaks, Calif.: Sage.

Sudman, S. and N. M. Bradburn. 1983. *Asking Questions.* San Francisco, Calif.: Jossey-Bass.

Swain, M. 2006. "Verbal protocols: what does it mean for research to use speaking as a data collection tool" in M. Chalhoub-Deville, C. A. Chapelle, and P. Duff (eds.). *Inference and Generalizability in Applied Linguistics: Multiple Perspectives.* Amsterdam: John Benjamins.

Tabachnick, B. G. and L. S. Fidell. 2001. *Using Multivariate Statistics,* 4th Edition. Needham Heights, Mass.: Allyn and Bacon.

Taris, T. 2000. *A Primer in Longitudinal Data Analysis.* Thousand Oaks: Sage.

Tashakkori, A. and C. Teddlie. 1998. *Mixed Methodology: Combining Qualitative and Quantitative Approaches.* Thousand Oaks, Calif.: Sage.

Tashakkori, A. and C. Teddlie (eds.). 2003a. *Handbook of Mixed Methods in Social and Behavioral Research.* Thousands Oaks, Calif.: Sage.

Tashakkori, A. and C. Teddlie. 2003b. "Issues and dilemmas in teaching research methods courses in social and behavioral sciences: US perspective" . *International Journal of Social Research Methodology* 6/1: 61–77.

Tashakkori, A. and C. Teddlie. 2003c. "The past and future of mixed methods research: From data triangulation to mixed model designs" in A. Tashakkori and C. Teddlie (eds.). *Handbook of Mixed Methods in Social and Behavioral Research.* Thousands

Oaks, Calif.: Sage.

Teddlie, C. and A. Tashakkori. 2003. "Major issues and controversies in the use of mixed methods in the social and behavioral sciences" in A. Tashakkori and C. Teddlie (eds.). *Handbook of Mixed Methods in Social and Behavioral Research.* Thousand Oaks, Calif.: Sage.

Thomson, R. and J. Holland. 2003. "Hindsight, foresight and insight: the challenges of longitudinal qualitative research" . *International Journal of Social Research Methodology* 6/3: 233–244.

Thomson, R., L. Plumridge, and J. Holland. 2003. "Longitudinal qualitative research: A developing methodology" . *International Journal of Social Research Methodology* 6/3:185–187.

Todd, Z., B. Nerlich, and S. McKeown, 2004. "Introduction" in Z. Todd, B. Nerlich, S. McKeown, and D. D. Clarke (eds.). *Mixing Methods in Psychology: The Integration of Qualitative and Quantitative Methods in Theory and Practice.* Hove, East Sussex: Psychology Press.

Toohey, K. In press. "Ethnography and language education" in K. King and N. Hornberger (eds.). *Encyclopedia of Language and Education,* Vol. 10, Research methods. New York: Springer.

Tseng, W.-T. , Z. Dörnyei, and N. Schmitt. 2006. "A new approach to assessing strategic learning: The case of self-regulation in vocabulary acquisition" . *Applied Linguistics* 27/1: 78–102.

Turner, J. C. and D. K. Meyer. 2000. "Studying and understanding the instructional contexts of classrooms: Using our past to forge our future" . *Educational Psychologist* 35/2: 69–85.

van Eerde, W., D. Holman, and P. Totterdell. 2005. "Special section editorial" . *Journal of Occupational and Organizational Psychology* 78: 151–154.

van Lier, L. 1988. *The Classroom and the Language Learner: Ethnography and Second Language Research.* London: Longman.

van Lier, L. 2005. "Case study" in E. Hinkel (ed.). *Handbook of Research in Second Language Teaching and Learning.* Mahwah, N. J.: Lawrence Erlbaum.

Verschuren, P. J. M. 2003. "Case study as a research strategy: some ambiguities and opportunities" . *International Journal of Social Research Methodology* 612: 121–139.

Watson-Gegeo, K. A. 1988. "Ethnography in ESL: defining the essentials" . *TESOL Quarterly* 22: 575–592.

Watson-Gegeo, K. A. 1997. "Classroom ethnography" in N. Hornberger and D. Corson (eds.). *Encyclopedia of Language and Education,* Vol. 8, Research methods in language and education. Dordrecht, Netherlands: Kluwer.

Widdowson, H. G. 2004. *Text, Context, Pretext: Critical Issues in Discourse Analysis.* Oxford: Blackwell.

Wiles, R., S. Heath, G. Crow, and V. Charles. 2005. *Informed Consent in Social Research: A Literature Review.* Southampton: ESRC National Centre for Research Methods.

Wilkinson, L. and TFSI. 1999. "Statistical methods in psychology journals: Guidelines and explanations" . *American Psychologist* 54/8: 594–604.

Winnicott, D. W. 1965. *The Maturational Process and the Facilitating Environment.* London: Hogarth Press.

Winter, G. 2000. "A comparative discussion of the notion of 'validity' in qualitative and quantitative research" . *Qualitative Report* 4/3 and 4/4.

Wolcott, H. F. 1994. *Transforming Qualitative Data: Description, Analysis, and Interpretation.* Thousand Oaks, Calif.: Sage.

Wong-Fillmore, L. 1979. "Individual differences in second language acquisition" in C. J. Fillmore, W.-S. Y. Wang, and D. Kempler (eds.). *Individual Differences in Language Ability and Language Behavior.* New York: Academic Press.

Wragg, E. C. 1999. *Introduction to Classroom Observation,* 2nd Edition. London: RoutledgeFalmer.

Wray, A., K. Trott, and A. Bloomer. 1998. *Projects in Linguistics: A Practical Guide to Researching Language.* London: Arnold.

Yates, L. 2003. "Interpretive claims and methodological warrant in small-number qualitative, longitudinal research" . *International Journal of Social Research Methodology* 6/3: 223–232.

Zuengler, J. and J. Mori. 2002. "Microanalyses of classroom discourse: a critical consideration of method—Introduction to the Special Issue" . *Applied Linguistics* 22/3: 283–288.

Zuengler, J., C. Ford, and C. Fassnacht. 1998. "Analyst eyes and camera eyes: theoretical and technological considerations in 'seeing' the details of classroom interaction" . Albany, N.Y.: School of Education, University at Albany.

索　　引*

* 索引所标页码为英文版页码，即本汉译版的边码。

A

Abbuhl, R.　阿布尔　78

Abrams, D.　艾布拉姆斯　168

accelerated longitudinal design　加速纵向设计　85

Acee, T.　艾斯　119

acquiescence bias　默许偏差　205

action research　行动研究　177, 191—194

administrative panel　管理小组　见 linked panel

Adolphs, S.　阿道夫斯　19, 247

AERA [American Educational Research Association]《美国教育研究期刊》 50, 51, 67, 69, 70, 277

Aiken , L.　艾肯　106

Alderson, C. J.　奥尔德森　19

Alexander, V. D.　亚历山大　166

Allwright, D.　奥尔莱特　178, 179, 181, 186, 192, 193

Altrichter, H.　阿尔特里希特　160, 161

AMOS　AMOS 软件　239

analysis of covariance　协方差分析　见 ANCOVA

analysis of variance　方差分析　见 ANOVA

ANCOVA　协方差分析　118, 222—223, 224

anecdotalism　逸闻主义　56

anonymity　匿名　68, 77

ANOVA　方差分析　118, 215, 218—222

APA [American Psychological Association]　美国心理学会　51, 211, 212, 278, 279, 280, 282

APA format/style　APA 格　式　214, 279—280, 290, 294—295, 303

ARIMA analysis　差分自回归移动平均分析　91

Arksey, H.　阿克西　249, 258

Atkinson, P.　阿特金森　11, 33, 129, 160, 265

attrition　磨蚀作用　53, 82—83

audit trail　审查测试　60, 265—266, 296

authenticity　真实性　49

axial coding　轴心编码　261

B

Bachman, L. F.　巴克曼　19, 21, 34, 50, 51, 52

Bacon, F.　培根　31

Bailey, K.　贝利　156, 178, 179, 181, 186, 193

Baker, C.　贝克　102

Balluerka, N.　巴卢埃尔卡　212

Barkhuizen, G.　巴克惠岑　19, 246, 261

Barro, A.　巴罗　130

Barroso, J.　巴罗索　54

Bartels, N.　巴特尔斯　191

Bazeley, P.　贝兹利　26, 264, 268, 273

Bell, L.　贝尔　156

bell-shaped curve　钟形曲线　27—28
Bettelheim, B.　贝特尔海姆　10
Birnbaum, M. H.　伯恩鲍姆　121, 122
Blatchford, P.　布拉奇福德　171
Block, D.　布洛克　134
Bloomer, A.　布卢默　22
Boas, F.　博厄斯　36
Bolger, N.　博尔格　156, 157, 158, 159
Borg, W. R.　柏格　73, 292
Bowring, M.　鲍林　19
boxplot　箱体图　203, 204
Brackenridge, C. H.　布拉肯里奇　296
Bradburn, N. M.　布拉德伯恩　75
Brannen, J.　布兰宁　35, 45, 167, 301
Brewer, J.　布鲁尔　44, 63
Bringer, J. D.　布林格　296
Brown, J. D.　布朗　15, 19, 20, 21, 68, 101, 198, 202
Bryman, A.　布里曼　169
Buchner, A.　布赫纳 100
Burns, A.　伯恩斯　191, 193, 194
Byram, M.　拜拉姆　130

C

Campbell, D. T.　坎贝尔　43, 50, 52, 116, 117, 119, 165
CAQDAS　计算机辅助定性数据分析　见 computer-aided qualitative data analysis
Caracelli, V. J.　卡拉切利　164, 168, 268, 272, 313
Carter, R.　卡特　19
case study　个案研究　36, 124, 130, 151—155
categorical data　分类数据　见 nominal data
Cattell, R. B.　卡特尔　235
Cattell's scree test　卡特尔碎石检验　见 scree test
census　人口普查　96
chain sampling　链式抽样　见 snowball sampling
Chalhoub-Deville, M.　沙勒胡卜-德维尔　50
Chapelle, C. A.　夏佩尔　51, 131
Charles, V.　查尔斯　66, 69
Charmaz, K.　查默兹　258, 259, 262
chart　图表　287—288
Chaudron, C.　肖德龙　19, 180, 181, 187
Cherryholmes, C. H.　彻里霍尔姆斯　44
Chi-square test　卡方检验　228—230
Chicago School　芝加哥学派　36
Christensen, L.　克里斯滕森　22, 64, 65, 69, 70, 71, 73, 85, 86, 116, 118, 163, 169, 173, 174, 292, 294, 301, 302, 304
Chung, W.-H.　钟　119
Clarke, D. D.　克拉克　120
classroom observation　课堂观察　176, 178—186
classroom research　课堂研究　40, 176—194
cluster analysis　聚类分析　231, 237—238, 269
cluster sampling　整群抽样　98
Cochran, W. G.　科克伦　98
code, coding　代码，编码　26, 57, 121, 180, 183, 186, 199—200, 245, 246, 250—254, 260—262, 263, 265, 270, 315
codebook　编码本　200
coding frame　编码框架　60, 199—200, 201
coding trap　编码陷阱　266
Cohen, A. D.　科恩　148, 151
Cohen, L.　科恩　65, 70, 71, 78, 84, 97, 132, 179
cohort effect　队列效应　85
cohort study　队列研究　82, 85
collective case study　集体个案研究　见 multiple case study
Collins, L. M.　柯林斯　85, 90

COLT [Communication Orientation of Language Teaching] 语言教学的交际取向 181—182, 183
computer-aided qualitative data analysis 计算机辅助定性数据分析 262—267, 296
Comte, A. 孔德 31
conceptual research 概念研究 16
concurrent design 并行设计 172
confidence interval 置信区间 207, 210, 211
confidentiality 机密性 68—70
confirmability 可验性 57
confirmatory analysis/technique 验证性分析 / 技术 239
Conklin, K. 康克林 11
consent 知情同意 见 informed consent
construct validity 构念效度 51—52
constructivist 构造论者 / 建构主义者 9
content analysis 内容分析 24, 245—257
content validity 内容效度 51
control group 控制组 116
convenience sampling 便利抽样 98—99, 122, 129
conversation analysis 会话分析 19
Converse, J. M. 康弗斯 103
Cook, T. D. 库克 52, 116, 117
Copernicus, N. 哥白尼 31
Corbin, J. 科尔宾 43, 259, 260, 262
corpus linguistics 语料库语言学 19
correlation 相关性 31, 223—227
correlation matrix 相关矩阵 226—227
Crabtree, B. F. 克拉布特里 134, 142, 146, 253, 254
credibility 可信性 49, 57
Creswell, J. D. 克雷斯韦尔 43, 174, 303
Creswell, J. W. 克雷斯韦尔 22, 42, 43, 44, 60, 70, 74, 168, 170, 171, 174, 260, 261, 279, 303, 309, 311
criterion sampling 标准抽样 127, 315
criterion validity 效标效度 51
critical case sampling 关键案例抽样 128, 153
Cronbach, L. J. 克伦巴赫 206
Cronbach alpha 克伦巴赫指数 51, 206—207
Crookes, G. 克鲁克斯 193
cross-sectional research 横向研究 78, 89—90
Crow, G. 克罗 66, 69
Cryer, P. 克莱尔 161
Csizér, K. 塞泽 231
curvilinear relationship 曲线关系 223, 225

D

data cleaning 数据清理 199, 202—203
data display 数据呈现 254, 256, 257
data merging 数据合并 271
data screening 数据筛选 199, 202—203
data transformation 数据转换 269—271
David, M. 戴维 191
Davidson, F. 戴维森 19, 76, 198
Davies, K. A. 戴维斯 24, 290
Davis, A. 戴维斯 156, 157, 158, 159
DCT 话语补全问卷 见 discourse completion task
degree of freedom 自由度 217
Denzin, N. K. 登青 22, 35, 43, 165, 310
dependability 可靠性 49, 57
dependent variable 因变量 218, 222
Descartes, R. 笛卡尔 31
descriptive statistics 描述性统计 207, 209
descriptive validity 描述性效度 68
design validity 设计效度 63
deviant case sampling 偏差个案抽样 见 extreme case sampling
Dewaele, J.-M. 德维勒 11

Dey, I. 戴依 258
diagram 图表 见 chart
diary study 日记研究 86, 124, 156—159, 178
dimensional sampling 维抽样 98
discourse analysis 话语分析 19
discourse completion task [DCT] 话语补全问卷 103
Dickinson, M. 狄金森 166
double-barrelled questions 双重问题 109
Duff, P. 达夫 10, 11, 17, 20, 32, 36, 40, 41, 59, 62, 64, 66, 128, 130, 131, 151, 152, 153, 154, 155, 156, 160, 172, 174, 177, 184, 187, 188, 189, 190, 246, 247, 249, 255, 298, 299
Duranti, A. 迪朗蒂 139
Durow, V. 迪罗 273

E

Early, M. 厄尔利 177, 187, 188, 189, 190
effect size 效应量 207, 210, 211—212, 217, 221, 224, 240
eigenvalue 特征值 234
Eisenhardt, K. M. 艾森哈特 42, 127
Ellis, R. 埃利斯 19, 246, 261
emergent 自然，涌现 37, 39, 131, 138, 253
empathetic interviewing 移情式访谈 141
empirical research 实证研究 16
empiricist 实证主义 / 经验主义 9
EQS EQS 软件 239
Erdfelder, E. 厄德菲尔德 100
Ericsson, K. A. 埃里克森 147, 148, 149, 151
Erzberger, C. 埃茨贝格尔 43, 164, 165, 310
ethics 研究伦理 见 research ethics
ethnographic interview 民族志访谈 135
ethnography 民族志 36, 124, 129—133, 178
evaluative validity 评价效度 59
event sampling 事件抽样 180
experiment, experimental design/method 实验设计 31, 33, 81, 85, 95, 115—121, 155, 173
exploratory practice 探究性实践 193
exploratory research 探索性研究 39, 171, 308
external generalizability 外部概括性 48
external validity 外部效度 43, 46, 49, 50, 52—54, 57, 120
extreme case analysis 极端案例分析 272
extreme case sampling 极端案例抽样 128, 153, 172

F

factor analysis 因子分析 231, 233—236, 268
factor loading 因子载荷 233, 235
Færch, C. 法尔奇 148, 149
Fassinger, R. E. 法辛格 259, 260, 261
Fassnacht, C. 法斯纳赫特 184, 185
Faul, F. 福尔 100
Fidell, L. S. 菲德尔 23, 209
field notes 田野笔记 130, 132, 160
Fielding, J. 菲尔丁 166
figure 图表 287—288
Firebaugh, G. 法尔博 82
Fisher, R. A. 菲舍尔 31
Fiske, S. W. 菲斯克 43, 165
Flanders, N. A. 弗兰德斯 181
Flanders' Interaction Analysis Categories [FIAC] scheme 弗兰德斯的交互分析类别计划 178, 181
Flint [Foreign Language Interaction Analysis] 外语互动分析 181
Flowerdew, J. 弗劳尔迪 80, 86, 88
focus group interview 焦点小组访谈 124, 134, 144—146
follow-up study 追踪研究 82

Fontana, A.　丰塔纳　141
Ford, C.　福特　184, 185
Forster, E.　福斯特　53, 80, 81, 90
Fox, J.　福克斯　121, 122
Frey, J. H.　弗雷　141
Fröhlich, M.　弗勒利希　181, 182
Frota, S. F. N.　弗罗塔　157, 160
Fulcher, G.　富尔彻 19

G

gain scores　增益分数　118
Galilei, G.　伽利略　31
Gall, J. P.　高尔　73, 292
Gall, M. D.　高尔　73, 292
Galton, F.　高尔顿　31
Gardner, R. C.　加德纳　184, 206, 240
Garratt, D.　加勒特　31
Gass, S. M.　加斯　21, 64, 66, 73, 147, 148, 149, 150, 151, 176, 177, 180, 181, 184, 186
generalizability, generalizable　概括性　34, 46, 50, 58—59, 61,95, 153—154, 212—213
Gherardi, S.　盖拉尔迪　40, 280
Gibson, V.　吉布森　157, 158, 159
Gillham, B.　吉勒姆　41
Glaser, B. G.　格拉泽　36, 37, 39, 126, 127, 259, 260, 261
Glass, G. V.　格拉斯　240, 241
Gobo, G.　戈博　36, 41, 55, 72
Goddard, A.　戈达德　19
Gómez, J.　戈麦斯　212
goodness of fit measure　拟合优度　239
Gordon, M.　戈登　22, 96
Graham, W. F.　格雷厄姆　164
Green, A.　格林　268
Greene, J. C.　格林　164, 166, 168, 175, 268, 269, 272, 313
Grissom, R. J.　格里索姆　212
grounded theory　扎根理论　36, 242, 257—262
groupthink　小组思维　145
Guba, E. G.　古巴　49, 57—58
Gubrium, J. F.　古布里姆　36, 41, 55, 72
Guilloteaux, M. J.　吉约托　181, 183
Gutmann, M. L.　古特曼　41, 168, 170, 171

H

Hamilton, H. E.　汉密尔顿　19
Hammersley, M.　哈默斯利　11, 33, 129, 160, 265
Hammond, C.　哈蒙德　164
Hamp-Lyons, L.　昂普-里昂　151
Han, Z.-H.　韩　154
Hanson, W. E.　汉森　41, 43, 168, 170, 171, 174, 303
Harden, A.　哈登　166
Harklau, L.　哈克劳　130, 133
Harris, R.　哈里斯　242
Hatch, E. M.　哈奇　15, 21, 31, 100, 154, 159, 307
Haverkamp, B. E.　哈弗坎普　38, 67
Hawthorne effect　霍桑效应　53, 83, 120
Heath, S.　希思　66, 69
Heinsman, D. T.　海因斯曼　117
Hesse-Biber, N. S.　赫西-比伯　46, 64, 243
Hidalgo, D.　伊达尔戈　212
high-inference category　高推理类别　180—181
histogram　直方图　203
Hogg, M. A.　霍格　168
Holland, J.　霍兰德　83, 86, 87
Holliday, A.　霍利迪　22, 35, 60, 277, 293
Holly, M. L.　霍利　160, 161
Holman, D.　霍尔曼　158

homogeneous sampling　同质抽样　127
Hornberger, N.　霍恩伯格　133
Hsieh, P.　谢　119
Hsieh, Y.-P.　谢　119
HTML　超文本标记语言　122
Huberman, A. M.　休伯曼　18, 25, 29, 38, 39, 41, 42, 56, 63, 124, 129, 242, 244, 245, 254, 256, 264, 269, 270, 291, 296, 313
Hume, D.　休谟　31
Hunter, A.　亨特　44, 63
hypertext markup language　超文本标记语言　见 HTML
hypothesis　假设　17, 31, 72—74, 120

I

Iberri-Shea, G.　易博瑞-谢伊　80, 81, 88, 90, 120
in vivo coding　体内编码　251
independent variable　自变量　218
inferential statistics　推断统计　81, 207, 209
informed consent　知情同意　69—71
insider meaning/account　局内人意义　38, 131, 133, 157, 316
instrumental case study　工具性个案研究　152
internal generalizability　内在概括性　58
internal validity　内在效度　43, 50, 52—54, 57, 120
Internet　因特网　95, 121—123
interpretist, interpretive　解释主义，解释性　9, 38
interpretive validity　解释效度　58
interval data　等距数据　208, 227
interview　访谈　24, 124, 130, 134—144, 170—173, 178
interview guide　访谈指南　102, 136—138, 144
interview protocol　访谈协议　见 interview guide
interview schedule　访谈安排　见 interview guide
intrinsic case study　内在个案研究　152
introspection　内省　124, 134, 147—151
introspective methods　内省法　见 introspection
IRB [Institutional Review Board]　机构审查委员会　66
item analysis　测度项分析　113
item pool　题库　112
iteration/iterative　迭代法　126—127, 243—244, 272

J

Johnson, B.　约翰逊　120
Johnson, D. M.　约翰逊　21
Johnson, R. B.　约翰逊　22, 64, 65, 69, 70, 71, 73, 85, 86, 116, 118, 163, 167, 168, 169, 170, 173, 174, 292, 294, 301, 302, 304
Johnston, L. H.　约翰斯顿　296
Jordan, G.　乔丹　31
Jordan, S.　乔丹　130
journal　日志　76, 124, 130, 159—162

K

Kalton, G.　卡尔顿　115
Kasper, G.　卡斯珀　148, 149, 150
Keeves, J. P.　基维斯　84
Kelle, U.　克勒　43, 164, 165, 263, 310
Kemper, E. A.　肯珀　99
Kepler, J.　开普勒　31
Kim, H.　金　119
Kim, J. J.　金　212
Kirk, J.　柯克　56, 57
Knight, P.　奈特　249, 258

Kojic-Sabo, I.　克基克-萨博　237
Kolmogorov-Smirnov test　柯尔莫可洛夫-斯米尔诺夫检验　208
Kormos, J.　科尔莫什　11, 148, 151, 175, 189
Krashen, S.　克拉申　271
Kreider, H.　克雷德　166, 175, 269
Kruskal-Wallis test　克鲁斯卡-沃利斯检验　230
Kubanyiova, M.　库巴尼奥娃　11, 250
Kuhn, B. R.　库恩　120
Kvale, S.　卡维拉　134, 141, 143, 290

L

Lam, W. S. E.　拉姆　154
language savant　语言天才　153
Lapadat, J. C.　拉帕达特　247, 248
Larzelere, R. E.　拉泽雷　120
latent growth curved model　潜伏增长曲线模型　91
latent level analysis　潜在层分析　246
Laurenceau, J. P.　洛朗索　156
Lazaraton, A.　莱扎拉顿　15, 21, 31, 32, 44, 100, 159, 213, 215, 285, 307, 312, 313
Lazarsfeld, P.　拉扎斯菲尔德　82
Leavy, P.　利维　46, 64, 243
Leech, N. L.　利奇　163, 270
Lemeshow, S.　莱米绍　98
Leung, C.　梁　242
Levin, K.　莱文　191
Levon, J. L.　莱翁　119
Levy, P. S.　利维　98
Lewins, A.　卢因斯　264
Li, Y.　李　31
Lightbown, P. M.　莱特鲍恩　11, 178, 189, 193, 237
Likert, R.　利克特　103
Likert scale　利克特量表　105, 202
Lincoln, Y. S.　林肯　2, 35, 49, 57—58
linked panel　联合定组　85
listwise deletion　删除整列　205
LISREL　线性结构关系　239
literature review　文献综述　281—282, 295, 303—304
log/logbook　日志，记录　见 research log
longitudinal research　纵向研究　40, 62,78—91, 154, 173
Loomis, D. M.　卢米斯　43, 46, 168
low-inference category　低推理类别　180
Lynch, B. K.　林奇　50, 51, 55, 251, 254

M

MacIntyre, P. D.　麦金太尔　184
Mackey, A.　麦基　21, 64, 66, 73, 78, 147, 148, 149, 150, 151, 176, 180, 181, 184, 186
Magnan, S.　马格南　36, 44, 292
Malinowski, B.　马林诺夫斯基　36
manifest level analysis　显性层分析　245
Manion, L.　马尼恩　65, 70, 71, 78, 84, 97, 132, 179
Mann-Whitney U test　曼-惠特尼 U 检验　230
Markee, N.　马基　19
Mason, J.　梅森　46
maturation　成熟　53
maximum variation sampling　最大变异抽样　128
Maxwell, J. A.　马克斯韦尔　43, 46, 49, 58—59, 168
Mayer, E.　迈耶　166, 175, 269
McCracken, G.　麦克拉肯　137, 140, 164
McDonough, J.　麦克多诺　21, 120, 156
McDonough, K.　麦克多诺　194
McDonough, S.　麦克多诺　21, 120, 156

McKay, S. L. 麦凯 16, 22, 154, 285, 286
McKeown, S. 麦基翁 166, 301, 309
McLeod, J. 麦克劳德 86
McNamara, T. 麦克纳马拉 52
mean 平均值 209, 214
measurement validity 测量效度 50, 51—52
median 中数 214
Mellow, J. D. 梅洛 53, 80, 81, 90
member checking 成员检查 58, 60
memo, memoing 备忘录，写备忘录 245, 254—255, 257, 315
Menard, S. 梅纳德 79, 89, 118
Mertens, D. M. 梅尔滕斯 164
meta-analysis 元分析 231, 240—241
"Method" section "方法"部分 283—284, 295—297, 304
Meyer, D. K. 迈耶 186, 187
Miles, M. B. 迈尔斯 18, 25, 29, 38, 39, 41, 42, 56, 63, 124, 129, 242, 244, 245, 253, 256, 264, 269, 270, 291, 296, 313
Miller, M. L. 米勒 56, 57
Miller, W. L. 米勒 134, 142, 246, 253, 254
Milroy, L. 米尔罗伊 22, 96
missing data 缺失数据 204—205
mode 模式 214
MOLT [Motivation Orientation in Language Teaching] 语言教学的动机取向 183
Moran-Ellis, J. 莫兰–埃利斯 166
Mori, J. 森 178
Morrison, K. 莫里森 65, 70, 71, 78, 84, 97, 132, 179
Morrow, S. L. 莫罗 57, 294, 295, 296, 297
Morse, J. M. 莫尔斯 22, 46, 54, 56, 57, 77, 132, 163, 179, 250, 257, 297, 308, 312
mortality 流失 53
Moser, C. A. 莫泽 115
Moskowitz, G. 莫斯科维茨 181
multi-item scale 多测度项量表 103—104, 113, 206
multi-level analysis 多层次分析 45
multiple case study 多案例研究 152
multiple-choice items 多项选择测度项 106
multiple correlation 多重相关 224
multiple level analysis 多层级分析 273
multitrait-multimethod research 多特质–多方法研究 42, 43
Murison-Bowie, S. 缪里森–鲍伊 11
Murphey, T. 墨菲 145
Murphy's Law 墨菲定律 139, 187, 190
Murray, C. 默里 121, 122

N

NCME [National Council on Measurement in Education] 国家教育测量委员会 51
Neale, B. 尼尔 80, 86, 88
Németh, N. 内梅特 231
Nerlich, B. 内利希 166, 301, 309
Newton, I. 牛顿 31
Neyman, J. 内曼 31
nominal data 称名数据 207, 227
non-parametric procedures/tests 非参数统计/检验 208, 227—230
nonparticipant observation 非受试者观察 130, 132, 133, 179
non-probability sampling 非概率抽样 98—99, 122
normal distribution 正态分布 27—28, 100, 207, 208—209
Norris, J. 诺里斯 19, 240
Norton (Pierce), B. 诺顿（皮尔斯）154, 312
numerical rating scale 数值评定量表 见 rating scale
Nunan, D. 努南 22, 74, 176, 177, 186, 192

NVivo　定性数据分析软件　251—255, 264, 296

O

observation　观察　130, 147, 173
observation scheme　观察方案　179—183, 185
observational schedule/protocol　观察计划 / 协议　见 observation scheme
Ochs, E.　奥克斯　130
O'Connor, A.　欧康纳　189, 192
Onwuegbuzie, A. J.　奥韦格布兹　163, 167, 168, 170, 268, 270
open coding　开放性编码　260—261
open-ended questions　开放式问题　107, 112, 199
opinion poll　民意测验　82, 96
Oppenheim, A. N.　奥本海默　111, 141
opportunistic sampling　机会抽样　129
opportunity sampling　机会抽样　98—99
ordinal data　顺序数据　207—208, 227
Ortega, L.　奥尔特加　19, 80, 81, 88, 90, 120, 240, 277, 313
outliers　极端值　60, 203—204

P

pairwise deletion　删除配对　205
Pallant, J.　帕伦特　22, 198, 217
Palmer, A. S.　帕尔默　19
panel conditioning　定组调节作用　82—83, 86—87, 88, 150
panel study　定组研究　81, 82—83, 85, 89
paradigm war　范式战争　9, 28—29, 44, 163
parallel criteria　平行标准　57
parametric procedures/tests　参数步骤 / 检验　208, 227—230
partial correlation　偏相关　224
partial transcription　部分转写　248—249
participant meaning　受试者意义　见 insider meaning
participant mortality　受试者流失　见 mortality
participant observation　受试者观察　130, 131, 133, 179
Patton, M. Q.　巴顿　134, 137, 138, 142
Pavlenko, A.　帕夫连科　81
Pearson, K.　皮尔逊　31
Pearson product-moment correlation　皮尔逊积差相关分析　见 correlation
Peirce, C.　皮尔斯　31
Petska, K. S.　佩丝卡　43, 174, 303
Pica, T.　皮卡　188
pilot study, piloting　先导研究　75—76, 112—113, 150
Plano Clark, V. L.　普拉诺・克拉克　42, 43, 168, 170, 171, 174, 303
Plumridge, L.　普拉姆里奇　86
point-biserial correlation　点双列相关　224
Polio, C. G.　珀利欧　179
Polkinghorne, D. E.　波尔金霍恩　126, 134
Popper, K.　波普尔　31
population　总体　83, 96—101, 212
positivism, positivist　实证主义，实证　9, 11, 258
post hoc test　事后检验　219
power analysis　功效分析　100
practice effect　练习效应　53, 83, 150
pragmatism, pragmatist　实用主义，实用主义者　9, 30, 44, 307
Presser, S.　普雷瑟　103
Preston, J.　普雷斯顿　268
primary research　一手研究　16
probability coefficient　概率系数　210

probability sampling　概率抽样　97—98
probe questions, probes　追问　137
production questionnaire discourse completion task　产出问卷调查话语补全任务
prospective longitudinal study　前瞻性纵向研究　82
protocol analysis　协议分析　147
psychometrics　心理测量学　31
Punch, K. F.　庞奇　22, 38, 63, 126, 154, 170, 242, 311
purist　纯粹主义者　29
purposive sampling　目的抽样　126, 153, 315

Q

qualitative data　定性数据　19, 37, 124—125
qualitizing data　定性化数据　271
quality criteria　质量标准　48—63
quantitative data　定量数据　19, 32
quantitizing data　量化数据　269—271
quasi-experiment, quasi-experimental design/method　准实验，准实验设计 / 方法　32, 81, 95, 115—121, 178, 222
questionnaire　问卷　24, 31, 75, 95, 101—115, 152, 170—172
questionnaire survey　问卷调查　见 questionnaire
quota sampling　定额抽样　98, 99

R

Rafaeli, E.　拉斐利　156, 157, 158, 159
Rampton, B.　兰普顿　130, 242
random sampling　随机抽样　97
range　两级差　214
rank order correlation　等级次序相关　228, 230
rank order items　排序测度项　107
Ranta, L.　兰塔　189
rating scale　评定量表　106, 180
Reah, D.　雷亚　19
Reeder, K.　里德　53, 80, 81, 90
regression　回归　31, 226
reliability　信度　49, 50—51, 56—58
repeated cross-sectional study　重复横向研究　83—84, 85, 89
repeated measures analysis　重复测量分析　91
repeated survey　重复调查　82
reliability analysis　信度分析　206—207
reliability check　信度核查　60—61
representative, representativeness　代表，代表性　96—99,101
research ethics　研究伦理　48, 63—74, 190
research hypothesis　研究假设　见 hypothesis
research journal　研究日志　见 journal
research log　研究日志　75—76, 160
research question　研究问题　72—74, 281—282, 295, 308
research validity　研究效度　50, 52—54
researcher effect　研究者效应　150, 190
retrospective interview　回顾性访谈　134, 147, 148—150, 170—171
retrospective longitudinal study　回溯纵向研究　84—85, 89
Richards, K.　理查兹　22, 37, 65, 72, 132, 134, 138, 140, 194, 242
Richards, L.　理查兹　22, 25, 54, 56, 57, 75, 77, 125, 132, 160, 163, 179, 244, 250, 257, 262, 264, 266, 267, 295, 297, 299, 308, 312
Richardson, L.　理查德森　298, 299
Roberts, C.　罗伯茨　130, 247, 248
Robson, C.　罗伯森　23, 105, 142
Rodgers, T. S.　罗杰斯　21
Rossiter, M. J.　罗西特　158, 177, 187, 188,

190, 192
Rossman, G. B.　罗斯曼　29, 30
rotating panel　循环定组　85
Rounds, P. L.　朗兹　189
Rubio, O. G.　鲁比奥　134
Ruspini, E.　鲁斯皮尼　78, 84, 85, 89
Rutherford, E.　卢瑟福　31
Ryen, A.　莱恩　65

S

sample, sample size, sampling　样本，样本容量，抽样　38, 41, 56, 83, 86, 91, 95—101, 122—123, 125—129, 172, 210, 212, 237
sampling frame　抽样框架　97, 98
Sandelowski, M.　桑德洛维斯基　25, 54, 285, 291, 293, 300, 302, 304
Sanger, K.　桑格　19
Sarangi, S.　萨朗吉　154
saturation　饱和　126—127, 244, 315
scatterplot　散点图　203, 225, 226
Schachter, J.　沙克特　177
schematic representation　示意图　288
Schiefflin, B.　斯基弗林　130
Schiffrin, D.　席费林　19, 248
Schmidt, R.　施密特　154, 157, 160
Schmitt, N.　施密特　104
Schumann, J.　舒曼　154
Schwandt, T. A.　施万特　26
scientific method　科学方法　30—31, 32
scree test　碎石检验　235
Seale, C.　西尔　36, 41, 55, 72
secondary research　二手研究　16
segmentation　分割　145
Seidman, I.　塞德曼　134, 255, 267
selective coding　选择性编码
self-report questionnaire　自我报告问卷　见 questionnaire
self-selection　自我选择　100—101
Seliger, H. W.　塞利格　22
SEM　结构方程模型　见 structural equation modelling
semantic differential scale　语义区分量表　105—106, 180
semi-structured interview　半结构化访谈　136
Séror, J.　塞罗尔　263, 264, 267
Shadish, W. R.　沙迪什　117
Sharkey, J.　沙基　189, 192
Shavelson, R. J.　沙维尔森　32, 72, 120
Shohamy, E.　肖哈密　22, 67
significance　意义　207, 210—211
Silver, C.　西尔弗　264
Silverman, D.　西尔弗曼　23, 35, 41, 48, 55, 56, 57, 72, 125, 126, 160, 298, 307
Simon, H. A.　西蒙　147
simultaneous cross-sectional study　同步横向研究　84—85, 89
situationalist　情境论者　30
Skehan, P.　斯凯恩　104
Sleney, J.　斯莱尼　166
Smith, G. T.　史密斯　52
Smithson, J.　史密森　146
snowball sampling　雪球抽样　98, 122, 129
social desirability bias　社会称许性偏见　54, 115, 141
Spada, N.　斯巴达　181, 182, 188, 189
Spearman, C.　斯皮尔曼　31
Spearman rank order correlation　斯皮尔曼等级相关　见 rank order correlation
SphinxSurvey　斯芬克斯调查　273
split panel　分割定组　85
SPSS [Statistical Package for the Social Sciences]　统计分析软件　197—198
St. Pierre, E. A.　圣皮埃尔　298, 299

Stake, R. E.　斯德克　151, 152, 153, 243, 250
standard deviation　标准差　209, 214
standardized/standard score　标准分　205—206, 273
Stanley, J. C.　史丹利　50, 52, 116, 119
statistical significance　统计学意义上的显著性　见 significance
statistics　统计学　24, 27—28, 31, 33, 34, 100, 197—241
stimulated recall　刺激回忆法　见 retrospective interview
stratified random sampling　分层随机抽样　97
Stratman, J. F.　斯特拉特曼　151
Strauss, A. L.　斯特劳斯　36, 37, 39, 43, 126, 127, 259, 260, 262
Street, B.　斯特里特　230
Stringfield, S.　斯特林菲尔德　99
structural equation modelling [SEM]　结构方程模型　91, 231, 238—240
structured interview　结构化访谈　134, 135
style manual　风格手册　279—280
Sudman, S.　祖德曼　75
survey　调查　31, 95, 101—115, 178
Swain, M.　斯温　150
syntax file　语法文件　201
systematic sampling　系统抽样　97

T

Tabachnick, B. G.　塔巴奇尼克　23, 209
table　表格　289
Tannen, D.　坦嫩　19
tape analysis　磁带分析　248—249
Taris, T.　塔里斯　79, 82, 83, 84, 91
Tarone, E.　塔罗内　213
Tashakkori, A.　塔沙克里　10, 23, 39, 44, 62, 63, 166, 168, 169, 170, 269, 270, 308
Teddlie, C.　特德利　10, 23, 39, 44, 62, 63, 99, 166, 168, 169, 170, 268, 269, 270, 308
template of codes, template approach　模板代码，模板方法　253—254, 315
TextSmart　文本分析追加模块　273
theoretical coding　理论编码　261
theoretical sampling　理论抽样　见 purposive sampling
theoretical validity　理论效度　58
theory　理论　31, 258, 259—260, 261
thick description　深度描写　37, 55, 60, 130, 155
think-aloud　有声思维法　147, 148
Thomas, G. D.　托马斯　119
Thomas, H.　托马斯　166
Thomas, J.　托马斯　166
Thomson, R.　汤姆森　83, 86, 87
threats (to validity)　效度威胁　53—54, 59—62
time sampling　时间抽样　180
time-series design　时序分析　80, 81, 86, 91
Todd, Z.　托德　166, 301, 309
Toohey, K.　图希　130, 154
Totterdell, P.　托特德尔　158
Towne, L.　汤　32, 72, 120
transcribing, transcription　转写　246—249, 315
transcription convention　转写标准　248
transferability　可迁移性　49, 57
treatment　实验处理　86, 116
trend study　趋势研究　见 repeated cross-sectional study
triangulation　三角法　42, 43, 45, 58, 61, 165—166, 172, 302
Trott, K.　特罗特　22
true-false items　是非正误测度项　106
trustworthiness　可靠度　49

Tseng, W.-T. 曾 104
t-test t检验 215—218
Turner, B. 特纳 40, 280
Turner, J. C. 特纳 186, 187
Turner, L. A. 特纳 167
two-tailed significance 双尾显著性 210
two-way ANOVA 双因素方差分析 230, 231—233
typical sampling 典型抽样 127, 153, 172, 315
typology/category development 类型学 / 类别发展 269, 272—273

U

unstructured interview 非结构化访谈 135—136

V

validity 效度 45, 48—63
validity argument 效度论证 52, 62
validity checks 效度检查 60—61
validity threats 效度威胁 见 threats
value label 值标签 201
van Eerde, V. 范艾德 158
van Gogh, V. 梵高 294
van Lier, L. 范利尔 130, 154, 155, 178
variable 变量 33, 201, 284
variable label 变量标签 201
variance 方差 214
verbal report/protocol 口头报告 / 协议 147
verbal reporting 口头报告 147
Verschuren, P. J. M. 维索尔伦 152
video recording 录制视频 139, 183—185, 249
vignette 小片段 254—255, 257

W

Warm, A. 沃姆 121, 122
Watson-Gegeo, K. A. 沃森-葛格 130, 131
Whitecross, C. 怀特克罗斯 11
Widdowson, H. G. 威多森 11, 19, 133
Wilcoxon signed-rank test 威尔科克森符号秩检验 230
Wiles, R. 怀尔斯 66, 69
Wilkinson, L. 威尔金森 50, 212, 213, 231, 284, 285, 287
Wilson, B. L. 威尔逊 29, 30
Winnicott, D. W. 温尼科特 10
Winter, G. 温特 58
Wolcott, H. F. 沃尔科特 293
Wong-Fillmore, L. 王-菲尔莫尔 153, 154
Wragg, E. C. 雷格 177, 178
Wray, A. 雷 22

Y

Yates, L. 耶茨 41, 267
You, J. 尤 119

Z

Zahran, K. 察兰 273
Zuengler, J. 祖恩格勒 178, 184, 185

语言学及应用语言学名著译丛书目

句法结构（第2版）	〔美〕诺姆·乔姆斯基	著
语言知识：本质、来源及使用	〔美〕诺姆·乔姆斯基	著
语言与心智研究的新视野	〔美〕诺姆·乔姆斯基	著
语言研究（第7版）	〔英〕乔治·尤尔	著
英语的成长和结构	〔丹〕奥托·叶斯柏森	著
言辞之道研究	〔英〕保罗·格莱斯	著
言语行为：语言哲学论	〔美〕约翰·R. 塞尔	著
理解最简主义	〔美〕诺伯特·霍恩斯坦 〔巴西〕杰罗·努内斯 〔德〕克莱安西斯·K. 格罗曼	著
认知语言学	〔美〕威廉·克罗夫特 〔英〕D. 艾伦·克鲁斯	著
历史认知语言学	〔美〕玛格丽特·E. 温特斯 等	编
语言、使用与认知	〔美〕琼·拜比	著
我们的思维方式：概念整合与心智的隐匿复杂性	〔法〕吉勒·福柯尼耶 〔美〕马克·特纳	著
为何只有我们：语言与演化	〔美〕罗伯特·C. 贝里克 诺姆·乔姆斯基	著
语言的进化生物学探索	〔美〕菲利普·利伯曼	著
叶斯柏森论语音	〔丹〕奥托·叶斯柏森	著
语音类型	〔美〕伊恩·麦迪森	著
语调音系学（第2版）	〔英〕D. 罗伯特·拉德	著

韵律音系学	〔意〕玛丽娜·内斯波 〔美〕艾琳·沃格尔	著
词库音系学中的声调	〔加〕道格拉斯·蒲立本	著
音系与句法：语音与结构的关系	〔美〕伊丽莎白·O. 塞尔柯克	著
节律重音理论——原则与案例研究	〔美〕布鲁斯·海耶斯	著
语素导论	〔美〕戴维·恩比克	著
语义学（上卷）	〔英〕约翰·莱昂斯	著
语义学（下卷）	〔英〕约翰·莱昂斯	著
做语用（第 3 版）	〔英〕彼得·格伦迪	著
语用学原则	〔英〕杰弗里·利奇	著
语用学与英语	〔英〕乔纳森·卡尔佩珀 〔澳〕迈克尔·霍	著
交互文化语用学	〔美〕伊斯特万·凯奇凯什	著
应用语言学研究方法	〔英〕佐尔坦·德尔涅伊	著
复杂系统与应用语言学	〔美〕戴安·拉森-弗里曼 〔英〕琳恩·卡梅伦	著
信息结构与句子形式	〔美〕克努德·兰布雷希特	著
沉默的句法：截省、孤岛条件和省略理论	〔美〕贾森·麦钱特	著
语言教学的流派（第 3 版）	〔新西兰〕杰克·C. 理查兹 〔美〕西奥多·S. 罗杰斯	著
语言学习与语言教学的原则（第 6 版）	〔英〕H. 道格拉斯·布朗	著
社会文化理论与二语教学语用学	〔美〕雷米·A. 范康珀诺勒	著
法语英语文体比较	〔加〕J.-P. 维奈 J. 达贝尔内	著
法语在英格兰的六百年史（1000—1600)	〔美〕道格拉斯·A. 奇比	著
语言与全球化	〔英〕诺曼·费尔克劳	著
语言与性别	〔美〕佩内洛普·埃克特 萨利·麦康奈尔-吉内特	著
全球化的社会语言学	〔比〕扬·布鲁马特	著
话语分析：社会科学研究的文本分析方法	〔英〕诺曼·费尔克劳	著
社会与话语：社会语境如何影响文本与言谈	〔荷〕特恩·A. 范戴克	著

图书在版编目（CIP）数据

应用语言学研究方法 /（英）佐尔坦 · 德尔涅伊著；赵晨译 . -- 北京：商务印书馆，2024. --（语言学及应用语言学名著译丛）. -- ISBN 978-7-100-24330-8

Ⅰ. H08

中国国家版本馆CIP数据核字第2024NV9140号

语言学及应用语言学名著译丛

应用语言学研究方法

〔英〕佐尔坦 · 德尔涅伊 著

赵晨 译

商 务 印 书 馆 出 版

（北京王府井大街 36 号 邮政编码 100710）

商 务 印 书 馆 发 行

北京市十月印刷有限公司印刷

ISBN 978 - 7 - 100 - 24330 - 8

2024 年 10 月第 1 版　　开本 880 × 1230 1/32

2024 年 10 月北京第 1 次印刷　　印张 13¼

定价：78.00 元